塔里木大学“十四五”规划特色教材

生物科学类专业课程思政案例集

王彦芹　艾尼瓦尔·吐米尔　朱新霞
郝　娟　苏豫梅　巩慧玲　杨　芳　等　编

中国农业科学技术出版社

图书在版编目(CIP)数据

生物科学类专业课程思政案例集 / 王彦芹等编. --北京：中国农业科学技术出版社，2023.11

ISBN 978-7-5116-6444-0

Ⅰ.①生…　Ⅱ.①王…　Ⅲ.①思想政治教育-教案（教育）-高等学校　Ⅳ.①G641

中国国家版本馆 CIP 数据核字(2023)第 175952 号

责任编辑　张国锋
责任校对　贾若妍　李向荣
责任印制　姜义伟　王思文

出 版 者　中国农业科学技术出版社
北京市中关村南大街 12 号　　邮编：100081
电　　话　(010) 82109705 (编辑室)　　(010) 82109702 (发行部)
(010) 82109709 (读者服务部)
网　　址　https://castp.caas.cn
经 销 者　各地新华书店
印 刷 者　北京建宏印刷有限公司
开　　本　185 mm×260 mm　1/16
印　　张　17.25
字　　数　440 千字
版　　次　2023 年 11 月第 1 版　2023 年 11 月第 1 次印刷
定　　价　88.00 元

#《生物科学类专业课程思政案例集》

编者名单（按姓氏笔画排序）

王彦芹	塔里木大学
王智超	塔里木大学
王　波	新疆农业大学
王中兴	安康学院
王鹤萌	塔里木大学
王瑞娴	安康学院
韦晓薇	塔里木大学
白宝伟	塔里木大学
艾尼瓦尔·吐米尔	新疆大学
孙　黎	石河子大学
朱新霞	石河子大学
李艳慧	塔里木大学
巩慧玲	兰州理工大学
任　敏	塔里木大学
刘艳萍	塔里木大学
李　浩	塔里木大学
李树伟	塔里木大学
李海文	塔里木大学
李　俊	新疆大学
刘逸泠	塔里木大学
刘　琴	塔里木大学
刘　燕	塔里木大学
刘晓东	新疆农业大学
刘　超	新疆农业大学
成温玉	安康学院
杨　芳	安康学院
陈水红	塔里木大学
苏豫梅	新疆农业大学
应　璐	塔里木大学

张　玲	塔里木大学
张建萍	塔里木大学
张　丹	塔里木大学
张　肖	塔里木大学
陆嘉惠	石河子大学
杨秋红	塔里木大学
郝　娟	杭州师范大学
罗晓霞	塔里木大学
赵沿海	塔里木大学
赵国龙	塔里木大学
赵鸿远	安康学院
夏占峰	塔里木大学
夏木斯亚·卡坎	新疆农业大学
徐翠莲	塔里木大学
黄文娟	塔里木大学
韩占江	塔里木大学
葛　杰	新疆农业大学

前　　言

2004年以来，中央先后出台关于进一步加强和改进未成年人思想道德建设和大学生思想政治教育工作的文件，2005年起，部分省（区、市）启动实施“两纲教育”，推进以“学科德育”为核心理念的课程改革。“两纲教育”10年来有一个核心理念，即“学科德育”理念，就是把德育的核心内容有机分解到每一门课程，充分体现每一门课程的育人功能、每一位教师的育人责任。

2014年起，教育部要求将德育纳入教育综合改革重要项目，逐步探索从思政课程到课程思政的转变。教育综合改革的基本目标，是构建3个制度体系：一是以遵循教育规律，回归育人为本为重点，形成促进学生德智体美诸育全面发展和终身发展的育人制度体系；二是以加强顶层设计，转变政府职能为重点，形成科学分离而又有机统一的“管办评”制度体系；三是以加强资源共享，促进融合互补为重点，形成教育与经济社会发展合作共赢的协同联动制度体系。在3个目标体系中，教育系统的核心就是坚持“育人为本、德育为先”，把“立德树人”作为教育的根本任务，即把培育和践行社会主义核心价值观有机融入整个教育体系，全面渗透到学校教育教学全过程，充分体现在学校日常管理之中，在落小、落细、落实上下功夫。逐步形成“课程思政”理念，推出了《大国方略》等一批“中国系列”课程，选取部分高校进行试点，发掘专业课程思想政治教育资源。因此，加强高校思想政治教育工作，必须从高等教育“育人”本质要求出发，从国家意识形态的战略高度出发，不能就“思政课”谈“思政课”建设，而应抓住课程改革核心环节，充分发挥课堂教学在育人中主渠道作用，着力将思想政治教育贯穿于学校教育教学的全过程，着力将教书育人落实于课堂教学的主渠道之中，深入发掘各类课程的思想政治理论教育资源，发挥所有课程育人功能，落实所有教师育人职责，进而实现“为党育人、为国育才”的职能。因此，以教学单位为基础，建设课程思政研究中心是解决空泛课程思政的重要过程，对课程思政可持续发展、经典案例形成具有重要实际意义。

本书由塔里木大学、新疆大学、石河子大学、新疆农业大学、兰州理工大学、杭州师范大学和安康学院7所高校生物科学类专业一线教师经过多年课程思政元素筛选、打磨而成。本书共包含了生物科学类5个专业（生物技术、应用生物科学、生物制药、生物工程、生物信息学）16门专业核心课程（植物学、动物学、生物化学、遗传学、细胞生物学、微生物学、植物生理学、生态学、分子生物学、酶工程、发酵工程、细胞工程、基因工程、生物技术制药、生物信息学、基因组学）200个案例。每一个案例都与相应的章节知识点相契合，案例中思政内容具体且丰富，语言风趣且温暖，故事贴近生活。在近几年的教学实践中，这些课程思政元素的引入，使得课堂教学更加生动、富有吸引力。

本书承蒙生物技术国家一流专业、教育部西北地区生物科学专业虚拟教研室、应用生物科学专业兵团一流专业等项目的支助，特此致谢！同时向关心、支持和帮助本书编写出版的各位专家表示衷心的感谢！

尽管本课程思政案例集筛选、实践应用了近5年，但由于编者写作能力和知识水平有限，本书难免存在遗漏和不足之处，敬请广大读者批评指正，在此谨表感谢！

目　录

第一章 《植物学》课程思政案例

课程信息及编写教师信息

课程名称	植物学
课程类型	○公共基础课程 ◉专业教育课程 ○实践类课程
授课专业类/代码	生物科学/071001、生物技术/071002、生物信息学/071003、生物制药/083002T、生物工程/083001
课程性质	◉必修 ○选修
开课年级	大学一年级

编写教师信息

编写教师单位	教师姓名	性别	职称	学位	案例所属教学大纲中的章节及知识点	思政案例名称
塔里木大学	刘艳萍	女	教授	博士	绪论	案例一　读传统典籍，建文化自信
					绪论	案例二　生态文明与植物多样性
					茎的形态结构及功能	案例八　承上启下，团队合作
					被子植物分科	案例十三　欣赏植物之美与胡杨精神
	黄文娟	女	教授	硕士	叶的形态结构及功能	案例九　光合作用与“双碳”目标
					被子植物花的形态结构及功能	案例十　珍爱生命，勇于创新
	李海文	男	讲师	硕士	种子和幼苗	案例五　播种未来
					果实和种子	案例十二　自然的智慧
	张玲	女	副教授	博士	植物组织	案例四　像石榴籽一样团结在一起
					根的形态结构和功能	案例六　深根固本，根深叶茂
					根的形态结构和功能	案例七　变化万千，只为更好地存在
石河子大学	陆嘉惠	女	教授	博士	植物细胞与植物组织	案例三　建立科学生命观
					被子植物花的形态结构及功能	案例十一　天生我材，勇于担当

案例一　绪论——读传统典籍，建文化自信

1. 课程内容简介

植物学的形成和发展是与人类的生活、生产实践分不开的。早期的人类从采集植物充饥御寒、尝试百草医治疾病开始，就积累了有关植物的知识，逐渐了解了植物的形态、结构、习性和用途。我国春秋战国时期的《诗经》中就有植物的记载，秦汉时期的《尔雅》中记载植物200余种，并对其进行了简单的分类，东汉时期的《神农本草经》中收录了365种草药，是我国最为古老的一部本草。以后各代的志书，都有关于新植物的记述和栽培植物考证，并有历代相传的药用植物专书。明代李时珍的《本草纲目》，详细描述药物1 892种，其中有植物1 195种，分草、谷、菜、果、木5部，内容十分丰富，是研究我国植物的一部经典性著作。清代吴其濬所著《植物名实图考》，记载了1 714种植物，分谷类、蔬菜、草类、果部、木类等。清末的李善兰与英国人威廉臣合译出版《植物学》一书，是我国第一部介绍西方近代植物学的著作，书中介绍了植物学的基本理论知识，包括植物的地理分布、植物体各器官的结构和功能、植物分类的方法等。1949年以后，我国相继出版了《中国植物志》《中国植被》以及各地方植物志等。

2. 课程思政教学目标

2013年3月1日，习近平总书记在中央党校春季学期开学典礼上指出："各种文史知识，中国优秀传统文化，领导干部也要学习，以学益智，以学修身。""中国传统文化博大精深，学习和掌握其中的各种思想精华，对树立正确的世界观、人生观、价值观很有益处。"中国传统文化是中华民族几千年文明的结晶，中国传统文化为植物学的发展也作出了巨大的贡献。通过该课程引导学生学习植物学经典典籍，建立文化自信。

3. 课程思政教学设计

中国传统文化是中华民族几千年文明的结晶，中国传统文化为植物学的发展也作出了巨大的贡献。同学们，中国传统的关于植物的典籍你们了解吗？今天的一个作业就是选一本传统的植物学典籍，读后介绍给同学，并写出读后感。

4. 教学方法

讲授法、读书指导法。

5. 教学反思

学生从图书馆及古文网上获得了有关植物学的传统典籍，通过阅读提高了自身的修养，但是也有部分同学只是为了应付老师，在今后的教学过程中应该采取相应措施，让学生真正读懂和喜欢。

通过对传统植物学典籍的介绍及阅读，大部分学生更加热爱中华传统文化，增强了民族自尊心和自豪感，增进了对中国传统文化的自信，因此学生对自己的专业前景满怀信心。

案例二　绪论——生态文明与植物多样性

1. 课程内容简介

我国丰富的植物资源为经济的发展提供了雄厚的物质基础，但是我们必须清醒地认识到，我国植物资源的人均占有量远远低于世界平均水平，森林覆盖率仅为世界水平的63%。当前，全球能源耗费、资源枯竭、人口膨胀、粮食短缺、环境退化及生态失调，都与植物资源开发和利用不当有直接或间接的关系，这种状况严重威胁到植物的多样性。因此，我们必须加强对野生植物资源的保护，合理开发和利用植物资源，在保护植物多样性的基础上，使其发挥更大的

生态效益和经济效益。

生物物种一旦灭绝就不能再生，生物多样性减少不仅直接降低生物生产力，降低生态系统生产的产品和提供的服务，并且基于不同生物物种间广泛存在的食物链或食物网关系，以及其他复杂的互相影响的关系，生物多样性减少也可能会影响到生态系统的稳定并可能引发链条反应，导致更多的生物多样性丧失，进而影响整个生物界的稳定，降低生物圈对抗各种自然或人为灾难的能力，也因而可能影响人类文明的稳定和可持续发展。

2. 课程思政教学目标

党的十八大把生态文明建设纳入中国特色社会主义事业总体布局。习近平总书记在党的十九大报告中指出“坚持人与自然和谐共生，必须树立和践行绿水青山就是金山银山的理念，坚持节约资源和保护环境的基本国策”。大学生是未来生态文明建设的主角，所以高校的专业课教师应该承担起对学生进行生态文明教育的使命。在专业知识的讲解过程中融入生态文明的思想认识，帮助学生形成有利于生态文明建设的行为和生活方式。传统的思政课教师对于生态文明了解得不多，对于生态文明与生物多样性的关系也不十分明确，因此需要专业课老师结合专业知识进行讲授。

3. 课程思政教学设计

生物多样性减少是由多种原因造成，那么制止生物多样性继续减少就需要分别针对各种原因予以防范。涉及生物多样性保护的公约有很多，其中最重要的是《生物多样性公约》和《中华人民共和国野生植物保护条例》。希望同学们有时间能够了解相应内容，建立保护植物多样性、保护环境的理念。

下面同学讨论一下，你生活的环境中有没有珍稀濒危的植物，是什么原因导致这些植物濒危，提出你的保护措施。

4. 教学方法

讲授法、读书指导法、讨论法。

5. 教学反思

通过这个内容的教学，学生都能意识到植物多样性保护的重要性及实现生态文明的重要意义。在后期的植物学实习过程中，学生产生了保护植物的理念，采集标本时不再随意践踏，也不随意采集，起到了思政课的作用。

案例三 植物细胞与植物组织——建立科学生命观

1. 课程内容简介

细胞的发现：1665 年英国物理学家 Robert Hook 利用自制显微镜观察软木的切片，看到了排列紧密、蜂窝状的小室，称其为“cell”。此后，其他学者通过不同方法都相继观察到细胞及其细胞内更精细的结构。

细胞学说：1838—1839 年，德国植物学家施莱登和动物学家施旺提出具有划时代意义的“细胞学说”，提出“细胞是一切生物体的基本结构和功能单位”这一伟大论断，细胞学说是现代生物学（植物学、动物学、微生物学、遗传学等）发展的理论基础。

思政点 1：好奇和科学探索精神是产生伟大科学发现的前提——培养科学精神；

思政点 2：生物学的重要发现离不开显微镜技术发展（科学技术工具的革新）——认识技术发展的重要性；

思政点 3：生物与其他学科的交叉、科学工作者之间合作是未来全球科学问题突破的关键——学科交叉和合作观。

2. 课程思政教学目标

价值目标1：通过对细胞学说内容的解读，引导学生认识生命的本质，从而更好地认识自己和世界，建立科学生命观。

价值目标2：通过了解细胞及细胞学说的发展史，体会生物学的重要发现离不开显微镜技术发展（科学技术工具的革新）、前人的研究和科学发现基础。因此，生物与其他学科的交叉、科学工作者之间合作是未来全球科学问题突破的关键，帮助学生建立科学合作观。

能力目标：通过讲解细胞发现的历史，引导学生认真思考科学探索精神对科学发展的重要性，培养学生科学探索精神和科学思维方法。

3. 课程思政教学设计

细胞的发现过程：

（1）引入

通过设问，小时候有没有好奇自己是怎么来的？“我”是谁？引入人类自意识出现以来，就一直在不断问类似的“天问”，细胞的发现就是来自人类对自我及自身所处世界的好奇和探索，发现了生命的本质，建立科学的生命观。

（2）教学过程

教学内容展示：图片（Robert Hook 观察到的软木切片图，自制显微镜图）。

引导：正是借助科学技术——自制显微镜，1665 年英国物理学家 Robert Hook 发现了软木的微观世界，排列紧密、蜂窝状的小室。因此，被 Robert Hook 称为“cell”。

拓展：此后，荷兰科学家观察到了池塘一滴水中的“小世界”——各种原生生物；随着显微技术的发展，这一人类探索微观世界的工具放大倍数越来越大，探索者们（1831 年布朗、1838 年施莱登、1840 年 Pukinje 等）相继发现了细胞的更精细结构，如细胞核、核仁、原生质等。

提问和讨论：那么，生命的本质是什么？伟大的科学发现的前提是什么呢？细胞能够被发现和逐渐被越来越多学者解读到更精细结构，是好奇？不断探索？不断革新技术？是什么样的念头启动了细胞的发现？

预期效果：通过以上教学过程，引导学生思考人类对本我的探索和对世界的关系的思考，从而更好地认识自己和世界，建立科学生命观；认真思考科学探索精神对科学发展的重要性，从而使学生明白科学研究首先是好奇和探索，勤于思考，培养学生科学探索精神和科学思维方法。

细胞学说：

承上启下：在细胞及其细胞细微结构逐渐被发现的同时，人们也开始思考这个小小“cell”与我们人类自身生物体的关系。

展示：图片及细胞学说内容。1838—1839 年，德国植物学家施莱登和动物学家施旺提出具有划时代意义的“细胞学说”。

演绎1：细胞学说的伟大之处不仅在其内容上建立了现代生物学（植物学、动物学、微生物学、遗传学等）发展的理论基础——细胞是一切生物体的基本结构和功能单位，还在于该学说本身的提出就为我们呈现了一幅有关生命及生命本质探索的历史画卷，让我们知道人类是如何不断探索自身和自我，以及世界是怎样的这个主题。

演绎2：我们是谁？从哪里来，到哪里去？这个自人类意识出现以来的“天问”，促使无数科学探索者前仆后继地不断发现、改进技术（显微技术）、缩小观察视野，最后产生了伟大的科学发现并解答了我们是由什么组成的，我们的世界可能是什么样的，生命的本质是什么诸如此类的问题，同时又促使后面一系列“天问”问题的探索和揭示，如孟德尔的“遗传因子”和遗传规律、DNA 双螺旋结构的发现。

总结：细胞的发现和细胞学说告诉我们生命科学伟大的发现，都离不开 3 个基本要素，即好奇与探索精神（“天问”）、科学技术工具的革新、前赴后继的科学工作者的一个个发现和努力工作。

预期效果：通过以上教学过程，促使学生思考、体会生命科学的伟大发现离不开显微镜技术发展（科学技术工具的革新）、前人的研究和科学发现基础。因此，生物与其他学科的交叉、科学工作者之间合作是未来全球科学问题突破的关键，帮助学生建立科学合作观。

4. 教学方法

导入主题，引入教学内容；图片展示主要学习内容；设问、讨论，使用演绎、归纳法引导思政点的释放和融入，把握无声胜有声。

5. 教学反思

本节内容尽管不多，也不是细胞这一章重点知识内容，但是教学内容的实施对初入大学的大一学生建立科学生命观、认识科学探索精神、了解生物专业基本素养和方法却是非常重要的。本节思政点的融入在于润物细无声，是对教师语言和内容组织的考验。

案例四　植物组织（维管束）——像石榴籽一样团结在一起

1. 课程内容简介

植物体内木质部和韧皮部紧密结合组成的束状结构，即维管束。被子植物的木质部由导管、管胞、木薄壁细胞和木纤维组成，韧皮部则是由筛管、伴胞、韧皮纤维和韧皮薄壁细胞组成。木质部和韧皮部是被子植物承担长途运输任务的组织，前者自下而上运输水分和无机盐，后者是自上而下运输有机物，这样的运输方式能够满足植物体所有细胞的正常新陈代谢，是生命活动的重要基础。

2. 课程思政教学目标

木课程解剖部分的教学内容其重要的思想之一就是理解结构和功能的匹配性，即一定的结构才能支持其相应的功能。维管束是复合组织，由多种类型的细胞组成，其结构紧密，其功能必然彼此联系紧密，如木质部和韧皮部紧密联系，首先满足横向的需求，即木质部和韧皮部及附近细胞的基本生理需求，其次纵向需求，即长途运输，达到植物有机休的任何末端，保证植株个体的基本生长；由于结构紧密，故有支持作用。

价值目标 1：维管束结构紧密，形成束状结构既能完成运输任务，又具备了支持功能。木质部和韧皮部在结构上和功能上紧密联系，才能够有效地承担长途运输的功能，庞大而紧凑的输导系统也造就了牢固的支持作用，是植物形态存在的根本条件。类比一个家庭，需要父母感情稳定且通力合作，这个家庭就是幸福的家庭。钟南山院士和其夫人李少芬，两人在工作上互相支持，互敬互爱，李少芬老师关注钟南山院士锻炼身体，而钟南山院士为了支持李少芬老师的篮球生涯发展，一直等到退役才结婚。两个人恩爱有加，在李少芬老师长期支持和钟南山院士不懈的努力下，他们培养了优秀的儿女，成就了国家功勋奖获得者的院士，更是国人心目中的英雄！

价值目标 2：结构联系紧密，功能的相关性必然密切。新疆是我国多民族聚集的地区，大家只有团结一致，通力协作，才能建设美丽边疆。每个民族的成员都有自己的责任保持本民族风俗习惯、文化及独有的特色，但是也要尊重并团结其他民族，维持边疆稳定。因此，新疆各民族朋友，大家像石榴籽一样紧紧抱在一起，为了新疆发展，为了国家的长治久安，大家团结起来，靠自己勤劳的双手建设美好家园，众人拾柴火焰高，新疆未来更美好。

3. 课程思政教学设计

（1）讨论

引导学生思考维管束为什么是一个紧密的结构，且明显不同于其他组织类型。引导学生思考木质部和韧皮部提供了植物生长所需要的哪些要素，为植物有机体构建和新陈代谢提供怎样的物质基础，木质部和韧皮部是如何执行运输功能的，为什么彼此相依，达到了什么样的目的和效果。

（2）教学过程

引入：维管束是植物非常重要的复合组织，植物体的存在和体内新陈代谢的正常进行离不开维管束。由于运输物质不同，物质来源不同，运输方向不同，必须有相适应的管状分子结构：木质部和韧皮部——维管束功能引入。

教学内容展示：图片（木质部、韧皮部及维管束的细节图）。

师生讨论：通过图片认识到木质部和韧皮部的结合紧密的特点，在任何植物发现紧密结构，如何从庞杂的各种组织中把维管束识别出来，如何定位维管束，如何理解木质部、韧皮部和维管束是复合组织。引导学生把文字性的概念学活，具有一定的实操性，才能真正理解定义，利用定义。

（3）预期效果

通过老师引导学生观察植物结构，辨别植物各种组织并与其功能相联系，让学生学会利用植物学知识进行观察、思考。在教学过程中，讲述完维管束组成和特征，延伸到团队、集体甚至国家层面，都需要每个成员积极努力担当相应的责任。每个人都讲奉献，团结一致，目标一致，建设祖国美丽家园。

4. 教学方法

观察法、推演法、讨论法。

5. 教学反思

教师传授科学知识的同时，也要加强精神教育。通过植物组织章节的学习，学生要在组织水平了解植物生存安身立命的根本，进而理解我们民族、国家安身立命的根本是什么。非新疆籍的学生和少数民族同学接触后，也会培养同学情谊、友谊之花，更能体会习总书记说的“我们要像石榴籽一样紧紧抱在一起”才能更好地建设新疆，建设祖国，才能粉碎美帝亡我之心，维护领土统一、民族统一和国家统一。

案例五　种子和幼苗——播种未来

1. 课程内容简介

种子由胚珠发育形成，是种子植物特有的生殖器官。一般包括胚、胚乳、种皮 3 个部分，但其外部形态因种类不同差异很大。胚是由受精卵发育形成的新一代植物体的原始体（雏体），一般包括胚芽、子叶、胚轴、胚根 4 个部分。胚乳是由受精极核发育形成的结构，主要贮藏营养物质，根据种子成熟后有无胚乳划分为两种类型：有胚乳种子（如蓖麻、玉米等）和无胚乳种子（花生、慈姑等）。种皮担负保护功能，由珠被发育形成。

在经历了休眠状态后，结构完整、充分成熟的种子在充足的水分、足够的氧气、适宜的温度下萌发，通常是胚根先突破种皮向下生长成为主根，然后胚轴伸长，使胚芽突破种皮向上形成茎、叶、幼苗。

2. 课程思政教学目标

一粒小小的种子，凝结的是科技研究者潜心育种的智慧，承载的是“中国碗要装中国粮”的使命和袁隆平院士“禾下乘凉”的梦想，孕育的是种业自立自强、种源自主可控的希望。大学生是未来社会主义建设的主角，同时也是一个个承载中国梦的“种子”，因此高校的专业课教师应该承担起孕育、培养这一颗颗“种子”的使命，使顽强拼搏、甘于奉献的思想在学生脑海中生根发芽。

3. 课程思政教学设计

讲解种子结构时，讲述科学家钟扬教授的故事，他是一生扎根大地的感动中国十大人物之一，援藏16年间，在西藏大学教学工作之余奔赴野外收集4 000万颗植物种子，填补了世界种质资源库没有西藏种子的空白，被誉为“将毕生献给高原的植物学家”，从而激发学生保护自然、保护植物的意识和树立振兴种业的理想，有助于学生价值观、人生观的正确形成，培养学生敬业、有担当的优秀品质。

4. 教学方法

讲授法、讨论法。

5. 教学反思

教师不仅要教给学生知识，还要让学生树立人生理想，培养优良的品质。通过这节课的教学，学生了解了种子的结构，同样理解了种子的重要性。因此在教学过程中，鼓励学生传承前辈精神品质，珍惜校园时光，认真对待学业与实践，脚踏实地，务实创新，努力成为一粒粒“良种”，实现自己的青春价值，开出希望之花。

案例六　根的结构与功能——深根固本，根深叶茂

1. 课程内容简介

植物的地下部分是庞大的根系，主要作用是支持、吸收和输导水分及无机盐，除此之外还有贮藏、繁殖、合成及分泌等作用。

植物能够正常生长，必定有功能正常的根系，根系深入地下，可以获得更多更丰富的水和矿物资源，为植物生长提供重要的物质基础。根有主根和许多侧根，主根由胚根发育而来，而侧根则是起源于根结构内部的中柱鞘，因此与主根或较大侧根联系非常紧密，结合程度非常牢固，因此形成具有强大支持作用和输导系统的根系。

根系主要分为直根系和须根系，直根系的主根、侧根形态差异明显，且功能也有所不同，其支持作用主要靠扎入深层土壤，越深越牢固；须根系则是主根、侧根不明显，且主要由不定根组成，通过增大辐射面积和扎入土壤深处来加强支持作用，其主根、侧根功能基本相同。

2. 课程思政教学目标

在我们的日常生活中，根是事物的根本、起源。在课堂上给学生讲解专业知识的同时，引导学生思考什么是根，我们追根溯源的目的是什么，如何理解深根固本，根深叶茂。

价值目标1：引导学生从植物的深根固本，根深叶茂的道理来理解个人发展，即打铁还需自身硬。作为学生就要深入学习科学基础知识，认真做实验，使自身的学识既有一定深度（专度），又有一定广度，才能在职业道路上有更好的发展。如屠呦呦老师在广泛收集整理历代医药典籍、民间方药方等，在2 000余方药基础上筛选200多种中药开展实验研究，在380多次实验失败之后，利用现代医学和方法并不断改进提取方法，终于获得青蒿抗疟药的发掘成功。

价值目标2：通过根的内容，根深叶茂的内涵延伸，提倡扎根民族文化，加强对中华民族

的认同、认知并使其发扬光大。理解当今提倡的“文化自信”，我们必须扎根中华民族文化，真正了解和热爱中华民族文化，才能认同、提升和加强文化自信，而不是盲目地崇拜西方文化，怀疑甚至诋毁中华民族文化。中医疗法在新冠疫情时期给予了很大助力，某中药在治疗方面有着明显的疗效而被广泛使用。我们要认可老祖宗留下来的中医药学，要认同中医，热爱中医，并且学好中医为民族创造福祉。

3. 课程思政教学设计

（1）讨论

抛出问题，根的结构和功能是怎样联系起来的？让学生自己去思考。组织学生讨论日常生活我们是如何认识根、怎么判断根系类型，各种根有什么作用，为什么会有这些作用，什么结构在支撑相应的作用。通过抛出问题的方式，让学生思考、讨论和发言，以深入了解教学内容。

（2）教学过程

教学内容展示：图片（各种根）。

师生讨论：根使植物固定，主要通过深度和辐射面积来实现，那么深根系和须根系各有什么特点和优势。联系到个人发展，我们学习既要有一定知识面，也要有良好的专业知识，它会影响我们将来在工作上的成绩。

（3）预期效果

通过老师引导学生的问题式教学方法，激发学生积极思考，学会日常观察并利用所学的专业知识去认识植物结构的本质。在教学过程中，引导学生知道为什么深根固本，根深叶茂。我们日常要扎实努力学习、认真做实验，累积好专业知识，日后才能在工作、科研中发挥自身积极主观能动性，发掘自身优势和潜力，在工作岗位上才能有丰硕的成果，即根深才能叶茂。

4. 教学方法

问题式教学法、观察法、讨论法。

5. 教学反思

本节内容比较抽象，枯燥，根的结构复杂，学生初次接触能达到很好地理解教学内容存在一定难度。从微观角度而言，根特定的结构支撑着其相应的功能；从宏观角度来讲，根深植物的固定性能更好，能吸收到更多水分和无机盐，提供植物生长的基本元素，激发学生思考应加强自身学习和锻炼，只有我们民族稳固，了解并热爱中华民族文化，才能为国家和民族奋斗终身，使中华民族枝繁叶茂，以更加强大而自信的姿态立足于世界。

案例七　根的结构与功能（根的变态）——变化万千，只为更好地存在

1. 课程内容简介

在长期进化历史过程中，为了适应环境变化，植物根产生了适应某特殊的环境而改变其生理功能，并进一步引起形态结构的适应性改变，且能稳定遗传的现象，即变态。根的变态包括贮藏根、气生根和寄生根 3 大类。贮藏根主要是储存营养物质，因此常常会肉质化、膨大；气生根则是生长在地表之上的、裸露在空气的根；寄生根是寄生植物的根，通常不发达，主要通过寄主的根执行其生理功能。根的变态，除了正常的生理功能外，担当了其他功能，加强自身的适应能力。

植物根的变态也体现了根形态和功能的多样性，也是植物形态多样性的一部分。根的变态形式和形态，往往增强了植物的适应性和自身的利用价值。

2. 课程思政教学目标

根的变态在生活中非常常见，比如甘薯、甜菜、萝卜等肉质根的营养富集；玉米的支持根，榕树、红树等的呼吸根提高植物的支持和气体交换；菟丝子、肉苁蓉等的寄生根“损人利己”，呈现了根的多形态性及功能多样性的特征。让学生学会判断根的变态，同时也理解根的进化，甚至育种的目标等，了解变态的结构对其生存的影响。

价值目标1：现实世界的特点之一就是变化万千，人要能适应变化的环境，才能使自己可以更好地生存下去。我们的“国产土专家一号”于敏就是这样一个人，他原是研究原子核理论的，并且站在了国际前沿，填补了我国原子核理论的空白，但是国家希望他投入到氢弹的研究中，他毅然决然投身新的研究领域，为氢弹的成功爆炸做出杰出贡献。改变在某种意义上就是发展。因此，要热爱自己的国家，热爱自己的事业，改变是让自己更好，改变使国家更繁荣富强。

价值目标2：根的主要功能是支持巩固及输导作用，但是变态根则拥有了更多的功能，这样就增加了适应能力，也提升了自身价值，有利于后代的传播和生存。一个人要报效祖国，就要有相应的知识和本领。所谓艺多不压身，只能使你更优秀！因此，每个人的发展应是多方面的，而不是单一的，希望当代大学生练好自身硬功夫，将来承担建设祖国的重任。

3. 课程思政教学设计

（1）引入

根是植物体重要的营养器官，根系庞大、形态多样，无论以何种形式存在，都是为了提高其植物体的适应性，使物种能够长久保留下去而不被淘汰，变态形式包括肉质根、气生根和寄生根。——根的变态导入。

（2）教学过程

教学内容展示：图片（各种根变态的器官），甘薯、玉米等变态根的实物。

讨论：植物根变态种类的多样性，都是怎样适应环境，它们的结构是怎样的？讨论后，大家把结果投屏。

预期效果：通过讨论，识别根变态的结构，所拥有的功能与环境的内在联系。变化是多方向的，是不确定的，是发展的，终极目标是为了更好地生存。因此，同学们要拥有美好的未来，要掌握更多知识和技能，有专业知识和技能。在日新月异发展的今天，多条腿走路才可能拥有更大的发展空间，作出更大贡献。

4. 教学方法

讲述法、讨论法，多媒体教学。

5. 教学反思

目前，大学生学习专业课不够认真；几乎都有电脑，但是缺乏电脑基本知识和操作技能。很多专业都有实验课，但是不能认真做实验，不愿意动脑做实验。很多同学比较宅，不爱运动，甚至不爱上体育课。同学们的知识和技能储备不够多，这样走向社会，很难找到好工作或很难有骄人的成绩。因此，在这个章节切入提高大学生自身素质，练就良好本领非常合适。

案例八　茎的形态结构及功能——承上启下，团队合作

1. 课程内容简介

茎是连接根与叶之间的轴状结构，是植物体重要的营养器官，主要起输导和支持作用。茎起源于胚芽和胚轴，茎上的侧枝起源于腋芽。茎尖和腋芽的不断生长，陆续产生叶和侧枝，除少数地下茎外，共同构成了植物体地上部分庞大的枝系。

植物在长期的进化中，适应不同的环境，形成了千姿百态的茎。茎的发达程度与植物的生活周期密切相关，多年生木本植物较生活周期短的草本植物具有更为发达的茎。适应输导和支持作用，茎形成了不同于其他营养器官的形态和结构。

2. 课程思政教学目标

团队协作可以理解为一个集体或者组织为实现共同目标，成员之间表现出的一种自愿合作、协同努力的奋斗行为或精神。团队精神是一个集体或组织运行的根本，要形成良好的团队精神，使团队成员具备协作能力，首先要培养团队成员树立集体荣誉感、全局意识、奉献精神，使成员在集体利益至上的原则下，相互信任，团结互助，为了同一目标协同行动。团队成员若在思想认识上达成统一，便可释放出强大而持久的力量，进而达成预定目标。

3. 课程思政教学设计

在讲解茎的生理功能时，茎作为连接根和叶的中间结构，起着不可替代的作用，让根和叶有机联系在一起，共同完成植物体的营养生长和生殖生长。一株植物相当于一个团队，只有各个器官彼此相互协作，才能完成各项功能。引导学生建立团队协作的理念，在实验课及实习课分组时再次强调团队协作的重要性。举例中国植物志的编写经历了 4 代科学家历经 80 余载的努力才编撰完成，没有团队协作，这样的鸿篇巨著是不可能出版的，所以团队协作是十分重要的。

同学们课后搜集经典的团队协作的案例，在下次课时分享给同学们。

4. 教学方法

讲授法、读书指导法、讨论法。

5. 教学反思

目前的大学生基本都是家里的独生子女，独享家里的各种资源，在中学阶段家长对孩子的团队协作能力不够重视。因此，在大学的教学过程中，引入团队协作的理念显得十分重要。通过引导，大多数学生都能意识到团队协作的重要性。

案例九　叶的形态结构及功能——光合作用与“双碳”目标

1. 课程内容简介

（1）叶的生理功能

叶的生理功能是“叶的形态结构和功能”一章中第一个教学内容，包括光合作用、蒸腾作用、吸收功能及其他功能。

光合作用是绿色植物吸收光能，把二氧化碳（CO_2）和水（H_2O）合成富能有机物，同时释放氧气（O_2）的过程。光合作用是植物最重要的生理功能之一，对于维持大气中 CO_2 和 O_2 的相对平衡具有非常重要的意义。

（2）叶的发生和结构

叶的发生和结构是“叶的形态结构和功能”一章中第二节的内容，包括叶的发生和生长过程，叶的解剖结构（包括双子叶植物叶片的结构、禾本科植物叶片的结构、裸子植物叶片的结构）。

2. 课程思政点及教学目标

思政点：在讲解植物光合作用、维持大气中 CO_2 和 O_2 平衡的功能时，引出目前人类所面临的 CO_2 等温室气体排放过量，引起温室效应和全球性气候变暖的问题，进而引出我国为解决温室气体排放过多而提出的“碳中和”“碳达峰”的节能减排术语和“双碳”总目标，以及我国学者利用 CO_2 人工合成淀粉的前沿科学知识。

思政教学目标：通过思政点的引入，使学生了解并理解国家“碳中和”和“碳达峰”的目标和有关政策，引导学生建立起环境保护意识，从自身和小事做起，为实现国家“双碳”总目标而共同努力的意识；通过我国学者利用 CO_2 人工合成淀粉的重大科学技术突破，使学生增强民族自信心和自豪感，建立起科技兴国的意识及为国家发展和伟大复兴而努力奋斗的愿望。

3. 课程思政教学设计

(1) 教学内容的导入

叶是植物以最大面积暴露在环境中的器官，也是植物最重要的一个营养器官，更是地球上绝大多数生物赖以生存的一个器官，因为植物光合作用所合成的有机物、固定的能量，是地球上绝大多数生物生命活动所需能量的最初来源。从而引入叶片生理功能的教学内容。

(2) 教学过程

教师讲授叶的生理功能，引入第一个思政元素“双碳”和“人工淀粉的合成”。

“碳中和”是指企业、团体或个人测算在一定时间内，直接或间接产生的温室气体排放总量，通过植树造林、节能减排等形式，抵消自身产生的二氧化碳排放，实现二氧化碳的“零排放”。简单地说，也就是让二氧化碳“收支相抵”，排放为“0”。“碳达峰”指的是碳排放进入平台期后，进入平稳下降阶段。“碳达峰”与“碳中和”一起，简称“双碳”。2020 年 9 月 22 日，中国政府在第七十五届联合国大会上提出：“中国将提高国家自主贡献力度，采取更加有力的政策和措施，二氧化碳排放力争于 2030 年前达到峰值，努力争取 2060 年前实现碳中和。”为此，企业、团体、个人及科学工作者等都有责任和义务为实现“双碳”目标而努力，而利用 CO_2 人工合成淀粉，不仅对于解决 CO_2 排放问题具有重要意义，对于解决全球粮食紧缺问题同样具有非常重要的意义。这一研究结果发表在顶级期刊 *Science* 上，并被国际学术界认为是影响世界的颠覆性技术。

通过讨论“我们青年学生可以在保护环境和实现‘双碳’目标的过程中做些什么?”，并让学生起立回答或通过弹幕功能发表观点和见解，锻炼学生的语言组织能力和当众发言的勇气。引导学生建立起环境保护意识，从自身和小事做起，为实现国家“双碳”总目标而共同努力的意识，同时增强民族自信心和自豪感，建立起科技兴国的意识及为国家发展和伟大复兴而努力奋斗的愿望。

4. 教学方法和手段

问题引导法、讨论法；PPT、信息化教学工具中的随机点名、弹幕等功能。

5. 教学反思

关于叶片的生理功能，学生在初高中，甚至小学的课本中都有学习过，因此教师在授课过程中，对于基本理论无须讲解太多，而应注重以学生为中心，把课堂时间更多留给学生，引导学生回答问题、思考、讨论及发表见解等，着重锻炼学生的语言组织能力和当众发言的勇气；同时通过思政元素的引入，达到学习知识同时潜移默化受到思想教育的目的。

案例十 被子植物花的形态结构及功能——珍爱生命，勇于创新

1. 课程内容简介

“开花、传粉和受精”是“被子植物花的形态结构和功能”一章的最后一节，包括开花、传粉和受精 3 个方面的内容。

(1) 开花

包括开花的概念；不同植物的开花习性及人类生产生活中对植物开花习性的研究和应用。

（2）传粉

包括传粉的概念；自花传粉和异花传粉的概念、意义、代表性植物及其花部形态生理适应特征，特别是异花传粉植物的异交机制；风媒传粉和虫媒传粉的概念、代表性植物及其花部形态生理适应特征；生产实践中对植物传粉的应用。

（3）受精

包括受精的概念、类型；被子植物双受精的概念、过程和生物学意义。

课程思政点 1：在异花传粉植物花部形态生理适应特征中，讲到“曲卷性花柱异交机制”，自然讲到这一重要科学发现的重要性及其在学术界影响。

课程思政点 2：植物从开花，到传粉，再到受精完成有性生殖，形成新生命，是一个精巧、复杂而漫长的过程，受到环境中各种因素的影响，一旦在此过程中出现任何问题，都可能导致繁殖和生命形成的失败，因而所有生命都来之不易，都值得珍惜和尊重。

2. 课程思政教学目标

思政目标 1：通过“曲卷性花柱异交机制”这一重要科学发现的过程及其影响的讲解，引导学生学会立足当地，利用独特的自然条件，发挥区域特色和自身优势，更要有扎根边疆、献身科学、勇于创新的品质和精神，才能真正在自己从事的领域有所作为。

思政目标 2：通过开花、传粉和受精这一过程的讲解，引导学生理解生命形成的不易，学会珍爱生命，建立正确生命观。

3. 课程思政教学设计

（1）教学内容的导入

通过此前两节内容的学习，同学们已经对于被子植物花的雌蕊和雄蕊的功能和发育过程有了较为清晰的认识和了解，雌雄蕊的发育成熟意味着植物已经达到了性成熟，可以进行有性生殖。通过提问“植物性成熟的标志是什么？你如何知道植物已经性成熟了？”引导学生回答出“开花”。被子植物性成熟的标志是开花，开花的目的是通过传粉媒介传送花粉，而传粉的最终目的是让精子和卵细胞相遇完成受精，即成功实现有性生殖。对于大多数植物来说，开花、传粉和受精都是一个循序渐进的过程。

（2）教学过程

① 开花：通过“植物开花过程”教学视频的播放，让学生自行总结开花的概念，并通过信息化教学工具“随机点名”功能选择学生进行回答；通过各种图片的展示，讲解植物的开花习性及与环境的关系，使学生了解不同植物的开花习性及其在生产实践中的应用，让学生明白理论应用于实践的重要性，并为学生将来从事相关生产实验和研究活动奠定基础。

② 传粉：教师通过大量图片和实例，讲解传粉的类型，传粉的生物学意义，不同传粉类型植物花部适应特征，讲授中不断提出问题引导学生思考。引入传粉生物学中的前沿内容，如荒漠开花植物传粉生物学特征等。提出“影响风媒传粉和虫媒传粉的因素有哪些？”让学生讨论并起立或通过信息化教学工具中的“弹幕”功能发表见解。

在异花传粉植物花部特征中引入第一个思政元素“曲卷性花柱异交机制”。曲卷性花柱异交机制的发现，是由我国学者李庆军（云南大学研究员）及其团队多年艰苦研究的结果，他们扎根边疆、不畏艰苦、充分发挥自身优势，在自己的工作领域作出了重要成绩。他系统研究并命名了一个新的植物繁育系统——花柱卷曲性传粉机制，创造了 3 个术语：花柱卷曲性、柱头上举型和柱头下垂型，其研究成果发表在国际顶级权威科学杂志 *Nature* 上，并获得云南省自然科学奖一等奖。美国《科学新闻周刊》《华盛顿邮报》《纽约时报》，法国科学杂志及电子科学期刊，瑞士电子科学期刊等众多媒体相继作了报道。美国 Newcastke-upon-Tyne 大学著名植物学家 John Richards 说："这是在植物一个种里具有两种时间机制的个体以实现远交的首次报道。"国际著名植物学家、美国密苏里大学教授 Susanne Renner 博士也指出："这一发现对于深入认识和研究被子植物的性系统具有显著的意义。"引导学生学会立足当地，利用独特的自然条件，发挥区域特色和自身优势，更要有扎根边疆、献身科学、勇于创新的品质和精神，才能真正在自己从事的领域有所作为。

③受精：教师讲授受精和双受精的概念。传粉后，精子在柱头表面的花粉粒中，而卵细胞在子房内的胚珠里，"精子和卵细胞是如何相遇的?"通过问题的提出，引导学生思考并引出"花粉粒萌发和花粉管生长"的内容。通过视频播放并讲解双受精的过程，将抽象问题形象具体化。通过提问，引导学生对双受精生物学意义的理解。

总结：通过总结开花、传粉和受精过程及与环境关系内容，引入第二个课程思政元素"生命来之不易"。使学生理解植物从开花，到传粉，再到受精，完成有性生殖，形成新生命，是一个精巧、复杂而漫长的过程，受到环境中各种因素的影响，一旦在此过程中出现任何问题，都可能导致繁殖和生命形成的失败，因而所有生命都来之不易，都值得珍惜和尊重，引导学生理解生命形成的不易，学会珍爱生命，建立正确生命观。

4. 教学方法和手段

问题引导法、讨论法、归纳总结法；PPT、信息化教学工具中的随机点名、词云生成、弹幕、随堂小测等。

5. 教学反思

以学生为中心，把课堂时间更多留给学生，引导学生思考、讨论、发表见解等。

根据学生课堂上的现场表现，及课后信息化工具中的课堂报告功能，了解学生对课堂教学内容的掌握情况，重点分析课程思政元素引入和教育效果。

案例十一 被子植物花的形态结构及功能——天生我材，勇于担当

1. 课程内容简介

植物的自花与异花传粉方式：植物自花传粉是指花粉散出后，落到同一朵花的柱头上传粉的现象；而异花传粉是指落在另一朵花的柱头上传粉的现象。

植物自花和异花传粉的生物学意义：在自然界，尽管异花传粉更有利于种群扩张和繁衍，但并不存在严格的绝对意义的只用一种传粉方式进行繁殖的植物，因为自花和异花传粉均有各自的优缺点，正如达尔文进化论观点：用自体受精方法来繁殖种子，总比不繁殖种子或繁殖很少种子好些。充分利用植物自花和异花传粉优势，进行遗传育种，促进农业生产，解决重大粮食问题的案例有很多，例如杂交水稻。

思政点 1：植物传粉方式的不同是植物对繁殖适应的不同策略，植物尚能智慧地调整适应策略，变劣势为优势；人生亦并没有天生既定命数，未来的命运是靠自己发挥自身优势，发掘潜力，不断努力适应和调整的结果，要有天生我材必有用的气魄和胆量，树立正能量、积极向上的人生观。

思政点 2：讨论杂交水稻的案例，引导学生分析袁隆平杂交水稻之所以能够成功，是因为有扎实的传粉知识为理论基础（亲缘关系相近的物种间容易杂交）做依托，以及坚持不懈、大国情怀（解决老百姓的吃饭问题）；树立知识改变命运，改变个人，也是改变国家命运，新时代大学生要有大国情怀、民族使命感和责任担当。

2. 课程思政教学目标

价值目标 1：通过不同传粉方式优缺点的学习，明白命运是靠自己发挥自身优势，充分发

挥自己的潜力，不断努力适应和调整的结果，天生我才必有用，帮助学生树立正能量、积极向上的人生观。

价值目标2：通过杂交水稻的案例讨论，引导学生思考自己的未来和明确知识的重要性，成功离不开扎实理论基础、坚韧的毅力、崇高的家国情怀，培养学生的大国情怀、民族使命感和责任担当。

3. 课程思政教学设计

植物的自花传粉与异花传粉：

（1）引入

传粉是植物有性生殖的关键环节，传粉成功关系到能不能产生后代种子。所以，在自然界，植物通过长期演化和适应，形成了既有独特性又具有普遍性的传粉方式：自花传粉和异花传粉。——植物传粉的适应进化观念的导入。

（2）教学过程

教学内容展示：图片（自花传粉，异花传粉）。

讨论：植物为了保障自花传粉（或异花传粉）能够实现，有哪些花结构上的适应特征呢？通过讨论和总结发言，呈现相关教学内容。

辩论：那么，哪一种传粉方式更好呢？引导学生辨出2种传粉方式的优缺点；最后阐明老师的观点，适应进化是一切生物体种群得以延续的钥匙，发挥优势，变不利为有利，是生物进化永恒的主题，正如我们每个人，未来发展，并不取决于天赋，而是根据自己特点，发挥自身优势，发掘潜力，不断努力适应和调整，要有天生我才必有用的气魄和胆量。

预期效果：通过以上教学过程，引导学生明白先天不决定命运，后天的发挥自身优势和潜力，不断努力适应和调整最重要，天生我材必有用，帮助学生树立正能量、积极向上的人生观。

植物自花传粉和异花传粉的应用案例：

承上启下：了解植物的不同传粉优势和劣势，可以帮助植物育种学家充分利用植物进行选种选育，培育具有优异性状的作物。

展示：杂交水稻图片及选育过程简介。

提问1：袁隆平为什么能成功育成杂交水稻？是机遇？为什么他抓住了机遇？看到野稗的一瞬间，如果是你，你会有灵感吗？灵感的产生从何而来呢？如果他选择其他大粒的野生杂草呢？能成功吗？获得了杂交水稻后，还需要什么才能真正实现水稻的增产？如何保持优异性状，请大家用刚学的异花传粉和自花传粉的知识来阐述理由。

提问2：大家从杂交水稻的成功还看到了什么？科学人的孜孜以求？理想抱负？

总结：自花传粉和异花传粉的应用案例——杂交水稻的案例告诉我们知识的重要性、新时代大学生要有理想和抱负、要有使命感和责任担当。

预期效果：通过以上教学过程，引导学生思考自己的未来和明确知识的重要性，成功离不开扎实的理论基础、坚韧的毅力、崇高的家国情怀，培养学生的大国情怀、民族使命感和责任担当。

4. 教学方法

导入主题，引入教学内容；图片展示主要学习内容；提问、讨论、归纳法引导思政点的释放和融入。

5. 教学反思

本节内容比较有趣，能提起学生的专业兴趣，也是促使学生思考自己未来该如何走，如何通过专业知识的学习，实现自己的理想和抱负的绝佳机会；是培养专业兴趣和家国情怀非常合适的切入点。本节思政点的融入在于不断促使学生积极思考，通过对知识的融会贯通和分析、讨论的过程，欣然领会以上思政点。

案例十二　果实和种子——自然的智慧

1. 课程内容简介

植物开花、传粉、受精后，花的各部分发生了不同的变化：花萼枯萎或宿存，花瓣、雄蕊、雌蕊柱头和花柱均枯萎凋谢，胚珠发育形成种子，子房则发育形成果实包被种子。依据花部参与形成果实的部分不同把果实分为两大类：真果，仅由子房发育形成的果实，如柑橘、桃、李等；假果，由子房和花的其他部分，如花托（草莓）、花被筒（苹果），甚至整个花序（凤梨）共同参与形成的果实。

在长期自然选择过程中，植物的果实和种子进化出适应不同传播媒介的多种形态特征，以利于传播、扩大植物分布范围，使种族繁衍昌盛，其主要依靠风力、水力、动物和人类的携带，还有果实本身的力量等方式。

2. 课程思政教学目标

在我们的生活中，植物的果实很普遍，甚至随处可见，但其中却蕴含着自然的智慧。在课堂上给学生讲解专业知识的同时，引导学生思考果实的适应性进化，了解果实演化之后的自然智慧，启发学生从简单的事物出发，发掘其背后隐藏的现象与原理，同时也引导学生热爱自然，探索自然的奥妙。

3. 课程思政教学设计

在讲解果实的结构，果实和种子的传播方式时，从果实的颜色、大小、形态和结构等方面，引导学生思考为什么会有各种形形色色的果实？这些果实的特征是否对其传播有利？再结合鸟类与果实传播的例子，让学生深刻理解果实和鸟类在长期的进化过程中相互有利的默契规则，感受自然的美妙。同时在果实的演化过程中，以自己独特的智慧获得人类的青睐，改变了命运，如原产于墨西哥的番木瓜，它被人类驯化的历史，已有6 000多年，因其富含维生素、钙、铁和十几种氨基酸、蛋白酶，一直以来都深受人类喜爱，也是水果界的资深“宠儿”。但很少有人知道，这种热带水果曾经差点遭遇灭顶之灾，20 世纪 50 年代，夏威夷爆发木瓜轮点病，木瓜仿佛“患癌”，长出轮状斑点，木瓜叶片扭曲变形，导致夏威夷岛的木瓜几乎全部灭绝。好在科学家们用了 20 年时间终于将抗轮点病毒的基因成功注入木瓜 DNA，这才让木瓜得以逃过灭绝的命运。借助现代的科学技术，木瓜一族不但没有灭绝，反而越来越繁荣，正是由于木瓜以自己的智慧征服了人类，获得了重生且繁荣的机会。通过实例的讲解，让学生感受到自然的智慧，并引导学生产生对自然的热爱和探索。

4. 教学方法

讲述法、讨论法。

5. 教学反思

植物是自然中重要的成员，在植物的演化过程中处处体现着自然的智慧。教师在植物学知识讲授时，不仅要给予学生知识，还要让学生挖掘知识背后有趣的自然现象，使学生能对其产生浓厚的兴趣，从而养成善于思考和探索的精神，同时培养对自然的热爱，对生活的热爱。

案例十三　被子植物分科——欣赏植物之美与胡杨精神

1. 课程内容简介

被子植物分类有关章节需要学生掌握不同科、不同属、不同种植物的形态特征。

杨柳科植物的特征为落叶乔木。单叶，互生，稀对生。有托叶，常早落。花单性，雌雄异株，排成下垂或直立的柔荑花序。花常先叶开放。无花被。子房上位。胚珠多数，倒生。胚乳核型。蒴果。种子基部围有白色丝状长毛。杨柳科植物在塔里木盆地分布较多的是胡杨和灰杨。全世界的胡杨90%在中国，中国的胡杨90%在塔里木盆地。

胡杨为乔木，高10~15m，稀灌木状。树皮厚，纵裂，淡灰褐色。萌枝细，圆形，光滑或微有线毛。芽椭圆形，光滑，褐色。苗期和萌枝叶披针形或线状披针形，全缘或疏生波状齿牙缘；成年树小枝泥黄色，有短茸毛或无毛；叶形多变化，卵圆形、卵圆状披针形、三角状卵圆形或肾形，先端有粗齿牙，基部楔形、阔楔形、圆形或截形，有2腺点；叶柄微扁，约与叶片等长；萌枝叶柄极短。雄花序细圆柱形，花序轴被茸毛，雄蕊15~25，花药紫红色；雌花序长约2.5cm，果期伸长，子房长卵形，柱头3，2浅裂，鲜红或淡黄绿色。蒴果长卵圆形，无毛。花期4—5月，果期6—8月。

2. 课程思政教学目标

传统的专业课教师更多的是传授专业知识，对于学生的审美情趣很少涉及。在植物学课程思政建设过程中可以引导学生欣赏植物之美，达到缓解精神压力，形成饱满的精神状态，更好地面对学习和生活中遇到的各种压力的效果。

3. 课程思政教学设计

在被子植物分类有关章节中，需要学生掌握不同植物的形态特征。在讲授这些植物特征时，可以用漂亮的图片引导学生欣赏植物之美，如不同形状的叶、不同的花冠等；让学生知道每一种植物都有每一种植物的美。在课后组织学生对自己认为美的植物进行拍摄，并进行评比，对于拍摄的比较美的图片进行展览，并给予适当的奖励。在带学生野外实习时，也可以引导学生欣赏自然风光，例如大漠的广袤无垠，塔里木河的蜿蜒曲折、雪山草甸的壮美，让学生感受到美，并利用这些美好的事物让学生产生对祖国大好河山的热爱之情。

4. 教学方法

观察法、讨论法。

5. 教学反思

教师不仅要教给学生知识，还要让学生学会欣赏美，通过这节课的教学，学生学会了欣赏植物的美，通过照片可以明显感受到他们的用心。实习时带他们去沙漠看胡杨生长环境的艰苦，也让他们更深入地理解了胡杨精神。美育可以陶冶学生的情操，净化学生的心灵，提高学生的综合素养。通过这一内容的讲解，学生学会了欣赏自然之美，通过学生拍摄的照片，可以看到他们对美的感知。

第二章 《动物学》课程思政案例

课程信息及编写教师信息

课程名称	动物学
课程类型	○公共基础课程 ◉专业教育课程 ○实践类课程
授课专业类/代码	生物科学/071001、生物技术/071002、生物信息学/071003、生物制药/083002T、生物工程/083001
课程性质	◉必修 ○选修
开课年级	大学一年级或二年级

编写教师信息

编写教师单位	教师姓名	性别	职称	学位	案例所属教学大纲中的章节及知识点	思政案例名称
塔里木大学	李艳慧	女	讲师	硕士	绪论—生物的分界	案例一 科学家精神，好奇心、想象力和创造力
					绪论—生物多样性保护	案例二 树立绿色文明生态观
					绪论—中国动物学研究史	案例三 增强民族自豪感及文化自信
					多细胞动物胚胎发育	案例五 胚胎发育，树立珍爱生命意识
					鱼纲	案例七 生物体结构、功能与环境相适应的辩证统一观点
					鱼纲	案例八 保护生态环境，保护鱼类资源多样性
					鸟纲消化系统	案例九 树立破除封建迷信，崇尚科学的态度
	王智超	男	教授	博士	原生动物门—孢子纲	案例四 青蒿素的发现，培养学生科学精神和民族自信
					刺胞动物门—珊瑚纲	案例六 珊瑚礁退化与全球气候变暖和过度捕捞

案例一 生物的分界——科学家精神，好奇心、想象力和创造力

1. 课程内容简介

本章学习使学生掌握动物学的概念及研究动物学的目的，了解动物学的发展与研究方法，理解动物分类的基本知识，掌握生物的分界及生物多样性的保护，结合不同时期科学家对动物

学的贡献，提示同学们要时刻保持科学的好奇心、想象力和创造力，勇于接触知识前沿，懂得在思辨中获得真理。

2. 课程思政教学目标

随着科学技术的发展，引用林奈、海克尔、考柏兰、魏泰克、陈世骧等科学家在不同时期对生物分界的理解，为生物的分界知识作出了重要贡献。

3. 课程思政教学设计

1735 年，现代生物分类学的奠基人、瑞典的博物学家林奈明确地将生物分为植物界和动物界，即二界系统，这是真正的生物分界；19 世纪前后随着显微镜的普遍使用，人们发现有些生物兼有动物和植物的属性，1866 年德国生物学家海克尔提出生物分界应包括原生生物界、植物界、动物界，即三界系统；电子显微镜技术的发展，生物学家可以揭示细胞的细微结构，1938 年考柏兰提出四界系统，即原核生物界、原始有核界、后生植物界、后生动物界；随着电子显微镜技术的完善和广泛应用，以及生化知识的积累，1969 年魏泰克根据细胞结构的复杂程度及营养方式提出了原核生物界、原生生物界、真菌界、植物界、动物界五界系统。

通过讲授这些学者对生物分界知识的推动，引导学生认知对自然的热爱和探索是这些里程碑人物的共同特点，任何自然之旅都离不开对自然事物的观察。

4. 教学方法

讲授法，启发式教学法，并通过介绍生物分界发展史事例鼓励学生查阅资料，要时刻保持科学的好奇心、想象力和创造力，勇于接触知识前沿，懂得在思辨中获得真理（非教学内容，但有利于提升学生探索科学的精神）。

5. 教学反思

通过讲授不同时期学者们对生物分界的理解，提示学生随着更多知识真相的挖掘，人们对原来的旧事物会有新的认知，要时刻保持科学的好奇心、想象力和创造力，勇于接触知识前沿，懂得在思辨中获得真理。

案例二　生物多样性保护——树立绿色文明生态观

1. 课程内容简介

本章学习使学生掌握动物学的概念及研究动物学的目的，了解动物学的发展与研究方法，理解动物分类的基本知识，掌握生物的分界及生物多样性的保护，结合目前生物多样性面临的威胁及物种多样性减少对人类生活的影响，使学生明白在地球这样一个大生态系统中，任何一个物种的消失，都会打破原来的生态平衡。同学们要始终牢记，人与动物、人与自然和谐相处，保护环境，保护生物多样性的生态文明观。

2. 课程思政教学目标

从生物多样性定义引导学生了解生物多样性的内涵，从生物多样性面临威胁，以及目前生物多样性现状和保护措施，引导学生认知：是多姿多彩的生物使地球充满了无限生机。

3. 课程思政教学设计

从生物多样性定义讲解，引导学生了解生物多样性的内涵及生物多样性对生态平衡的重要性，讲授人类活动对生物多样性的影响，使学生了解生物多样性面临的威胁及生物多样性保护措施。

4. 教学方法

采用多媒体演示、教师讲授、学生反转课堂与课堂讨论等多种教学方法，以学生为主体，在课堂教学中，教师紧紧抓住“善导”“激趣”“引思”“精讲”这四项教学要素，了解学生学习需求和兴趣，根据学生的兴趣点来设计教学内容。课堂上以学生为主体，发挥其主观能动性，要把以“教”为重心逐渐转移到以学生的“学”为重心，教授学生学习方法，启发学生类比记忆、对比记忆，达到事半功倍的效果。

5. 教学反思

课堂上，通过教师对生物多样性定义、重要性及面临威胁的讲解。使学生明白在地球这样一个大生态系统中，任何一个物种的消失，都会打破原来的生态平衡。同学们要始终牢记，人与动物、人与自然和谐相处，保护环境，保护生物多样性的生态文明观。

案例三 中国动物学研究史——增强民族自豪感及文化自信

1. 课程内容简介

本章学习使学生掌握动物学的概念及研究动物学的目的，了解动物学的发展与研究方法，理解动物分类的基本知识，掌握生物的分界及生物多样性的保护，结合《尔雅》《诗经》《齐民要术》《本草纲目》，“唐诗”“宋词”等著作作者对动物生动的描述，千百年来流传下来了许多脍炙人口的诗、词、歌、句，彰显了我国古代人民的智慧与文化底蕴，倡导学生向古代先驱学习，提高自身文化修养，增强学生民族自豪感及文化自信。

2. 课程思政教学目标

引用我国古代先民在《尔雅》《诗经》《齐民要术》《本草纲目》“唐诗”“宋词”等著作中有关动物的记载实例，彰显我国古人的智慧与文化积淀，为动物学的奠基与发展作出了很大的贡献。

3. 课程思政教学设计

在动物学发展初期，我国古代人民在《尔雅》《诗经》《齐民要术》《本草纲目》及“唐诗”“宋词”中均有关于动物形态及生活环境的描述。古代先民总结了农业生产经验，与动物有关的内容包括畜牧业、养蚕和养鱼等，如我国古代作为世界上重要的丝绸产出国，养蚕业规模十分庞大；再如《本草纲目》一书，共 52 卷，记述药物 1 892种，其中有药用动物 443 种。这些都是古代先民经验和智慧的沉淀，为动物学的发展作出了重要的贡献。

4. 教学方法

讲授法，启发式教学法，并通过介绍我国古代劳动人民对动物学发展所作出的贡献，提示学生不可盲目崇洋媚外，我国对动物的介绍相对于西方国家更早，更为详细，树立学生的民族自豪感和文化自信。

5. 教学反思

我国古代劳动人民通过自己勤劳的双手，提示学生要善于观察总结，挖掘更多知识真相，懂得在生活中获取真理。

案例四 原生动物门孢子纲——青蒿素的发现，培养学生科学精神和民族自信

1. 课程内容简介

原生动物门是课程中动物类群的第一个门类，主要学习原生动物门的主要特征、原生动物的分类和原生动物与人类的关系。

2. 课程思政教学目标

在原生动物分类的部分，孢子虫纲代表动物间日疟原虫生活史特征是教学的难点，且与人类健康密切相关，因此作为教学重点，通过引入屠呦呦先生获得 2015 年中国第一个诺贝尔生

理学或医学奖以及抗疟原虫药——青蒿素的发现，激发学生民族自信心，中国的传统中医文化，为全球抗疟事业提供了中国智慧，但同时也要强调疟原虫的抗药性，鼓励同学们投入科学研究中。

3. 课程思政教学设计

（1）导入

孢子纲原生动物对人类和经济动物的饲养产生很大的为害，尤其对人类，在我国解放初期，疟疾是5大寄生虫病之一，为害十分严重。在这种背景下，屠呦呦科研团队查阅传统药典，寻找治疗疟疾的方法。屠呦呦团队锁定了60多种中草药，开始进一步的研究和试验，终于在1971年11月，从青蒿中分离出青蒿素，并且通过临床试验，确认了青蒿素对于疟疾的效果。从1981年开始，中国科学家发现的青蒿素面向全世界进行推广，很快就在全球取得认可，并且伴随着医学水平的提升，2006年，又升级了青蒿素的ACTs疗法，这种疗法也是目前最有效的疟疾疗法。

（2）教学内容

间日疟原虫的生活史，间日疟原虫病的症状。

（3）设计意图

从疟原虫生活史入手，帮助学生掌握中药在人类疾病防控中的重要作用，但科学的方法才是中药发展的方向。

4. 教学方法

讲授法，启发式教学法，并通过介绍青蒿素治疗疟疾的事例鼓励学生查阅资料，使其明白治疗的机理（非教学内容，但有利于提升学生探索科学的精神）。

5. 教学反思

学生通过疟原虫的生活史了解寄生虫对人类的危害，通过青蒿素的发现和获得诺贝尔奖培养学生民族自信心，并鼓励学生查阅文献了解青蒿素的抗疟机理，培养学生探索科学的精神。

案例五　多细胞动物胚胎发育——胚胎发育，树立珍爱生命意识

1. 课程内容简介

学生通过对多细胞动物胚胎发育的学习，对生物的胚胎发育全貌进行全面认识。

掌握多细胞动物胚胎发育的基本概念和各时期发育的特点。

2. 课程思政教学目标

从多细胞动物胚胎发育历程讲起，探索生物生命发育过程，能够举一反三总结胚胎发育特点，初步建立个体发育与系统发育的统一思维。

3. 课程思政教学设计

【启发】从一个受精卵到多细胞动物个体的对比，引导学生探索胚胎发育的兴趣。

【提问】动物体怎样从一个单细胞发育为单细胞个体的？在发育过程中有哪些特点？通过问题明确学习目的和学习重点。

【引导】通过中学时期学习的生殖细胞的减数分裂，引导学生思考减数分裂后形成的精子、卵子的归属，即后来的生命走向。

【归纳】多细胞动物的发育大致分为3个历程：胚前发育，主要是精子和卵子的建成阶段；胚胎发育；胚后发育，主要是动物个体长大及各器官系统完善过程。

【引导】通过胚胎发育不同时期介绍，结合实例图片，引导学生认知：不同动物体在胚胎发育中，各时期特点稍有差异，在后期学习中要注意仔细观察类比。

【归纳】多细胞动物胚胎发育包括：受精卵、卵裂、囊胚期、原肠胚期、中胚层形成期、胚层分化期，使学生明确懂得生命不易，养成热爱生命、心怀感恩的情怀。

4. 教学方法

讲授法、启发式教学法、讨论法等，让学生明确章节教学目标，并通过课堂讨论互动充分调动学生积极性，使学生产生浓厚的学习兴趣，使学生在快乐的氛围中学习，同时也取得良好的教学效果。

5. 教学反思

课堂中，通过教师的讲授，让学生们明白多细胞动物胚胎发育历程，讲解细胞在发育过程中可能会出现的问题及可能会出现的后果，使学生们明白多细胞动物胚胎发育过程可能随时会出现问题，导致发育停止，生命终结，让学生树立生命来之不易、珍爱生命的意识。

案例六 刺胞动物门珊瑚纲——珊瑚礁退化与全球气候变暖和过度捕捞

1. 课程内容简介

刺胞动物门是课程中动物类群的一个门类，主要学习刺胞动物门的主要特征、主要动物类群和刺胞动物与人类的关系。

2. 课程思政教学目标

在刺胞动物分类的部分，珊瑚纲是刺胞动物门中数量最多的一个纲，同时珊瑚礁也是非常重要的海洋生态系统，是全球初级生产量最高的生态系统之一。因此，作为教学重点，通过介绍全球气候变暖导致大堡礁白化现象和我国长棘海星暴发等导致的西沙珊瑚礁退化事件，引起同学们对全球气候变化和过度捕捞对海洋生态系统的连锁危害的重视，加深同学们对环境保护、绿色发展等生态理念的认同。

3. 课程思政教学设计

（1）导入

珊瑚纲是刺胞动物门非常重要的一个类群，同时也是构成全球初级生产量最高的生态系统之一，但是近年来珊瑚退化事件屡见报端，造成的原因是什么？我们需要了解造礁珊瑚生长繁衍基础。

（2）教学内容

造礁珊瑚胃层的细胞内都共生有藻类（如虫黄藻），其最适温度范围是22~28℃，随着全球气候变暖，藻类脱离珊瑚造成造礁珊瑚丧失生活条件，共生关系被打破，造成造礁珊瑚死亡白化。

（3）设计意图

从珊瑚礁白化入手，帮助学生了解气候变化对全球生态系统以及多样性丧失的危害，形成绿色发展和环境保护的理念。

4. 教学方法

讲授法，启发式教学法，介绍造礁珊瑚白化事件并鼓励学生查阅资料，寻找造成珊瑚礁退化的原因（非教学内容，但有利于提升学生探索科学的精神）。

5. 教学反思

以一个大堡礁退化案例引发学生对全球珊瑚礁退化原因的探索，进而形成对保护环境、绿色发展理念的认同。

案例七　鱼纲——生物体结构、功能与环境相适应的辩证统一观点

1. 课程内容简介

学习鱼类主要特征，使学生掌握鱼纲的主要特征及基本结构，结合鱼类对水生生活的适应性特征，使学生明确生物体结构、功能与环境相适应的辩证统一观点。

2. 课程思政教学目标

从鱼类主要特征讲起，使学生了解鱼类外形及内部解剖结构，结合鱼类适应水生生活的特点，使学生树立生物体结构与功能相适应的辩证统一观点。

3. 课程思政教学设计

【启发】通过对不同鱼类照片的观察，思考什么样的动物是鱼类？

【提问】为什么鱼类需要水生生活？它们形态各异，外形差别较大，为什么都属于鱼类呢？鱼类有哪些特点便于其适应水生生活？通过问题明确学习目的和学习重点。

【引导】通过对比不同鱼类动物结构特点及生活方式，引导学生认知：生物体的基本结构和功能与环境相适应的特点。

【归纳】鱼类的主要特征：

① 不同体型，以适应不同的生活环境。

② 具有保护、感觉、分泌排泄的皮肤。

③ 具有起支撑作用的骨骼。

④ 具有适应水生生活的呼吸、循环、排泄等器官。

思政理念及分析：

【辩证统一思想教育】介绍鱼类特征及其特征与生活相适应特点，使学生始终树立形态特征与生活适应相统一的辩证观点。

4. 教学方法

讲授法、启发式教学法、讨论法等，让学生明确章节教学目标，并通过课堂讨论互动充分调动学生积极性，激发学生的学习兴趣，营造快乐的学习氛围，同时也取得良好的教学效果。

5. 教学反思

课堂中，通过教师的讲授，图片观察对比，让同学们明白鱼类外部形态特征及内部解剖结构特点，启发学生总结哪些特征与鱼类游泳生活相关，并归纳总结鱼类适应水生生活的特点，使学生始终明确鱼类各部分结构与功能相适应，让学生树立生物体结构与功能相适应的辩证统一观点。

案例八　鱼纲——保护生态环境，保护鱼类资源多样性

1. 课程内容简介

学习鱼类分类知识及目前鱼类资源面临的威胁，使学生树立保护生态环境、保护鱼类资源多样性的意识。

2. 课程思政教学目标

从鱼类分类及目前鱼类资源面临的威胁讲起，如外来物种引入、人类捕杀、不文明放生及各种水上工程造成的生态破坏等，使学生树立保护生态环境、保护生物栖息地意识。

3. 课程思政教学设计

【引导】结合鱼类分类知识及目前我国已经面临灭绝的鱼类，如白鳍豚等，让学生了解鱼类资源现状。

【归纳】

① 外来入侵鱼类的引入及对生态环境的破坏，为野生鱼类资源带来了巨大的损失。

② 不文明放生造成水生动物资源生态失衡

③ 水上工程建立，如修建水坝、水力发电站等，造成鱼类洄游路线被切断，使鱼类资源多样性面临威胁。

4. 教学方法

讲授法、启发式教学法、讨论法等，让学生明确章节教学目标，并利用课堂讨论互动充分调动学生积极性，使学生产生浓厚的学习兴趣，使学生在快乐的氛围中学习，同时也取得良好的教学效果。

5. 教学反思

课堂中，通过教师的讲授，图片观察对比，让同学们明白目前鱼类资源多样性面临的威胁，如外来入侵鱼类清道夫引入造成河道中其他鱼类食物短缺死亡，不文明放生鱼类（如鳄雀鳝）的放生造成水体中其他动物资源流失，水上大坝修建阻断鱼类洄游路线，造成鱼类基因多样性流失，呼吁学生注意保护环境，文明放生，保护鱼类资源多样性。

案例九 鸟纲消化系统——树立破除封建迷信，崇尚科学的态度

1. 课程内容简介

学习鸟类的消化系统，掌握鸟类消化系统的特点，让学生利用所学鸟类消化系统知识，解释为什么民间谚语“鸟粪落头上不吉利”没有科学依据，使学生明白封建迷信不可信，要能够利用自己所学知识破除封建迷信、崇尚科学。

2. 课程思政教学目标

从鸟类消化系统讲起，让学生了解鸟类消化系统特点，结合民间谚语“鸟粪落头上不吉利”，引导学生学会利用所学知识解释一些不科学迷信说法，让学生树立破除封建迷信，崇尚科学的态度。

3. 课程思政教学设计

讲解鸟类消化系统的知识，让学生明确鸟类消化系统与其飞行生活相适应的特点，由于鸟类直肠比较短且为了减轻身体比重，一旦有粪便产生，就会立刻从身体中排出，故而会有在空旷地方鸟粪砸头的现象。

4. 教学方法

讲授法、启发式教学法、讨论法等，让学生明确章节教学目标，并通过课堂讨论互动充分调动学生积极性，使学生产生浓厚的学习兴趣，使学生在快乐的氛围中学习，同时也取得良好的教学效果。

5. 教学反思

课堂中，通过教师的讲授，图片观察，让同学们明白之所以在空旷地方会有鸟粪落头上，是鸟类消化系统与其飞行生活相适应的结果，并不是一种不吉利的象征，从而让学生学会利用所学知识解释现象，使学生树立破除封建迷信、崇尚科学的态度。

第三章 《生物化学》课程思政案例

课程信息及编写教师信息

课程名称	生物化学
课程类型	○公共基础课程 ◉专业教育课程 ○实践类课程
授课专业类/代码	生物科学/071001、生物技术/071002、生物信息学/071003、生物制药/083002T、生物工程/083001
课程性质	◉必修 ○选修
开课年级	大学二年级

编写教师单位	教师姓名	性别	职称	学位	案例所属教学大纲中的章节及知识点	思政案例名称
塔里木大学	李树伟	女	教授	博士	第一章 绪论 知识点：生物化学发展历史	案例一 诺贝尔奖之中国期望
					第二章 核酸化学 知识点：基因组的结构特点	案例五 新冠病毒与中国抗疫
	任敏	女	副教授	博士	第三章 蛋白质化学 第四章 酶 知识点：蛋白质一级结构	案例二 中国人工合成牛胰岛素的历程
	韩占江	男	教授	博士	第五章 酶 知识点：酶催化作用的特点	案例六 学习酶科学，走科学之路
					知识点：酶促反应动力学	案例七 酶的抑制剂与生产生活
	陈水红	女	教授	博士	第七章 糖代谢 知识点：糖酵解	案例十一 糖酵解引出投入与产出
					第九章 蛋白质的酶促降解和氨基酸代谢 知识点：氨基酸分解代谢	案例十六 揭秘自然界中的白化现象
	应璐	女	副教授	硕士	第八章 脂类代谢 知识点：脂肪的分解代谢和甘油三酯的运输	案例十二 植物油热量低，动物油热量高，是真的吗？
						案例十三 胖子才会得脂肪肝，瘦子不会得脂肪肝，是真的吗？

（续表）

兰州理工大学	巩慧玲	女	副教授	博士	第三章 核酸化学 第一节 概述 知识点：核酸的研究简史	案例三 核酸研究简史——探索与发展
					第三章 核酸化学 第二节 DNA的结构 知识点：DNA双螺旋结构的特性	案例四 DNA双螺旋结构——创新与合作
新疆农业大学	刘超	男	讲师	硕士	第五章 维生素的结构与功能 知识点：维生素A、维生素B_1	案例八 坚定文化自信，培养健康意识
	苏豫梅	女	副教授	博士	第六章 生物氧化与氧化磷酸化 知识点：氧化磷酸化	案例九 大胆创新、坚持热爱、求真务实、勇于探索科学真理的化学渗透学说提出者 Peter Mitchel
						案例十 杨茂君教授研究团队突破性揭示哺乳动物 ATP 合成酶分子结构及作用机制
	葛杰	女	副教授	硕士	第九章 蛋白质酶促降解及氨基酸代谢 知识点：氨基酸分解代谢和尿素循环； 氮素循环和氨基酸代谢的合成	案例十四 推开尿素合成大门
						案例十五 隔夜茶喝不得吗？
	刘晓东	男	教授	博士	第十章 核酸的酶促降解和核苷酸代谢 知识点：核酸的酶促降解；嘌呤核苷酸代谢	案例十七 科学认知与你的生活
						案例十八 嘌呤核苷酸代谢与痛风
	夏木斯亚·卡坎	女	讲师	博士	第十一章 核酸生物合成 知识点：中心法则；逆转录	案例十九 科学探索中心法则
						案例二十 我国科技工作者助力科学防疫，展现中国精神
石河子大学	孙黎	女	教授	博士	第十二章 蛋白质的生物合成 知识点：蛋白质合成体系	案例二十一 从遗传密码的破译感受科学之美
						案例二十二 人工合成牛胰岛素的中国故事

案例一　绪论——诺贝尔奖之中国期望

1. 课程内容简介

在《生物化学》课程中第一章是“绪论”，作为生物化学的开篇，内容中主要介绍了生物化学概念、新世纪生物化学研究的特征和动向、生物化学研究内容、生物化学的发展等，之所以以诺贝尔奖为例介绍生物化学发展的历史沿革，是因为获得诺贝尔奖会带来一些改变，它会影响到教育、对该领域研究的资助等。对于获奖者的国家，也是一个重要的时刻，它可能会让公众对该领域有一个更积极的态度，尤其是对一些年轻的学生而言，这可能会促使他们选择该领域作为他们生活的一部分。

教学具体内容从以下 7 个方面讲述：

① 开篇鼓励学生热爱自己的学校，什么是最好的大学？引用兰州大学校长严纯华的话：“接纳你的一所学校，就是你最好的大学”；

② 生物化学概述，介绍生物化学研究范围之广阔，生物类专业都要学习该课程；

③ 研究对象与内容，研究对象之广，研究内容之深；

④ 生物化学发展阶段，动态生物化学发展阶段与静态生物化学发展阶段描述；

⑤ 生物化学发展史，以诺贝尔奖授予的生物化学与分子生物学领域成果为例讲述；主要涉及的是诺贝尔化学奖和生理医学奖，从 18 世纪至最新基因编辑技术获奖，充分表明生物化学与分子生物学一直是走在世界科技前沿的一个领域，对人类的知识宝库作出了重大贡献。鼓励学生既要立鸿鹄志，遥望灿烂星空，以期将来也可登高摘星辰，又要脚踏实地，学好目前的专业课程，鼓励学生努力奋斗，成就未来诺贝尔奖之中国期望；

⑥ 生物化学与其他专业的关系；

⑦ 主要参考书与常用网址。

2. 课程思政教学目标

近些年的诺贝尔奖都授予了在生化与分子生物学领域的科学成果，这表明生物化学与分子生物学专业是一个全社会极为关注的科学热点，生物化学的研究历史铺满了金灿灿的诺贝尔奖。作为一个影响巨大的专业，既是一个专业问题，也是一个鼓励学生立志奋发图强的极好时机。事实证明，在每年出现的诺贝尔奖成果现实面前，学生会受到极大的震撼，特别是祖国大陆的科学家屠呦呦获奖，更是提升了广大科研工作者的信心和士气，也体现出中国中医学的博大精深，鼓励学生立鸿鹄志，建功立业，为国争光，同时脚踏实地，努力学好生物化学这门课程。

3. 课程思政教学设计

① 从实例引入大家关心的话题：2020 年的诺贝尔奖，授予了基因编辑这项成果，2022 年的诺贝尔奖授予了古基因组，科研人员迫切需要了解诺贝尔奖，这几乎是科研工作的风向标，生物化学的发展史上诺贝尔奖无数，因而这是一个大家都非常关心的话题。

② 从大家的好奇引入生物化学的发展史：每年的 10 月份是诺贝尔奖揭晓时间，处于人们互相传递诺贝尔奖捷报的时期，正好通过诺贝尔奖的获得成就，简述生物化学研究史，从大科学家的身上，激发学生学习专业的热情。

③ 第一节课大家对自己所学的专业怎样，有无发展前途深感迷惘。讲授诺贝尔奖无数的生物化学发展史，揭示生物化学与分子生物学领域是世界热点研究领域，解除学生的疑虑，增加学习的兴趣。

④ 中国科学家的成就说明诺贝尔奖并不是高不可攀：中国科学家屠呦呦的获奖是一个很好的思政切入点，她在获奖之前也是默默无闻的技术员，但是只要作出对人类有益的突出贡

献，就能摘到星辰，鼓励学生树立努力奋斗的信心。

⑤ 屠呦呦的获奖，表明中国中医学宝库的博大精深：屠呦呦也是在中医药的宝贵启发下，开始研究青蒿素，激发学生对中华文化与中医的认同感，提升文化自信、民族自信心。

⑥ 激发学习热情，但不能盲目自信，还要脚踏实地，刻苦奋斗：激发学生也许将来也能获奖的希望，但也不能盲目自信，还需要艰苦卓绝的努力奋斗，才有可能在将来取得举世瞩目的成就。提醒学生既不能极度自卑，也不能盲目自信。

4. 教学方法

主要采用 PPT 课件的教授方法，引入最新知识，今年的诺贝尔奖刚刚揭晓，回顾中国人获奖历史，培养鼓舞学生学习兴趣和奋斗热情。

5. 教学反思

优点：教学内容因为都是身边现实发生的事情，且与自己正在学习的专业息息相关，很容易引起大家的共鸣，也容易引起大家的兴趣并对其进行深入探讨。教学内容新颖，能够与所教授的内容相契合，诺贝尔奖每年的揭晓是科学界的盛宴，也让科学成果变得家喻户晓，但是多数人对其并未真正了解。讲解诺贝尔奖的获奖成果，即生物化学与分子生物学的研究史，使学生了解生物化学的每一个里程碑事件就是金灿灿的诺贝尔奖成果，极大地提升学生学习专业知识的兴趣。一个个诺贝尔奖获得者也在学生面前树立了榜样，通过对榜样的学习，学生的想法应该不再是得过且过，而是立志为国争光，学习造福于人类的知识。中国屠呦呦的获奖，能够很好地融入思政内容，体现中医药以及中华文化的优秀，可以用事实培养学生的文化自信，践行社会主义核心价值观。

缺点：由于采用的都是最新、最前沿、正在研究跟进的内容，新知识和内容都没有定论，随时可能更新，所以不属于传授确定不变的、绝对正确的经典知识。

育人效果与反馈：效果良好，学生课程即将开始，应该用事实说话，让学生树立良好的思想政治修养、职业素养，大力弘扬立志高远，在中华文化自信、民族自信方面，学生都获得了较好的认同。

一个个诺贝尔奖获得科学成果组成的生物化学与分子生物学，更是激发了学生学习生物化学知识的热情。例如，学生表示今后要努力奋斗、立志高远，不再碌碌无为、虚度年华。通过学习与行动，学生们的认知与价值观都得到了升华，努力学习造福人类的有用科学知识，成为同学们的共识，政治思想水平得到升华。

案例二　蛋白质的一级结构——中国人工合成牛胰岛素的历程

1. 课程内容简介

本节思政案例选自第 2 章蛋白质的第二节“蛋白质的一级结构”中的知识点维持蛋白质一级结构的主要化学键。重点阐述肽键、二硫键在蛋白质一级结构的主要作用，引入 1956 年，Sanger 成功测出牛胰岛素的一级结构，胰岛素成为世界上第一例一级结构被测定的蛋白质，Sanger 也因此获得诺贝尔奖。1965 年，我国科学家根据牛胰岛素的一级结构，人工合成了具有正常生理活性的牛胰岛素，这是世界上第一种人工合成的蛋白质，为帮助学生树立正确的人生观和世界观，激发学生的爱国情怀、科学精神，授课过程要以人工合成牛胰岛素的历程作为思政教育。

2. 课程思政教学目标

（1）知识传授目标

掌握蛋白质的一级结构所涉及的肽键、二硫键的概念、定义，理解蛋白质一级结构是其他高级结构的基础，熟悉一级结构与进化的关系，为学生介绍蛋白质数据库。

（2）能力培养目标

培养学生运用所学蛋白质化学的一级结构，举一反三，解决实际问题能力，训练学生独立思考、提出问题、深入挖掘问题的能力。

（3）思政育人目标

通过回顾中国科学家在世界上首次合成牛胰岛素的历程，以历史和科学的眼光重温这一重大成就。让学生自主学习中国生化发展史上的重要研究成果，促使他们在正确学习目标的指导下培养爱国情怀、提升创新意识及自主学习的能力。

3. 课程思政教学设计

课前：通过学习平台上传我国人工合成牛胰岛素历程的相关文献资料，让学生总结我国生化学家是用什么办法解决人工合成牛胰岛素的，想法来源是什么，在人工合成牛胰岛素过程中有哪些历史机遇与挑战，他们是如何克服困难并解决这些问题的。

课中：课堂中讲授逐步引导和启发，让学生讨论课前下发的文献资料。

（1）讲授蛋白质结构时，引入我国合成人工牛胰岛素的国内国际形势及合成牛胰岛素的重大意义。如1958年，在我国百废待兴，西方发达国家严密封锁，我国设备落后，生化人才储备不足的条件下，历时9年时间，1965年，我国在国际上首次获得了具有生物活性的人工合成结晶牛胰岛素。以此为点激发学生爱国情怀。

（2）讲授牛胰岛素人工合成过程团队合作，并将老一辈的科学家所践行“献身、求实、团结、奋进”的牛胰岛素精神传递给学生。首先给学生讲述我国提出人工合成牛胰岛素的国内国际背景并提出问题：人工合成牛胰岛素是国内外科研追逐的热点吗？是我国科学家的兴趣吗？我国为什么要开启这个研究？意义是什么？提出这几个问题，引发学生的好奇心。如国际上关于多肽合成的有，1953年，美国科学家维格纳奥德首次人工合成了由8个氨基酸组成的具有生物活力的多肽激素—催产素。维格纳奥德因使用创新的多肽合成方法获得1955年度诺贝尔化学奖。1955年，英国科学家桑格经过10年努力，测定了牛胰岛素的一级结构，获得了1958年度诺贝尔化学奖。桑格获奖后，*Nature* 杂志发表评论文章指出“合成胰岛素是遥远的事情”。面对这样的不可能，尽管我国1958年，新中国成立之初，百废待兴，但是，在中国共产党八届二中全会召开后，中国科学院上海生物化学研究所的研究人员在王应睐所长带领下大胆提出要“合成一个蛋白质”。同年12月，生物化学所邀请北京大学等单位举办胰岛素文献报告会，全面认识和分析了胰岛素人工合成的重要性、现实性和可行性。“合成一个蛋白质”被明确为使用人工方法合成牛胰岛素。1959年1月，人工合成胰岛素项目正式启动，并于同年6月被列为国家科研计划，获得国家级机密研究计划，代号“601”——“1960年第一项重点研究项目”。人工胰岛素合成由生化所副所长曹天钦为组长，建立5人领导小组。他们采取“五路进军”“智取胰岛”的方案，即：①有机合成——蛋白质专家钮经义负责；②天然胰岛素拆合——酶化学家邹承鲁负责；③肽库——蛋白质专家曹天钦负责；④酶激活——生化专家沈昭文负责；⑤转肽——生化专家沈昭文负责。胰岛素分子的全合成涉及近200步反应，工作量大，难度高。在研究基础和物质条件都非常薄弱的情况下，主要面临以下困难：需要制备氨基酸和相关试剂；缺乏合成多肽的方法；亟待建立蛋白质和多肽的分离分析技术。当时，国内只能生产纯度不高的3种氨基酸（甘氨酸、精氨酸、谷氨酸），合成胰岛素的其他14种氨基酸需要从香港转进来，价格昂贵。生物化学所的同志们没有被困难吓倒，他们摸索氨基酸合成方法并建成了专门制备氨基酸等试剂的东风生化试剂厂。

教师在团队合作、科学精神、爱国情怀方面进行引导，启发学生思考并参与讨论合成胰岛素是前沿热点，是研究兴趣（通过雨课堂投票形式获得答案）。对于持否定或不肯定答案的学生，再次强调在当时中国生物化学研究人才极其匮乏、仪器设备几乎完全空白、国际上也认为合成胰岛素是不可能办到的背景下，我国科研人员敢于向世界科学高峰发起挑战的力量来源是什么？与学生分析1958年我国正处在经济转型发展的关键时期，新经济的发展迫切需要以科学技术为支撑。在科学技术已成为国家综合竞争力集中体现的今天，要大力提升我国科技事业发展水平，将国家利益置于首位，勇于为国担当，才能以超乎寻常的胆识做大我国科技事业发展的格局。我们需要的不正是前辈科学家们的那样一种情怀和精神吗？从而激发和引导学生思考到强烈的民族责任心、高度的国家使命感无疑是驱使科研人员敢于作为、勇于创新、不惧困难、立志为国争光的强大精神动力，与学生分析并强调大胸怀、大格局是做人做事才能走得久远的根本。

授课过程中与学生分析提出科学研究过程一般包括：发现问题、提出假设、设计实验、实验验证、整理数据、得出结论。科学进程中不断出现新问题，还要不断反思、修正、完善，具有勇于探索的精神。

在学习平台发布“我国生物化学家在‘人工胰岛素’合成中体现出了哪些科学精神”的讨论话题，培养学生创新、协作、严谨的科学思维。

4. 教学方法

课前采用文献阅读法，激发学生的学习兴趣；课堂授课中通过讲授法并结合讨论法来总结授课内容，并体现思政元素；课后通过线上讨论式教学法加强课堂知识与日常生活的联系。

5. 教学反思

本节课从人工牛胰岛素的合成历程，讲授合成过程中让同学们感悟出：科学发现离不开时代的机遇与挑战，科学在逆境中谋突破，求创新。在当时的条件下，提出合成胰岛素的想法绝非单纯的研究兴趣使然，也非一味追逐科学发展的前沿热点所致。强烈的民族责任心、高度的国家使命感无疑是驱使科研人员敢于作为、勇于创新、不惧困难，立志为国争光的强大精神动力，正是将国家利益置于首位，勇于为国担当，才使科研人员能够以超乎寻常的胆识做大我国科技事业发展的格局。

案例三　核酸研究简史——探索与发展

1. 课程内容简介

在介绍核酸研究简史的基础上，重点讲授核酸的种类、分布和功能。

2. 课程思政教学目标

通过介绍核酸的研究简史，为学生普及科学历史，感悟现代科学的巨大进步，并认识到科学认识是无止境的，不存在永恒不变的科学真理，科学在本质上是相对的、可变的、处在不断的修正和发展过程中，从而培养学生的科学价值观；并通过介绍我国科学家的相关研究工作，培养学生的家国情怀，激发民族自豪感和热爱祖国的深厚感情。

3. 课程思政教学设计

课前：在学习平台上发放核酸研究历史的文献资料，激发学生的求知欲，开阔视野。

课中：①导入核酸发现的历史，增强学生的科研兴趣。1868年，瑞士青年科学家Fridrich Miescher从脓细胞中提取出核素，最早发现如今的核酸，但当时还未证实核酸是遗传物质。通过这样的历史事件吸引学生注意力，引起学生兴趣，激发学生的求知欲。②介绍核酸研究进步历史，培养学生的科研精神。如：从四核苷酸学说到DNA作为遗传物质的发现与证实、DNA结构的发现、DNA测序方法和PCR技术的发明、人类基因组计划的启动与完成，让学生感悟出：这些核酸研究的一个个重大成果，无不代表着现代科学的巨大进步。③结合 DNA 就是遗传物质的实验确认过程，与学生分析和讨论科研中的逆境。如 Avery 等人的肺炎双球菌的感染实验，证实 DNA 就是遗传物质，但随之而来的并不是想象中的赞扬与肯定，而是科学界的各种质疑与否定。这些不但没有动摇 Avery 等人继续探索的信心，反而增强了他们的信念。直到后来，随着人们对 DNA 化学特性的了解，特别是 1952 年 Hershey 和 Chase 证明了噬菌体 DNA 能携带母体病毒的遗传信息到后代中以后，科学界才终于接受了 DNA 是遗传信息载体的理论。从而让学生明白科研往往不是那么顺利的，特别是在逆境中不仅要能吃苦，还要能顶住各方面的质疑与压力，绝不轻言放弃。④介绍我国科学家的相关研究成果，如 1981 年 11 月，我国科学家人工合成酵母丙氨酸 tRNA，这是世界上第一次合成具有生物活性 RNA；我国科学研究团队参与人类基因组测序工作等，培养学生的家国情怀，激发民族自豪感。

课后：在学习平台发布讨论“核酸研究在新冠病毒检测中的运用”，通过讨论，让学生体会科学技术对人类健康的重要性。

4. 教学方法

课前采用文献阅读法，激发学生的学习兴趣；课堂授课中通过讲授法并结合讨论法来总结授课内容，并体现思政元素；课后通过线上讨论式教学法加强课堂知识与日常生活的联系。

5. 教学反思

本节课在介绍核酸研究简史的基础上让学生掌握核酸的种类、分布和功能。通过学习核酸的研究简史，让学生了解科学发展的内在规律。教学设计中涉及“核酸研究在新冠病毒检测中的作用”的课后讨论，让学生感受到本学科在人类健康中的重要作用，增强学习热情。

案例四　DNA 双螺旋结构——创新与合作

1. 课程内容简介

从 DNA 双螺旋结构的研究历程出发，重点讲授 DNA 双螺旋结构的特点及其维持双螺旋结构稳定性的因素。

2. 课程思政教学目标

通过介绍沃森和克里克解析 DNA 双螺旋结构的历程，并结合 DNA 双螺旋结构的特性，培养学生热爱科学、追求真理的科学精神，并让学生认识并体会到创新需要合作以及学科交叉的重要性。

3. 课程思政教学设计

课前：通过学习平台给学生发放 DNA 结构研究历程的文献资料，让学生总结和思考沃森和克里克这两位不同国籍、不同学科的科学家是用什么方法解决 DNA 结构这一问题的，他们的思想渊源来自何处，在探索过程中经历了哪些重大事件，遇到了哪些困难，获得了哪些帮助？得到了哪些启发，他们又是如何分析并解决这些问题的。

课中：课堂讲授中逐步引导和启发，让学生充分讨论课前下发的文献资料后，总结出 DNA 双螺旋结构建立的主要依据分别是：①遗传学确认遗传物质是 DNA；②生物化学对 DNA 化学结构式的研究；③X 射线晶体学对 DNA 纤维的 X 射线衍射分析；④结构化学对化学键，尤其是对氢键的认识；⑤分子建模方法的应用。从而让学生认识和体会到科学创新的基础是多学科的融合，此外，让同学们认识到科学成果的获得过程并不是一帆风顺的，必须采用科学的方法，是不断完善、不断修正的过程，例如：克里克和沃森采取分子建模的方法解决 DNA 结构的问题，在建模过程中，他们把实验检验和模型调整有机地结合起来，模型由 3 条链到两条链，由链在内到链在外，由碱基同类配对到互补配对，主要的分子力由离子键到氢键，在每一步调整过程中，都考虑到X射线衍射实验和生物化学实验的结果，使他们得以不断修正错误，逐步走向正确；另一方面，科学成果是科学家合作的结果，沃森和克里克之间的合作就是两位不同国籍、不同学科的专家之间良好的合作，他们两人专业互补，配合默契，没有这种合作，单靠一人的努力是不能获得成功的；另外，沃森和克里克与其他科学家之间良好的合作，如从晶体学家威尔金斯和富兰克林那里获得了X射线衍射实验的清晰照片和必要数据，为他们建立模型奠定了实验基础，数学家格里菲斯对碱基受力的计算和生物化学家查伽夫关于不同类碱基的1：1比率促使他们形成互补配对的思想；结构化学家多诺休指出他们错误地使用了碱基的化学结构式，提出了正确的酮基形式，为实现氢键的碱基互补配对提供了物质基础。从而让同学们认识到科学研究过程中不同学科专家合作的重要性。

课后：在线上发布讨论问题。1953年发现DNA双螺旋结构的历史条件已经成熟，走到这一结构门前的人中，除了沃森和克里克外，还有鲍林、富兰克林和威尔金斯。相比之下，沃森和克里克无论在晶体学或结构化学方面都是新手，研究DNA分子结构并非他们的任务，也没有做过任何DNA的X射线衍射实验来直接获得有关数据，甚至还未全面掌握探讨此问题所需的各方面知识，但是DNA双螺旋结构为什么既不是由结构化学的奠基人、多肽α螺旋结构的发现者鲍林发现，也不是由取得了丰富的DNA的X射线衍射实验数据的晶体学家富兰克林和威尔金斯发现，而是由沃森和克里克发现了呢？通过讨论这一问题，让同学们认识到科技创新与正确的科学方法和良好的科学合作是分不开的。

4. 教学方法

课程预习时，借助线上平台引入文献式教学法，引起学生兴趣和思考；课堂讲授环节，通过启发式和讨论法教学方法，总结归纳出课程教学的主要内容，并体现思政元素；课后借助线上平台发布问题来讨论和巩固教学内容，并探讨科技创新的影响因素。

5. 教学反思

本节课从沃森和克里克建立DAN双螺旋结构模型的历程，讲授DNA二级结构的特点及其稳定性的因素，让同学们感悟出：科技创新与正确的科学方法和良好的科学合作是分不开的，以及两人深邃的科学洞察力及其对DNA结构的执着探索精神，从而体现教学中课程思政元素。但沃森作为20世纪最伟大的科学家之一，在进入21世纪后，也因发表不当的种族以及性别歧视言论而被谴责与排斥，名声一落千丈。科学家的学术成果和思想道德之间的关系，这一问题也值得和同学们探讨。

案例五 核酸的化学——新冠病毒与中国抗疫

1. 课程内容简介

对于生物技术与生物科学等专业的《生物化学》课程，第二章是核酸的化学，这一章的内容首先介绍核酸的分子结构，最主要内容是遗传物质DNA的分子结构，在这一小节中需要介绍到真核生物基因组、原核生物基因组以及病毒基因组这几个方面，以新冠病毒为例，对于病毒基因组的教学内容结合课程思政具体从以下8个方面讲述。

① 新冠肺炎的发生，简单阐述新冠肺炎发生的现状；

② 罪魁祸首——新冠病毒，介绍新冠病毒的基因组基本情况；

③ 冠状病毒的分类，简单介绍新冠病毒分类情况；

④ SARS-CoV-2的检测，简单介绍新冠病毒的检查方法；

⑤ 细胞因子风暴，简单介绍新冠病毒引起细胞因子风暴导致患者死亡的情况；

⑥ 新冠病毒三维精细结构，介绍新冠病毒具体的三维结构详细图谱；

⑦ 防护措施，介绍防护传染病三原则及疫苗研制情况；

⑧ 战疫成就彰显中国制度优势，总结融入思政内容表述激发爱国情怀。

2. 课程思政教学目标

在《生物化学》课程中有小节内容是“核酸的化学—基因组的结构特点—病毒基因组结构特点”，讲解新冠病毒的基因组与细胞结构很有必要。

2019 年以来发生的新冠疫情已经导致全球百万人口失去宝贵生命，作为一个影响巨大的传染病，既是一个科学问题，也是一个政治问题。事实证明，在严峻的现实面前，既是对科学研究的考验，也是对政府执政的考验，本小节教学从中美两国战疫成果的巨大反差中可以体现出中国共产党的英明之处，体现中国制度的优越性，建立制度自信、科学自信，通过本小节的教学可以大力弘扬爱国主义精神。

3. 课程思政教学设计

（1）从时事引入大家关心的话题

对于过去 3 年来发生的新冠疫情，来势汹汹，给全球人民造成极大的困扰，从国家到个人，从政治到经济，从工作到生活，特别是疫情期间的隔离，大家都苦不堪言，人们迫切需要了解它，消灭它，从而恢复正常生活秩序，因而这是一个大家都非常关心的话题。

（2）从大家的好奇引入造成灾难的元凶

由于人们迫切要了解谁是真凶，从而需要了解从新冠肺炎的发生对于新冠肺炎发生后机体的反应，元凶具体的细胞结构怎样？属于哪个家族等一系列问题。

（3）如何找到看不见、摸不着的元凶

冠状病毒是人们早已知晓的病毒，根据已知病毒基因的组成，引出新型冠状病毒基因组的结构与特点，冠状病毒的分类情况，表明其基因组变异迅速、防治困难等特点。

（4）传染病防御的关键步骤是检测病原

如何进行病原的早期检测与诊断是流行病学调查的关键，引出现在实行的核酸检测及方法，以及抗体检测等早期、感染后诊断组合的检测手段。

（5）细胞因子在新冠肺炎的发生过程中起着重要作用

病毒感染后产生症状是由于引起了细胞因子风暴，本节虽然未深入讲解细胞因子有哪些，但是，学生应该对细胞因子有了要深入了解的欲望。简述新冠病毒传播途径、侵染过程、作用靶点等，以便了解找到药物作用的靶点及途径，从而找到疗愈措施。

（6）新冠病毒的精细三维结构

足够学生深入了解基因与蛋白结构的层次，满足学生超越普通人士对新冠病毒了解的程度。

（7）了解了病毒，如何进行防护最关键

科学的手段落实到每一个普通大众，且不引起反感，是需要政府行政命令的干预的，这就体现了政府的功能。从科学的角度解析防护措施，使学生能够更加理解政府的各种防疫措施，从而团结在党中央的周围，万众一心，众志成城抗疫。

（8）用实践与事实说话，弘扬中国体制的优越性

作为科研人员需要用具体的数字来说话，引用具体的新冠肺炎死亡人数，来体现政府的英明之处与制度的优越性，会使人心服口服，学生也能深刻体会到，虽然自由很重要，但宝贵的生命更重要，因为没了生命谈何自由？从而衷心拥护中国共产党的领导，爱国情怀油然而生。

4. 教学方法

主要采用 PPT 课件的教授方法，也可引用目前视频，结合自己的防疫现实讲述。胶体金抗原检测视频等现实教学。

5. 教学反思

优点：教学内容因为都是亲身经历过的事情，很容易引起大家的共鸣，也容易引起大家的兴趣并对其进行深入探讨。教学内容新颖，能够与所教授的内容相契合，核酸与蛋白本来是一个非常专业的问题，经过新冠疫情后变得家喻户晓，但是多数人对其并不了解，借助病毒基因组特点讲解可以使学生了解新冠，其实也为其他章节比如核酸、蛋白质、免疫球蛋白等相关章节内容作了铺垫。由于中国的抗疫成就在世界范围内太突出了，所以能够很好地融入思政内容，体现中国共产党领导的政府是一个负责任的政府，可以用事实鼓励学生的爱国热情。中国科学界对新冠肺炎的研究成果也举世瞩目，新冠病毒的不断变异让人难以琢磨，都极大地吸引学生建立投身科学、勇攀科学高峰的理想与抱负。

缺点：由于采用的都是最新、最前沿、正在研究跟进的内容，新知识和内容都没有定论，随时可能被更新，所以不属于传授确定不变的绝对正确的经典知识。

育人效果与反馈：教学效果良好，因为新冠病毒引起的各种问题，相信人人都深有体会，随着防疫周期的延长，人们的生活困难矛盾日益突出，应用事实说话，提升学生的思想政治修养、职业素养，从而影响周围的人，积极支持政府的各项防疫举措。

案例六　酶——学习酶科学，走科学之路

1. 课程内容简介

酶作为生物催化剂，具有一般催化剂不同的特点，主要表现为：① 催化效率极高；② 高度的专一性；③ 酶活性受到严格调节；④ 酶的反应条件温和。

2. 课程思政教学目标

本案例以酶催化作用的特点为切入点，引出我国酶学研究奠基人邹承鲁先生的自传《我的科学之路》，简单回顾邹承鲁先生从求学到开始做酶学研究，以及对待科学研究的态度。让学生了解科学家精神：胸怀祖国、服务人民的爱国精神；勇攀高峰、敢为人先的创新精神；追求真理、严谨治学的求实精神；淡泊名利、潜心研究的奉献精神；集智攻关、团结协作的协同精神；甘为人梯、奖掖后学的育人精神。激励学生努力学习、为国奉献。

3. 课程思政教学设计

介绍酶的催化作用特点，提到“反应条件温和、易失活”特性知识点，提醒学生开展酶相关研究时要特别注意这一点，需要有适宜的“条件”，否则实验可能失败。为学生介绍需要具备哪些条件，现在我们很容易实现，早期的酶学研究课是很难有现在这样的条件，进而引入邹承鲁先生早期开展酶学研究的经历。

邹承鲁（1923. 5. 17—2006. 11. 23），生物化学家。1945 年毕业于西南联合大学化学系，1951 年获英国剑桥大学生物化学博士学位。曾任中国科学院生物物理研究所研究员。1980 年当选为中国科学院院士（学部委员）。1992 年当选为第三世界科学院院士。邹承鲁和岳父李四光、妻子李林成就了“一家三院士”的佳话。邹承鲁先生为我国生物学界培养了一大批人才，新华网评价他是科学斗士与真理卫士的完美结合。

1946 年邹承鲁参加“庚子赔款”留英考试，以化学类第一名的优异成绩被录取。1947 年赴英，在当时世界生物化学研究中心——剑桥大学，师从著名生物化学家凯林教授从事呼吸链酶系研究。研究生期间，他在国际上最早尝试用蛋白水解酶部分水解的方法，研究蛋白质结构与功能的关系，发现了细胞色素 C1 与线粒体结合前后性质发生很大变化，证明细胞色素 B 与琥珀酸脱氢酶不是同一种物质。单独署名的论文在英国 *Nature* 杂志发表。这些开创性的工作在发表半个世纪后仍不断被人引用。

邹承鲁在英国学习期间适值第二次世界大战之后，英国的工作和生活条件都比较艰苦，这对他是很好的锻炼，凯林教授非常强调要在简单的实验条件下做出优秀的工作，研究工作最主要的是靠创新的学术思想，善于在工作中发现问题，而不是依靠大量的先进仪器设备收集大量各种数据。邹承鲁到剑桥大学时，实验室只有一台贝克曼分光光度计，是整个实验室的宝贝。在整个研究生期间，实验室都没有可控温的离心机，这对于大量进行酶学研究的实验室是十分不方便的。整个实验室没有冷室，有的实验只能冬天在楼顶进行。楼顶既是整个实验室公用的冷室，又是公用的大通风柜。但这一切都没有阻止该实验室每年都有高水平论文发表，成为全世界最著名的实验室之一。现在，我们有时候花费大量财力，引进先进仪器而不知道应该做什么工作，甚至不知道如何使用这些先进仪器，开创性的成果却未与仪器数量成正比。邹承鲁先生和导师凯林教授的故事提醒我们，要在科学上取得重大突破，先进的创新学术思想和勤奋工作是第一位的，是工作取得进展的内因，先进仪器只能是第二位的，只能是工作取得进展的外因和重要条件。在任何情况下都不能代替先进的创新学术思想以及勤奋工作去实现这些思想以取得重大突破。

4. 教学方法

讲授，案例、讨论、课后阅读。

5. 教学反思

引入本案例的一个目的是让学生更加形象地理解“酶的反应特性”知识点，同时要提醒学生在科学实践中学以致用，满足实验条件要求；另一个目的是通过介绍邹承鲁先生的故事，侧面介绍酶学研究历史、老一辈科学工作者的工作作风，尤其是我们提倡的“科学家精神”。

限于时间，本案例仅梗概介绍，点到学习之处。同时建议学生课后研读邹承鲁先生的自传《我的科学之路》，以期学生从中收获更多。

案例七　酶——酶的抑制剂与生产生活

1. 课程内容简介

酶促反应动力学是研究酶促反应速度及其影响因素的科学，影响酶促反应因素主要包括底物浓度、酶浓度、温度、抑制剂和激活剂等，此方面的研究不仅为酶的结构和功能及酶作用机理的研究提供实验数据，还能更好地了解酶在代谢中的作用和某些药物的作用机理等理论问题；而且可以寻找最有利的反应条件，在应用中发挥酶的最大效率，因此，研究酶促反应动力学具有重要的理论意义和实践意义。

2. 课程思政教学目标

本案例以抑制剂对酶促反应的影响为切入点，介绍抑制剂对酶促反应抑制作用在生产生活中的应用实例，让学生理解理论联系实际，知识造福人类。

3. 课程思政教学设计

介绍酶促反应动力学中的抑制剂对酶促反应抑制知识点时，列举抑制剂应用实例，启迪学生学习要注重理论联系实际，恰当地应用生化知识可以报效祖国、造福人类，为构建“人类命运共同体”而奉献力量。

【案例 1　乙酰胆碱酯酶抑制剂与杀虫剂】

乙酰胆碱酯酶，是生物神经传导中的一种关键性酶，在胆碱能突触间，该酶能降解乙酰胆碱，终止神经递质对突触后膜的兴奋作用，保证神经信号在生物体内的正常传递。世界上曾经使用最广的氨基甲酸酯类和有机磷类杀虫剂就是乙酰胆碱酯酶抑制剂，会抑制乙酰胆碱酯酶的活性，将导致动物的麻痹甚至死亡，而达到杀虫效果。近年来，有机磷农药因高毒而被禁用。

随着生活水平的不断提高，人们对食品安全问题日趋关注。果蔬中农药残留量因关系到食品安全而备受人们关注。许多地方还在蔬菜、水果上违规使用有机磷农药，虽然实验室有专门设备和试剂可用于准确检测农产品的有机磷农药残留，但不便大众使用，是否有更简单快捷的检测方式，以便老百姓随时进行果蔬有机磷农药残留的检测呢？有机磷农药残留测试卡的出现方便了人们对果蔬农药残留的检测，检测原理是借助于有机磷对乙酰胆碱酯酶的抑制作用，测试卡分为酶片和底物片两部分：酶片上固定了乙酰胆碱酯酶，底物片上固定了2,6二氯靛酚乙酸酯。将样品液滴到酶片上，停留5min以上，以保证有机磷农药与酶完全反应之后将测试卡对折，使酶片与底物片正好对齐充分接触，反应几分钟后，打开测试卡。如果样品中无有机磷农药，乙酰胆碱酯酶将保留活性，可以与底物作用产生蓝色的2,6-二氯靛酚；如果样品中存在有机磷农药，由于农药能够抑制乙酰胆碱酯酶的活性，致使酶部分甚至完全失去活性，依据酶活性的不同，催化底物生成蓝色产物的量不同，试纸中酶片和底物片可能呈现浅蓝色，甚至无色。虽然该方法操作简单便捷，但是由于酶稳定性及酶对有机磷农药敏感性差，此方法只可用于对果蔬农药残留的初步测定。

【案例2 流感病毒唾液酸苷酶抑制剂】

人体内的唾液酸苷酶大多是致病性的，流感病毒通过唾液酸苷酶的作用除去红血球凝集素受体唾液酸，对于在感染细胞中新形成的病毒颗粒释放起着必要的作用。同时，唾液酸苷酶可促进病毒通过呼吸道的黏液，从而提高病毒的感染性。

在病毒感染早期，对病毒扩散进行控制是治疗流感的有效方法之一，所以可设计一个唾液酸苷酶抑制剂来降低或者抑制该酶的活性，从而阻断病毒扩散，以达到治疗流感的目的。作为合理药物设计一个成功范例的抗流感药物达菲（主要成分是磷酸奥司他韦），就是唾液酸苷酶抑制剂，能够抑制该酶的活性，是目前治疗流感的常用药物之一，对患禽流感病人的治疗也有效。随着病毒的变异以及药物的副作用，奥司他韦的使用受到了一定限制。研究人员开始寻找新的抗病毒药物。中医药抗流感在我国有着悠久的历史，2014年，中国研究人员报道热毒宁注射液及其有机酸类成分均有抑制流感病毒唾液酸苷酶的作用，金银花是热毒宁注射液主要药用成分提炼材料之一。在抵抗和治疗2019年开始在全球流行的新型冠状病毒感染过程中，中医药起到了重要作用，研究中药的治病机制，挖掘中药的治病潜力必将带给人类巨大的福祉。

4. 教学方法

讲授，案例、讨论、课后阅读。

5. 教学反思

引入本案例的一个目的是让学生更加形象地理解“酶的抑制剂”知识点，给同学们展示抑制剂在生产生活中的广泛应用，关系国计民生，启迪学生学好科学知识，将来为人类健康（流感、新冠肺炎）、地球可持续发展（农药、生态安全），以及构建“人类命运共同体”作出自己贡献。

限于时间，本案例仅选取两个小案例进行介绍，抛砖引玉，进一步推荐学生课后搜集更多的相关资料，如大豆胰蛋白酶抑制剂的作用。

案例八 维生素的结构与功能——坚定文化自信，培养健康意识

1. 课程内容简介

维生素是参与生物生长发育和代谢所必需的一类微量有机物质。已知绝大多数维生素作为酶的辅酶或辅基的组成成分，在物质代谢中起重要作用。本章主要介绍各种维生素的特点、功能以及与辅酶的关系；另外也介绍作为辅酶或辅基的金属离子，即微量元素与辅酶的关系。

2. 课程思政教学目标

① 通过学习维生素相关内容，认同并热爱中华民族的优秀传统文化，激发学生民族自豪感和爱国情怀。

② 通过学习维生素相关内容，做好饮食管理，培养学生的健康意识。

3. 课程思政教学设计

（1）坚定文化自信

公元7世纪，唐朝孙思邈著有《千金要方》和《千金翼方》两部医书，在书中记载了牛肝能治雀目。雀目就是夜盲症，因缺乏维生素A引起，而动物肝脏中含有丰富的维生素A。书中还谈到现在看来是缺乏维生素B_1而引起的脚气病，对此，孙思邈用吃含维生素B_1多的中药（杏仁、防风、吴茱萸、蜀椒等）或谷皮和粥进行治疗。1886年，荷兰医生艾克曼（C. Ekma）在印度尼西亚的爪哇岛研究当时普遍流行的脚气病时，最初还以为是细菌感染所致，而直到1897年他才从实验中证实米糠含有一种营养素，可治愈脚气病。日本海军于1878—1882年暴发脚气病，后用大麦代替大部分精米后，脚气病得到控制。

教师在讲述到维生素缺乏与人类疾病时，可适时提及夜盲症和脚气病的治疗，继而引用《千金要方》和《千金翼方》两部医书中关于牛肝治雀目以及谷皮治疗脚气病的文字，强调早在公元7世纪，我国古人虽然不知道维生素是什么，却已懂得利用食物中的维生素对症治疗相应疾病。而直到1 000多年后，西方科学家才懂得用米糠治疗脚气病。通过对传统典籍解读，结合维生素研究历程的讲述，让学生对中华灿烂文明和古人智慧产生共鸣，从而激发学生的民族自豪感和爱国情怀。

（2）培养健康意识

在非洲，约1 400万的儿童正在经历严重的营养不良和发育问题。而在疫情的打击下，更是灾难性的倍增。据统计，非洲营养不良人口高达20%，而东非情况更严重，这个数字接近1/3。相比非洲儿童长期的饥饿局面，中国儿童面临更严重的超重和肥胖问题，过去几十年，我国儿童的超重肥胖率快速增长，从1995年的5%涨至19%（数据统计截至2020年），并且还在逐年上升。在日常生活中，孩子如有挑食、偏食、营养摄入不均衡等情况，就有导致“隐形饥饿”的风险，造成营养不良。当孩子的饮食结构中摄入过多的碳水化合物和脂肪，孩子很有可能表现出“越吃越胖”但“越胖越营养不良”的情况。由于营养不平衡或者缺乏某种维生素及人体必需的矿物质，同时又存在其他营养成分过度摄入，从而产生隐蔽性营养需求的饥饿症状。

教师在讲述到维生素缺乏与人类疾病时，可适时提及非洲儿童营养不良情况，以及中国儿童超重肥胖导致的“隐形饥饿”。教师提醒：少吃“三高”加工食品，高盐、高糖、高脂，热量摄入超标。饱腹感的增加也会忽略饮食多样化，导致维生素等营养摄入不足。长期过多食用这类食物，可能导致高血压、糖尿病或超重肥胖问题。做到平衡膳食营养，树立健康意识。

4. 教学方法

课前教师采用智慧在线教学平台发布维生素相关案例、文献、新闻等资料，学生查阅资料，完成课前任务单；课堂授课中主要通过实例导入法、设问启发及思政话题探讨等混合式教学方法进行授课，并体现思政元素；课后通过线上平台发散式讨论教学法加强课堂知识与日常生活的联系。

5. 教学反思

本章介绍维生素和辅酶，它们的特点是量微但不可或缺，是维持生物体正常生长发育和代谢所必需的微量有机物质。本章思政元素主要从维生素研究的传统典籍、维生素产业化中挖掘，理论和生产、生活结合，学生兴趣十足，记忆点深刻，且具有一定的科普性。

案例九　生物氧化与氧化磷酸化——大胆创新、坚持热爱、求真务实、勇于探索科学真理的化学渗透学说提出者 Peter Mitchel

1. 课程内容简介

（1）课程理论知识内容简介

氧化磷酸化是指生物体内三大营养物质糖类、脂类和蛋白质通过细胞呼吸作用进行氧化分解生成二氧化碳和水的过程。在三大营养物质氧化分解过程中，物质代谢脱下的氢通过电子传递链传递最终与氧结合生成水，伴随着能量的释放使得 ADP 磷酸化成 ATP。氧化磷酸化是生物体内三大营养物质氧化分解为机体供应能量的最主要途径，是生物体获得能量的主要方式。

化学渗透学说是揭示氧化磷酸化机理的主流学说。该学说是指代谢物氧化还原反应中产生的电子在经过电子传递链传递时，可将 H^+ 从线粒体内膜基质侧泵到线粒体内膜胞浆侧，从而产生线粒体内膜外 H^+ 的电化学梯度。当 H^+ 顺着电化学梯度流回线粒体内膜基质时，ATP 合成酶可将 H^+ 流动产生的驱动力促使 ADP 与 Pi 结合，从而生成 ATP。化学渗透学说由英国的米切尔（Peter Mitchell）于 1961 年提出，现被科学界广泛接受。

（2）课程思政内容简介

本思政案例主要从化学渗透学说提出者 Peter Mitchel 的生平和提出化学渗透学说的科研经历方面开展课程思政教育。

化学渗透学说提出者 Peter Mitchel 研究方向起初不是细胞能量学，与细胞能量学的学科研究方向相差甚远。他早期研究的方向是营养物质如何通过细菌细胞膜进行运输。细菌的细胞膜是含有膜蛋白的磷脂双分子层，水溶性物质会被阻挡，但细胞膜上的膜蛋白通道可以允许特定的物质进出细胞膜。通常，细菌细胞膜内的物质浓度高，而细胞膜外的物质浓度低。此时，细菌需要消耗能量才能将细胞膜外侧低浓度的营养物质通过主动运输渗透进入高浓度的细胞质中。正是由于长期致力于细菌主动运输的研究，米切尔对生物膜导致的化学物质浓度聚集有了特别的敏感性。此时他在思考如果把细菌的主动运输反向认知，那么当物质从高浓度环境流向低浓度环境时就会产生势能，从而产生能量。而这即是 Peter Mitchel 阐释化学渗透学说的突破点。

Peter Mitchel 以此为突破点提出氧化磷酸化的化学渗透学说后，引起学术界一片争议，主要原因在于 Peter Mitchel 并非科班出身，但却提出了极具创新性的学说，因此引起了社会的普遍质疑。在这样的大环境压力下，Peter Mitchel 并没有退缩，勇于面对学术界的质疑，顶住压力默默地开展了长达 10 余年的深入研究。在研究过程中，他也经历了不断失败、不断推翻、不断前行的阶段，最终通过实验证明了化学渗透学说的正确性，揭示了生物氧化磷酸化产生 ATP 的本质原因，该研究成果最终于 1978 年获得诺贝尔化学奖。

2. 课程思政教学目标

通过 Peter Mitchel 化学渗透学说的提出、验证及最终获得诺贝尔化学奖的科研经历案例，达到下列课程思政教学目标。

① 启发学生学习过程中要夯实理论学习基础，引导学生充分意识到任何科学问题及科学假设的提出均建立在前人研究基础之上。所以这就要求无论从事什么研究方向，均要稳扎稳打，用自己所学理论知识的积淀提出有依据的科学假设。

② 激励学生在未来的生活和科研道路上，对自己所热爱之事，要有所坚持和追求，要具备坚忍不拔的科研精神。顶住压力，坚持自己的奋斗目标，求真务实，勇于探索科学真理。

3. 课程思政教学设计

（1）课前思政教学设计

课前，教师借助智慧在线学习工具向学生发送课前学习任务单、学习材料和思政案例材料，提出课程理论知识的课前学习要求及学习效果评估要求。思政知识内容的课前学习主要以问题引导和案例导入为主，让学生首先通过资料自查，围绕① 化学渗透学说核心内容是什么，有哪些实验证据能够支持该学说的成立？② 你对化学渗透学说的提出者 Peter Mitchel 的科研生平了解多少？两个方面进行主动性学习，带着理论知识的前期学习了解来渗透思政内容。

（2）课中思政教学设计

课中，教师首先设计教学环节讲述氧化磷酸化的内在形成机理——化学渗透学说的核心内容，随后在课中提出思政知识点的升华教学设计，即借助智慧在线学习工具在线发布“世界咖啡”小组活动问题：“请结合课前预习 Peter Mitchel 的生平和提出化学渗透假说的科研经历，谈谈你获得了什么启发？”。教师组织学生进行研讨并选取小组代表进行研讨心得的分享，升华学生对此思政知识点的内化理解。最后，教师借助智慧在线学习工具，引导学生对各组学生代表的发言进行学习打分评价。

（3）课后思政教学设计

课后，教师发布本节课程理论知识学习效果自测题，并在自测题中设计 1~2 道关于 Peter Mitchel 提出化学渗透学说的感悟题，再次强化学生思政知识点方面的学习收获，进行诊断性评价。同时，引导学生借助智慧在线学习工具，针对课中思政知识点的研讨话题，将自己在课中研讨过程的个人见解发布在话题讨论区。这样有助于教师掌握本节课所涉及思想知识点的学生实际吸收情况，同时发布在话题讨论区的内容也可作为学生参与课堂思政学习的过程考核依据之一，作为本节内容思政学习的终结性评价。

4. 教学方法

本节课程思政教学采用传统教学与智慧在线教学相结合的混合式教学方法。

（1）课前思政教学方法

课前思政教学方法主要采用智慧在线教学的启发式发布、案例融入、学生查阅资料方式开展。具体由教师发布思政学习案例及指引学生查阅相关案例的方式引导学生主动学习，并用 2 个问题进行课前的学习启发，激发学生的思考。

（2）课中思政教学方法

课中思政教学方法采用传统教学与智慧在线教学相结合的混合式教学手段，主要通过教授法、讨论法及思政话题探讨等教学方法的综合运用，开展本节课程思政元素的深入引导和挖掘。通过小组合作学习开展 Peter Mitchel 提出化学渗透学说科研经历的启发，引导学生充分意识到任何科学问题及科学假设的提出均建立在前人研究基础之上，所以同学们需要更加刻苦努力学习。同时，在 Peter Mitchel 提出化学渗透学说后受到强烈质疑的条件下，其能继续坚持研究并取得成果这一方面，教师可以通过讲述法来激励学生在未来的生活和科研道路上，要顶住压力，有所坚持和追求，坚定自己的奋斗目标，勇于不断探索。从而深化学生对重难点知识的掌握和理解，并达到启迪智慧和升华思想的教学育人目标。

（3）课后思政教学方法

课后思政教学方法采用在线教学启发总结式手段开展，引导学生借助智慧教学工具开展线上讨论区个人见解的抒发，再次强化和升华本节课思政元素点。

5. 教学反思

(1) 课前思政教学反思

如何更好地提升课前思政元素的启发式教学需要教师进行深入思考。要求教师收集的Peter Mitchel提出化学渗透学说科研经历的案例要更加鲜活有趣，并善于提出课前启发式问题，从而更加深刻地激发学生进行课前思考。

(2) 课中思政教学反思

如何更好地将课中化学渗透学说中难以理解的理论知识化繁为简，并与课程思政元素有机融合需要继续优化。需要教师借助更丰富有趣的教学环节，形象生动地讲解本节课程的理论知识，让学生在理解理论知识的前提下能更好地理解和感悟思政元素点。

(3) 课后思政教学反思

如何更好地进行本节课的课程思政元素的学习评价。建议除了进行测试题类的诊断性评价和学习心得提交的终结性评价外。还可以单独摘出与本知识点相近的学习案例，引导学生在线上进行思政元素文献的阅读，并激发再次线上研讨，使得思政元素领悟和学习再次升华。

案例十　生物氧化与氧化磷酸化——杨茂君教授研究团队突破性揭示哺乳动物ATP合成酶分子结构及作用机制

1. 课程内容简介

(1) 课程理论知识内容简介

ATP合成酶，是一个多酶复合体，又称F_0F_1-ATP合成酶，广泛分布于线粒体内膜、叶绿体类囊体、异养菌和光合菌的质膜上，主要在细胞内起合成ATP的生物学功能。该酶由嵌入线粒体膜内的F_0疏水尾部和突出于线粒体膜外的F_1亲水头部两部分结构组成。F_0跨线粒体内膜是ATP合成酶的基部，由疏水的a、b和c 3种疏水性蛋白质亚基组成，形成跨膜的H^+通道。F_1呈球状，亲水性强，面向线粒体基质，由α、β、γ、δ和ε 5种蛋白质亚基组成，是合成ATP的催化部位。当H^+从线粒体内外膜的膜间腔返回线粒体基质时，H^+会驱使F_1结构中的β亚基发生旋转产生构象的变化，促使ADP+Pi合成ATP。该ATP酶的“旋转催化”模型是由美国人Boyer于1979年所提出的，随后John Walker发现了ATP合成酶F_1头部的精细结构，进一步支持了Boyer提出的模型，并深入阐明了ATP合成酶的催化机制，二人因此获得1997年诺贝尔化学奖。

(2) 课程思政内容简介

本思政案例主要从我国科学家杨茂君团队于2019年首次获得哺乳动物ATP合成酶的完整结构的科研成果及科研经历方面开展课程思政教育。

ATP合成酶的“旋转催化”模型1979年即被提出，学术界普遍认为ATP合成酶主要以多聚二聚体的形式、双排线状的方式排布在线粒体内膜形成的脊上。合成ATP的方式也主要为F1结构中相应亚基的旋转促使ATP的合成。但高等生物哺乳动物ATP合成酶的作用机制及完整结构还未知。

2019年6月，清华大学生命科学学院杨茂君教授研究团队在*Science*杂志发表题为Cryo-EM structure of the mammalian ATP synthase tetramer bound with inhibitory protein IF1的研究论文，突破性地发现并解析了哺乳动物ATP合成酶四聚体的构成形式和高分辨率结构，这是全球首次获得的高等生物ATP合成酶的完整结构。在研究中杨茂君教授研究团队提出了细胞内调控ATP合成酶更为详细的分子机理，这为深入理解哺乳动物ATP合成酶的调控机制及ATP合成酶的亚基组成等提供了重要的结构基础。

杨茂君教授研究团队取得的重大研究成果并不是一帆风顺，而是一点一滴的科研成果积累而成。2008 年，杨茂君教授在清华大学组建研究团队，就始终围绕线粒体呼吸链研究领域不断深耕，首先他们从原子水平出发提出了线粒体呼吸链主要由超级复合物组成。随后通过单颗粒冷冻电镜技术明确了目前世界上所解析的最大、最复杂的哺乳动物超大膜蛋白 ATP 合成酶的结构，并部分阐明了其合成 ATP 的作用机制。在此过程中，研究经费紧缺、实验条件限制等诸多因素干扰着杨茂君教授研究团队。但他们攻坚克难，不断努力探索，最终代表国家取得了具有国际先进水平的研究成果。

2. 课程思政教学目标

通过杨茂君教授揭示哺乳动物 ATP 合成酶结构及作用机制的科研经历案例，达到下列课程思政教学目标。

① 培养学生意识到任何科学研究成果都是需要多年的实践经验及数据的积累，与科研工作人员对研究目标的执着、勤奋努力，以及精耕细作是密不可分的。

② 激励学生在未来的生活和科研道路上，要具有强大的执行力，在相关领域研究中要兢兢业业，要不畏困难，逆流而上。只有孜孜以求、精耕细作才是科研工作可以持续不断取得重大进展的基本保障。

③ 培养学生从事科学研究精益求精的精神，激发学生科技报国的家国情怀和使命担当。

3. 课程思政教学设计

（1）课前思政教学设计

课前，教师借助智慧在线学习工具向学生发送课前学习任务单、学习材料和思政案例材料，提出课程理论知识的课前学习要求及学习效果评估要求。思政知识内容的课前学习主要以问题创设和故事导入为主，让学生首先通过资料自查，围绕① ATP 合成酶及 ATP 合成机制是什么？② 通过学习及资料查阅，杨茂君教授科研团队揭示哺乳动物 ATP 合成酶及作用机制的故事给予你什么样的启发？两个方面进行主动性学习。

（2）课中思政教学设计

课中，教师首先设计教学环节讲述 1979 年提出的经典 ATP 合成酶结构及作用机制核心内容，随后在课中提出思政知识点的升华教学设计，即借助智慧在线学习工具在线发布“世界咖啡”小组活动问题：① 在课前，你还查到了杨茂君教授揭示哺乳动物 ATP 合成酶及作用机制的其他相关内容吗？如果有，请与学习小组同学进行分享。② 杨茂君教授的科研经历和提出的哺乳动物 ATP 合成酶及作用机制的故事，对你有何启发？教师组织学生首先进行组内研讨，分享组内成员查阅杨茂君教授的故事细节，随后选取小组代表进行研讨心得的分享，升华学生对此思政知识点的内化理解。最后，教师借助智慧在线学习工具，引导学生对各组学生代表的发言进行学习互评。

（3）课后思政教学设计

课后，教师发布本节课程理论知识学习效果自测题，并在自测题中设计 1～2 个关于杨茂君教授提出的哺乳动物 ATP 合成酶及作用机制的故事有关的测试题，再次强化学生思政知识点方面的学习收获，进行诊断性评价。同时，引导学生借助智慧在线学习工具，针对课中思政知识点的研讨话题，将自己在课中研讨过程中的个人见解发布在话题讨论区中。这样有助于教师掌握本节课所涉及思想知识点的学生实际吸收情况，同时发布在话题讨论区的内容也可作为学生参与课堂思政学习的过程考核依据之一，作为本节内容思政学习的终结性评价。

4. 教学方法

本节课课程思政教学采用传统教学与智慧在线教学相结合的混合式教学方法。

（1）课前思政教学方法

课前，思政教学方法主要采用智慧在线教学的问题创设、思政元素故事融入、学生查阅资料方式开展。具体由教师发布思政学习小故事及指引学生查阅相关案例的方式引导学生主动学习，并通过问题创设方式采用2个问题进行课前的学习启发，引发学生的思考。

（2）课中思政教学方法

课中，思政教学方法采用多元化的混合式教学手段，通过教授法、讨论法及思政故事启发探讨等教学方法的综合运用，开展本节课程思政元素的深入引导和挖掘。通过小组合作学习开展杨茂君教授提出哺乳动物ATP合成酶结构及作用机制科研经历的启发，引导学生充分意识到任何科学研究成果都是需要多年的实践经验及数据的积累，与科研工作人员对研究目标的执着、勤奋努力，以及精耕细作是密不可分的。同时，在杨茂君教授科研团队研发过程中的经费短缺，实验基础条件不足都未能阻碍其研究成果的取得。在这个方面，教师可以通过讲述法来激励学生在未来的生活和科研道路上，要具有强大的执行力，在相关研究领域中要兢兢业业，要不畏困难，逆流而上。只有孜孜以求、精耕细作才是科研工作可以持续不断取得重大进展的基本保障。最后可以通过研讨展示法随机选取若干同学进行个人理解的展示。

（3）课后思政教学方法

课后，思政教学方法采用在线教学总结式手段开展，引导学生借助智慧教学工具开展线上讨论区个人见解的抒发，教师进行整体线上点评，强化和升华本节课思政元素点。

5. 教学反思

（1）课前思政教学反思

如何更好地提升课前思政元素的启发式教学需要教师进行深入思考。要求教师收集的杨茂君教授提出的哺乳动物ATP合成酶及作用机制的故事要更加鲜活有趣，并善于提出课前启发式问题，从而更加深刻地激发学生进行课前思考。

（2）课中思政教学反思

如何更好地将课中ATP合成酶及作用机制中难以理解的理论知识化繁为简，并与课程思政元素有机融合方面需要继续优化。需要教师借助更丰富有趣的教学环节，形象生动地讲解本节课程的理论知识，让学生在理解理论知识的前提下能更好地理解和感悟思政元素点。

（3）课后思政教学反思

如何更好地进行本节课的课程思政元素的学习评价。建议除了进行测试题类的诊断性评价和学习心得提交的终结性评价外。还可以单独摘出与本知识点相近的学习案例，引导学生在线上进行思政元素文献的阅读，并激发再次线上研讨，使得思政元素领悟和学习再次升华。

案例十一 糖代谢——糖酵解引出投入与产出

1. 课程内容简介

糖代谢中糖酵解分为两个阶段：第一阶段，第一步到第五步，从葡萄糖到3-磷酸甘油醛的生成，这五步为糖酵解的耗能阶段，1分子葡萄糖的代谢消耗了2分子ATP，产生了2分子3-磷酸甘油醛，这一阶段的主要作用是为下一阶段准备合适的底物。然后进入磷酸丙糖分解阶段，经过五步反应，最后生成丙酮酸，1分子葡萄糖在这五步中可以生成4分子ATP和2分子NADH。对比两个阶段分析得出，没有投入阶段就没有产出阶段。

2. 课程思政教学目标

通过讲解糖酵解过程的两个阶段，对比分析前期投入和后期产出，自然结合思政元素奉献精神、社会责任、家国情怀在课堂教学中培养学生的这些优良品德。

3. 课程思政教学设计

课前：布置任务让学生通过在线学习糖酵解的步骤，提出糖酵解过程分为哪两个阶段，这两个阶段的功能是什么？引发学生发现问题。

课中：通过教师一步一步讲解糖酵解的过程，分析每一步的作用，引导学生发现细胞在发生糖分解的过程，也是需要先付出能量，才能收获更多能量。自然引出学生现在的苦读是为了人生后期的收获，因此让同学们抓住现在的青春时光，充分给自己充电，将来为社会作出更大贡献。正如习总书记所说，“青年人正处于学习的黄金时期，应该把学习作为首要任务，作为一种责任、一种精神追求、一种生活方式，树立梦想从学习开始、事业靠本领成就的观念，让勤奋学习成为青春远航的动力，让增长本领成为青春搏击的能量”。

课后：引导学生总结糖酵解过程和知识点，学习这个过程的懂得付出才有收获，没有不劳而获，也没有天上掉馅饼的好事，要学会勇于担当自己的社会责任，将来为社会作出更大的贡献。

4. 教学方法

本节课课前采用线上和思考题相结合的方法让学生预习相关知识，课堂授课中通过讲授法并结合对比分析法、讨论法来总结授课内容，并体现思政元素。课后通过让学生提问来巩固所学知识。

5. 教学反思

总结本次课堂学习、课堂互动，引发学生思考如何不断提升自身综合素质。如何利用课堂知识点，更好地让学生意识到现阶段的主要任务和责任，为了祖国未来的发展，鼓励学生立志成为祖国研究的生力军和后备军。

案例十二　脂肪的分解代谢——植物油热量低，动物油热量高，是真的吗？

1. 课程内容简介

植物油和动物油都是我们日常的主要食用油脂。一种比较流行的说法是“植物油热量低多吃没事，动物油热量高吃多了不行”。事实是否是这样，我们用数据说话。数据会告诉你植物油和动物油的热量都很高，热量差异并不明显，因此，动物油和植物油都不能多吃。

2. 课程思政教学目标

思政目标：活学活用解决生活中的实际问题。

知识目标：掌握饱和脂肪酸和不饱和脂肪酸分解生成 ATP 的计算方法。

能力目标：辩证思维的训练。

3. 课程思政教学设计

植物油脂和动物油脂的主要成分都是甘油三酯（甘油+脂肪酸），其中植物油脂主要含有不饱和脂肪酸，动物油脂主要含有饱和脂肪酸，植物油脂和动物油脂一般以 16 碳和 18 碳脂肪酸为主。

① 以硬脂酸（18：0）为例说明饱和脂肪酸的氧化产能情况。

脂肪酸活化为脂酰辅酶 A，消耗 1 个 ATP 的 2 个高能磷酸键；脂酰辅酶 A 借助肉碱从细胞液转运到线粒体中：无能量改变；对于 18 碳的饱和脂酰辅酶 A，经过 8 次 β 氧化，生成 9 个乙酰辅酶 A；1 次 β 氧化过程生成4ATP（1 个 $FADH_2$，1 个 $NADH+H^+$）；1 个乙酰辅酶 A 进入三羧酸循环生成 10 ATP，净生成 ATP：$-2+8(2.5+1.5)+9\times10=120$ ATP。

② 以油酸（18：1，△9）为例说明不饱和脂肪酸的氧化产能情况。油酸 18 碳，1 个不饱

和键。

净生成 ATP＝-2+8×（1.5+2.5）+9×10＝120 ATP

10 碳饱和脂酰辅酶 A 经过 4 次 β 氧化生成 5 个乙酰辅酶 A。也就是说，油酸（18：1，△9）经过 7 次 β 氧化过程后分解为 9 个乙酰辅酶 A。1 次 β 氧化过程生成 4 ATP（1 个 FADH2，1 个 NADH+H+），7 次 β 氧化过程生成 28 ATP。1 个乙酰辅酶 A 进入三羧酸循环生成 10 ATP，9 个乙酰辅酶 A 进入三羧酸循环生成 90 ATP。因此，油酸（18：1，△9）彻底氧化分解净生成 ATP＝-2+7×（1.5+2.5）+9×10＝116 ATP。

综上所述，硬脂酸（18：0）比油酸（18：1，△9）仅仅多了 4 ATP。所以，不饱和脂肪酸为主的植物油和饱和脂肪酸为主的动物油的能量水平都很高，为了健康，控制油脂摄入的数量是必需的。

4. 教学方法

讲授法。

5. 教学反思

用数字作为证据，并配合数字计算过程，有力地佐证了本案例的观点，说服力很强。可能过不了多久大多数学生就忘记了为什么植物油和动物油比起来能量水平差异并不大的论证过程。但是，这个论点会强有力地留在学生的脑海中，并付诸实践。

案例十三　甘油三酯的运输——胖子才会得脂肪肝，瘦子不会得脂肪肝，是真的吗?

1. 课程内容简介

肝脏是人体最大的代谢器官，健康的肝脏中不会沉积大量脂肪即甘油三酯。很多人认为，脂肪肝是胖人得的疾病，瘦人不会得脂肪肝。甘油三酯不能直接在血液中运输到脂肪组织中储备起来。从肝脏中甘油三酯以血浆脂蛋白复合体的形式运输到脂肪组织储备起来的角度，结合血浆脂蛋白复合体的构成，阐明脂肪肝和胖瘦与否没有关系。

2. 课程思政教学目标

思政目标：科学思维方法的训练，掌握基本的饮食健康科学素养。

知识目标：掌握甘油三酯如何被血浆脂蛋白复合体运输到脂肪组织的过程，血浆脂蛋白复合体的构成。

能力目标：立足实际问题，理论联系实践，培养高阶思维。

3. 课程思政教学设计

① 在正常情况下，甘油三酯不能直接被运输到脂肪组织，通常情况下甘油三酯与磷脂、载脂蛋白等在肝脏中结合生成 VLDL 分泌入血，多余的甘油三酯被运送到脂肪组织贮存起来。

② 如果磷脂合成原料缺乏，如必需脂肪酸、胆碱、活性甲基缺乏，甲基化作用障碍，甘油三酯不能形成 VLDL 释放出肝细胞，在肝细胞中积存就形成脂肪肝。

③ 因此，脂肪摄入的多少和脂肪肝与否没有关系。瘦人也可能得脂肪肝，如果饮食摄入不均衡，缺乏必需脂肪酸、胆碱、活性甲基等，那么在肝脏中的脂肪无法结合生成 VLDL，从而无法把脂肪运输到脂肪组织中存起来。反之，也会有健康的胖人不会得脂肪肝，因为胖人虽然好吃，但是若胖人吃得合理，饮食来源广泛，生成 VLDL 的必需脂肪酸、胆碱等不缺乏，肝脏可以无障碍地合成 VLDL，从而运输到脂肪组织中存起来。

④ 另外，酗酒也可以引起脂肪肝，因为大量乙醇在肝脏中脱氢可使 NADH↑/NAD^+↓比

值增加而减少脂肪酸的氧化；而甘油主要是在肝脏中代谢的。

⑤ 因此，不管瘦人，还是胖人，都有可能得脂肪肝。

4. 教学方法

讲授法、对比法。

5. 教学反思

科学知识和实践相结合，会迸发出巨大的学习热情和学习潜力。身边人、身边事最让人感慨。以图片、数据和故事的形式讲授知识，知识的传递效率更高。一个健康的老师，传递健康的知识，让学生成为健康的使者，学以致用，强健体魄，健美体魄。这样的授课方式，老师更有魅力，学生也更喜欢。

案例十四　蛋白质酶促降解及氨基酸代谢——推开尿素合成大门

1. 课程内容简介

蛋白质在蛋白水解酶（肽链内切酶、外切酶及二肽酶）的作用下，生成氨基酸。

氨基酸的分解代谢，氨基酸可以彻底氧化，以提供能量，这个过程称为氨基酸的分解代谢。氨基酸的分解代谢分为脱羧作用和脱氨作用。脱氨后生成的氨可通过氨的转运和尿素（鸟氨酸）循环释放；也可重新参与其他氨基酸的合成，转化成其他氨基酸；或同化成谷氨酰胺和氨甲酰磷酸储存在体内。植物以贮存谷氨酰胺、天冬酰胺为主。

2. 课程思政教学目标

引导学生意识到成功经验和失败教训都值得我们引以为鉴。以及体会韦勒面对老师贝采里乌斯的嘲笑，在压力面前，坚持真理，不惧权威的精神。

3. 课程思政教学设计

讲故事：推开尿素合成大门。

贝采里乌斯的学生韦勒用氰酸银和氯化铵水溶液制备氰酸铵的过程中，偶然发现加热浓缩后的氰酸铵是一种针状晶体，与以前制备的氰酸铵晶体完全不一样，生成的白色结晶很像尿素，经过实验证明它就是尿素。而尿素是哺乳动物排泄掉的含氮物质，是在尿中发现的，肯定是一种有机物。尿素的制备，说明了有机物是可以由无机物制备的，这是人类第一次由无机物制备了有机物，打开了有机化学的大门。著名化学家贝采里乌斯最初听到这个消息时，讽刺地说："那你能不能在实验室造出一个孩子来"，因为在生命力学者看来尿素不是真正的有机物，只是动物体的排泄物，并易于分解成氨和二氧化碳，只是一种联系有机物和无机物的过渡产物。然而随着一系列有机化合物的合成，"生命力学说"被彻底推翻。

讲解知识点：氨基酸代谢，尿素循环。

4. 教学方法

线上线下结合、启发式教学和理论联系实践，引导学生挖掘教学内容中的科研思路和科学价值观。

5. 教学反思

引导学生意识到成功经验和失败教训都值得我们引以为鉴。以及体会韦勒面对老师贝采里乌斯的嘲笑，在压力面前，坚持真理，不惧权威的精神。引导学生明白做学问应多学、多看、多问，理论结合实际。

案例十五 蛋白质酶促降解及氨基酸代谢——隔夜茶喝不得吗？

1. 课程内容简介

氨基酸可以彻底氧化，以提供能量，这个过程称为氨基酸的分解代谢。氨基酸的分解代谢分为脱羧作用和脱氨作用。（1）氨基酸的脱羧基作用。氨基酸的脱羧作用分为直接脱羧和氧化脱羧，最终生成各种胺。氨基酸脱羧酶的辅酶为磷酸吡哆醛。（2）氨基酸的脱氨基作用。脱氨基作用分为氧化脱氨、非氧化脱氨、转氨作用联合脱氨。其中非氧化脱氨包括直接脱氨、水解脱氨、还原脱氨、脱水脱氨、脱硫化氢脱氨、氧化还原脱氨。最终生成氨和α-酮酸或其他有机酸。

2. 课程思政教学目标

与生活中的实例结合增强学生学习兴趣；引导学生运用所学知识辩证分析问题，建立合理饮食并结合运动的健康生活方式，关注生命健康。

3. 课程思政教学设计

讲故事：隔夜茶喝不得吗？

在过去曾有一种说法，认为隔夜茶喝不得，喝了容易得癌症，理由是认为隔夜茶含有二级胺，可以转变成致癌物质亚硝胺。其实这种说法是没有科学根据的，因为二级胺广泛存在于多种食物中，尤以腌腊制品中含量最多，就拿面包来看，通常含有 2mg/kg 的二级胺。以面包为例，人每天从面包中食进的二级胺就有 1～1.5mg。而人们通过饮茶，从茶叶中食进的二级胺只有主食面包的 1/40，可见是微不足道的。况且，二级胺本身并不是致癌物，必须有硝酸盐存在才能形成亚硝胺，并达到一定数量级才有致癌作用。饮茶可以从茶叶中获得较多的茶多酚和维生素 C，它们都能有效地阻止人体内亚硝胺的合成，是亚硝胺的天然抑制剂。因此，饮茶或隔夜茶是不会致癌的。

但是，从营养卫生的角度来说，茶汤暴露在空气中，放久了易滋生腐败性微生物，使茶汤发馊变质。另外，茶汤放久了，茶多酚、维生素 C 等营养成分易氧化减少。因此，隔夜茶虽无害，但一般情况下还是随泡随饮为好。市场上的罐装茶水饮料，是添加了抗氧化剂并经过严格灭菌而制成的，与其他冷饮料一样，饮用是安全的。

讲解知识点：氨基酸代谢，尿素循环。

4. 教学方法

线上线下结合、启发式教学和理论联系实践，引导学生挖掘教学内容中的科研思路和科学价值观。

5. 教学反思

与生活中的实例结合增强学生学习兴趣；引导学生运用所学知识辩证分析问题，建立合理饮食并结合运动的健康生活方式，关注生命健康。引导学生明白做学问应多学、多看、多问，理论结合实际。

案例十六 蛋白质的酶促降解和氨基酸代谢——揭秘自然界中的白化现象

1. 课程内容简介

氨基酸代谢的芳香族氨基酸代谢，首先讲酪氨酸的分解代谢，酪氨酸可依次转变为多巴、多巴胺、去甲肾上腺素和肾上腺素，这 4 种酪氨酸衍生物统称为儿茶酚胺类物质。酪氨酸代谢途径中人和动物如果缺乏酪氨酸酶就会导致黑色素合成受阻，进而导致白化病的发生，进而介绍白化病人的特征特点，用相关的文章、图片和案例来引导学生正确对待白化病人。

2. 课程思政教学目标

对学生融入如何尊重别人的人文情怀教育；通过教师引导，启迪学生联想，感悟人生哲理。

3. 课程思政教学设计

对酪氨酸代谢途径进行讲述，具体过程图如下。

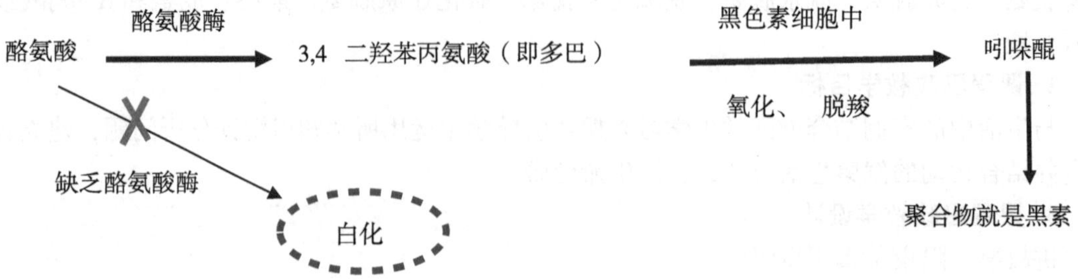

白化病人症状：皮肤、眉毛、头发及其他体毛都呈白色或白里带黄；特别是面部的颜色和正常人有所不同；眼睛视网膜无色素，虹膜和瞳孔呈现淡粉色。因此眼睛有怕光现象，视力差；但他们在生理、生活与智能发育上，几乎和普通人一样。

白化病病因和治疗：白化病是一种常染色体隐性遗传性疾病。目前对白化病还没有药物可以治疗，可以通过物理的遮光方法减缓白化病的不适症状。或使用光敏性药物、激素等治疗，使白斑减弱甚至消失。

现已发现与白化病相关的突变基因多达 12 种，其中，最常见的酪氨酸酶（TYR）基因突变方式已超过 100 种，并且突变位点具有种族差异性。

以文章“白化病——高洪舟的世界”，引入大家讨论：我们应该怎样对待白化病人？

让学生总结我们应该如何平等地对待身边的白化病同学，不要歧视他们，应该多一些关爱，多一些体贴，多一些友爱。不要用歧视的眼光去看一个白化病的人。懂得尊重别人，是中华民族的传统美德。

2015 年 6 月 13 日，是联合国规定的第一个“国际白化病宣传日”，旨在消除人们对于白化病人群的歧视，由此可见白化病人在生活中的困局已达极限。因基因突变造成的白化病，有很大的遗传概率，由此影响着他们的择偶与生育观念。对这一现象，要求同学们课后思考。

4. 教学方法

案例教学，启发式教育和课堂讨论。

5. 教学反思

根据酪氨酸代谢障碍中引发的白化病，对学生进行人文关怀的思政教育，让他们体会白化病人的痛苦和自卑心理，激发学生心理的善良、友爱和团结互助。实现在教授学生生化知识的同时接受思政教育，此案例的缺点是学时不够。

在视频公开课录像中有此案例，这样的教育很能打动学生，也能触发学生的仁爱、友善、关爱之心，他们也很喜欢这样的教育方式，既能学习生化知识，又能受到人文情怀思想的熏陶。学生对此案例的教学效果评价较好。

案例十七 核酸的酶促降解和核苷酸代谢——科学认知与你的生活

1. 课程内容简介

食物中的核酸在消化道中的酶促降解产物。食物中核酸在一系列酶的催化作用下，最终降解成磷酸、戊糖和含氮碱基。进一步回顾核酸在生物体中的分布以及核酸的组成成分。

2. 课程思政教学目标

培养科学精神，会用并习惯用学到的科学知识科学独立地分析判断社会上的各类事物，如珍奥核酸保健品。

3. 课程思政教学设计

媒体上陈述珍奥核酸是一款以核酸（DNA 和 RNA 混合物≥200mg/粒）为主要功能成分，以提高免疫力为主要功效的保健产品。教学设计思路是：本章主要讲核酸的代谢，在讲之前先播放一段在公共媒体上的珍奥核酸视频广告，结束后，以不带有任何个人感情倾向的方式，提出一些问题：如让学生结合自己之前学到的一些生化知识谈谈自己的感受，你觉得这款产品如何？你心动了吗？在不考虑价钱因素时，你想购买吗？你想要推荐这款产品给家人吗？然后让同学们思考回答，并进行网络投票。这个环节结束后开始课程内容的讲授，介绍科学家对食物中核酸的酶促降解产物的研究发现：无论是食物中的核酸，还是珍奥核酸保健品中的核酸最终都会降解成磷酸、戊糖和含氮碱基，而且种类都是一样的。另外，进一步回顾核酸化学这一章的内容，我们认知到核酸是生物组织每个细胞中都具有的组分之一，而我们食用的主食、肉、蔬菜、水果等都是生物组织，我们每天从食物中摄入的核酸量远远大于身体所需量。然后让学生思考一下，谈谈对这款产品的新认知、新感受。看看同学们的观点是否有所改变，是否存在两种不同的观点？并请他们说明支撑各自观点的理由。可进行一些简短的辩论过程。经过双方的简短辩论后，再看看同学们观点的改变情况（再一次进行网络投票）。最后在老师的引导下，运用刚刚讲授过的科学家的研究发现，一点一点地对珍奥核酸产品进行客观、严谨、有科学依据地分析。最终让同学们获得一个正确的认知，能用科学知识武装自己的头脑，面对社会上形形色色的各类伪科学产品能做出科学独立正确的判断。运用科学知识揭开伪科学的面纱，感受到科学无处不在，知识不仅仅具有专业的价值，还有生活的价值，每个人无论将来从事什么行业都应该学习一些科学专业知识，从而激发更多学生学习科学知识、课程知识的动力和兴趣，培养科学精神，提高科学素养，会用学到的科学知识分析判断社会上的各类事物。

4. 教学方法

启发式教学、问题导向与传统讲授相结合。

5. 教学反思

我们应该转变同学们对课程学习的动机和态度，不是为了考试拿学分、拿毕业证，而是为了把几百位科学家在经历了上百年的研究探索后，获得的对客观世界的认识，在较短的时间内通过学习转变为自己的认知，进而站在前人的肩膀上看得更远，继续探索新的未知。

案例十八 核酸的酶促降解和核苷酸代谢——嘌呤核苷酸代谢与痛风

1. 课程内容简介

嘌呤核苷酸的分解代谢过程，嘌呤核苷酸的分解首先是在核苷酸酶的催化下，脱去磷酸生成嘌呤核苷，再在核苷酶的催化下分解生成嘌呤碱，最后在黄嘌呤氧化酶的作用下氧化生成尿酸，再经尿液排出体外。本章内容讲完后引导学生共同对整个生物化学课程进行总结梳理，建立生物化学观（专业的世界观），即从化学的视角上对生命体的认识。简而言之：认识到生命体也是由各类化学物质构成的，一切生命活动都可以还原为化学反应，几乎所有化学反应都由酶催化完成；通过对酶活或酶量的调节，保证各类化学反应协调有序正常；生病意味着某些化学反应出现异常。通过对酶活或酶量的调节可以实现对病变化学反应的纠正。回顾第二章酶化学中竞争性抑制剂的特点。

2. 课程思政教学目标

培养科学精神，提高专业认知。能够学会在实践中自觉地运用生化知识和生化认知，能够从生物化学的角度分析生产实践中的问题，能够从生物化学的视角提出解决问题的思路和方案。

3. 课程思政教学设计

在讲之前先播放一段在公共媒体上有关痛风的视频，结合身边人的实例，向同学们展示痛风病人的症状和感受，痛风疾病的发展现状和趋势。用病人的种种痛苦，来激发同学们的科学责任感，假如你是当年想要解决这个问题的科学家，你该怎么办？有什么研究思路，然后让同学们思考回答。这时很少有同学能回答正确，也缺乏解决思路，让同学们体会一种有心无力的感觉。然后引导同学们对整个生物化学课程进行总结梳理，建立生物化学观，结束后，再让同学们思考研究思路。可以在老师的引导下，运用刚刚总结梳理出的生物化学观，一句一句地对照梳理出研究思路。再现当年科学家是如何一步一步分析和解决痛风问题的。在讲解过程中让同学们再次感受到科学知识的价值、学习的获得感、总结认知的重要性，激发同学们对学习科学知识、课程知识的动力和兴趣，培养科学精神，提高科学素养。

4. 教学方法

启发式教学、问题导向与传统讲授相结合。

5. 教学反思

我们应该转变同学们对课程学习的动机和态度，不是为了考试拿学分、拿毕业证，而是为了把几百位科学家在经历了上百年的研究探索后，获得的对客观世界的认识，在较短的时间内通过学习转变为自己的认知，进而站在前人的肩膀上看得更远，继续探索新的未知。

案例十九　核酸生物合成——科学探索中心法则

1. 课程内容简介

（1）课程理论知识内容简介

现代生物学已充分证明，除少数病毒外，绝大多数生物体均以 DNA 为主要的遗传物质基础。DNA 携带的遗传信息可以在世代间准确传递，把遗传信息传递给下一代，以保证生物体的发育和繁殖；同时遗传信息还要表达为蛋白质，生物各种功能的执行者就是蛋白质。

遗传信息传递的基本法则是“中心法则”：DNA 分子中遗传信息通过复制传递给子代；DNA 上的遗传信息通过转录传递给 RNA；RNA 通过翻译将遗传信息传递给蛋白质；在少数病毒中，遗传信息可通过 RNA 自我复制传递给子代；也可以通过逆转录传递到 DNA。

中心法则的指引极大地推动了分子生物学的发展，成为现代生物学科的理论基础；将探索生命奥秘的研究轨迹聚焦到 DNA、RNA 和蛋白质 3 个生物大分子上，在现代生命科学发展过程中占有重要地位。

（2）课程思政内容简介

1957 年，Crick 首次提出中心法则：遗传信息的传递都是 DNA→RNA→蛋白质。明确指出遗传信息都是单向的、不可逆的，只能从 DNA 通过转录合成 RNA，从 RNA 通过翻译合成蛋白质。1966 年，Nrienberg 破译了遗传密码，提出了 3 个密码子编码 1 个氨基酸；此后，科学家揭示了蛋白质的合成过程，中心法则由此获得公认。中心法则揭示了生物体内遗传信息的传递方向。

提出中心法则 10 年间，科学家研究使用抑制 DNA 转录合成 RNA 的放线菌素作用一些病毒，如门戈病毒。该病毒不受放线菌素这种药物的干扰，仍有 RNA 生成。于是为了解释这个实验现象，科学家们不断地探索研究，发现了RNA 复制酶。补充说明少数病毒通过 RNA 自我复制传递遗传信息，修改了中心法则的内容。

1970 年，Temin 和 Baltimore 分别从致癌 RNA 病毒劳氏肉瘤病毒和鼠白血病病毒中发现逆转录酶。Temin 发现逆转录酶的过程也是使用了放线菌素，发现肿瘤病毒受放线菌素抑制。因为前期已论证放线菌素只抑制 DNA 转录合成 RNA，不抑制 RNA 的自我复制过程，所以 Temin 大胆地挑战中心法则，提出“前病毒假说”揭示该实验中出现了受放线菌素抑制的 DNA。前病毒假说认为，侵染宿主细胞之后的 RNA 病毒可复制出前病毒 DNA，然后前病毒 DNA 整合在宿主细胞的遗传物质中，RNA 病毒的繁殖是以前病毒 DNA 为模板转录合成的，即逆转录病毒 RNA 可通过逆转录合成 DNA。反转录酶的发现，发展了中心法则：遗传信息也可以从 RNA 传递到 DNA。

1982 年，Prusiner 成功分离了绵羊瘙痒病的病原体——没有核酸物质的蛋白质颗粒（朊病毒)。朊病毒是如何突破中心法则实现复制的呢？1991 年，Prusiner 探索研究发现，朊病毒通过蛋白的构象变化实现自我复制。因为蛋白质是基因编码的产物，所以朊病毒的出现未能改变遗传信息的传递方向。

2021 年，科学家们研究发现，人类细胞的 DNA 聚合酶 θ（pol θ）介导遗传信息从 RNA 逆向传递到 DNA，并在国际顶尖学术期刊 *Science* 子刊 *Science Advances* 上发表了研究论文。中心法则再一次面临新的挑战。

2. 课程思政教学目标

通过科学探索中心法则案例，达到下列课程思政教学目标。

① 培养学生具备辩证唯物主义的科学世界观。认知活动产生于实践、作用于实践、并受实践检验，理论与实践是统一的。

② 培养学生具备崇尚科学探索、敢于创新、勇于突破、求真务实的精神。

③ 激励学生积极主动地体验学习过程。

3. 课程思政教学设计

（1）课前思政教学设计

课前，教师借助智慧在线学习工具发布学习材料和思政案例材料，学生通过资料自查完成发布的学习任务：① 分析资料，补充修改中心法则的历程是什么？② 你知道近期“中心法则”面临的新挑战是什么吗？引导学生通过查阅、思考形式，更加主动地参与到学习过程。根据学生提交任务的具体情况赋分，分值作为学生参与课前思政学习过程的考核评价。

（2）课中思政教学设计

首先，讲述从现代生物学的发展历程中可以看到，在 20 世纪中后期它是生命科学范围发展最为迅速的一个前沿领域，推动着整个生命科学的发展。在明确 DNA 是遗传物质之后，人们在很长一段时间内对于遗传信息的表达方式仍旧一无所知。

1953 年，Crick 和 Watson 提出 DNA 的双螺旋结构，这是生物学历史上重要的里程碑，DNA 的双螺旋结构为 DNA 的自我复制提供了理论基础；Crick 继续探索实践，提出遗传信息的传递都是 DNA→RNA→蛋白质的“中心法则”。并做出了两个大胆和准确的预测：① 必定存在可以将氨基酸引入蛋白质合成位点的小“适配子”分子（现在称为 tRNA）；② 将来科学家将能够通过比较基因序列数据来探索丰富的进化信息来源。结合上述教学内容设计思政问题：“假如你是科学研究者，你会如何验证 Crick 提出的中心法则？”可以使学生通过思考的形式更加主动地参与到学习过程，并引导学生找出答案：必须验证 RNA 是 DNA 和蛋白质之间的某种中间体。紧接着再设计第二个问题：“科学家们如何验证 Crick 提出的中心法则？”组织学生开展课堂讨论，引导学生认识到科学家们探索研究发现适配体 RNA（现在称为 tRNA）以及破译遗传密码都是在用实践活动检验中心法则成立。

其次，科学家们探索研究发现 RNA 复制酶，补充说明少数病毒通过 RNA 自我复制传递遗传信息，修改了中心法则的内容。引导学生再次认识到理论与实践是统一的。

再次，科学家们探索发现逆转录酶并第一次挑战“中心法则”，通过实践证明 RNA 可通过逆转录合成 DNA，发展了中心法则。第二次挑战“中心法则”，科学家们理论联系实践，证明朊病毒的出现不能改变遗传信息的传递方向。

最后，近期实践研究发现人类细胞存在遗传信息从 RNA 到 DNA 的逆向传递。中心法则再一次面临了新挑战，有待于进一步实践研究。

同时，引导学生清楚地认识到很多科学问题都很复杂，需要很多年的努力才能完全解释清楚。科学很有挑战性，需要付出辛苦，敢于创新、勇于突破、求真务实。

（3）课后思政教学设计

课后，教师借助智慧在线学习工具发布本节思政知识点的讨论话题：还有哪些科学研究助力“中心法则”？根据学生参与讨论话题的具体情况赋分，分值作为学生参与课堂思政学习过程的考核评价。

4. 教学方法

本节课课程思政教学采用线下实体课堂教学与智慧在线教学相结合的混合式教学方法。

（1）课前思政教学方法

课前，思政教学方法主要采用智慧在线教学的启发式发布、案例融入、学生查阅资料方式开展。具体由教师发布思政学习案例，提出学习任务；激发学生查阅资料、思考问题，参与到学习过程中。

（2）课中思政教学方法

课中，思政教学方法采用传统教学手段，主要通过教授法、讨论法及思政话题探讨等教学方法的综合运用，开展本节课程思政元素的深入引导。使学生充分认识到从中心法则的提出、公认、各研究挑战的出现到内容上的补充发展，都是不断涌出的科学家们敢于挑战、探索创新的成果，理论与实践两者不可分离。

（3）课后思政教学方法

课后，思政教学方法采用在线教学启发总结式手段开展，引导学生借助智慧教学工具开展线上讨论区个人见解的抒发，再次强化和升华本节课思政元素点。

5. 教学反思

（1）课前思政教学反思

如何更好地提升课前思政元素的启发式教学需要教师进行深入思考。要求教师收集的案例要新鲜有趣，引起学生的好奇心；并擅于提出课前启发式问题，从而更加深刻地激发学生进行课前思考。

（2）课中思政教学反思

需要教师借助更丰富有趣的教学环节，形象生动地讲解本节课程的知识理论，让学生在理解理论知识的前提下能更好地理解和感悟思政元素。

(3) 课后思政教学反思

除了课前学习任务的提交和课后讨论的考核评价外，如何更好地进行本节课的课程思政元素的学习评价，需要教师根据教学安排完善学习评价。

供思政案例参考资料1：改写教科书！人类细胞可将RNA序列写入DNA，中心法则遭挑战！

案例二十 核酸生物合成——我国科技工作者助力科学防疫，展现中国精神

1. 课程内容简介

(1) 课程理论知识内容简介

逆转录过程的出现修改和补充了中心法则。

逆转录酶兼有3种酶的活性：① 具备RNA指导的DNA聚合酶活性；即以RNA为模板，合成一条互补的DNA链，形成RNA-DNA杂交双链。② 具备核糖核酸酶H的活性，专一水解RNA-DNA杂交双链中的RNA，可沿5'→3'和3'→5'两个方向起核酸外切酶的作用。③ 具备DNA指导的DNA聚合酶活性，以新合成的第一条DNA链为模板，按照碱基互补配对原则合成互补的另一条DNA链，形成双链DNA。逆转录酶催化DNA合成，需要模板、引物和4种dNTP为底物，同时新链合成的方向是5'→3'，这些特点与原核生物DNA复制类似。

反转录：以RNA为模板，4种dNTP为底物，反转录酶催化作用合成与模板互补的DNA（cDNA）过程。反转录与通常转录过程中遗传信息从DNA到RNA的方向相反，故称逆转录。

逆转录与反转录一般都混用，但是逆转录过程是逆转录病毒RNA的自主复制形式之一，它们以RNA为模板合成DNA并整合到宿主细胞内；而基因工程技术中，通常把人为提取目的基因RNA，反转录合成一条cDNA链，构建cDNA文库，并从中克隆目的基因序列。

(2) 课程思政内容简介

本思政案例主要从我国科技工作者助力科学防疫展现中国精神开展课程思政教育。

2019年12月一种人群普遍易感、流行性强的急性感染性肺炎疫情暴发，当面临这一场前所未有的防疫战斗之时，世卫组织与各国政府密切合作，各国科学家们迅速研究其病原体是一种可在复制过程中不断适应宿主而产生突变的新型冠状病毒（正链单股ssRNA）。

2020年2月7日，我国第一时间通报疫情信息，国家卫健委将“新型冠状病毒感染的肺炎”暂命名为“新型冠状病毒肺炎”，简称“新冠肺炎”；英文名称为Novel Coronavirus Pneumonia，简称NCP。2020年2月11日，世界卫生组织（WHO）将其英文名称为Corona Virus Disease 2019（COVID-19）。

科学防疫尤为重要，核酸检测是准确筛查无症状感染者、直接找到病毒存在证据的技术手段。对我们来说，核酸检测一点儿也不陌生。但是，核酸检测的原理是什么呢？其实就是对新冠病毒的核苷酸序列进行特异性检测。

2020年1月，我国科技工作者第一个公布分享新型冠状病毒全基因组序列，已登录GenBank（登录号为MN908947）。为全球各国尽早发现新冠病毒提供数据，助力科学防疫，展现中国精神。

核酸检测常用咽拭子采集样本，主要用荧光定量RT-PCR技术检测病毒核酸。第一步，提取样本的核糖核酸（RNA）；第二步是反转录过程，样本的RNA将反转录为互补的脱氧核

糖核酸（cDNA）；第三步采用荧光定量 PCR 技术扩增样本 cDNA 的同时，使用特异性探针（专一性识别新冠病毒核酸的 cDNA 序列）对样本 cDNA 进行检测。如果存在新冠病毒核酸的 cDNA，特异性探针与其专一性结合，每经过一次 PCR 扩增反应，仪器可以收集检测到荧光信号；而且随着 PCR 扩增反应次数的增多，PCR 产物不断累积，荧光信号强度也等比例增加，由此可以间接检测出样本中存在新冠病毒。

面对疫情，我国科学家齐心协力开展抗疫科研攻关，快速检测出新冠病毒基因组序列，助力通过核酸检测精准识别无症状患者和感染患者；快速研制出 3 个新冠疫苗助力科学防疫，展现中国精神。

2. 课程思政教学目标

通过我国科技工作者助力科学防疫，展现中国精神案例，达到下列课程思政教学目标。

① 感悟我国科技工作者艰苦奋斗、坚持不懈的科学精神和热爱祖国的高尚情操。

② 增强学生的爱国热情和民族自豪感，树立正确的人生观和价值观。

3. 课程思政教学设计

（1）课前思政教学设计

课前，教师借助智慧在线学习工具发布学习材料和思政案例材料，学生通过资料自查完成发布的学习任务：① 你知道核酸检测技术是什么吗？② 我国科技工作者如何助力科学防疫？引导学生通过查阅、思考形式，更加主动地参与到学习过程。根据学生提交任务的具体情况赋分，分值作为学生参与课前思政学习过程的考核评价。

（2）课中思政教学设计

课中，教师首先从在修改补充 Crick 提出的中心法则历程中发现了逆转录酶出发，引出逆转录酶的 3 种活性催化作用 RNA 病毒逆转录合成双链 DNA 整合到宿主细胞内。再讲述反转录的概念，提及逆转录与反转录一般都混用，但两者有区别。基因工程技术中常用反转录过程。引出设计的课程思政问题：找出核酸检测技术与本节学习内容相关的理论知识，引导学生了解新冠病毒是单链 RNA 病毒，核酸检测应用了反转录过程。紧接着教师提出第二个问题，“我国科技工作者做了哪些贡献助力科学防疫？”组织学生开展课堂讨论，引导学生认识到我国科技工作者迅速检测出新冠病毒全基因组序列，从而加快病毒检测；还有我国科技工作者相继研制出 3 个新冠疫苗，助力全球科学防疫，展现中国精神。

（3）课后思政教学设计

课后，教师借助智慧在线学习工具发布本节思政知识点的讨论话题：疫情下中国精神。根据学生参与讨论话题的具体情况赋分，分值将计为学生参与课堂思政学习过程的考核评价。

4. 教学方法

本节课课程思政教学采用线下实体课堂教学与智慧在线教学相结合的混合式教学方法。

（1）课前思政教学方法

课前，思政教学方法主要采用智慧在线教学的启发式发布、案例融入、学生查阅资料方式开展。具体由教师发布思政学习案例，提出学习任务；在学生查阅资料并思考主动学习过程中渗透本节课的思政内容。

（2）课中思政教学方法

课中，思政教学方法采用传统教学手段，主要通过教授法、思政话题讨论等教学方法的综合运用，开展本节课程思政元素的深入引导。使学生充分认识我国科技工作者热爱祖国的高尚情操，感悟中国精神。

(3) 课后思政教学方法

课后，思政教学方法采用在线教学启发总结式手段开展，引导学生借助智慧教学工具开展线上讨论区个人见解的抒发，再次强化和升华本节课思政元素点。

5. 教学反思

(1) 课前思政教学反思

如何更好地提升课前思政元素的启发式教学需要教师进行深入思考。要求教师收集的案例针对性强，并擅于提出课前启发式问题，从而更加深刻地激发学生进行课前思考。

(2) 课中思政教学反思

如果本节课应用的报道和数据效果好，学生的触动会很大，让学生在理解理论知识的前提下能更好地感悟思政元素，达到课程思政教育的效果。

(3) 课后思政教学反思

除了课前学习任务的提交和课后讨论的考核评价外，如何更好地进行本节课的课程思政元素的学习评价，建议组织学生课外开展防疫知识宣传活动，需要教师根据教学安排完善学习评价。

案例二十一　蛋白质的生物合成——从遗传密码的破译感受科学之美

1. 课程内容简介

基因密码的破译是20世纪60年代分子生物学最辉煌的成就。先后经历了20世纪50年代的数学推理阶段和1961—1965年的实验研究阶段。密码子的破译，使得人们解开了罩在遗传信息上面的最后一层面纱，为现代分子生物学的发展奠定了坚实的基础。本节要求掌握遗传密码的概念、破译过程和遗传密码的特性。

2. 课程思政教学目标

① 通过再现遗传密码破译的科学史，提高实验设计与科学探究能力；体验科学探究过程，感受科学知识发现的艰辛和漫长；理解科学的本质，感受生物学动态、连续的发展过程；养成敢于质疑、勇于创新的精神。

② 遗传密码的普遍性与特殊性体现了唯物辩证法中矛盾的普遍性与特殊性原理，也是中国特色社会主义理论基础。

3. 课程思政教学设计

(1) 遗传密码的破译

课程引入：作为遗传学发展中的重要事件，遗传密码的解析和遗传“中心法则”的完善经历了长时间的探索。1957年，尽管已经清楚遗传信息储存在DNA双螺旋中，然而，人们并不了解DNA遗传信息如何变成蛋白质，RNA在其中有什么作用。这个有趣而深奥的问题在20世纪30年代末就开始激起研究者极大的兴趣。

案例：遗传密码的破译历程。从1953年提出遗传密码问题到1966年破译全部遗传密码，先后经历20世纪50年代的数学推理阶段和1961—1965年的实验研究阶段。1954年科普作家伽莫夫（Gamow）对破译密码首先提出了挑战。他认为，在DNA的多核苷酸链上存在着一组以相邻的3个核苷酸碱基作为一种氨基酸编码的密码。这种三联体的密码是有重叠的，一个氨基酸可能存在几种不同的密码。该方案具有一定的先进性，但仅仅是理论上的猜测，没有进行实验验证。1955年，克里克（Crick）发现三联体密码的大小大约是10Å，而氨基酸的分子大小是2~3Å，存在明显的差异，说明它们之间还存在着一些中介物。克里克提出了适配器学说，即氨基酸并不与模板直接结合，而是首先与一种特异的受体分子结合。1957年，霍格兰

(Hoagland) 在大鼠的提取液中发现有一种 RNA 能够特异地与氨基酸结合。这一发现证实了克里克的适配器学说。1958 年，克里克总结得出了"中心法则"，即遗传信息只能从核酸流向蛋白质，传递是单方向进行的，即线性传递模式。这一观点初步厘清了生物遗传信息的传递方向。1961 年，布伦纳（Brenner）和克里克根据 DNA 链与蛋白质链的共线性，首先肯定了 3 个核苷酸的推理。随后的实验研究证明上述假想是正确的。1961 年，尼伦伯格（Nirenberg）和马太（Matthaei）建立了一个无细胞系统，把编码氨基酸的 mRNA 引入无细胞系统中，用来指导某一种多肽的合成，证明了苯丙氨酸的密码是"UUU"。随后，奥乔阿（Ochoa）和同事进行了一系列实验，在一年时间内解析了多个氨基酸的密码子。1964 年，柯拉纳（Khorana）通过一系列双密码子的交替共聚物实验，确定了密码排列的顺序问题。1966 年，克里克总结排列出遗传密码表。1968 年，尼伦伯格、科拉纳和霍利（Holley）因在遗传密码破解方面的开拓性工作获得了诺贝尔生理学或医学奖。

思政元素：通过介绍遗传密码破译的艰辛历程，引导学生尝试用科学家的思维进行探索，感受科学家继承创新的科学精神、严谨求实的科学态度以及敢于质疑的科学品质，以及通过实验证据进行推理论证、得出科学结论的研究方法。鼓励学生勤奋务实，刻苦钻研，勇于探索，不断创新，在潜移默化中提高学生科技兴国的责任感。

（2）遗传密码的特性

授课内容：遗传密码的概念，遗传密码的基本性质（通用性、连续性、简并性、变偶性），特殊的密码子及其发现的意义。

教学活动：通过 PPT 展示遗传密码表、密码子及反密码子配对原理，小组讨论归纳遗传密码的特性。

思政元素：辩证唯物主义矛盾的普遍性和特殊性原理。从遗传密码的特性可以看出，所有现存生物都采用了近乎普遍的遗传密码（通用性），从单细胞生物、高等哺乳动物到人类，不论个体有多么复杂，其基本翻译过程都遵循相同的规则（矛盾的普遍性），遗传密码的通用性说明生物进化的同源性，生物多样性与亲缘性的辩证统一关系；同时，遗传密码在线粒体和叶绿体等中也存在变异（矛盾的特殊性），这在一定程度上反映了遗传密码的进化过程。这些变异密码子可以提高进化的速度，促进生物进化和生物多样性的发展。矛盾普遍性与特殊性关系原理是马克思主义基本原理同中国具体实际相结合的哲学基础，矛盾的普遍性和特殊性的关系就是共性与个性、绝对与相对的关系，马克思主义同中国具体实际相结合既要体现矛盾的普遍性，坚持马克思主义的基本原理，又要充分考虑到中国的具体国情，体现矛盾的特殊性，具有中国特色。

4. 教学方法

以讲授法为主，以讨论、探究法为辅。

分组学习，问题讨论，激发思维，实际探究，分析归纳，总结梳理。

5. 教学反思

生物科学史蕴含丰厚的思想政治教育资源，能将知识传授、能力培养及情感发展有机结合，通过生物学经典实验的重现让学生体验知识形成过程，学习科学家的思维方法，感受科学家继承创新的科学精神、严谨求实的科学态度以及敢于质疑的科学品质等，在潜移默化中提高学生的探索精神和科技兴国的责任感，促进学生辩证唯物主义世界观、科学观的形成，达到立德树人的目的。

案例二十二 蛋白质的合成过程——人工合成牛胰岛素的中国故事

1. 课程内容简介

蛋白质是绝大多数信息途径的终产物。蛋白质合成机制是最复杂的生物合成机制，需要众多的物质参加完成。本节主要介绍蛋白质合成体系（mRNA、tRNA 和核糖体的结构）、氨基酸的活化及蛋白质合成的起始过程。

2. 课程思政教学目标

① 通过介绍人工合成牛胰岛素的故事，学习老一辈科学家艰苦奋斗、团结协作精神，严谨求实的科学态度，淡泊名利、乐于奉献的精神，增强民族自豪感。

② 通过介绍蛋白质合成体系及其功能、蛋白质合成起始复合物的装配，引导学生理解社会主义核心价值观个人、社会与国家的关系，做到国家、集体和个人利益之间的和谐统一。

3. 课程思政教学设计

引入新课：向同学们介绍世界上第一个人工合成的蛋白质——牛胰岛素的故事。1965 年 9 月 17 日，世界上第一个人工合成的蛋白质——牛胰岛素在中国诞生。这是世界上第一次人工合成与天然胰岛素分子相同化学结构并具有完整生物活性的蛋白质。人工合成结晶牛胰岛素的成功是我国在基础理论研究中取得的重大成就，在国际上显示了我国科学家的智慧和能力。该项工作相比于美国 1978 年重组人胰岛素的合成早了 13 年。*Science* 杂志评论我国胰岛素的全合成成就是在蛋白质合成领域中由量到质的转变。它开辟了人工合成蛋白质的时代，在生命科学发展史上产生了重大影响，也为我国生命科学研究奠定了基础。

思政元素：人工合成牛胰岛素凝聚了中国老一辈科学家的智慧，倾注了广大科研人员的心血和汗水。通过介绍，使同学们感受到胰岛素合成所展现出的艰苦奋斗、团结协作精神，老一辈科学家对“科学强国梦”的执着追求，对科学真理的不懈探索、严谨求实的科学态度，淡泊名利、乐于奉献的精神。帮助学生建立民族自豪感，为实现中国梦而奋斗。

授课内容：mRNA、tRNA 和核糖体的结构特点；氨基酸的活化；多肽链合成的起始。

思政元素：蛋白质的生物合成需要核糖体、mRNA、tRNA、rRNA、可溶性蛋白质等 300 多种生物大分子的协同作用。只有这些生物大分子、核糖体以及由它们形成的复合物有序地组装在一起，蛋白质的合成才能正常进行。通过知识点讲授，自然引入社会主义核心价值观。生物大分子、核糖体和复合物的关系就像个人、社会和国家的关系，不同个体发挥着不同的功能，个人只有在不断的集体创造活动中才能实现自我，个体之间相互协作才能促进社会的进步，国家的稳定发展取决于个体的进步和社会的和谐。

4. 教学方法

以讲授法为主，以讨论、探究法为辅。分组学习，问题讨论，激发思维，实施探究，分析归纳，总结梳理。

5. 教学反思

本课程的教学内容首先是引用了人工合成牛胰岛素的案例来激发学生的求知欲和育人价值，通过学生讨论、教师讲授等方法来学习本节内容，在讲解蛋白质的合成体系以及翻译的起始后，自然引入巧妙的类比，引导学生体会个人、社会和国家的关系，既避免了直接的政治说教，又将枯燥抽象的知识生活化，能够很好地引起学生的共鸣。

第四章 《遗传学》课程思政案例

课程信息及编写教师信息

课程名称	遗传学
课程类型	○公共基础课程 ◉专业教育课程 ○实践类课程
授课专业类/代码	生物科学/071001、生物技术/071002、生物信息学/071003、生物制药/083002T、生物工程/083001、植物生产类（0901）
课程性质	◉必修 ○选修
开课年级	大学二年级

编写教师信息

编写教师单位	教师姓名	性别	职称	学位	案例所属教学大纲中的章节及知识点	思政案例名称
塔里木大学	徐翠莲	女	副教授	硕士	第三章 孟德尔遗传	案例二 神父的呐喊
					第十二章 植物基因工程	案例十 基因工程及其在作物改良与生物制药中的应用
					第九章 数量性状遗传与杂种优势	案例七 从量变到质变
					第六章 基因突变	案例五 基因突变的危害
					第十一章 遗传的分子基础	案例八 DNA 是遗传物质的直接证据
	赵国龙	男	讲师	硕士	第一章 绪论	案例一 遗传学的风云人物及其成果
					第八章 细胞质遗传	案例六 植物雄性不育与杂种优势利用
					第五章 染色体变异	案例四 鲍文奎的探索
	张丹	女	副教授	博士	第四章 连锁遗传规律与性连锁	案例三 摩尔根与果蝇
					第十一章 遗传的分子基础	案例九 基因的概念及发展

案例一 遗传学的发展简史——遗传学的风云人物及其成果

1. 课程内容简介

学习遗传学的发展简史是了解现代遗传学的重要基础。通过学习，让学生了解遗传学的发展经历了 3 个阶段，即启蒙遗传阶段，这一阶段积累了一些遗传学的知识；孟德尔遗传学建立，标志着近代遗传学的诞生；分子、细胞遗传学的建立和发展，遗传学飞跃发展，建立了以

DNA 重组技术为核心的遗传工程，为生物遗传定向操作奠定了基础，开创了功能基因组学研究。最后引入我国科学家童第周、贝时璋、陈桢、谈家桢、夏家辉、卢永根、刘大均等对于中国遗传学发展的重要奠基作用，让学生掌握学习奉献精神，弘扬勇攀高峰、敢为人先的工匠精神。

2. 课程思政教学目标

学生通过学习了解达尔文、孟德尔等早中期科学家对科学研究的严谨态度、艰苦创新精神。重点掌握童第周、贝时璋、陈桢、谈家桢、夏家辉等我国杰出科学家，学业有成后毅然放弃国外优厚的待遇，归国后在艰苦的条件下发展遗传学事业的事迹。体会和学习我国先辈的奉献精神，弘扬勇攀高峰、敢为人先的工匠精神。

3. 课程思政教学设计

课前预习：在学习通上发布任务学习遗传学发展简史的基本内容，每人查阅一名自己感兴趣的中国遗传科学家，了解其对于遗传学发展的奠基作用，培养学生查阅和快速获取资料的能力。

课堂教学：首先进行提问，检查学生的预习效果，督促学生积极融入课堂当中。例如，提问在遗传学的建立和发展中出现了哪些比较具有标志性的事件和科学成果；你了解的哪一位我国科学家，其在遗传学上的重要贡献是什么，对我们学习遗传学有何启发等。然后带着学生提出的问题和疑惑进入教学内容。讲述遗传学经历的几个阶段，拉马克、达尔文、魏斯曼、高尔顿、孟德尔、狄・弗里斯、科伦斯、冯・切尔迈克、摩尔根、Watson 和 Crick 等科学家对遗传学的贡献，如何促进了现代遗传学的发展和进步。引入我们国家科学家的个人事迹在遗传学上的研究，重点学习在他们身上体现的奉献精神、勇攀高峰、敢为人先的工匠精神。比如，通过短视频或者新闻报道等方式，让同学了解到先辈科学家的精神事迹。最后，进行分组讨论学习，各组首先梳理遗传学的发展进程以及具有标志性的事件，然后组织讨论发言，在哪些实践过程中得到了哪些思政启示。课程结束后在学习通上布置讨论作业。

课堂总结：在授课、讨论结束后，进行总结，点出本节课思政的主旨，将遗传学课程讲授与思政协同育人进行有机融合。

4. 教学方法

本节课程思政教学采用以线下教学为主，雨课堂线上教学为辅的模式进行。采用传授式、互动式、视频讲解的教学方法，最后启发学生进行思考，学习其中蕴含的思政元素。最后进行总结，分享成果。

课后，主要以查阅资料和布置讨论作业来强化学习，可以在学习通等平台发布讨论课题，学生完成后上传，老师进行总结并给出点评，最后在上课前进行复习，从而强化和升华课程和思政内容。

5. 教学反思

通过对学生作业的反馈，了解学生在学习中的兴趣点，反思在教学过程中是否抓住学生的求知心理，总结学生对思政意义的掌握和认同。锻炼学生独立思考、探索未知、追求真理、勇攀科学高峰的责任感和使命感。如果学生反馈效果不理想，需要及时更换教学方式，通过交流列举出学生感兴趣的案例来提高学习兴趣。

案例二 孟德尔遗传定律——神父的呐喊

1. 课程内容简介

生物性状受细胞内遗传因子（Hereditary factor）控制，遗传因子在生物世代间传递遵循分离和独立分配（自由组合）两个基本规律，即孟德尔遗传规律。这两个遗传规律是近代遗传学最主要的、不可动摇的基础。通过学习，让学生掌握分离规律、独立分配规律的遗传学实质（细胞学基础），理解减数分裂过程中遗传因子的行为和染色体的动态变化相一致的规律，以及在遗传和育种中的应用。

2. 课程思政教学目标

以豌豆杂交试验为例，讲述分离规律和独立分配规律的内容，引导学生热爱科学研究，崇尚孟德尔从事科研的奉献精神、追求真理的执着精神和敢于创新的批判精神。

3. 课程思政教学设计

孟德尔的生平、教育经历和研究经历：孟德尔（Gregor Mendel，1822—1884），奥地利人，遗传学的奠基人。孟德尔出生在贫寒的农民家庭，从小受到家庭的熏陶，对自然科学非常感兴趣。1840 年，他考入奥尔米茨大学哲学院，主攻古典哲学，但因家贫而辍学，同年 10 月进入修道院，在当地教会办的一所中学教自然科学。在 1850 年被教会派到维也纳大学深造，在那里受到严格的科学教育训练，同时也受到杰出科学家的影响，如多普勒。1856 年从维也纳大学归来，孟德尔就开始了长达 8 年的豌豆试验。他首先选择 34 个豌豆品种，从中挑选出 22 个用于实验。它们都具有某种可以相互区分的稳定性状，例如高茎或矮茎、圆粒或皱粒、红花或白花等。孟德尔通过人工培植，对不同代的豌豆性状和数目进行细致入微的观察、计数和分析。这些工作需要极大的耐心和严谨的态度。他酷爱自己的研究工作，经常向前来参观的客人指着豌豆十分自豪地说："这些都是我的儿女！"连续 8 年的试验，孟德尔发现了生物遗传的基本规律——孟德尔遗传分离规律和基因自由组合规律。孟德尔将其研究的结果整理成论文在《植物杂交试验》发表，但未能引起当时学术界的重视。

孟德尔规律的重新发现：1900 年，3 位植物学家狄・弗里斯（De Vries H.）、柯伦斯（Correns C.）、冯・切尔迈克（Von Tschermak E.）在不同国家用多种植物进行了与孟德尔早期研究相类似的杂交育种试验，获得与孟德尔相似的结论，证实了孟德尔遗传规律，孟德尔被公认为现代遗传学的创始人。1910 年起，孟德尔遗传规律被称为孟德尔定律。

孟德尔的科研精神：批判思维、敢于创新、追求真理、坚持不懈、坚持实践是检验真理的标准的精神。

课堂教学：本节内容从遗传学创始人——孟德尔的生平以及孟德尔对遗传学的贡献讲起，围绕科学家从事科研的奉献精神和追求真理的执着精神以及从事科研的严谨态度，从分离规律和独立分配规律的现象、实质（细胞学基础）和意义等方面一一剖析孟德尔的分离规律和独立分配规律，让学生在正确理解遗传规律的基础上，把握遗传规律的细胞学基础，掌握遗传规律的理论意义及其在育种工作中的实际意义。

孟德尔用科学的方法将研究的具体性状一一区分开来，从 1 对遗传因子控制 1 对相对性状入手，例如红花豌豆与白花豌豆杂交，子一代全部开红花，子二代出现了红花和白花的性状分离，且比例接近 3：1 的试验结果。这样他做了 7 对相对性状的正交和反交试验，得出了一致的结果。为了解释这一结果，他提出了遗传因子假说。同时从两对相对性状的杂交试验结果中发现，杂种 F_2 出现 4 种表现型类型（两种亲本类型、两种重新组合类型），其比例接近 9：3：3：1，经过反复试验和研究，提出了第二大遗传规律——遗传因子的独立分配规律。在讲授内容的基础上，引导学生认识孟德尔如何质疑权威，如何提出科学问题，如何开展假设与求证，如何坚持科学试验来说明问题和解决问题，引导学生学习孟德尔认真严谨的科研态度、追求真理的执着精神和敢于创新的批判精神。

课堂探讨：①要求学生在深入理解分离规律和独立分配规律的基础上，进行分组讨论，探讨两大遗传规律的细胞学基础，并用图解或思维导图的方式表达出来；②根据独立分配规律，扩展到3对及以上性状的情况，让学生思考3对或3对以上相对性状的遗传规律，推导3对性状的杂交后代将出现什么样的表现型和基因型，其比例如何；③根据独立分配规律的细胞学基础，思考并解释生物性状变异产生的一个重要原因是什么。

4. 教学方法

本节课课程思政教学采用线下教学与雨课堂在线教学相结合的混合式教学。

课前：给学生布置作业，要求学生提前预习内容，搜集孟德尔有关的素材，了解孟德尔杂交试验的研究内容及研究经验。

课中：结合孟德尔生平、教育和研究经历等素材（视频），采用讲授和探究相结合的教学方法，以豌豆杂交试验为例，讲述杂交试验的设置、试验结果以及孟德尔的试验过程，通过内容讲解，让学生掌握遗传学的基本研究方法和研究思路，为学好遗传学这门课程奠定坚实基础；讲授过程中着重介绍孟德尔如何提出科学问题，如何通过科学试验解决问题等，并通过雨课堂的投稿或弹幕与学生进行互动；讲课过程中始终围绕科学家的奉献精神这一思政点，引导学生学习孟德尔认真严谨的科研态度、追求真理的执着精神和敢于创新的批判精神，引导学生做人要诚信、做学问要扎实，不能弄虚作假。

课后：要求学生对分离规律和独立分配规律的相关内容进行梳理和总结，绘制思维导图。

5. 教学反思

通过讲述两大遗传规律的内容，反思我们在教学中的内容设计及授课方式，反思课程思政融入的效果，引导学生热爱自然科学，培养学生对本专业的认同感。同时引导学生独立思考，深入探讨并比较两个遗传规律的细胞学基础，根据学生交流的效果，总结学生对本节内容的掌握情况，教师及时总结归纳。

案例三 摩尔根与连锁遗传——摩尔根与果蝇

1. 课程内容简介

连锁交换定律是遗传学的三大定律之一，1910年由摩尔根总结发现。通过研究说明了染色体上的基因是呈线性排列的，在细胞分裂时会发生基因片段的交换，从而丰富了生物的遗传物质，为适应环境创造了条件，对于杂交育种工作具有重要的意义。在杂交试验中，原来为同一亲本所具有的两个性状在F_2中常有连在一起遗传的倾向，称作连锁遗传现象。通过本节学习，学生掌握基因连锁和互换与减数分裂过程中非姊妹染色单体片段的交换，重组率与遗传图距的关系；掌握基因定位和连锁图绘制及在植物育种中利用基因连锁群资料和重组率来确定育种试验规模的方法。

2. 课程思政教学目标

学习本节课程，从著名遗传学家摩尔根的故事，导入课程内容和思政元素。定向培养学生懂得团结合作的重要性。使学生感受到摩尔根在科学探索过程中持之以恒、严谨求知、大胆创新和求真务实等精神毅力的重要性。

3. 课程思政教学设计

课前预习：在学习通上发布预习内容，让学生复习之前学到的孟德尔分离和自由组合定律的知识。预习连锁遗传交换和伴性遗传，摩尔根的故事，基因定位与连锁遗传图的应用，如何指导农业育种等。

课堂教学：首先进行课前提问，检查学生的预习效果，督促学生积极融入课堂当中。例如，在预习连锁交换时发现了什么现象；完全连锁和不完全连锁各自的特点。然后进行设问，带着问题进入今天的主要课程，启发学生主动学习思考。重点讲解内容如下：①连锁与交换；②交换值及其测定；③基因定位与连锁遗传图的构建应用；④连锁遗传规律的应用；⑤性别决定与伴性遗传。

重点案例分析：摩尔根利用果蝇探索基因连锁交换的实验。首先提出“为什么利用果蝇作为实验材料”，“连锁遗传的实质如何”。利用图示法讲解果蝇眼色与翅长的连锁遗传现象。然后进行实验操作。摩尔根在一次偶然的情况下，从一瓶红眼的果蝇中发现了一只白眼雄性果蝇，他推测这种表型的变化是由于基因的改变造成的，因此他将这只白眼雄性果蝇与红眼雌性果蝇进行了杂交，结果显示子一代的所有果蝇都是红眼，这说明白眼相对红眼可能是隐性性状。在将子一代的红眼果蝇进行自交后，摩尔根发现在子二代中出现了白眼果蝇，这证实了他的猜想，说明了基因变异引起的性状改变是可以传递给子代的，这体现出变异中的遗传。当然，摩尔根使用这只白眼雄性果蝇得出的结论远不止这些，他凭借敏锐的科研嗅觉和严密的实验设计，最终发现了遗传学的第三定律，即连锁定律。这些遗传学史上的重大发现都体现出了马克思主义唯物辩证法的基本思想。学生在整个参与的过程中掌握必修的知识，并认识团队合作的重要性，培养实事求是的科学态度，在科学研究中需要有怀疑的态度，有持之以恒、严谨求知、大胆创新的意识。

课堂总结：进行课堂总结，鼓励学生的学习成果。回扣主题、升华思政主题。

4. 教学方法

本节课程思政教学采用以线下教学为主，雨课堂线上教学为辅的模式进行。采用传授式、互动式、案例分析、实验操作结合的教学方法，启发学生进行思考，掌握本节课程的重点内容，了解如何利用连锁交换原理定向选育优良、高产、高效的品种。对实验结果进行统计分析，锻炼归纳总结的理性思维，并体会其中蕴含的思政元素。最后进行总结，并分享成果。

课后，主要以查阅资料和布置讨论作业来强化学习，可以在学习通等平台发布讨论课题和设计试验，学生完成后上传，老师进行总结并给出点评，最后在上课前进行复习，从而强化和升华课程和思政内容。

5. 教学反思

通过学生对作业的反馈，总结课程的不足。尽量利用动手操作激发学生的学习兴趣；善于使用多媒体手段，增强课程的趣味性；将课堂教学与现实生活相结合，切忌填鸭式教学，充分释放学生的主观能动性，对于学生的成果给予肯定和点评，从而达到课程教学和思政教学的目的。

案例四　染色体畸变——鲍文奎的探索

1. 课程内容简介

染色体畸变是指生物细胞中染色体在数目和结构上发生的变化。每种生物的染色体数目与结构是相对恒定的，但在自然条件或人工因素的影响下，染色体可能发生数目与结构的变化，从而导致生物的变异。染色体畸变包括染色体数目变异和染色体结构变异。通过本节课的学习，让学生掌握染色体结构变异的类型、鉴定方法、遗传效应；染色体数目变异的特点、类型、多倍体在生产上的诱导途径及应用。

2. 课程思政教学目标

学生通过学习本节课程，了解我国遗传学家鲍文奎的故事，体会在科研材料和成果被毁，育种工作被查禁的高压下，坚持真理，毫不畏惧，最终成功培育完成了异源八倍体小黑麦的科研精神。鼓励学生以科学家为榜样，即使在艰苦的环境下也要不忘初心，坚持真理，砥砺前行。培养学生的科学精神、文化自信。

3. 课程思政教学设计

课前预习：在学习通上发布学习染色体变异的基本内容，了解染色体结构变异的类型、鉴定方法、遗传效应；染色体结构变异的应用及诱发；染色体数目变异的特点、多倍体和单倍体的应用。

课堂教学：首先进行课前提问，检查学生的预习效果，督促学生积极融入课堂当中。例如，何为染色体畸变，染色体结构变异的类型有哪些，常用诱发染色体结构变异的手段有哪些，染色体数目变异的类型等。

以鲍文奎的故事导入，启发学生的好奇心理。带着如何创制合成八倍体小麦的问题进入本节课程讲授内容。重点讲解内容如下：①染色体结构变异的本质为断裂后的重接；②染色体结构变异的类型包含缺失、重复、倒位、易位，并介绍各类的遗传效应和细胞学鉴定方法；③染色体结构变异的应用及诱发方法；④染色体组的概念和特点，染色体的数目变异中的整倍体变异和非整倍体变异；⑤多倍体的诱导途径及应用和单倍体的应用。

重点案例分析：异源八倍体小黑麦的人工合成与应用。以六倍体普通小麦与二倍体黑麦进行杂交，获得四倍体不育杂交种，经过秋水仙素的处理，使得植株染色体加倍，变为八倍体，最后通过品系间的杂交选育获得优良的小黑麦品种。引入思政话题，介绍我国遗传学家鲍文奎在科研过程中所体现的文化精神，例如不畏艰险、百折不挠、坚韧不拔探索科学真理等。小黑麦的培育成功，不仅为我国增添了一种新的麦类细粮作物，更重要的是进行了一场人工加速小麦进化过程的实验，突破了一般育种方法仅能在同一物种的范围内培育差别不大的品种的局限性，为我国作物育种事业开辟了一条新途径。

课堂总结：进行课堂总结，回扣主题、升华思政主题。

4. 教学方法

本节课程思政教学采用以线下教学为主，雨课堂线上教学为辅的模式进行。采用传授式、互动式、案例分析教学方法，最后启发学生进行思考，掌握本节课程的重点内容，如何有效利用染色体的变异进行品种改良。体会其中蕴含的思政元素。最后进行总结，并分享成果。

课后，主要以查阅资料和布置讨论作业来强化学习，可以在学习通等平台发布讨论课题和设计试验，学生完成后上传，老师进行总结并给出点评，最后在上课前进行复习，从而强化和升华课程和思政内容。

5. 教学反思

通过学生的反馈，认真反思，不断学习提高自身素质。遇到教学问题，积极进行改革完善，丰富课堂内容形式。结合主题课程开展互动，让学生作为课堂的主体。若教学质量不理想，加强课堂建设，重点培养学生自主学习和动手操作的能力，从而达到课程教学和思政教学的目的。

案例五 基因突变——基因突变的危害

1. 课程内容简介

基因突变（Gene mutation）是由于 DNA 分子中发生碱基对的增添、缺失或替换而引起的基因结构的改变。广义的突变包括染色体畸变。狭义的基因突变指染色体上某一基因位点内部发生了化学性质（结构）的变化，与原来基因形成对性关系，专指点突变。基因突变有重演性和可逆性、多方向性、有害性和有利性、平行性等特征。同时，基因突变有大突变和微突变的表现。

2. 课程思政教学目标

通过学习基因突变的特征以及基因突变的诱发与应用，引导学生用辩证的思维思考问题，任何事物都有两面性，正确理解基因突变的有利性和有害性。用辩证法关于量变和质变的辩证观点看待突变中的微突变和大突变，量变是质变的必要准备，质变是量变的必然结果。

3. 课程思政教学设计

教学案例——寻找放射源：1973 年，山西忻州地区科委为培育良种，从上海引进 6 枚钴-60 放射源。十几年后科委迁址时将放射源封存，随后将原址移交给当地环境监测站。1991 年，监测站要盖楼，委托太原的中国辐射防护研究院将钴源迁走封存。但是，由于钴源室管理员记错了放射源数目，技术人员从封存的井里只拿走了 5 枚金属圆柱体。另外一枚放射源的下落，此后没有人再去关心。1992 年 11 月 19 日，泥瓦工张有昌来到忻州环境监测站建筑工地，他们要拆除宽 1m、深 10m 的井。在井口，张有昌看到一个金属圆柱体，貌似日光灯管的启辉器，阳光下闪着亮晶晶的光。他捡起来，随手装进外套的右边口袋。就是这个金属块发出的射线，让张有昌父子三人丧命黄泉，也伤害了妻子和腹中胎儿，并前后影响 100 多人。

基因突变的发现及研究历史：基因突变首先由 T. H. 摩尔根于 1910 年在果蝇中发现。H. J. 马勒于 1927 年、L. J. 斯塔德勒于 1928 年分别用 X 射线等在果蝇、玉米中最先诱发了突变。1947 年，C. 奥尔巴克首次使用化学诱变剂诱发了果蝇的突变。1943 年，S. E. 卢里亚和 M. 德尔布吕克最早在大肠杆菌中证明对噬菌体抗性的出现是基因突变的结果。基因突变这一生物界的普遍现象逐渐被充分认识。

问题导入：结合寻找放射源的教学案例，引导学生敬畏生命，远离辐射，注意现实生活中的诱变因素，提出问题：你知道哪些因素可能诱发基因突变？

辐射诱变（X 射线、γ 中子射线，α 射线、β 射线）、化学诱变（有机磷农药、食品添加剂、霉变花生的黄曲霉毒素等）、其他因素诱变（病毒、高温）等因素都可能导致基因突变。于是引出基因突变的概念，在掌握基因突变的基础上，重点讲授基因突变的一般特征，引入辩证唯物主义的观点，任何事物都有两面性，基因突变有有利性和有害性之分。举例说明大多数的基因突变，对生物的生长与发育是有害的，基因突变可能会导致基因间及相关代谢过程的协调关系被破坏，导致当代生物个体性状变异、个体发育异常、生存竞争与生殖能力下降，甚至死亡——致死突变。例如，人类的多指、白化病患者、植物的白化突变等突变类型都属于有害的基因突变。然而从另一个方面讲，基因突变是新基因产生的途径，是生物变异的根本来源，是生物进化的原始材料，可为遗传学研究提供突变型，为育种工作提供素材，这是它有利的方面。

在某些情况下，突变的有害性与有利性是相对的，有害性可以转化为有利的方面，例如，作物矮秆突变型在多风与高肥环境下会具有抗倒伏的性能，作物雄性不育突变型对于杂种优势利用有重要意义。因此，可以利用基因突变的相对性。

同时，我们也注意到，基因突变也有大突变和小突变之分。突变基因的效应表现明显，容易识别的，一般是控制质量性状的主效基因的突变，是大突变；而突变基因的表型变异微小，较难识别，主要是控制数量性状的微效应基因发生的突变，则是微突变。用辩证法关于量变和质变的辩证观点看待问题，量变是质变的必要准备，质变是量变的必然结果，已有研究表明，微突变中有利突变率更高，而且可以通过多基因的累加效应产生显著效应，因而在育种中也具有非常高的应用价值。

4. 教学方法

本节课程思政教学采用线下教学与雨课堂在线教学相结合的混合式教学。

课前，通过超星平台发布教学案例，要求学生提前预习基因突变的内容，搜集基因突变有关的素材，了解基因突变的基本特征。课中，结合教学案例及素材，采用讲授和探究相结合的教学方法，讲述基因突变的一般特征，引导学生用辩证的思维看待基因突变的有利性和有害性，用辩证法关于量变和质变的辩证观点看待突变中的微突变和大突变，并加以合理利用。

5. 教学反思

基因突变有大突变和微突变的表现。反思教学过程也是如此，教学过程要做到及时掌握学生的学习情况，及时解决学生学习中遇到的困难，及时调整教学方法，才能使教学工作臻于完善。另外，还需要不断挖掘新的思政素材，从学生的角度巧妙地融入课程教学中，真正做好既教书又育人。

案例六 数量性状的遗传规律——从量变到质变

1. 课程内容简介

在通常情况下，我们在农业生产或科学研究中常见的性状可分为两类：质量性状（Qualitative traits or characters）和数量性状（Quantitative traits）。质量性状是指遗传上受一对或少数几对基因控制，性状变异不连续，表型不易受环境因素影响的性状，如：豌豆的花色、动物毛色、种子的形状等。而遗传上受许多微效基因控制，性状变异连续，表型易受环境因素影响的性状，如：作物的株高、产量、穗长等都属于数量性状。根据多基因假说的内容，数量性状是由许多受环境因素的微效基因（多基因，Polygene）控制，多基因中每一对基因对数量性状的表型贡献是微小的；多基因各自对性状的贡献效应是累加的。

2. 课程思政教学目标

通过学习数量性状的特征以及多基因假说的内容，引导学生用辩证的思维思考问题，用辩证法关于量变和质变的辩证关系看待问题，量变是质变的必要准备，质变是量变的必然结果，引导学生在平时学习中不骄不躁，注重积累，脚踏实地，厚积而薄发。

3. 课程思政教学设计

唯物辩证法关于量变和质变的关系：量变和质变是事物发展过程中两种不同的状态，二者既有联系，又有区别。任何事物的变化和发展总是从量变开始，量变是质变的前提和必要准备。没有一定的量变，就不会发生质变。

问题导入：根据性状的分类，孟德尔遗传研究中的生物性状，属于质量性状还是数量性状？质量性状的特点有哪些？是否表现为连续变异？那么，表现连续变异的性状有哪些？请同学举例，并说明其特征。

课堂教学：以问题为导向，展开本节内容的教学任务，重点讲解数量性状区别于质量性状的典型特征。随后，以 1909 年瑞典遗传学家 Nilsson-Erle（尼尔逊・埃尔）对小麦籽粒颜色的遗传研究结果为例，研究数量性状的遗传规律，结果发现杂种二代出现了深浅不一的红色籽粒，红色基因 R 表现为重叠作用和累加效应，F_2红粒中表现为一系列颜色梯度，每增加一个 R 基因籽粒颜色更深一些，并由此提出多基因假说。针对多个微效基因控制的数量性状，每个基因对性状的贡献较为微小，但其效应可以累加这个内容，教师适时引入量变和质变的辩证关系这个思政要点，引导学生在学习中注重知识的积累过程，积极做好量的累积，深刻认识到学习知识不是一蹴而就，要脚踏实地，量变积累到一定程度才能引起质的飞跃。同时引导学生充分利用好学校的学习平台及网络教学资源平台，努力学习，为实现质变创造条件，厚积而薄发。

4. 教学方法

本节课课程思政教学采用线下教学为主，雨课堂在线教学为辅的教学方式。采用以问题为导向的探究式教学方法，探讨数量性状的遗传规律，引导学生正确认识量变和质变的辩证关系，量变是质变的必要准备，质变是量变的必然结果，求学过程亦是如此，引导学生在平时的学习中脚踏实地，果断抓住时机，促成质变，实现事物的飞跃和发展。

5. 教学反思

教学过程也要循序渐进，一步一个脚印。作为农业院校专业课的教师，在今后教学中，要潜心研究教学法，研究学生的学习特点及知识的掌握情况，分析学生学习中遇到的困难，找到适合学生学习的教学方法，培养学生在学习中的主观能动性。同时，还需要不断挖掘新的思政素材，更好地融入教育教学工作中。

案例七　细胞质遗传——植物雄性不育与杂种优势利用

1. 课程内容简介

植物雄性不育的主要特征是雄蕊发育不正常，不能产生有正常功能的花粉，但是其雌蕊发育正常，能够接受正常花粉而受精结实。雄性不育在植物界较为普遍，迄今已在 18 个科的 110 多种植物中发现了雄性不育的存在。根据雄性不育发生的遗传机制不同，可分为质不育型、核不育型及质核不育型等。其中，质核不育型的使用价值较大，在农作物的杂种优势利用上具有重要的价值。作物的三系育种主要是基于植物的雄性不育，通过不育系、恢复系和保持系快速进行育种。学生通过学习，了解细胞质遗传和细胞核遗传原理、区别及特点，掌握三系法在各个作物中的应用以及对粮食安全作出的贡献。

2. 课程思政教学目标

学生通过学习了植物雄性不育的基本特点，讲解利用三系法进行作物育种及其发展历程，实现作物产量的大规模提升。在授课过程中，引入杂交水稻之父——袁隆平，杂交大豆之父——孙寰等选育三系的历史，进而启发学生思考，培养学生热爱祖国、团结合作、无私奉献、艰苦奋斗、开拓进取的中国精神。

3. 课程思政教学设计

课前预习：在学习通上发布了解细胞质遗传的基本内容，查阅利用植物的雄性不育而创制成功的作物及品种；作物雄性不育的类型及其遗传模式的不同。

课堂教学：首先进行课前提问，检查学生的预习效果，督促学生积极融入课堂当中。例如，何为植物雄性不育；常见的类型有哪些；如何在实践中应用等。接着，利用图画或者小视频的形式导入袁隆平和孙寰等科学家利用植物的雄性不育在杂交水稻和杂交大豆中的突破性贡献，从而引出对于水稻、大豆等自花授粉作物杂交育种的困难在哪，创制不育系、恢复系和保持系进行遗传育种的原理是什么的问题带着一些问题进入今天的主题课堂，讲解细胞质遗传、在 F_2代的分离比上会出现不同的分离情况、线粒体 DNA 在细胞质遗传中的作用、举例说明植物雄性不育在作物中的应用案例，加深对基本概念的理解。例如，其目前在水稻、大豆、玉米、油菜、棉花、小麦等上的应用。实例 1：孙寰在广泛大豆杂交过程中，终于发现地方品种汝南天鹅蛋（代号 167）含有不育细胞质，经过五代回交，1993 年育成世界上第一个大豆细胞质雄性不育系 OA 和同型保持系 OB，1995 年又育成栽培豆不育系 YA 和 YB，找到恢复系，实现“三系”配套。实现了大豆的三系杂交育种。不育系的育成，为大豆杂种优势利用打开了突破口，此项研究成果达到国际领先水平。实例 2：1970 年，袁隆平的助手李必湖在海南岛南红农场发现了一株雄性不育野生稻；1973 年，我国杂交水稻“三系”配套基本成功，中国成为世界上第一个在水稻生产上利用杂种优势的国家；1976 年起，杂交水稻在全国大面积推广种植，使水稻的单产和总产都大幅度提高。经过案例的分析，提问杂种优势、杂交育种的难点在哪？引发同学思考和讨论，进行课堂互动。然后通过杂交水稻和杂交大豆的发展进程，体会袁隆平、孙寰等科学家为国为民、心系天下的浓浓爱国之情，孜孜不倦、默默奉献的工匠精神，团结合作、无私奉献、艰苦奋斗、开拓进取的中国精神。

课堂总结：进行课堂总结，回扣主题、升华主题。随着我国杂交育种理论不断研究及育种技术的进步，必将实现粮油振兴计划。

4. 教学方法

本节课程思政教学采用以线下教学为主，雨课堂线上教学为辅的模式进行。采用传授式、互动式、视频讲解的教学方法，最后启发学生进行思考，进行动手绘制学习脉络图，掌握本节课程的递进关系。体会其中蕴含的思政元素。最后进行总结，分享成果。

课后，主要以查阅资料和布置讨论作业来强化学习，可以在学习通等平台发布讨论课题，学生完成后上传，老师进行总结并给出点评，最后在上课前进行复习，从而强化和升华课程和思政内容。

5. 教学反思

遗传学作为理学专业课，要注重科学思维方法的训练和科技伦理的教育，培养学生艰苦奋斗、开拓进取、勇攀科学高峰等中国精神。通过学生作业的反馈，总结成功的经验。坚持记录每节课的优点和不足，长期积累，丰富教学经验，形成自己的教学风格。同样查找失败的原因或疏漏之处，认真修改，寻求对策，以免重犯，使教学日臻完善。从而达到课程教学和思政教学的目的。

案例八　遗传的分子基础——DNA 是遗传物质的直接证据

1. 课程内容简介

基因是一个带有遗传信息的 DNA 片段。那么如何证明 DNA 是遗传物质？本节内容重点讲解 DNA 是遗传物质的直接证据的 3 个经典实验：细菌的转化、噬菌体侵染大肠杆菌、烟草花叶病毒（TMV）的侵染。

2. 课程思政教学目标

通过学习 DNA 是遗传物质的直接证据的 3 个经典实验，引导学生学习科学家敢于创新的精神以及在研究中保持一贯严谨的科学态度。

3. 课程思政教学设计

问题导入：基因是一段有功能的核苷酸序列，主要定位在细胞核内染色体上。而染色体是核酸和蛋白的复合物，即是说染色体上携带遗传物质，那么遗传物质是核酸还是蛋白质？有何证据？如何证明？

采用探究式教学方法，针对以上问题，学习 DNA 是遗传物质的直接证据的 3 个经典实验，引导学生学习科学家敢于创新的精神以及在研究中严谨的科学态度。

（1）细菌的转化

1928 年格里费斯，采用两种稳定遗传的肺炎双球菌 Sm 和 RII（S 表示光滑菌落，R 表示粗糙型菌落，II 表示不同的血清类型），Sm 具毒性能使小鼠患败血症死亡，R 无毒性，不致病。具体试验如下：R 注射小鼠体内不致病，Sm 加热杀死，注射小鼠体内不致病，但若将二者混合再注射小鼠，结果小鼠死亡，尸检结果分离出来的肺炎双球菌全部是 Sm。试验结论：S 型细菌中有一种“转化因子”，能使 R 型细菌转化为 S 型细菌。1944 年，艾弗里（美）将 S 型细菌中的物质进行了提取和鉴定。分别提取 S 型细菌中的 DNA、RNA、蛋白、多糖、脂类，与 R 型细菌混合培养注入小鼠体内，发现只有 DNA 提取物和 R 型细菌混合培养后注入小鼠，小鼠死亡。试验结论：转化因子是 DNA，DNA 才是使 R 型细菌产生稳定遗传变化的物质。

（2）噬菌体侵染大肠杆菌

噬菌体是由蛋白质的外壳和 DNA 所组成，它侵染大肠杆菌时，只把 DNA 注入寄主细胞，蛋白质外壳留在寄主细胞外面，这说明只有 DNA 才是亲代和子代之间具有连续性的遗传物质。1952 年，赫尔歇和蔡斯：噬菌体重组，用同位素 32P 和 35S 标记实验证明 DNA 噬菌体的遗传物质也是 DNA，而不是蛋白质。

（3）烟草花叶病毒（TMV）的侵染

TMV 病毒是由 RNA 与蛋白质组成，它是有圆筒形的蛋白质外壳，壳内有一条单链的 RNA 分子。若把 RNA 和蛋白质分开，而后分别接种在烟草上，结果蛋白质不致病，RNA 能致病，这说明 RNA 有时也是遗传物质。

最后，讨论总结、学习体会其中蕴含的思政元素，培养学生勇于创新和严谨求实的科学精神。

4. 教学方法

本节课程思政教学采用以线下教学为主，雨课堂线上教学为辅的模式进行。课前教师发布相关素材，包括噬菌体的侵染视频等，课上结合实验，以问题为导向，采用启发式和讨论式教学，引发学生主动思考，学习科学家在实验设置过程中严谨的思路，最后强化和升华课程思政内容，引导学生学习科学家敢于创新的精神以及在研究中严谨的科学态度。

5. 教学反思

通过学生的反馈，不断从上课中总结经验，不断探索教学方法，通过课题组教研活动，共同设计教学思路，互相切磋，取长补短，提升教学效果。

案例九　遗传的分子基础——基因的概念及发展

1. 课程内容简介

基因是带有遗传信息的 DNA 片段。基因的研究是遗传学发展的重要基础。经典遗传学认为，基因是一个最小的单位，不能分割，既是最小的结构单位，又是最小的功能单位。而近代遗传学的研究，打破了“三位一体”的基因概念，把基因具体化为 DNA 分子上特定的一段顺序——顺反子，其内部是可分的，其内部包含多个突变子和重组子。

2. 课程思政教学目标

从摩尔根提出的遗传因子入手，逐步解释基因概念的发展，通过学习，引导学生分正反两方面来看待事物，正确认识其中的利与弊，正确把握事物发展的规律，形成辩证唯物主义的世界观，培养学生敢于质疑、勇于创新、严谨求实的科学精神。

3. 课程思政教学设计

基因的最初概念来自孟德尔的“遗传因子”，他认为生物性状是由遗传因子控制的，性状本身不能遗传。孟德尔定律的发现，100 多年来人们对基因的认识在不断深化。遗传学之父孟德尔在对 8 年植物杂交实验进行统计分析的基础上，通过推理提出生物的性状是由遗传因子决定的，由此产生了基因的雏形概念。

1903 年，美国学者萨顿发现孟德尔假设的一对遗传因子，它们的分离与减数分裂中同源染色体的分离非常相似，进而推论出基因就在染色体上。

1909 年，丹麦生物学家约翰逊将孟德尔的“遗传因子”起名为“基因”，但是他只提出了基因这一名词，并没有提出基因的物质概念。随着遗传学的发展，特别是分子生物学的迅猛发展，人们对基因概念的认识正在逐步深化。

1909年，摩尔根和他的学生们开始潜心研究果蝇的遗传行为，利用果蝇杂交试验证明基因位于染色体上，呈直线型排列，并于1926年发表了《基因论》，进一步诠释了基因概念。诠释了基因以直线的形式排列在染色体上，能发生突变，能随同源染色体交叉互换而进行重组，基因不仅是决定性状的功能单位，而且还是一个突变单位和重组单位。至此，基因概念得到了极大的扩充和丰富，但是基因的物质结构和化学组成如何？基因是如何决定生物性状的？人们对此仍然一无所知。

1928年格林菲斯进行的肺炎球菌的转化试验及1944年埃弗里等人的工作证明了DNA就是遗传物质。

1953年，Waston和Crick提出了DNA双螺旋结构模型；1957年，Crick提出了中心法则，并于1961年提出了三联遗传密码；1957年，S. Benzer提出了“顺反子”概念。1961年，F. Jacob和J. Monod提出“操纵子模型”学说，由此进一步证明了基因的作用和遗传信息转移的中心法则。由此基因的概念越来越成熟，在各个领域都得到了极大的发展。

最后，讨论总结、学习体会其中蕴含的发展的辩证唯物主义理论，培养学生敢于质疑、勇于创新和严谨求实的科学精神。

4. 教学方法

本节课程思政教学采用以线下教学为主，雨课堂线上教学为辅的模式进行。采用讲授式为主，结合启发式和讨论式教学，最大程度地引发学生主动思考，学习其中唯物辩证法和方法论的基本思维。最后进行总结，分享成果。

课后，主要以查阅资料和布置讨论作业来强化学习，可以在学习通等平台发布讨论课题，学生完成后上传，老师进行总结并给出点评，最后在上课前进行复习，从而强化和升华课程和思政内容。

5. 教学反思

通过学生的反馈，不断从课程中总结经验，在这种纯理论的教学中，学生容易思想不集中，那么我们将自己以学习者的身份去尝试，反复备课修改，进行探索式的教学，通过共同设计教学和相互听课监督的方式提高教学质量。

案例十 植物基因工程——基因工程及其在作物改良与生物制药中的应用

1. 课程内容简介

植物基因工程技术，是指用人工的方法，将特定的目的基因分离，利用特定手段将其导入植物受体细胞，整合到植物受体细胞的染色体上，使目的基因在植物受体中表达，最终达到改变植物性状（如抗病、抗虫、抗逆等）以及快速培育植物新品种的目的。植物基因工程解决了传统育种不能突破的问题，为培育优质、高产和抗逆植物新品种提供了新的研究和利用思路。目前，基因工程技术在农业生产、药物研制、环境保护与检测等领域均发挥着重要作用。

2. 课程思政教学目标

通过学习植物基因工程的操作步骤以及基因工程在农业生产中的应用，引导学生深刻理解习近平总书记在中国科学院第十九次院士大会、中国工程院第十四次院士大会上的讲话精神，“科学技术从来没有像今天这样深刻影响着国家前途命运，从来没有像今天这样深刻影响着人民生活福祉”，解决问题要靠科技创新，要靠科学技术，培养学生学农爱农的思想情怀。

3. 课程思政教学设计

课前发布教学案例：玉米是重要的粮食作物，其种植面积与产量居三大农作物之首。长期以来，虫害一直是造成玉米产量损失的重要因素，近年来全国玉米病虫害发生总体偏重，在局部地区造成玉米产量重大损失。目前，我国防控玉米害虫主要采用化学杀虫剂，但化学杀虫剂的大量使用伴随着一系列环境污染、害虫抗药性增加等生态问题。随着转基因技术的发展，转Bt（Bacillus thuringiensis）基因抗虫玉米对有效防治玉米害虫具有重要作用。我国在Bt杀虫基因的发掘和克隆等方面发展迅速，取得了较好的进展，为抗虫转基因玉米的研发提供了基因资源。Bt cry1Ah基因是从苏云金芽孢杆菌BT8菌株中克隆获得，将该基因转入玉米，通过对转基因玉米转化群体进行抗虫性筛选，获得对玉米螟高抗的HGK60，对主要的玉米害虫（亚洲玉米螟和棉铃虫）具有高杀虫活性。（资料来源：李鹏程等，转基因玉米HGK60在不同遗传背景下抗虫性鉴定及农艺性状分析，生物技术通报，2023）。要求学生阅读案例，根据案例思考如下问题：①抗虫基因来自苏云金芽孢杆菌，把它转入到另一种生物（玉米）中是否可行？为什么？②自学基因工程的相关内容，了解什么是基因工程，基因工程包括哪些内容以及基因工程的操作步骤等。③要求学生查阅资料，了解基因工程在作物育种中的应用，查找有关利用基因工程技术培育优质、高产、抗逆性好的新品种的具体实例。

基因工程与药物研制：胰岛素是治疗糖尿病的特效药，长期以来只能依靠从牛等动物的胰腺中提取，100kg胰腺只能提取4~5g的胰岛素，其产量之低和价格之高可想而知。将合成的胰岛素基因导入大肠杆菌，每2 000L培养液就能产生100g胰岛素，大规模工业化生产不但大大降低了生产成本，使其价格降低了30%~50%。

干扰素治疗病毒感染简直是“万能灵药”！过去传统生产方法，血液中提出白细胞，然后用病毒对其进行感染，从而产生干扰素，1个细胞最多产生100~1 000个干扰素分子。300L血才提取1mg。其“珍贵”程度自不用多说。而基因工程改造的大肠杆菌进行发酵生产，1d便可生产20万个干扰素分子。1kg培养物中可以得到20~40mg干扰素。

课堂教学：通过以上教学案例，激发学生的兴趣，引出基因工程的概念。所谓基因工程，通俗地说，就是按照人们的意愿，把一种生物的基因复制出来，加以修饰改造，然后转移到另一种生物的细胞中，最终达到定向地改良生物遗传性状的目的。在了解基因工程概念的基础上，以转基因抗虫玉米或抗虫棉的培育过程为例，重点讲解基因工程（Gene engineering）的一般步骤：通过直接分离、人工合成或体外扩增等方法获取目的基因；将目的基因与载体结合，形成重组DNA分子（重组质粒）；将重组基因借助细菌或病毒侵染细胞的途径或其他方式导入受体细胞，最后对目的基因在受体细胞内是否表达进行检测。另外，讲到基因工程在农业生产中的应用时，要求学生对查阅的文献进行归纳总结，并针对具体问题展开讨论和分组汇报，最后教师结合“解决问题要科技创新，要靠科学技术”这一思政点进行点评总结，指出植物基因工程解决了传统育种无法突破的问题，对于培育优质、高产和抗逆植物新品种意义重大，引导学生学农爱农，利用自己的专业知识，肩负起服务农业的重任。

4. 教学方法

本节课程思政教学采用线下教学与雨课堂在线教学相结合的混合式教学。

本节内容采用案例教学和讨论式的教学方法，讲授利用转基因技术培育抗虫棉的过程，引导学生深刻理解解决问题要靠科技创新，要靠科学技术。

5. 教学反思

通过本节内容的学习，使学生深入理解科技创新的理念，引导学生学农爱农，为农业生产作出应有的贡献。对于课程思政的内容，还需要更深入的思考，找到新的角度和切入点，使之更巧妙地融入到授课内容中。

第五章 《细胞生物学》课程思政案例

课程信息及编写教师信息

课程名称	细胞生物学
课程类型	○公共基础课程 ◉专业教育课程 ○实践类课程
授课专业类/代码	生物科学/071001、生物技术/071002、生物信息学/071003、生物制药/083002T、生物工程/083001
课程性质	◉必修 ○选修
开课年级	大学二年级

编写教师信息

编写教师单位	教师姓名	性别	职称	学位	案例所属教学大纲中的章节及知识点	思政案例名称
新疆农业大学	王波	男	副教授	博士	第一章 绪论 细胞学与细胞生物学	案例一 细胞生物学与诺贝尔奖
					第一章 绪论 细胞的同一性与多样性	案例二 生命活动的基本单位——细胞
					第二章 细胞生物学研究方法 第一节 细胞形态结构的观察方法	案例三 显微镜的故事
					第五章 细胞质基质与内膜系统 第二节 细胞内膜系统及其功能	案例五 内质网——有机物合成的“车间”
					第七章 叶绿体与线粒体 第二节 叶绿体与光合作用	案例七 叶绿体与绿叶精神
					第十一章 细胞信号转导 第一节 细胞通信与信号转导	案例九 细胞通信——细胞的“信息流”
					第十二章 细胞周期与细胞分裂 第一节 细胞周期	案例十二 细胞周期检验点——时相转换的“关卡”
					第十四章 细胞分化与干细胞 第一节 细胞分化	案例十三 细胞分化与生物伦理
					第十六章 细胞的社会联系 第一节 细胞连接	案例十五 细胞连接——个体与群体的关系

（续表）

塔里木大学	张建萍	女	教授	博士	第三章　细胞质膜 第一节　细胞质膜的结构模型与基本成分	案例四　生物膜——国防意识
					第四章　物质的跨膜运输 第二节　膜转运蛋白与小分子及离子的跨膜运输	案例六　膜转运蛋白与小分子及离子的跨膜运输——实干精神
					第五章　细胞质基质与内膜系统 第二节　细胞内膜系统及其功能	案例八　细胞内膜系统——团队合作意识
	赵沿海	男	副教授	博士	第八章　细胞骨架 第一节　微丝与细胞运动	案例十　微丝与细胞运动——众志成城
					第九章　细胞核与染色质 第一节　细胞核	案例十一　细胞核——安全与节约的精神
					第十五章　细胞衰老与细胞程序性死亡 第一节　细胞衰老 第二节　细胞程序性死亡	案例十四　细胞衰老与凋亡——舍得与奉献

案例一　细胞生物学与诺贝尔奖

1. 课程内容简介

细胞学是研究细胞结构和功能的生物学分支学科。细胞生物学是应用现代物理学与化学的技术成就和分子生物学的方法和概念，在细胞水平上研究生命活动的学科。讲述细胞学和细胞生物学这两个学科的建立和发展历史，以明确这两个学科的联系、区别，以及讲述人们在认知细胞的过程中，是如何分析和解决问题，最终形成细胞生物学的基本概念和基本理论。

2. 课程思政教学目标

讲授细胞学与细胞生物学发展史中的创新案例，使学生理解理论联系实际，大胆创新的重要意义，培养实事求是、尊重科学规律、严谨求真、创新的科学精神和独立自主解决问题的能力。

3. 课程思政教学设计

讲述诺贝尔生理学或医学奖创立历史与近 20 年的典型获奖案例。1895 年，阿尔弗雷德·诺贝尔（Alfred Nobel）创立诺贝尔奖。按照他的意愿，每年将其中一部分奖励给“在生理学或医学领域做出最重要发现的人”。历史上有众多与细胞生物学相关的研究成果获得诺贝尔生理学或医学奖，近 20 年的获奖成果如下。

2019 年，该奖项被共同授予威廉·凯林（William G. Kaelin Jr）彼得·拉特克利夫（Sir

Peter J. Ratcliffe）以及格雷格·塞门扎（Gregg L. Semenza）以表彰他们“细胞如何感测和适应氧气供应”的发现。

2016 年，来自东京工业大学的研究者 Yoshinori Ohsumi（大隅良典）因发现自体吞噬（Autophagy）的机制而获得此奖。

2013 年，耶鲁大学细胞生物学系系主任、生物医学教授詹姆斯·罗斯曼（James E. Rothman），德国生物化学家托马斯·聚德霍夫（Thomas C. Südhof）和加州大学伯克利分校的细胞生物学家兰迪·谢克曼（Randy W. Schekman），因“发现细胞内的主要运输系统——囊泡运输的调节机制”获得 2013 年诺贝尔生理学或医学奖。

2012 年，英国科学家约翰·戈登（John B. Gurdon）和日本科学家山中伸弥（Shinya Yamanaka）因“发现成熟细胞可被重编程变为多能性”获奖。两位发现“成熟、特化的细胞能够被重编程为可发育成身体组织的非成熟细胞”。

2010 年，罗伯特·G·爱德华兹（Robert G. Edwards）“因体外受精的发展”而获得了 2010 年诺贝尔生理学或医学奖。

2001 年，该奖项被共同授予 Leland H. Hartwell，Tim Hunt 和 Paul M. Nurse 爵士，以表彰他们对细胞周期关键调控因子的发现。

除此之外，多年来诺贝尔奖还认可了细胞生物学的其他一些成就，从离子通道，免疫学到细胞死亡，凸显了细胞生物学领域对科学的重要性。

4. 教学方法

采用讲授法，讨论法讲授。通过讲授历年来诺贝尔生理医学奖与诺贝尔化学奖获奖简介，鼓励学生讨论如何理论联系实际，大胆创新。

5. 教学反思

本节讲授内容为绪论中的细胞生物学发展简史。上好绪论课对细胞生物学的教学非常重要。它在培养学生学习兴趣、激发其主观能动性，使课程形成一个有机合理的体系方面都发挥着重要的作用。在讲到细胞生物学发展简史时，列举历年来诺贝尔奖获得者的事例更能激发学生学习热情，同时受到理论联系实际、大胆创新、求真务实的科学精神熏陶。

案例二　生命活动的基本单位——细胞

1. 课程内容简介

作为生命基本单位的细胞，有显著的基本共性，如相似的化学组成、最基本的结构形式、类似的遗传语言和相似的代谢调控机制。同时，细胞又表现出它的多样性，正是由于存在种类繁多、形态各异、功能多样的细胞，才得以形成不同的物种和构建多细胞生物体的组织和器官。

2. 课程思政教学目标

通过讲授细胞作为生命结构和功能的基本单位，使学生理解细胞之间也存在着多样性和统一性，进而理解“人类命运共同体”的理念，树立社会责任感。

3. 课程思政教学设计

像细胞一样，我们每一个社会成员都是组成社会的一分子，充分认识并履行自己作为社会成员的职责，才能为社会的健康发展贡献自己的力量。

习近平总书记在党的十九大报告中指出，青年一代有理想、有本领、有担当，国家就有前途，民族就有希望。中国特色社会主义进入新时代，新的使命需要新的担当，勇于担当，方能不忘初心、牢记使命，夯实中国梦的阶梯。新时代需要青年勇于担当的精神。

4. 教学方法

采用讲授法，讨论法讲授。从细胞的基本共性、细胞的基本类型等方面讲授细胞是生命结构和功能的基本单位，引导学生讨论在中国特色社会主义新时代，青年一代应有怎样的担当，方能不忘初心、牢记使命，夯实中国梦的阶梯。

5. 教学反思

细胞作为生命结构和功能的基本单位。如何让学生对这一点有深入的认识，可以将每个社会成员比作一个细胞让学生来领悟。每个细胞作为一个相对独立的单位，既有它自己的生命，又对与其他细胞共同组成整体的生命有所助益。我们每个人既是一个独立的个体，又是组成社会的一分子，充分认识并履行自己作为社会成员的职责，才能为社会的健康发展贡献自己的力量。学生认识到这一点后，才能使学生理解中国特色社会主义进入新时代，新的使命需要青年勇于担当的精神。勇于担当，方能不忘初心、牢记使命，夯实中国梦的阶梯。

案例三　显微镜的故事

1. 课程内容简介

技术的进步在细胞生物学乃至整个生物学的建立与发展中起着巨大作用。没有显微镜的发明，就不会有细胞的发现，也就不可能提出细胞学说；同样，如果没有电子显微镜技术的建立及其与分子生物学技术的相互结合，也难以想象细胞生物学会有今天这样的长足发展。

2. 课程思政教学目标

通过讲授显微镜的发展史，引导学生努力学习理论基础知识，广泛接触新科学、掌握新知识。

3. 课程思政教学设计

库克利用自己发明的显微镜观察到了细胞，电子显微镜的发明让我们认识到细胞的内部结构，冷冻电镜技术使我们认识到多种关键蛋白的精细结构，为设计靶点和临床应用提供了基础。在科技飞速发展的今天，技术方法的创新对科学的发展至关重要，但创新与知识密切相关，不存在超越知识的创新能力。

引导学生努力学习理论基础知识，广泛接触新科学、掌握新知识。只有不断接受新知识，才能使自身的创造潜能充分发挥出来，为将来全面建成社会主义现代化强国贡献自己的力量。知识改变人生，科技创造未来。

4. 教学方法

采用讲授法，讨论法讲授。讲授显微镜的发展史，引导学生讨论如何努力学习基础理论知识，广泛接触新科学、掌握新知识，引导学生理解只有不断接受新知识，才能使自身的创造潜能充分发挥出来，为将来全面建成社会主义现代化强国贡献自己的力量。知识改变人生，科技创造未来。

5. 教学反思

“细胞形态结构的观察方法”是本章重点内容。在课堂上，可结合教学 PPT、视频及课外阅读资料等对光学显微镜、电子显微镜、扫描隧道显微镜等的结构与功能进行讲解。对于有条件的学校，可组织学生前往专业实验室参观电子显微镜等精密仪器。通过这样的教学过程，使学生深刻认识到科技发展对显微镜技术的促进作用，进一步引导学生努力学习基础理论知识，广泛接触新科学、掌握新知识，充分发挥创造潜能，为将来全面建成社会主义现代化强国贡献自己的力量。

案例四 生物膜——国防意识

1. 课程内容简介

细胞质膜的结构模型；细胞质膜的组成；细胞质膜的特点；细胞质膜的功能。

2. 课程思政教学目标

培养学生树立国防意识和爱国主义精神，激发学生建设国家、加入国防队伍的责任感和使命感，积极地为国防事业贡献力量。

3. 课程思政教学设计

（1）授课要点

细胞质膜作为细胞的界膜，由脂质、蛋白质和糖类组成，细胞质膜使细胞具有一个相对稳定的内环境，同时在细胞与环境之间的物质运输、能量转换及信息传递过程中也起着重要的作用。

（2）课程思政主要切入点

完整的细胞质膜为细胞的生命活动提供相对稳定的内环境，这就像一个国家的国防。古往今来，任何国家都需要建立强大的国防，用以保卫国家的利益，抵御外来的侵略。如果有了国家，没有国防，或者国防薄弱，就难以抵御外来入侵之敌，无法保卫国家的主权独立、领土完整和安全，人民就不能安居乐业。就像《世说新语·言语》中说的“覆巢之下安有完卵”。通过在教学中融入国防教育内容，深入浅出地给学生讲述国防安全的重要性，引导学生增强国防意识，鼓励学生努力学习文化知识，为强国注入自己的一份力量。

（3）成效

让学生意识到国防的重要性，激发学生爱国热情，积极地为国防事业贡献力量。

4. 教学方法

课堂讲授；启发思考；讲述引申。

5. 教学反思

本案例通过讲述细胞膜作为细胞的界膜，为细胞的生命活动提供相对稳定的内环境，引申到国防的重要性。案例既有崇高感，又有代入感，它们之间互相关照互补，既生动地阐释了国防的重要性，又易于学生从真理上认同，拉近了学生与国防的距离，培养学生国防意识，是一个很有效的教学案例。

案例五 内质网——有机物合成的“车间”

1. 课程内容简介

内质网是细胞内除核酸以外一系列重要的生物大分子（如蛋白质、脂类和糖类）的合成基地。有核糖体附着的糙面内质网是膜蛋白和分泌蛋白的合成加工场所；光面内质网主要发挥脂质合成、信号转导、与其他细胞器的相互作用的功能。

2. 课程思政教学目标

通过讲授内质网的基本类型和功能，使学生理解团结合作精神。

3. 课程思政教学设计

细胞中的内质网分为糙面内质网和滑面内质网两种类型，分别执行蛋白质合成、修饰与加工，脂类合成的功能和解毒作用，以及糖代谢等功能。

引导学生理解团结合作精神。当今社会是一个讲究合作、团队意识的社会，一个人很难独自完成一项工作。而且在目前知识爆炸的社会里，一个人很难掌握所有知识，所谓“术业有专攻”，只有充分发挥团队的力量，每个人发挥各自的特长，取长补短，才能把个人优势发挥到最大，最终取得成功，而每个人也在团队成功中实现自己的个人价值。

4. 教学方法

采用讲授法，讨论法讲授。讲授内质网的分布特点、结构和功能，并引导学生讨论如何发挥各自的特长，取长补短，在团队成功中实现自己的个人价值。

5. 教学反思

本节讲授内容是粗面内质网和光面内质网的结构、分布特点、功能等。通过本节学习，可引导学生以小组为单位通过比较法学习以上内容，每个小组做成表格来进行比较。在合作过程中，引导学生理解团结合作精神。就像粗面内质网和光面内质网有不同的分工一样，一个人很难掌握所有知识，所谓“术业有专攻”，只有充分发挥团队的力量，每个人发挥各自的特长，取长补短，才能把个人优势发挥到最大，最终取得成功，而每个人也在团队成功中实现自己的个人价值。

案例六　膜转运蛋白与小分子及离子的跨膜运输——实干精神

1. 课程内容简介

载体蛋白及其功能；通道蛋白及其功能；小分子物质的跨膜运输（简单扩散、协助扩散、主动运输）。

2. 课程思政教学目标

鼓舞和帮助学生树立正确的科学观、价值观，激发学生对待科学的兴趣和培养学生的实干精神。

3. 课程思政教学设计

（1）授课要点

载体蛋白几乎存在于所有类型的生物膜上，属于多次跨膜蛋白。每种载体蛋白能与特定的溶质结合，通过一系列构象改变介导溶质的跨膜转运。不同的生物膜往往含有各自功能相关的不同载体蛋白，质膜具有输入营养物糖、氨基酸和核苷酸的载体蛋白。

通道蛋白普遍存在于各类真核细胞的质膜以及细胞内膜上。通道蛋白通过形成亲水性通道，实现对特异溶质的跨膜转运，包括 3 种类型：离子通道、孔蛋白、水通道蛋白。

小分子及离子的跨膜运输分为被动运输（简单扩散、协助扩散）和主动运输，分别介绍 3 种跨膜运输方式的特点，并进行对比学习。

（2）课程思政主要切入点

在教学过程中，引入诺贝尔奖故事，例如，在讲水通道蛋白时，介绍水通道蛋白发现者诺贝尔奖得主 Peter Agre 的研究历程，Agre 是一位有着丰厚收入的临床医生，在实践中发现“旅行者腹泻”问题，为了解决该问题，促使他转向基础研究。1984 年，Agre 的课题组在分离纯化 RH 血型抗原分子时，每次都伴随有一个小分子的出现，大小为 28kDa，称为形成通道的整合膜蛋白 28（CHIP28），推测其可能与水分子快速跨膜转运有关，为了验证该推测，Agre 不停地学习新的技术，常与其他领域的科学家进行咨询和讨论。1992 年，Agre 和他的同事进行了 CHIP28 的功能鉴定实验，结果表明 CHIP28（AQP1）可以促进水分子的快速跨膜转运。2000 年，Agre 等利用冷冻电镜技术揭示了 AQP1 的立体结构。从发现水通道蛋白到鉴定它的功能，Agre 用了 8 年的时间，再从研究其功能到解析结构，又用了 8 年的时间。正是 Agre 对科学的浓厚兴趣和发自内心的热爱，才使得他能从实验中发现许多别人注意不到的现象，也正是他坚持不懈、始终如一的实干精神，才最终获得了重大发现。通过对科学家的奋斗历程的介绍，可以鼓舞和帮助学生树立正确的科学观、价值观，激发学生对待科学的兴趣和培养学生的实干精神。

教师设计讨论主题，例如，区分自由扩散、被动运输、主动运输的相同点和不同点。教师组织课堂讨论，课前将全班学生分组，每 6 人一组（每组至少 1 位女同学），要求讨论时每位学生都要发言，每组有 1 位学生做好记录，最后组内总结，并且推荐 1 位学生作为该组代表，小组讨论时间 8min。讨论时间结束后，教师随机抽查一组，抽查到小组的学生代表上台讲解，时间 5min，并且讲台下的学生针对讲解内容进行提问，至少提出 1 个问题，推动学生积极思考理解知识点。讲解结束，教师对学生讲解内容进行评价和补充。这样的授课方式，课堂上教师讲的时间少了，更多的时间用于学生的讨论、发言、合作学习，从而加深学生对知识点的理解和记忆，学会归纳与总结，促进学生自主学习。另外，让学生走上讲台也是一种很好的教学尝试，在教学过程中发现，初次上讲台汇报时，学生会很紧张，说话断断续续，由于缺乏讲台经历，讲述也略显死板，不能很好地激发同学们的听课兴趣。经过几次上台的经历之后，发现这位学生进步很大，语言风趣，会用语气语调的变化来吸引台下学生的注意力，这样的经历增强了学生的自信心。

（3）成效

帮助学生树立正确的科学观、价值观，激发学生对待科学的兴趣和培养学生的实干精神，有利于学生适应现代知识经济的发展；能够运用所学知识来分析和解释一些重要生命现象的机理，拥有遇到问题，可以通过查阅资料、交流讨论及设计实验方案等分析问题和解决问题的能力。

4. 教学方法

课堂讲授；小组讨论；启发思考；讲述引申；观看视频；归纳总结。

5. 教学反思

生命科学领域的诺贝尔奖获奖成就与细胞生物学教学内容相结合，应用“诺贝尔奖成果”案例，不仅激发了学生对学习细胞生物学的兴趣，在轻松、愉快的气氛中实现教学目的，并且培养了学生的创新思维能力，也培养了学生运用“已知”去探索“未知”的能力，进一步拓展了学生对理论知识和实验设计的理解和掌握。在此基础上，科学家的奋斗历程又可以及时教育学生意识到科学知识积淀的过程和其中闪烁的人类智慧和精神，激发学生的学习热情，引导产生好好学习、努力拼搏的学习动机，并且自觉担负起历史和现实的重任，从而为今后我国生命科学领域快速发展储备力量。

案例七　叶绿体与绿叶精神

1. 课程内容简介

真核细胞内存在一类特殊的、由双层膜封闭式包被的细胞器——线粒体和叶绿体，它们在能量的转换和生产中承担着核心的功能。线粒体和叶绿体的结构、行为和遗传学特征表明它们具有半自主性，可能是一类起源于内共生的特殊细胞器。

2. 课程思政教学目标

理解叶绿体的结构和功能等内容，从而理解绿叶精神。

3. 课程思政教学设计

讲解叶绿体是世界上成本最低，但创造物质财富最有价值的工厂，它利用自身结构和叶绿素，将光能转变为化学能，把无机物 CO_2 和水转变为有机物碳水化合物，并且制造出了 O_2，这对地球上的生态平衡至关重要。

通过对叶绿体结构和功能的讲述引出绿叶精神：在普通岗位上争取实现不平凡的人生价值，乐于奉献、甘当配角、忠诚实干。“绿叶精神”背后是中国共产党人的纯正信仰和人民为大的朴素情怀。

4. 教学方法

采用讲授法，讨论法讲授。讲授叶绿体的结构和功能，引导学生讨论在普通岗位上如何争取实现不平凡的人生价值，乐于奉献、甘当配角、忠诚实干。

5. 教学反思

在教学过程中，让学生将理解的过程用流程图表达出来，进一步理解各个过程发生的场所以及反应物和生成物的变化，并能将总反应式写出来，而不是死记硬背。激发学生学习的积极性，更好地使学生理解叶绿体的结构和功能等。在此基础上，才能引出绿叶精神：在平凡岗位上争取实现不平凡的人生价值，乐于奉献、甘当配角、忠诚实干。教师进一步引导学生理解“绿叶精神”背后是中国共产党人的纯正信仰和人民为大的朴素情怀，达到了思想意识的升华。

案例八　细胞内膜系统——团队合作意识

1. 课程内容简介

内质网、溶酶体及过氧化物酶体结构与功能；内质网的不同类型及各自的功能；高尔基体的结构和功能；溶酶体和过氧化物酶体的结构、类型以及功能。

2. 课程思政教学目标

培养学生爱国主义和整体性思维以及团队精神；培养学生树立以专业知识为基础的健康生活理念，养成良好的行为习惯。

3. 课程思政教学设计

（1）授课要点

内质网是真核细胞中最普遍且形态多变、适用性最强的细胞器之一。内质网分为糙面内质网和光面内质网，糙面内质网是膜蛋白和分泌蛋白的合成加工场所，光面内质网主要发挥脂质合成、信号转导、与其他细胞器的相互作用等功能。

高尔基体是由大小不一、形态多变的囊泡体系组成，主要功能是将内质网合成的多种蛋白质进行加工、分类与包装，然后运送到细胞特定的部位或分泌到细胞外。

溶酶体是单层膜围绕、内含多种酸性水解酶类的囊泡状细胞器，其主要功能是行使细胞内的消化作用。过氧化物酶体，是由单层膜围绕的内含 1 种或几种氧化酶类的细胞器，在肝细胞或肾细胞中，它可氧化分解血液中的有毒成分，起到解毒作用。

（2）课程思政主要切入点

讲述细胞内膜系统包括内质网、高尔基体、溶酶体、过氧化物酶体、内体和分泌泡等，这些细胞器是结构、功能乃至发生上彼此关联并不断变化的动态结构体系。由细胞内膜系统的整体性启发学生树立爱国主义、整体性思维意识。内质网是蛋白质、脂质及糖类合成场所，高尔基体主要负责上述物质的修饰、加工等，由这些细胞器的分工合作，提炼出分工合作的团队精神，引导学生树立团队合作精神。

通过观看视频及讲解，理解光面内质网的解毒作用，可将脂溶性毒物转变成水溶性物质而被排出体外，过氧化物酶体可氧化分解血液中的有毒成分，饮酒后几乎半数的酒精在过氧化物酶体中氧化分解，溶酶体是细胞的“胃”，培养学生树立以专业知识为基础的健康生活理念，合理营养，健康饮食，规律作息，养成良好的行为习惯。

（3）成效

培养学生的爱国主义、整体性思维以及团队精神，培养学生树立以专业知识为基础的健康生活理念，养成良好的行为习惯。

4. 教学方法

课堂讲授；启发思考；讲述引申；观看视频。

5. 教学反思

细胞内膜系统中各个细胞器各司其职、分工合作，这部分内容能够很好融入课程思政元素。通过此章节的学习，学生能够对各个细胞器的结构、类型及功能有明晰的认识和了解，正是由于各细胞器的分工合作，才使得细胞秩序井然，启发学生树立团队合作意识；介绍影响肝细胞光面内质网的解毒作用，使学生意识到清洁饮食、合理营养的重要性；同时通过将溶酶体类比为我们的“胃”，引导学生要爱护胃黏膜，进一步促进学生建立以专业知识为基础的健康生活理念，合理营养，健康饮食，规律作息，养成良好的行为习惯。

案例九　细胞通信——细胞的“信息流”

1. 课程内容简介

细胞信号转导是实现细胞间通信的关键过程，它是协调细胞功能，控制细胞生长和分裂、组织发生与形态建成所必需的，也是细胞感知并应对外界环境刺激而进行的生理学反应的基础。细胞内信号通路在演化上是高度保守的。

2. 课程思政教学目标

通过讲授细胞间和细胞内的通信机制，使学生理解知法、懂法、守法，做文明合格的大学生的重要意义。

3. 课程思政教学设计

细胞间或细胞内通过高度精确和高效地发送与接收信息的通信机制来调控细胞的正常生长、分化、增殖和凋亡等一系列生命活动过程。只有每一个细胞都按这些信息给出的指令，按部就班地完成自己的工作，机体才能成为统一整体，才能对多变的外部环境做出综合反应，这就是生命的准则。一旦某些细胞在一些外界和体内不利因素的诱导下，其遗传物质发生了改变，就会导致这部分细胞增殖失控，使其变成不服从指挥的癌细胞。

引导学生理解无规矩难以成方圆，生命有生命的准则，社会有社会的法则，学校有学校的规章制度，每个人之于社会就像细胞之于生命体，我们不仅要知法、懂法、守法，做文明合格的大学生，更要懂得人生的意义，不要成为社会的癌细胞。

4. 教学方法

采用讲授法，讨论法讲授。讲授细胞间和细胞内的通信机制，引导学生讨论如何知法、懂法、守法，做文明合格的大学生。

5. 教学反思

细胞通信与信号传递是本章难点内容，涉及多个概念（信号分子、受体、配体、第二信使等）和多种信号通路（cAMP 信号通路、磷脂酰肌醇信号通路等）。如何让学生形象地理解细胞通信与信号传递在调控细胞的正常生长、分化、增殖和凋亡等一系列生命活动过程的重要性，就需要学生理解个体与集体，局部与整体的辩证关系，如果个体脱离集体的约束，局部与整体割裂，就会成为癌细胞。在此基础上，引导学生理解每个人之于社会就像细胞之于生命体，我们不仅要知法、懂法、守法，做文明合格的大学生，更要懂得人生的意义，不要成为社会的癌细胞。

案例十　微丝与细胞运动——众志成城

1. 课程内容简介

（1）章节内容

本节内容包括细胞质骨架中微丝的基本组成结构和微丝各种功能以及行使功能的原理。

（2）重点及难点

重点是微丝的结构组成以及行使功能的原理；难点是微丝的装配规律。

2. 课程思政教学目标

① 通过对成核蛋白与交联蛋白的认识，培养学生要响应党的号召，参与贡献。

② 通过对肌细胞的收缩运动的认识，培养学生万众一心，众志成城意识。

3. 课程思政教学设计

① 成核与凝聚力：成核是肌动蛋白在体外组装的限速步骤，一旦成核蛋白组装完成，肌动纤维就能迅速组装起来。这就像党的建立及发展壮大，“星星之火，可以燎原”，从革命胜利到今天经济高速发展，全国人民以党为核心，积极响应党的号召，投身到社会主义建设的事业上。跟随党的领导，积极投身建设也是每一位同学应该做的事。

② 肌肉收缩运动与万众一心：肌肉收缩是靠肌球蛋白如同马达一般协同运动产生的结果。一个个肌肉细胞的力量是微弱的，但众多的肌肉细胞就形成了强有力的手臂。这不由地联想到每一位同学的力量是微弱的，但众志成城，微弱的力量聚集在一起就能够形成强有力的力量，就像我们齐心协力取得新冠抗疫的胜利一样。

4. 教学方法

图片演示法：在学习微丝结构时，应更多地采用图片方式，直观有助于学生理解。

视频演示法：微丝组装、肌肉运动等部分，采用视频的方式有助于学生更好地理解。

讨论法：通过对没有微丝的细胞将会怎样这个问题的思考讨论，培养学生的交流思考的能力。

精讲法：运用教学媒体，以讲授法为主；教学中采用教学重点、难点内容精讲，注重问题启发式。

5. 教学反思

“国家兴亡，匹夫有责”，每一个人都应该投身到社会主义建设的事业中。本节通过成核组装与党的建立发展结合起来，培养学生积极响应党的号召，跟党走，积极投身社会建设中。肌肉收缩运动，是由每个肌肉细胞协调运动产生的。很容易想到众人拾柴火焰高，微弱的力量聚集在一起就能够形成强有力的力量，从而教育学生团结一致、齐心协力的精神。

案例十一　细胞核——安全与节约的精神

1. 课程内容简介

（1）章节内容

本节内容包括核被膜、核仁与核基质的结构与功能。

（2）重点及难点

重点是核孔复合体（NPC）的基本形态结构和功能，细胞核骨架的结构成分以及功能，核仁的结构及功能；难点是 NPC 的结构及 NLS 介导的入核转运的模型。

2. 课程思政教学目标

① 通过对核被膜构成了核、质之间的天然选择性屏障的认识，教导学生要坚守国家安全。

② 通过对 importin β 重复利用的认识，培养学生节约的意识。

3. 课程思政教学设计

① 核被膜与国家安全防护：核被膜起到天然选择性屏障和物质交换和信息交流的作用，就如同海关查处非法物品，保证了社会与生态的安全，也避免国家重要物品非法流出。夯实国家在各方面的安全屏障，保卫人民的财产、人身及生态等方面的安全。“国家兴亡，匹夫有责”，每位同学有义务参与保卫国家安全的行动。

② importin β 循环利用与节约习惯：importin β 在核孔复合体转运过程中，能够多次重复利用，厉行节约。以此引导学生对可以多次使用的物品要充分循环利用，不要浪费，养成节约的习惯。

4. 教学方法

（1）图片演示法

在学习核被膜时，展示核被膜结构图，结合海关图，讲解核被膜选择性屏障与海关安全把关的关系，将思政与理解核被膜功能融于一体。

（2）视频演示法

细胞核的结构及大分子进出核孔复合物，采用视频的方式有助于学生更好地理解。

（3）讨论法

通过学生对核孔复合物为什么是吊篮式结构的思考讨论，培养学生的交流合作与分辨的能力。

（4）比较法

将细胞骨架、细胞质骨架与核骨架进行讨论讲解，培养学生的交流合作与分辨的能力。

（5）精讲法

运用教学媒体，以讲授法为主；教学中采用教学重点、难点内容精讲，注重问题启发式。

5. 教学反思

国家安全与节约型社会是常谈的话题，也是每一位同学都应该具备的意识。本节通过核被膜与国家安全巧妙地结合起来，培养学生在国家安全方面有担当，人人都参与进来，国家安全有保证。经济的发展，让很多学生喜新厌旧，造成很多浪费，本课程从 importin β 的循环利用告诉同学们，一个小小的细胞核都知道节约资源，每位同学应向细胞学习，养成节约的习惯，能循环利用的物品应充分利用。

案例十二　细胞周期检验点——时相转换的“关卡”

1. 课程内容简介

细胞增殖是多细胞生物繁殖和生长发育的基础。细胞周期是一个由物质准备到细胞分裂高度受控、周而复始的连续过程。细胞只有经过各种必要的物质准备，才能进行细胞分裂。细胞周期是一个十分复杂而又必须精确的生命活动过程。

2. 课程思政教学目标

通过讲授细胞周期时相变化与检验点的关系，引导学生理解量变与质变的关系，从而注重平时的不断累积，持之以恒，才能成功。

3. 课程思政教学设计

细胞周期中存在很多检测点，当细胞内物质储存不足或未达到下一时期开始条件时，细胞周期就会停止，变为 G0 期细胞，反之则进行下一时相。

引导学生理解量变是质变的前提和基础准备，没有量的积累，就没办法实现质变，同时质变也是量变的必然结果。我们做一件事，要注重平时的不断累积，持之以恒，才能成功。

4. 教学方法

采用讲授法，讨论法讲授。讲授细胞周期时相变化与检验点的关系，引导学生讨论怎样做好平时的积累，持之以恒，为质变到量变创造条件。

5. 教学反思

本节内容主要讲述细胞周期的概念、细胞周期中不同时相及其主要事件、细胞周期长短测定、细胞周期同步化、特殊的细胞周期等。学生在高中阶段已对生物学有初步学习，但本节中细胞周期检验点的知识点对学生来讲是全新的内容。如何让学生理解什么是检验点，通过检验点的条件，检验点的意义成为能否讲好这一知识点需注意的问题。引入学生熟悉的哲学理论无疑是讲解的好方法。细胞周期时相的转化实际就是量变到质变的过程，而通过检验点就意味着质变的完成。因此，结合哲学理论对检验点进行讲解，使学生理解量变是质变的前提和基础准备，而且我们做一件事，要注重平时的不断累积，持之以恒，才能成功。

案例十三　细胞分化与生物伦理

1. 课程内容简介

在个体发育中，由一种细胞类型经细胞分裂后逐渐在形态、结构和功能上形成稳定性差异，产生不同的细胞类群的过程称为细胞分化。有限基因的选择性表达如何分化出形态功能各异的细胞，精确构建成各种组织、器官以及多姿多彩的生命体，一直是生命科学面临的最具挑战性的问题之一。

2. 课程思政教学目标

讲授细胞分化的概念、影响因素、类型等，使学生理解树立社会责任感，共筑中国梦。

3. 课程思政教学设计

组成生物体的各种不同类型细胞都是由同一个受精卵细胞分裂分化而来的；分化产生的各种不同细胞组成组织或器官，各司其职，共同为机体这个细胞社会贡献自己的力量。“再生医学”利用体外构建的患者自身来源的干细胞，产生无免疫排斥的组织器官，以供患者移植治疗。

引导学生思考和讨论，科技发展对于人类来说一定是有利而无害的吗，应用干细胞技术时应注意什么问题？从器官移植供体选择和临床实例中融入法治意识教育，懂得尊重他人的权利和愿望，使学生了解干细胞治疗以及行医过程中涉及的相关法律责任和义务、伦理原则，培养学生的法治思维意识。

4. 教学方法

采用讲授法，讨论法讲授。讲授细胞分化的概念、影响因素、类型等，引导学生讨论科技的“双刃剑”特性，使学生了解生物伦理原则，培养学生的法治思维意识。

5. 教学反思

本节讲授内容是细胞分化的概念，影响细胞分化的因素，同源异型基因等。通过讲课引导学生理解组成生物体的各种不同类型细胞都是由同一个受精卵细胞分裂分化而来的；分化产生的各种不同细胞组成组织或器官，各司其职，共同为机体这个细胞社会贡献自己的力量。介绍干细胞的概念使学生进一步理解细胞分化，并让学生思考科技发展对于人类来说是否一定有利而无害，应用干细胞技术时应注意什么问题。引导学生理解生物技术应用当中应有生物伦理原则，其关键是具有法治意识和懂得尊重他人权利和愿望。

案例十四 细胞衰老与凋亡——舍得与奉献

1. 课程内容简介

(1) 章节内容

本节内容主要教授细胞衰老与凋亡的概念、原因、过程及主要标志。

(2) 重点及难点

重点是 Hayflick 界限的内容以及生物学意义，细胞衰老的过程和原因。

难点是细胞凋亡和细胞坏死的区别以及各自的特点。

2. 课程思政教学目标

① 通过对细胞衰老的认识，培养学生珍惜时间，规划好人生。

② 通过对细胞凋亡的认识，结合为社会发展献出生命的人，培养爱国情怀。

3. 课程思政教学设计

① 细胞凋亡与新的开始：结合细胞凋亡在个体发育、生物稳态方面有着重要的意义。引出整个社会就像一个个体，每个人就像一个细胞，我们享受的有规律的美好生活，是许许多多人的付出，有些人在这个过程中献出了生命，从而培养学生为社会奉献的精神。

② 细胞衰老与人生短暂：通过对正常细胞都是有增殖次数限制，最终都会衰老的认识，并结合人同样会面临衰老及《钢铁是怎样炼成的》，传递人生短暂，珍惜时光，让人生更有价值的观念。

4. 教学方法

图片演示法：在学习细胞凋亡时，结合流程图，能够将细胞凋亡的过程更好地讲清楚。

讨论法：通过学生对细胞凋亡与衰老的思考讨论，培养学生的交流合作与分辨的能力。

精讲法：运用教学媒体，以讲授法为主；教学中采用教学重点、难点内容精讲，注重问题启发式。

5. 教学反思

本节通过将细胞衰老与人生的生命是有限的，与《钢铁是怎样炼成的》结合，引出人生短暂，同学们应珍惜时光，做更有价值的事情，做到人生无悔的论点。通过细胞凋亡，引出整个社会如同一个个体，许多人的奉献，才让社会健康地发展，让学生认识到奉献的重要性，培养学生要有乐于奉献的精神。细胞凋亡还可以谈及个人成长过程如何做到舍得，抛弃有害因素，更好地发展。

案例十五 细胞连接——个体与群体的关系

1. 课程内容简介

在多细胞生物体内，任何细胞都不是“孤立”的，它们通过细胞通信、细胞黏着、细胞连接以及细胞与细胞外基质的相互作用，构成复杂的细胞社会。细胞的社会联系体现在细胞与细胞间、细胞与胞外环境甚至机体间的相互作用、相互制约和相互依存。细胞是形态结构、生命活动以及在机体中的位置均受到机体、局部组织、周围细胞以及细胞外信号分子的调节与控制。

2. 课程思政教学目标

讲授细胞通过社会性联系，共同参与并维持机体的稳态平衡，使学生理解正确认识并处理好自己与社会的关系，创造有价值的人生的重要性。

3. 课程思政教学设计

讲授细胞与细胞间、细胞与胞外基质甚至机体间存在相互作用、相互制约并且相互依存的关系。在胚胎发育中，胚胎细胞通过细胞间的社会联系彼此交流信息，以决定细胞的行为和命运，包括细胞结构和功能的改变、细胞在胚胎中的位置以及生死抉择等。神经细胞、免疫细胞以及内分泌细胞通过社会性联系，共同参与并维持机体的稳态平衡。

引导学生理解细胞的社会联系和个人与社会的关系有异曲同工之妙，只有正确认识并处理好个人与社会的关系，才能更加稳定地走好人生道路，创造有价值的人生。个人与社会之间是相互依存、相互制约的对立统一关系：一方面，特定的社会条件决定着个人的生存和发展；另一方面，个人并不是被动地由社会所决定的，而是对社会具有主观能动性。正确处理好个人与社会的关系，要在社会发展中认识自我，调整和充实自我，个人应当为社会多做贡献，使社会的财富不断增加，充分实现自我人生价值，将个人价值的实现融入社会中。

4. 教学方法

采用讲授法，讨论法讲授。讲授细胞的社会联系机制，并讨论：细胞的社会联系和个人与社会的关系是否有异曲同工之处？学生通过讨论进一步理解个人与社会的辩证关系，应将个人价值的实现融入社会当中。

5. 教学反思

本节讲授内容是细胞间连接类型、结构特点等。很容易运用类比使学生理解细胞连接，细胞与细胞间、细胞与胞外基质甚至机体间存在相互作用、相互制约的关系，并且相互依存。以胚胎细胞的分化讲述细胞间通过细胞连接彼此交流信息，以决定细胞的行为和命运。在对胚胎细胞的分化细致讲述的基础上，引导学生进一步理解细胞的社会联系和个人与社会的关系有异曲同工之妙，个人只有正确认识并处理好自己与社会的关系，才能更加稳定地走好人生道路，创造有价值的人生。

第六章 《微生物学》课程思政案例

课程信息及编写教师信息

课程名称	微生物学
课程类型	○公共基础课程◉专业教育课程 ○实践类课程
授课专业类/代码	生物科学/071001、生物技术/071002、生物信息学/071003、生物制药/083002T、生物工程/083001、农学/090101
课程性质	◉必修 ○选修
开课年级	大学二年级

编写教师信息

编写教师单位	教师姓名	性别	职称	学位	案例所属教学大纲中的章节及知识点	思政案例名称
塔里木大学	罗晓霞	女	教授	博士	第三章 病毒和亚病毒因子	案例八 抗击新冠疫情的中国行动——敬佑生命、救死扶伤、甘于奉献、大爱无疆
					第四章 微生物的营养和培养基	案例十 微生物的营养和培养基
	刘琴	女	副教授	博士	绪论	案例一 微生物“发酵”的秘密
					绪论	案例二 科赫原则与新冠肺炎
					第一章 原核生物的形态、构造和功能	案例四 革兰氏染色的那些事儿
安康学院	王中兴	男	副教授	硕士	第一章 原核生物的形态、构造和功能	案例五 革兰氏染色现象的发现
					第一章 原核生物的形态、构造和功能	案例六 汤飞凡分离沙眼衣原体
					第三章 病毒和亚病毒因子	案例九 病毒中的“朊病毒”
					第四章 微生物的营养和培养基	案例十一 生命的物质属性
					第六章 微生物的生长及其控制	案例十二 微生物的生长与“我的成长”

（续表）

安康学院	王瑞娴	女	副教授	博士	第七章　微生物的遗传变异和育种	案例十四　菌种的衰退和复壮
					第八章　微生物的生态	案例十五　被颠覆的地衣
					绪论	案例三　植物根际促生菌对植物生长的影响
					第二章　真核微生物的形态、构造和功能	案例七　“木耳”院士
					第六章　微生物的生长及其控制	案例十三　抗生素的利与弊

案例一　绪论——微生物“发酵”的秘密

1. 课程内容简介

微生物的整个发展历程分为以下 5 个时期。

朦胧阶段：各国劳动人民其中尤以我国的制曲、酿酒技术著称。

形态描述阶段：列文·虎克——微生物学的先驱者。

生理水平研究阶段：巴斯德——微生物学奠基人；科赫——细菌学奠基人。

生化水平研究阶段：E. Buchner——生物化学的奠基人。

分子生物学水平研究阶段：J. Watson 和 F. Crick——分子生物学奠基人。

2. 课程思政教学目标

通过巴斯德对发酵液的深入研究，发现了微生物“发酵”的秘密，启发学生在质疑中要有一份坚定不移的信念和行走在科研前端的思想，引导学生善于思考和探索生活中的秘密。

3. 课程思政教学设计

讲故事：

1854 年巴斯德担任里昂理科大学教授，在其执教于里昂理科大学期间，他专心致力于教学及研究当地工业上所遇到的难题。当时，里昂的发酵工业蓬勃发展，也正面临着瓶颈——酒的产量逐渐变少且易变酸。巴斯德深入研究酒变酸的原因，结果发现，发酵液内有一种小生物生长繁殖（后来被称为酵母菌），而在变酸的发酵液中除了上述生物外，还有另一种生物的存在（后来被称为乳酸菌）。当时大家普遍相信酒精是由糖发生化学变化而产生，并没有其他生物参与，而巴斯德的研究结果显示发酵需有某种微生物的存在才得以进行，且引起发酵的生物，须在无氧的环境中生活。此理论深深地震撼当时的社会，也引起许多人士的质疑，经巴斯德不断地深究、推导，终于向世人证明他的理论是正确的。

1860 年，法国的酿酒业正遭遇着大难题——酒易变坏而难以储存和运送。巴斯德利用既有的研究成果进一步探索，发现只要在 55～60℃时加热，便可以杀死使酒酸败的微生物，延长酒的储存期，因而治好了法国的“酒病”。而现代的食品工业常使用的灭菌法——巴斯德灭菌法，将饮料（包括牛奶）在远低于沸点的温度下加热，以避免破坏产品品质并延长储存期的灭菌方法，这种灭菌方法也是源自巴斯德。

讲解知识点：发酵的缘由。

讨论比较：当时大家普遍相信酒精是由糖发生化学变化而产生，并没有其他生物参与，而巴斯德的研究结果显示发酵需有某种微生物的存在才得以进行，且引起发酵的生物，须在无氧的环境中生活。引导学生敢于在质疑声中走出自己真正的道路。

4. 教学方法

线下启发式教学和理论联系实践，引导学生挖掘教学内容中的科研思路和科学价值观。

5. 教学反思

用微生物“发酵”的秘密启发学生敢于挑战已有的知识观点，敢于创新，敢于探索，用超乎寻常的想象力和直观的逻辑推理能力，教育学生对学习和工作具有一股韧劲，有耐心，有毅力。让学生明白“立志是一件很重要的事情，因为行动和工作总是紧随着意志的，而工作差不多总是由成功做伴的。这三者，工作、意志和成功，使人们不虚度一生”。

案例二　绪论——科赫原则与新冠肺炎

1. 课程内容简介

微生物的整个发展历程分为以下 5 个时期。

朦胧阶段：各国劳动人民其中尤以我国的制曲、酿酒技术著称。

形态描述阶段：列文·虎克——微生物学的先驱者。

生理水平研究阶段：巴斯德——微生物学奠基人；科赫——细菌学奠基人。

生化水平研究阶段：E. Buchner——生物化学的奠基人。

分子生物学水平研究阶段：J. Watson 和 F. Crick——分子生物学奠基人。

2. 课程思政教学目标

通过巴斯德对发酵液的深入研究，发现了微生物“发酵”的秘密，启发学生在质疑中要有一份坚定不移的信念和行走在科研前端的思想，引导学生善于思考和探索生活中的秘密。

3. 课程思政教学设计

比较科赫原则和新冠肺炎的发展。

科赫原则：

① 在每一相同病例中都出现这种微生物（健康个体内无这种微生物）；

② 要从寄主分离出这样的微生物并在培养基中培养出来；

③ 用这种微生物的纯培养接种健康而敏感的寄主，同样的疾病会重复发生；

④ 从试验发病的寄主中能再度分离培养出这种微生物来。

新冠肺炎事件的发生：

① 出现多个相似症状的病例，说明为传染病；符合科赫原则第一条。

② 2019 年 12 月 26 日，在病患样品中测到 SARS 样病毒基因片段；符合科赫原则第二条。

③ 2020 年 1 月 5—7 日，分离到活病毒并公布全基因组序列；符合科赫原则第二条。

④ 2019 年 12 月 26 日起持续发现人间传染的证据；符合科赫原则第三条。

⑤ 2020 年 1 月 20 日起，核酸检测和 CT 影像作为确诊的依据；符合科赫原则第四条。

讲解知识点：确定微生物确为传染病病因的原则。

讨论比较：通过比较科赫原则和新冠肺炎的发生，确定了微生物确为传染病病因的原则，就可以发现很多科学理论都是来源于生活实践，实践检验真理，真理也经得住时间的考验。

4. 教学方法

线下启发式教学和理论联系实践，引导学生挖掘教学内容中的科研思路和科学价值观。

5. 教学反思

从之前疫情严重的情况来看，传染病对人类的生命影响永远是首要的，因为传染病具有传染性和流行性特点，同时新型的病原体也在不断涌现，尽管人类对付传染病的技术也在不断改进。在人类历史发展进程中，人类为了征服自然，遇到过各种各样的挑战。

但是我们也要明确科赫法则有绝对化之嫌。科赫当年也已认识到，某些病原体确实引发了传染病，但它们并不完全满足该法则的所有条件。同种病原体感染对不同的人症状不一样。现在我们知道，宿主的敏感性取决于其遗传、年龄、营养状况、免疫状况等许多因素。

对传染病病原体的确认，科赫法则规定的是充分条件，不是必要条件。科赫法则代表了一套在理论上十分完美的判定标准。目前，虽然科赫法则的应用有一定灵活性，但对不能符合的条件，科学家必须作出合理的解释；科赫法则的基本原则是不能违背的。

案例三　植物根际促生菌对植物生长的影响

1. 课程内容简介

微生物在现代农业特别是生态农业中有着十分重要的作用。现代农业是以高新技术为依托，以生态农业、绿色农业、集约化农业为特征的综合性大农业，具有高经济效益、社会效益和生态效益，微生物在现代农业中的作用极其重要但又易被忽略。例如，以菌（含病毒）治害虫和以菌治植病的生物防治技术，以菌增肥效（如根瘤菌接种剂）和以菌促生长（如赤霉素）的微生物增产技术，以菌作饲料（饵料）和以菌作蔬菜（各种食用菌）的单细胞蛋白和食用菌生产技术，以及以菌产能源的沼气发酵技术等，都是现代农业中的闪光点，尤其在食用菌生产、沼气技术的大规模推广和病毒杀菌剂的实用化方面，更是我国农业微生物应用领域的几朵鲜艳的奇葩。

2. 课程思政教学目标

服务三农，用科技服务乡村振兴的责任感、使命感。

3. 课程思政教学设计

案例：

生物固氮是自然界最为主要的氮素积累方式，豆科植物与根瘤菌共生体固氮量占全球生物固氮总量的65%以上，是目前重要的固氮系统之一。植物根际促生菌（Plant Growth Promoting Rhizobacteria，PGPR）能有效促进植物生长，增强植物的系统抗性，进而提高农作物的产量。

从1895年Nobbe和Hiltner首次进行根瘤菌菌剂接种试验，并申请豆科植物接种菌剂专利至今，美国、加拿大及澳大利亚等国均普遍推广了种植前进行根瘤菌菌剂接种来促进紫花苜蓿的增产。传统的根瘤菌菌剂存在诸多不足，严重制约了其在不同农业生产环境的应用和发展。研究发现，将不同属的细菌与根瘤菌共接种可刺激豆科植物根系发育，增加根瘤菌侵染位点，提高氮素利用率，从而提高豆科植物的产量。近几年来，一些学者对PGPR菌株和根瘤菌共接种处理植物的生长情况进行研究，发现共接种PGPR菌株和根瘤菌能更有效地促进宿主植物结瘤固氮，并且显著提高了植物养分利用率和土壤肥力。PGPR菌株通过多种途径在植物吸收营养和生长发育过程中发挥着关键作用，共接种PGPR菌株与根瘤菌显著增加了宿主植物的结瘤数量，提高了其固氮、根系发育以及根部对矿质元素吸收的能力。

目前已发现有许多属的PGPR菌株对根瘤菌的共生效率具有加成效应，将它们与根瘤菌共接种后，与单接种根瘤菌相比，均能不同程度地促进豆科植物的生长、结瘤和固氮。这些PGPR菌株分布在固氮螺菌（*Azospirillum*）、固氮菌（*Azotobacter*）、假单胞菌（*Pseudomonas*）、芽孢杆菌（*Bacillus*）、沙雷氏菌（*Serratia*）、链霉菌（*Streptomyces*）和节杆菌（*Arthrobacter*）等属。Camacho等研究表明，共接种芽孢杆菌菌株CECT 450和根瘤菌能够促进豌豆和大豆的生长，对根瘤菌的种群数量及豆科植物的结瘤效果均有显著提升；Elkoca等将一株具有溶磷能力的巨大芽孢杆菌（*Bacillus megaterium*）菌株 M-3 与根瘤菌共接种于鹰嘴豆，显著提高了鹰嘴豆的植株生物量和根瘤干重，以及提高了固氮酶活性和作物产量；Atieno 等将两株日本慢生根瘤菌菌株 532c 和 RCR3407 分别与枯草芽孢杆菌菌株 MIB600 混合接种于大豆，显著提高了大豆生物量和根瘤鲜重；Younesi 等报道，共接种荧光假单胞菌（*Pseudomonas fluorescens*）和苜蓿根瘤菌（*Rhizobium meliloti*），能显著促进紫花苜蓿结瘤；类似地，Aung 等将固氮螺菌和慢生大豆根瘤菌接种到大豆，也显著增加了植株氮含量和结瘤数；Masciarelli 等报道，将解淀粉芽孢杆菌与慢生根瘤菌共接种于扁豆，促进了根系生长，根瘤数量也显著增加；刘冠一将荧光标记根瘤菌（*Rhizobium meliloti*）菌株 A10-1cfp 与 5 株促生效果较好的 PGPR（克雷伯氏菌 *Klebsiella oxytoca* sp. 农-4、肠杆菌 *Enterobacter cloacae* sp. J-6、肠杆菌 *Enterobacter ludwigii* MN-5、假单胞菌 *Pseudomonas fluorescens* MY-5、肠杆菌 *Enterobacter aerogenes* CE-1）组合共接种于紫花苜蓿，与各菌株单独接种相比，共接种处理生产 ACC 脱氨酶、合成 IAA、溶解无机磷能力和固氮能力显著增强，且更有效地促进了紫花苜蓿的生长，再次验证了根瘤菌与适合的 PGPR 菌株共接种于植物后，对其生长的促进作用具有加成效应。

根瘤菌除了能与豆科植物进行共生固氮，增加生态系统有效氮含量以外，其自身作为 PGPR 菌株还可以通过溶磷、解钾和分泌植物生长激素等间接机制促进植物生长。Mishra 等研究发现，扁豆共接种根瘤菌和假单胞菌后，显著增加了植株的氮、磷、铁等营养元素含量，叶绿素含量、豆血红蛋白含量，以及结瘤固氮性能也得到显著提高，从而增加了产量。Zahir 等研究表明，扁豆共接种根瘤菌菌株 Z22 和含 ACC 脱氨酶活性的假单胞菌菌株 P10 能调节乙烯水平，显著提高扁豆生长，促进结瘤。Yadav 等报道，鹰嘴豆共接种绿脓假单胞菌（*Pseudomonas aeruginosa*）和根瘤菌（*Rhizobium leguminosarum*）后，显著提高了鹰嘴豆对氮和磷的吸收能力，增加了其产量。

阅读并分享读后感：学生阅读案例，并分享自己的读后感。

4. 教学方法

线上线下结合、案例式教学。

5. 教学反思

菌肥是近几年火热的新型肥料，菌肥中的微生物能对土壤进行调节，改善作物生长环境，达到提升肥效的作用。学生通过案例学习，了解到不同属的细菌与根瘤菌共接种能刺激豆科植物根系发育，提高氮素利用率，从而提高豆科植物的产量，并促进植物生长，激发学生对菌肥开发及利用的兴趣，树立研发新型微生物菌肥的志向，做促进农业发展、实现乡村振兴的新农人。

案例四　革兰氏染色的那些事儿

1. 课程内容简介

由于细菌细胞既微小又透明，所以要经过染色才能进行显微观察，革兰氏染色的不同显色反应，是因为细菌细胞壁对乙醇的通透性和抗脱色能力的差异，主要是肽聚糖层厚度和结构决定的。G^+菌：细胞壁厚，肽聚糖网状分子形成一种透性障，当乙醇脱色时，肽聚糖脱水而孔障缩小，故保留结晶紫-碘复合物在细胞膜上，呈紫色。G^-菌：肽聚糖层薄，交联松散，乙醇脱色不能使其结构收缩，其脂含量高，乙醇将脂溶解，缝隙加大，结晶紫-碘复合物溶出细胞壁，沙黄复染后呈红色。

2. 课程思政教学目标

通过对革兰氏染色的发现，告诉学生们要学会把握身边的机遇，学会自己创造机遇，这不是偶然的，是建立在长期坚持不懈的基础之上，是建立在细心观察的基础之上。

3. 课程思政教学设计

讲故事：

革兰氏本指的是一位名叫 Hans Christian Joachim Gram 的丹麦医生，某天他在检查死于肺炎的患者肺部组织时发现某些细菌对特定的染料有很高的亲和能力。当时，他用了几种不同的染料将肺部细胞染色，结果发现其中有颜色不同的两个区域（肺炎球菌区域保持蓝紫色，肺部组织保持浅黄色），于是成功达到了将已被感染与未被感染分离的目的。后经人进一步改进，就成了如今的革兰氏染色法。

讲解知识点：

革兰氏染色的基本原理。

讨论：

机遇并非人人都能得到，只有那些长期从事该项科学研究，坚持严格的科学观察，并保持客观态度的人才能得到。机遇是一个人长期知识积累、长期实践的结果。

4. 教学方法

线下启发式教学和理论联系实践，引导学生挖掘教学内容中的科研思路和科学价值观。

5. 教学反思

众所周知的革兰氏染色法（Gram's Stain）就是由丹麦的 Gram 医生于 1884 年在一次偶然的事件中发现的，故名为革兰氏染色法。这一发现可谓医学研究中机遇的又一个丰碑。自 1676 年荷兰的制镜工人列文·虎克用自制的镜片创造了第一架能放大 270 倍的原始显微镜并正确地描述了微生物的形态之后，细菌学方面的研究进入了方兴未艾的时潮，细菌染色法是当时各国学者研究的热门课题，但经过长期的研究，细菌染色也仅限于单染色法，即经过染色后只能借助显微镜观察细菌的一般形态，不能通过染色将细菌分类。

机遇就是人们在观察和实验过程中由于某种偶然的事件和机会，意外地发现了新的自然现象，并由此导致科学技术的新进步，这种新的自然发现称为机遇。这就告诉学生应该把握身边的机遇，但是这也是建立在拥有充分准备的头脑、勤于观察、勇于探索、细心留意意外之事的基础之上。

案例五　革兰氏染色现象的发现

1. 课程内容简介

革兰氏染色（Gram Staining）是用来鉴别细菌的一种方法。这种染色法利用细菌细胞壁上的生物化学性质不同，可将细菌分成两类，即革兰氏阳性（Gram Positive）与革兰氏阴性（Gram Negative）。这一染色方法由丹麦医生汉斯·克里斯蒂安·革兰于 1884 年所发明，最初是用来鉴别肺炎球菌与克雷白氏肺炎菌之间的关系，后推广为鉴别细菌种类的重要特性之一，对由细菌感染引起的疾病的临床诊断及治疗有着广泛用途。

革兰氏染色法一般包括初染、媒染、脱色、复染 4 个步骤，通过结晶紫初染和碘液媒染后，在细胞壁内形成不溶于水的结晶紫与碘的复合物，革兰氏阳性菌由于其细胞壁较厚、肽聚糖网层次较多且交联致密，故遇乙醇或丙酮脱色处理时，因失水反而使网孔缩小，再加上它不含类脂，故乙醇处理不会出现缝隙，因此能把结晶紫与碘复合物牢牢留在壁内，使其仍呈紫色；而革兰氏阴性菌因其细胞壁薄、外膜层类脂含量高、肽聚糖层薄且交联度差，在遇脱色剂后，以类脂为主的外膜迅速溶解，薄而松散的肽聚糖网不能阻挡结晶紫与碘复合物的溶出，因此通过乙醇脱色后仍呈无色，再经沙黄等红色染料复染，就使革兰氏阴性菌呈红色。

2. 课程思政教学目标

通过革兰氏染色现象发现的历程，并结合青霉素发现的事实，激励学生正面应对科学研究中出现的各种错误，并从错误中抓住契机，发现新的科学现象和规律。

3. 课程思政教学设计

抛疑问：

先明确革兰氏染色对于认识细菌的结构和功能具有重大意义，对于病原菌的防治也具有非常大的实践价值，然后讲解革兰氏染色的步骤，革兰氏染色法一般包括初染、媒染、脱色、复染4个步骤，但这4个步骤却违反常识——为什么染色之后还要脱色，脱色之后又要复染——这种反常行为的背后到底包含了一种什么科研思路？作为一名学生，你如何学习并建立这种科研思路？

读文献：

通过教学平台发送文献《革兰氏染色100年》，要求学生阅读文献并讨论上述问题。

文献概要：1884年丹麦细菌学家Christian Gram在一次染色中，于细菌涂片上加龙胆紫染色后，本应用水冲洗，但因错加了卢戈氏碘液，随即用酒精处理染料，以便重新染色。当他检查脱色结果时，发现有些细菌被脱去了染料，而有些细菌仍保留着深紫色；被脱去染料的细菌当用沙黄或复红复染时，能着上红色，如此反复试验多次，从而创立了革兰氏染色。

再提问：

在生物学领域，你还能想起哪些因为失误但却有了重大发现的科学故事？

归纳总结：

以微生物学中著名的青霉素发现的事迹和革兰氏染色事迹进行归纳总结，科研工作者应有敏锐的观察力和不畏失败的信念，失败的结果往往蕴含着巨大的机会——如果不是自己操作失误，那就意味着有前人未曾发现的现象和规律蕴含其中，这也正是科研工作者发力的研究点。

抛疑问：革兰氏染色出现的两种结果背后蕴藏的机理是什么？通过这个问题自然过渡到细菌细胞壁的形态、结构和功能这部分知识内容，进行后续课程。

4. 教学方法

线上线下结合、启发式教学，通过几个相关问题一步步引导学生深入思考。

5. 教学反思

通过对教材中的实验方法进行反思和质疑，引导学生不要死读书，要学会情境代入，通过代入来复盘前辈们的科研思路，从而学习和磨砺自己的科研能力，并通过革兰氏染色方法建立的案例，启发学生在科学研究中要敢于面对失败，并且从失败中寻找成功，认识到世界上的事物都是辩证存在的。

案例六 汤飞凡分离沙眼衣原体

1. 课程内容简介

衣原体（Chlamydia）是一类在真核细胞内营专性能量寄生的小型G^-原核生物。曾长期被误认为“大型病毒”，直至1956年由我国著名微生物学家汤飞凡等自沙眼中首次分离到病原体后，才逐步证实它是一类独特的原核生物。

衣原体的特点有：① 有细胞构造；②细胞内同时含有RNA和DNA两种核酸；③ 有细胞壁（但缺肽聚糖），G^-；④ 有核糖体；⑤ 缺乏产生能量的酶系，须严格细胞内寄生；⑥ 以二分裂方式繁殖；⑦ 对抑制细菌的抗生素和药物敏感；⑧ 只能用鸡胚卵黄囊膜、小鼠腹腔或HeLa细胞组织培养物等活体进行培养。

2. 课程思政教学目标

通过汤飞凡分离发现沙眼衣原体的历程，启发学生正确的科研思维方法，学习汤飞凡老师严谨的治学态度和无私的奉献精神，并从这段历史中了解中国人在极端困难的岁月和条件下取得的伟大成果，树立民族自信。

3. 课程思政教学设计

讲解知识点：结合教材和图片讲解衣原体概念、衣原体特点和生活史。

在讲解完知识点后，提出疑问：衣原体虽然有细胞结构，但是与其他原核生物有较为明显的不同——它形体微小，只能用胚卵黄囊膜、小鼠腹腔或 HeLa 细胞组织培养物等活体进行培养，以至于在历史上很长时间长期被误认为“大型病毒”，那么我们科学家是如何分离并鉴别它的呢？

讲故事：

19 世纪末，微生物学的创始人之一、德国人科赫（Robert Koch）首先提出沙眼的“细菌病原说”，后来被否定了。1907 年，捷克的 Halberstaedter 和 V. Prowacek 发现沙眼病灶细胞中的包涵体后，很多人试图分离出病原体都没有成功。20 世纪 20 年代中期，法国 Nicolle 提出了“病毒病原说”，但未被证实。1928 年，日本野口矢重新提出了“细菌病原说”，1933 年被汤飞凡否定了。以后，Macchiavello（1944）、Poleff（1949）、Stewart 与 Badir（1950）、Arakawa（1951）和 KoganAbyezgouz（1955）等都报道过分离出沙眼病原体，都未被人证实。半个多世纪过去了，沙眼病原的研究没有取得突破。

汤飞凡在 20 世纪 30 年代进行过沙眼病原的研究。抗战后他肩负着组织领导生产或研制血清、疫苗、抗生素的重任，放下了沙眼病原的研究。1951 年，他同北京同仁医院眼科张晓楼等合作，恢复了原来的研究工作。他们只用了 1 年多时间，就成功地分离培养了沙眼病原体，从而结束了长达 50 多年的争论。汤飞凡能够为世界上沙眼研究翻开历史性的一页，是他优良的学风和严谨治学态度的必然结果。

汤飞凡善于在纷杂的事物中，抓住最本质的核心问题。他回顾沙眼病原研究的几十年历史，终于把目光盯在常规操作中使用的青霉素和链霉素上。多年来，人们在研究沙眼病原过程中形成的操作常规中，在把沙眼病人的结膜接种到鸡胚上时，总要加进青霉素和链霉素。这种常规是根据分离病毒的经验制订的。人们知道病毒对抗生素是不敏感的，为了控制沙眼病人结膜中夹杂细菌的污染，所以要加进这两种抗生素，借以分别抑制革兰氏阳性和阴性细菌的生长。他推测沙眼病原体可能与其他病毒不同，对两种抗生素有敏感性。在接种时，加进这两种抗生素，沙眼病原体早就被破坏掉了，因而无法进行分离。为了证实这一想法，他和张晓楼分析了国内外使用这两种抗生素治疗沙眼的大量临床资料。结果表明，青霉素可以控制沙眼的发展，而链霉素则基本无效。根据这个事实，他们在接种沙眼病人的结膜到鸡胚上时，把青霉素的用量减少到常规用量的 1/5，沙眼病原体终于被分离出来了。这一天是 1955 年 6 月 12 日。人们长期为之困惑的问题，说穿了却是那么简单。

阅读并分享读后感：学生阅读文献《“汤氏病毒”启迪思考——汤飞凡分离沙眼病毒成功 35 周年纪念》，并分享自己的读后感。

4. 教学方法

线上线下结合、启发式教学，引导学生阅读并思考科学研究历史中包含的方法论和价值观。

5. 教学反思

汤飞凡分离发现衣原体的案例，启发学生在科学研究中要有敏锐的观察力，并且能够抓住问题的核心，从而解决真正的科学问题，汤飞凡用自己做实验，这种为科学献身的无私奉献精神，也值得学生好好学习，取得成果后没有着急发表，而是坚持完成科赫三定律的检验再发表，既体现了汤飞凡科学严谨的态度，也展现汤飞凡先生沉稳大气的格局。

在科研之外，汤飞凡能在极端困难的条件下取得世界瞩目的科研成果，说明中华民族是非常聪明而且具有创造力的，从而为学生树立民族自信。

案例七 “木耳”院士

1. 课程内容简介

蕈菌（Mushroom）又称伞菌，是一个通俗名称，通常是指那些能形成大型肉质子实体的真菌，包括大多数担子菌类和极少数的子囊菌类。蕈菌广泛分布于地球，与人类的关系密切，全球可供食用的种类就有2 000多种（我国有1 500余种），目前已鉴定的食用菌已有981种，如常见的双孢蘑菇、木耳、银耳、香菇、平菇、草菇、金针菇和竹荪等，还有许多种可供药用，例如灵芝、云芝、马勃、茯苓和猴头等；少数有毒或引起木材朽烂的种类则对人类有害。

蕈菌一直被认为是“化腐朽为神奇”的生物，食用菌产业已被证明是“五不争”的产业（不与人争粮，不与粮争地，不与地争肥，不与农争时，不与其他行业争资源），从而使食用菌成为我国继粮、棉、油、果、菜后的第六大农产品，并使我国一跃成为全球第一食用菌生产和出口大国（2015年产量超过3 476万t，约占世界产量的70%）。

2. 课程思政教学目标

增强学生服务乡村振兴的使命感。

3. 课程思政教学设计

讲故事：陕西省柞水县，因柞树多而得名。柞树又称“耳树”，顾名思义就是生长木耳的树，这种树上生长的木耳品质高，也很珍贵，当地农民一直有种植黑木耳的习惯。但是，黑木耳并没有给百姓带来富裕的生活。由于地处秦巴山区集中连片特困地区，柞水县贫困面广且程度深。全县有脱贫任务的村79个，2014年初，当地贫困发生率高达44.04%。

2017年起，李玉团队在柞水县开启了科技扶贫行动。3年多来，李玉院士团队积极开展秦巴山木耳种质资源发育与高产栽培关键技术研究，按照“一区一馆五库”的食用菌资源保育与利用的技术体系，为柞水选育出5个宜栽品种并实现大面积推广，辐射带动全县9个镇办42个村发展木耳产业，帮助当地建成木耳研发中心1个、木耳菌种生产加工基地1个、木耳博物馆1座，还建成了独具特色的“木耳小镇”，年产木耳菌包可达1亿袋，年栽培规模维持在7 500万袋左右，年产干木耳3 750t，实现产值近3亿元，已有3 138户贫困户依靠木耳产业稳定脱贫。李玉院士团队先后指导当地建设了木耳深加工产品研发基地，全面开展木耳深加工产品研发，提升柞水木耳产品附加值和市场核心竞争力。此外，李玉院士团队已经帮助柞水县编制了柞水木耳生产标准，制定了黑木耳菌包生产、玉木耳菌包生产、黑木耳大棚吊袋栽培、玉木耳大棚吊袋栽培等4项技术规程，为木耳工厂化生产、科学化大田管理、等级划分提供了技术支持；先后派遣科研骨干人员30余人次，开展木耳产业管理和菌包生产等人员技术培训。2019年柞水木耳产业扶贫入选全国10大产业扶贫典型案例。2020年是脱贫攻坚的收官之年，李玉院士团队加大对柞水木耳产业的科技扶贫力度，继续推广黑木耳、玉木耳轻简化栽培技术，引入先进的栽培模式和栽培机械，扩大木耳栽培技术培训规模，引入为柞水选育的木耳杂交品种，改良传统栽培基质，推动当地农林废弃物循环发展。为柞水木耳产业向智能化、轻简化、机械化发展，提高柞水木耳产业发展的效率和质量，进一步强化科技扶贫由输血向造血转变，努力为柞水木耳科技扶贫产业的持续发展提供科技支撑。柞水木耳已被认定为国家地理标志证明商标和农产品地理标志产品。2019 年，柞水县依靠木耳产业实现了脱贫摘帽。2020 年 4 月 20 日，习近平总书记前往柞水县小岭镇金米村培训中心考察，点赞柞水木耳“小木耳，大产业”。

讲解知识点：蕈菌的特点及其在农业上的应用

阅读并分享读后感：学生阅读李玉院士研究蕈菌的事迹，并分享自己的读后感。

4. 教学方法

线上线下结合、启发式教学。

5. 教学反思

身为农学专业的学生，如何践行“学农、知农、爱农、兴农”是值得每个农学学子认真思考的问题。李玉院士致力于蕈菌的研究，更是将自己的一生所学“学有所成、学有所用”，不忘初心，心系农民，用实际行动带动贫困县脱贫攻坚、助力农村发展，体现了老一辈农人的爱国情怀，用科技支撑农业发展、助力乡村振兴的爱农情怀。通过此次课程，学生一方面学习李玉院士的爱国爱农精神，另一方面结合自身对农村的了解和认识，积极思考如何用所学的知识为乡村献出一份自己的力量。

案例八　抗击新冠疫情的中国行动——敬佑生命、救死扶伤、甘于奉献、大爱无疆

1. 课程内容简介

教学基本要求：病毒是一种非常特殊的非细胞生物，能够引起各种生物的疾病，掌握病毒的特性很有必要。本章内容为本门课程的重点内容，要求熟练掌握病毒的形态、大小、特点、分类，并了解生物疫苗和生物制品的简单制备过程。重点掌握病毒的结构特点、化学组成和复制周期，熟悉病毒学研究的基本方法，熟悉病毒与宿主的相互作用，了解亚病毒因子以及常见引起人类严重疾病感染的病毒的特征。

2. 课程思政教学目标

着力培养学生“敬佑生命、救死扶伤、甘于奉献、大爱无疆”的医者精神。教育引导学生始终把人民群众生命安全和身体健康放在首位，提升依法应对重大突发公共卫生事件能力。

3. 课程思政教学设计

结合多媒体课件进行讲解，应用启发式、案例式等教学法，采用课堂讨论、线上答题方式互动。

课前：通过多媒体介绍常见引起人类严重疾病感染的病毒。

课中：介绍抗击新冠疫情的中国行动。①中国抗击疫情的艰辛历程。第一阶段：迅即应对突发疫情；第二阶段：初步遏制疫情蔓延势头；第三阶段：本土新增病例数逐步下降至个位数；第四阶段：取得武汉保卫战、湖北保卫战决定性成果；第五阶段：全国疫情防控进入常态化。②防控和救治两个战场协同作战：建立统一高效的指挥体系，构建全民参与严密防控体系，全力救治患者、拯救生命，依法及时公开透明发布疫情信息，充分发挥科技支撑作用。③凝聚抗击疫情的强大力量：面对病毒突然袭击，中国坚持人民至上、生命至上，举全国之力，快速有效调动全国资源和力量，不惜一切代价维护人民生命安全和身体健康。中国共产党以人民为中心的执政理念，中国集中力量办大事的制度特点，改革开放 40 多年来特别是党的十八大以来积累的雄厚综合国力和国家治理现代化建设的显著成效，中华民族同舟共济、守望相助的文化底色，中国人民深厚的家国情怀、天下情怀，汇聚成抗击疫情的强大合力。④共同构建人类卫生健康共同体：中国感谢和铭记国际社会宝贵支持和帮助，中国积极开展国际交流

合作，国际社会团结合作共同抗疫。

4. 教学方法

课前采用视频带大家了解人类历史上引起人类严重疾病感染的病毒；课堂授课中通过讲授法并结合讨论法来总结授课内容，并体现思政元素；课后通过线上讨论式教学法加强课堂知识与日常生活的联系。

5. 教学反思

本节课在介绍病毒简史的基础上让学生掌握病毒的形态、种类和特征。通过学习病毒的研究简史，让学生了解科学发展的内在规律。教学设计中涉及了“新冠病毒防控”的课后讨论，让学生感受到本学科在人类健康中的重要作用，增强了学习热情。

案例九 病毒中的“朊病毒”

1. 课程内容简介

朊病毒（Prion），又称朊粒、蛋白质侵染因子、毒朊或感染性蛋白质，是一类能侵染动物并在宿主细胞内无免疫性疏水蛋白质。朊病毒蛋白（Prion protein，PrP）是人和动物正常细胞基因的编码产物。朊病毒蛋白有两种构象：细胞型（正常型 PrP^{c}）和瘙痒型（致病型 PrP^{Sc}）。两者的主要区别在于空间构象上的差异，PrP^{c}是正常细胞的一种糖蛋白，仅存在 α 螺旋，而 PrP^{Sc}有多个 β 折叠存在，溶解度低，且对蛋白酶表现抗性。由此可见，朊病毒是空间构型改变了的正常蛋白质，是正常蛋白质变性所致。

2. 课程思政教学目标

通过西北农林科技大学许晓东课题组研究朊病毒的历程，强化学生淡泊名利、追求真理的精神，也训练学生以小见大、从细处入手进行科研的方法。

3. 课程思政教学设计

做展示：让同学们按分组制作朊病毒课程展示，并在课堂上展示。

抛疑问：朊病毒是在动物细胞中发现的，请问植物中是否有朊病毒，那真核微生物呢，如果真核微生物中有，原核生物中是否也有朊病毒，病毒中是否也有朊病毒？

读报道：通过教学平台发送新闻报道“重大突破：西北农林科技大学许晓东课题组首次发现病毒编码的朊病毒”，要求学生阅读报道并完成读后感。

报道概要：2019 年 1 月 21 日，西北农林科技大学生命科学学院许晓东课题组在 *Nature Communications* 杂志在线发表了题为 A viral expression factor behaves as a prion 的研究论文，报道了第一个由病毒编码的朊病毒，具有重要的创新意义。

许晓东副教授在研究杆状病毒表达因子 LEF-10 时发现，该蛋白具有不同寻常的聚集行为，这种现象与朊病毒十分类似。在酵母鉴定系统中，LEF-10 表现出了典型的朊病毒特征。而在病毒感染的昆虫细胞中，高表达的 LEF-10 可以从可溶态转变成聚集态，进而调控病毒的增殖。这些结果表明，LEF-10 是一个病毒编码的朊病毒。该发现解释了生物制品工业的一个困惑，即接种杆状病毒的数量与外源蛋白产量缺乏相关性。另外，人们很早就发现疱疹病毒感染与阿尔茨海默病具有某种联系；既然病毒可以编码朊病毒，那么这种联系的中间环节很可能是疱疹病毒编码的朊病毒；这或许为阿尔茨海默病的防治带来一线曙光。

谈感想：在教学平台上发布任务，让学生写下阅读报道后的感想。

做总结：通过许晓东发现病毒编码朊蛋白的事迹，学生可以学习许晓东进行科学研究的思路——以小见大，从小处着手进行研究，却可以发现普遍的规律，还可以从许晓东的经历中领会热爱科学、追寻真理、淡泊名利的价值观。

4. 教学方法

线上线下结合、启发式教学，要求学生阅读文献、抛出问题等一步步引导学生深入思考。

5. 教学反思

许晓东课题组的事迹内涵丰富，学生通过阅读新闻报道，都对许晓东和他的学生南铭印象深刻，认为他们能够淡泊名利，专注于科学研究，非常了不起，但是对于科学研究的思路——以小见大谈到的不多，说明学生在科学研究上还欠缺很多，需要老师进行有意识的引导，通过教师的引导提升学生在科研方法上有所思考，科研能力上有所提升。

案例十　微生物的营养和培养基

1. 课程内容简介

教学基本要求掌握微生物的营养类型、营养物质运输的吸收、培养基的种类以及制备培养基的基本原则和方法；掌握微生物学研究的基本技术，即无菌技术、纯种分离技术、培养技术及显微镜技术。熟悉显微观察样品制备的一般流程和显微镜下的微生物形态（细菌和真菌）。

2. 课程思政教学目标

通过介绍微生物学家路易斯·巴斯德发明的巴氏灭菌法、新冠疫情防控、医院医护手术及“大红肠”大肠杆菌严重超标、微生物菌种在食品方面的应用等案例讲授无菌技术、灭菌的原理、纯种的分离及培养技术等引导学生理解微生物安全与健康的重要性，感悟专业精神、职业素养及爱国主义情怀。

3. 课程思政教学设计

课前：通过学习平台及微生物教学仿真平台给学生介绍新冠病毒的防控、医院医护手术过程、中国传统食品制备等，引导学生了解无菌操作的意义，无菌操作技术的关键，微生物无法用肉眼观察，却与人类息息相关。

课中：①在介绍培养基的配制与灭菌内容时，引出著名微生物学家路易斯·巴斯德，通过对巴氏灭菌和高压灭菌比较介绍巴氏灭菌原理。它利用较低的温度来消灭病毒，另外还能维持食物中的营养成分和口味。高温灭菌原理则是利用高温功效于微生物菌种，彻底毁坏在其中可生长发育的微生物菌种和芽孢，确保主体的安全性。培养学生学习科学家探索未知、追求真理的科研精神及理论和实践的辩证统一思想。②微生物无菌操作技术：介绍新型冠状病毒采样、检测及治疗过程中对无菌操作的要求；医院手术台上对手术操作过程的所有可接触的物品；某知名超市“大红肠”大肠杆菌总数严重超标事件等案例强调无菌操作的重要性，同时培养学生的专业精神、职业素养及爱国主义情怀。③微生物的接种与培养：首先，在微生物接种和培养课程讲授中穿插融入细菌、酵母菌和霉菌在酿醋、发面制馒头、酿酒及毛豆腐等案例，宣扬中华传统文化；其次，辅助虚拟仿真教学平台，让学生观看传统食醋固态酿造工艺，体验中国白酒的酿造工艺，直观地了解认识我国传统酿造智慧。最后，结合微生物接种和培养的专业知识以及思政文化，展示学生通过利用不同的微生物菌株在培养皿上绘画的作品，引导学生将微生物的接种、培养等专业知识与思想文化进行融会渗透。

课后：为学生提供菌种及微生物操作平台，让学生通过本节学习的内容，自己选用合适的菌株在培养皿上完成一幅绘画作品，寓教于乐，提高学生的动手能力及学习兴趣。

4. 教学方法

课程预习时，借助线上平台引入案例及虚拟仿真平台教学视频，引起学生兴趣和思考；课堂讲授环节，通过启发式和讨论法教学方法，总结归纳出课程教学的主要内容，并体现思政元素；课后借助线上平台发布问题来讨论和巩固教学内容，并探讨探索未知及追求真理的影响因素。

5. 教学反思

本节课通过介绍微生物学家路易斯·巴斯德发明的巴氏灭菌法、新冠疫情防控、医院医护手术及“大红肠”大肠杆菌严重超标、微生物菌种在食品方面的应用等案例讲授无菌技术、灭菌的原理、纯种的分离及培养技术等，让同学们感悟实验室安全意识及规范实验操作的重要性，加强专业精神、职业素养及爱国主义情怀的培养，在掌握专业知识的同时，也可以领悟传统发酵文化中所蕴含的科技魅力，感受中华优秀传统文化的博大精深，坚定传承和弘扬中华优秀传统文化的信念。

案例十一 生命的物质属性

1. 课程内容简介

营养：是指生物体从外部环境中摄取对其生命活动必需的能量和物质，以满足正常生长和繁殖需要的一种最基本的生理功能，是生命活动的起点和物质基础。

营养物：指具有营养功能的物质。

微生物的营养物：元素水平和营养要素水平上均与动植物接近，它们之间存在营养上的统一性。

元素水平：20 种左右，以 C、H、O、N、S、P 为主。

营养要素：碳源、氮源、能源、生长因子、无机盐和水。

2. 课程思政教学目标

从元素水平认识生命，使学生夯实唯物世界观，讨论碳元素在生物中的重要作用，从而认识到偶然中蕴含必然，使学生熟悉辩证法。

3. 课程思政教学设计

做展示：学生分组用 PPT 阐述碳源、氮源和能源的概念，并对“碳为什么对生命很重要”这一问题作出解释。

抛疑问：同学们都很好地展示了自己对碳源、氮源和能源的理解，也解释了“碳为什么对生命很重要”，接下来请大家思考生命为什么选择了碳元素，而不是其他元素？或者说地球上可不可以演化出“硅基生命”呢？

小组讨论：各小组查阅资料讨论这一问题，并给出答案。

归纳总结：

比铁原子质量大的元素排除，因为聚变到铁已经是极限了，铁以上的元素在宇宙中含量少。

原子质量 39 到 56 的钾到铁，电子到原子核距离远，活泼，多为离子态，很难形成稳定生物。

氦氖氩惰性气体很难参与反应。

钠镁铝也比较活泼。

氟氯氧化性太强，化学键很难被拆开，很难成为自身可复制元素。

在 100 余种化学元素中，只有碳元素最适合孕育生命，所以，碳基生命的诞生看似偶然，实则必然，并且生命所有的现象都符合化学和物理规律，生命是一种物质，是一种可以在地球的演化过程中诞生的一种自然之物，它是一个美好的奇迹，但却绝非玄妙的神迹。

4. 教学方法

启发式教学，小组讨论。

5. 教学反思

学生在课下已经查阅资料，并对相关概念有了较深的认识，在此基础上，进一步提问，撼动学生原有的认知，引发认知冲突，学生通过讨论，对生命的本质有了更深的认知，这种科学的认知，可以让学生对生命本身的物质属性得以强化，即强化了马克思主义的唯物世界观。在碳元素的论述中，学生可以对于偶然性和必然性之间的关系有所认识，熟悉辩证法这一科学方法。

案例十二　微生物的生长与“我的成长”

1. 课程内容简介

定量描述液体培养基中微生物群体生长规律的实验曲线，称为生长曲线（Growth curve）。当把少量纯种单细胞微生物接种到恒容积的液体培养基中进行批式培养（Batch culture）后，在适宜的温度、通气等条件下该群体就会由小到大，发生有规律地增长。如以细胞数目的对数值作纵坐标，以培养时间作横坐标，就可画出一条由延滞期、指数期、稳定期和衰亡期 4 个阶段组成的曲线，即微生物的典型生长曲线。

2. 课程思政教学目标

从微生物的生长规律引申到学生的成长规律，特别是大学期间的成长变化，鼓励学生认识事物客观发展规律，并且顺应规律更好地成长；通过连续培养的概念，使学生能够认识到要想持续成长，就必须终身学习，持续产出，为社会作出贡献。

3. 课程思政教学设计

做展示：学生分组用 PPT 阐述微生物生长曲线延滞期、指数期、稳定期和衰亡期 4 个阶段的过程、特征和影响因素。

点评总结：对学生展示的内容进行点评和总结，特别是对学生容易忽略的地方如“原生质呈嗜碱性”等细节进行讲解。

抛疑问：同学们大学 4 年的生活，和微生物的生长曲线是否具有相似的地方？让同学们思考 2min。

表格释疑：

生长阶段	微生物生长	专业人才成长
延滞期（大一）	代谢系统适应新环境	学会适应大学新环境
指数期（大二）	酶系活跃，代谢旺盛	已经适应大学的学习节奏，学习专业基础课程和专业课程
稳定期（大三）	菌体产量达到最高点，积聚糖原、异染颗粒等内含物，产生次生代谢产物等	大量学习专业课程，进行专业实践，专业知识的学习量达到 4 年的最高峰，很多学生运用专业知识进行实践，产出成果
衰亡期（大四）	个体死亡速度超过新生速度，细胞形态发生多形化	进行毕业实习，心态上向职业人士转变

再抛疑问：如何让微生物能够维持在稳定期，不进入衰退期？

释疑：科研工作者设计了连续培养技术，让微生物始终维持在稳定期，不会进入衰退期。

我们如何保持自己不进入衰退期？类比连续培养，就是要保持谦虚的心态，不断地学习新的知识，同时保持产出，为社会作出贡献。

4. 教学方法

启发式教学，小组讨论。

5. 教学反思

学生对微生物生长的 4 个阶段，整体上理解起来没有太大难度，细节上需要老师讲解，而微生物生长的规律在很多事物发展中都具有类似的规律，因此，可以引申到学生自身的成长过程，特别是他们目前所处的大学阶段，这对于学生的吸引力会更大。

通过这种对比，可以让学生对于微生物生长规律有更深的认识，同时也对自身的成长进行反思，再用连续培养的概念引发学生对于自身持续发展的思考，让学生认识到要想保持自身的持续发展，就需要终身学习，并且保持产出，也就意味着对社会有源源不断的贡献，做一个对社会有价值的人。

案例十三 抗生素的利与弊

1. 课程内容简介

抗生素是一类由微生物或其他生物在生命活动过程中合成的次生代谢产物或其人工衍生物，它们在很低浓度时就能抑制或干扰他种生物（包括病原菌、病毒、癌细胞等）的生命活动，因而可用作优良的化学治疗剂。自从 A. Fleming 于 1929 年发现第一种广泛用于医疗上的青霉素以来，至今已找到 1 万种以上新抗生素（1984 年）和合成了 7 万多种半合成抗生素，但真正得到临床应用的常用抗生素仅五六十种。

2. 课程思政教学目标

使学生正确认识抗生素的利弊，并科学合理地运用抗生素。通过抗生素的案例教导学生要辩证地看待问题，尤其面对复杂的问题，要客观理性地分析现象的本质和事物之间的联系，能保持理性、权衡利弊，做出正确的决定。

3. 课程思政教学设计

案例 1：

抗生素，作为现在临床上应用最为广泛的药物种类之一，青霉素发现并被应用于临床，挽救了无数患感染性疾病病人的生命。随着科技的发展，抗生素的研制、开发与利用也发展迅速，发展至今，抗生素的种类已达到几千种，在治疗感染性疾病中发挥了重要作用。

① 呼吸系统感染分为上呼吸道感染和下呼吸道感染。普通感冒、急性鼻窦炎、扁桃体咽炎、喉炎、咽炎等多为上呼吸道感染。其病原体大多数为鼻病毒、腺病毒、流感病毒、副流感病毒等。在临床上病人多数表现为血象不高，所以此类感染的治疗病程也普遍较短（通常为 1 周）。据经验而谈，以休息、多饮水及对症为主，服用普通型感冒药即可，不必使用抗生素。而急慢性支气管炎、肺部感染等属于下呼吸道感染。其病原体有细菌（常见的有革兰氏阳性球菌，如肺炎链球菌、金黄色葡萄球菌；革兰氏阴性杆菌，如肺炎克雷伯杆菌、流感嗜血杆菌、绿脓杆菌、大肠杆菌、变形杆菌；厌氧杆菌，如棒状杆菌、梭形杆菌等）、病毒、真菌、原虫、支原体、衣原体等。通常下呼吸道感染以往治疗以青霉素为首选，但近年来随着细菌耐药性的变化，应采取不同的治疗方法。例如复方新诺明和喹诺酮类合用就可以获得理想的疗效。一般抗生素对于轻、中度感染可口服给药，对于严重下呼吸道感染或合并其他疾病的患者主张静脉给药，并可联合使用抗生素，一般二联即可达满意效果。

② 消化系统的胆系感染选用抗生素时应考虑致病菌种、细菌耐药性、抗生素的抗菌谱及其在胆汁中的浓度等因素，在临床学上，胆汁培养及药物试验都具有重要的指导意义。试验的目的是在药敏试验之前，将强大抑菌或杀菌力、在胆汁中浓度高、不良反应小的药物应用。如

青霉素 G 在胆汁中浓度不高，对胆系感染一般无效，而氧哌嗪青霉素胆道浓度高于血清浓度，其他青霉素类效果不理想。头孢菌素类中，对于肠球菌感染时多使用第一代头孢。而二代头孢如头孢呋肟、头孢羟唑、头孢氧哌唑钠（先锋必）可用于一般胆系感染，能使用但对绿脓杆菌无效。三代头孢肾毒性低，但对革兰氏阳性球菌的疗效低。对胆道混合感染病人喹诺酮类较为适宜，但对中枢神经系统、肝、肾、骨有一定毒性。而氨基糖苷类抗生素的耳、肾毒性使其在临床上的应用受到一定的限制。甲硝唑在临床上多为联合用药，甲硝唑加氧哌嗪青霉素，或加二、三代头孢（除头孢他定、头孢美他醇），或加喹诺酮类药物，均可获得良好的效果。而大环内酯类抗生素有一定肝毒性，故肝功能受损者慎用。胆系感染抗生素一般多为联合用药，能到达较高的药效。

③ 中枢神经系统感染属于临床上危重的病症，早期及时正确地应用抗生素治疗是挽救患者生命的关键。感染病菌为脑膜炎双球菌、肺炎球菌、单核李司特菌及流感嗜血杆菌。氨苄青霉素、青霉素、磺胺药、头孢噻肟、头孢曲松、美洛培南都是治疗中枢神经系统感染的有效抗生素。在选择正确用药的基础上，尽量采用杀菌药、静脉给药、剂量宜大。

案例 2：

抗生素耐药性（AMR）是一个严重的全球健康问题，影响着人类、动物的健康和环境卫生。尽管许多国家制定了应对这一日益严重的致命问题的计划，但由于缺乏有力数据的证据来量化和使决策者认识到这一问题，这些计划在中低收入国家的实施一直停滞不前。当细菌的进化方式使它们不受现有治疗的影响时，就会出现抗生素耐药性，从而使感染更难治疗，并且通常会导致以前可以预防的死亡。

2022 年 1 月 19 日，全球多中心研究人员联合在权威期刊《柳叶刀》（*The Lancet*）上发表了一篇题为“Global burden of bacterial antimicrobial resistance in 2019：a systematic analysis”的系统综述。

在该研究中，研究人员分析了 204 个国家的数据，评估了 23 种细菌和 88 种细菌-药物组合的抗生素耐药性负担，共纳入 4.71 亿条个人数据，包括系统文献综述、医院系统、监测系统和其他数据源。采用统计建模方法对所有地区的抗生素耐药性影响进行估计。

该研究的数据表明，2019 年有 127 万人直接死于抗生素耐药性，495 万人的死亡与抗生素耐药性感染有关。从国家收入水平来看，研究显示，低收入和高收入国家都面临显著的抗生素耐药性威胁，撒哈拉以南非洲的负担最重，每 10 万人中有 27.3 人死亡。

从细菌种类来看，在所研究的 23 种细菌中，仅 6 种的耐药性（大肠杆菌、金黄色葡萄球菌、肺炎克雷伯菌、肺炎链球菌、鲍曼杆菌和铜绿假单胞菌）就直接导致 92.9 万人死亡，与 357 万人死亡有关。一种细菌-药物组合（耐甲氧西林金黄色葡萄球菌）在 2019 年，直接导致的死亡人数超过了 10 万人。

在所有细菌中，对两类抗生素的耐药性通常被认为是抵御严重感染的第一道防线，氟喹诺酮类和 β-内酰胺类抗生素，估计占 AMR 导致的死亡人数的 70%以上。

不同细菌对健康的影响因地区而异，在撒哈拉以南非洲，AMR 导致的死亡最常见的原因是肺炎链球菌（占死亡人数的 16%）或肺炎克雷伯菌（20%），而在高收入国家，约有一半可归因于金黄色葡萄球菌（26%）、大肠杆菌（23%）。

这些新数据揭示了全球抗生素耐药性的真实规模。先前的估计预测到 2050 年每年将有 1 000万人死于抗生素耐药性，但现实是越来越接近这个数字。

阅读并分享读后感：学生阅读案例，并分享自己的读后感。

4. 教学方法

线上线下结合、案例式教学。

5. 教学反思

抗生素被誉为“二战中最伟大的发明之一”，自诞生以来挽救了无数人的生命。随着抗生素研究的领域和对象日益扩大，目前滥用抗生素已成为一个世界性的问题，每年因滥用抗生素不但导致医疗费用增长，同时使数万病人因不良反应而死亡。耐药菌的不断增加，也使人类面临着越来越大的危险。学生通过对抗生素的案例学习与分析，能认识到抗生素这把双刃剑，学会运用唯物辩证法的观点分析事物的利与弊。

案例十四 菌种的衰退与复壮

1. 课程内容简介

衰退：指由于自发突变而使某物种原有一系列生物学性状发生量变或质变的现象。

表现：① 原有形态性状变得不典型；② 生长速度变慢，产生的孢子变少；③ 代谢产物生产能力下降，即出现负变；④ 致病菌对宿主侵染力下降；⑤ 对外界不良条件的抵抗能力下降。

复壮：狭义是指在菌种已发生衰退时，通过纯种分离和测定典型性状、生产性能等指标，从已衰退的群体中筛选出少数尚未退化的个体，以达到恢复原菌株固有性状的相应措施（消极措施）。广义是指在菌种的典型特征或生产性状尚未衰退前，就经常有意识地采取纯种分离和生产性状的测定工作，以期从中选择到自发的正变体（积极措施）。

2. 课程思政教学目标

通过讲解菌种衰退的现象和复壮的方法，使学生联想到自身的成长，只有长期进行有意识地自我反省、自我修正，才能保持自身正向成长，成长为对国家和社会有益的人。

3. 课程思政教学设计

抛疑问：对本章诱变、基因重组和基因工程菌 3 个方面的内容进行一个小结，并提出疑问，通过种种方法得到对人类有益的菌种之后，是否就万事大吉，可以一直让人类一直用下去呢？让学生分组讨论。

答疑问：学生分组讨论后，对上述问题进行回答。

做总结：教师对学生的回答进行归纳总结，由于变异特性的存在，菌种一定存在变异的可能，菌种不会一直保持稳定的遗传特性。

实际上，在变异中，退化性的变异是大量的，而进化性的变异却是个别的。如果不自觉认真地进行人工选择，大量的自发突变株就会随之泛滥，最后导致菌种的衰退。长期接触菌种的工作人员都有一个深刻的体会，如果对菌种工作任其自然，放任自流，不进行纯化、复壮和育种，则菌种就会进行惩罚，反映到生产上就会出现持续的低产、不稳产。这说明菌种的生产性状也是不进则退。

个人的成长也像菌种一样，如果不能“时时勤拂拭”，认真进行自我反省，就会被各种坏的习惯或者思想所拖累，难以成为对国家和社会有用的人才。

4. 教学方法

启发式教学，小组讨论，引导学生深入思考。

5. 教学反思

遗传和变异是生命中常见的现象，但是菌种的衰退和复壮却是与人类的生产具有密切关系，具有很强的社会属性，这就与学生的成长具有相似性，通过类比，可以让学生从专业知识的学习中认识到自身成长的规律。

案例十五　被颠覆的地衣

1. 课程内容简介

共生：两种微生物紧密生活在一起，彼此依赖，相互为对方创造有利条件，有的达到了难以分离的程度。生理上相互分工，组织上形成了新的结构，彼此分离各自就不能很好地生活。

微生物间的共生——地衣：① 组成。由菌藻（子囊类真菌与藻类）共生或菌菌（真菌与蓝细菌）共生的地衣；② 生理。地衣中的真菌和藻类已形成特殊形态的整体，在生理上相互依存。其中的藻类或蓝细菌进行光合作用，为真菌提供养料，真菌以产生的有机酸分解岩石为藻类或蓝细菌提供矿质元素。

2. 课程思政教学目标

通过托比·斯普利比尔推翻在生物学教科书上存生 150 年的地衣组成理论的事例，鼓励学生在科学研究中要保持好奇心，敢于坚持真理，想做到真正的创新就要在实践中耐心细致，勇于突破思维限制。

3. 课程思政教学设计

讲概念：讲解共生的概念，并举出“地衣”的例子，同时，将《微生物学教程》（周德庆主编）第三版和第四版这部分内容用图片的形式展示出来，做一个对比，让学生找出两者不同。

读报道：通过教学平台发送新闻报道“地衣是什么？这有关一个被颠覆的‘真理’”。

报道概要：托比·斯普利比尔没有受过系统教育，但是他热爱科学，通过自身的努力获得博士学位，并且研究自己感兴趣的地衣，而地衣是已经被认为研究得很清楚的共生生命体，不具有研究价值，他没有放弃，坚持自己的研究，终于推翻了教科书中关于地衣的组成学说。他证明，自施文德纳以来所有科学家都弄错了，地衣大家族中最大、种类最多的那个类群并非两种生命体的联盟。事实上，它是 3 种生命体的联盟。这么长时间里，有另一种类型的真菌一直就隐藏在人们眼皮底下。

谈感想：学生阅读之后，在教学平台上发布任务，让学生写下阅读报道之后的感想。

做总结：通过托比·斯普利比尔研究地衣的事迹，学生可以树立自信心，不是所谓的天才才有资格进行科学研究，只要你有一颗好奇心，坚持真理，不被现有的框架所束缚，就有可能有所突破，实习创新突破。

4. 教学方法

线上线下结合、启发式教学，要求学生阅读文献，引导学生深入思考。

5. 教学反思

托比·斯普利比尔的事迹虽然不像其他为发现真理而反抗权威的事迹那么具有戏剧性，但是恰恰因为不具有戏剧性，所以更贴近生活。特别是他与学生生活在同一个时代，而且他从小没有受过学校的教育，对于学生来讲，就属于非典型的差等生，而这样的一个人能够遵从内心，在兴趣的指引下，严谨细致地进行科学研究，打破权威束缚，发现地衣组成的真相，对于学生来讲更具有引导性——原来科学研究普通人也可以完成，从而树立科学研究的自信心。

第七章 《植物生理学》课程思政案例

课程信息及编写教师信息

课程名称	植物生理学
课程类型	○公共基础课程 ◉专业教育课程 ○实践类课程
授课专业类/代码	生物科学类（0710）、生物工程类（0830）、植物生产类（0901）、林学类（0905）、草学类（0907）各专业
课程性质	◉必修 ○选修
开课年级	大学二年级

编写教师信息

编写教师单位	教师姓名	性别	职称	学位	案例所属教学大纲中的章节及知识点	思政案例名称
塔里木大学	韩占江	男	教授	博士	第五章 植物体内同化产物的运输与分配 知识点：同化产物的配置和分配	案例六 尊重自然规律，趋利避害
					第七章 植物细胞信号转导 知识点：细胞信号转导	案例八 从中药道地性角度看细胞信号转导
					第十一章 植物的成熟和衰老生理 知识点：植物的衰老生理	案例十四 延缓作物衰老获高产——家国情怀结出山农大科技硕果
	王鹤萌	女	副教授	博士	第一章 绪论 知识点：植物生理学的产生与发展	案例一 植物生理学家汤佩松院士的科研故事
					第三章 植物的矿质营养 知识点：研究植物矿质营养的方法及无土栽培	案例三 以海尔蒙特的柳树栽培试验为例
					第六章 植物的呼吸作用 知识点：呼吸代谢途径的多样性	案例七 以植物呼吸代谢途径的多样性为例

（续表）

塔里木大学	张　肖	男	副教授	博士	第四章　植物的光合作用 知识点：电子传递与光合磷酸化	案例四　团结互助，薪火相传
						案例五　热爱+激情+努力=成功
					第八章　植物生长物质 知识点：植物激素和生长调节剂在农业上的合理应用	案例九　科研是一个探索、发现和优化的过程
	韦晓薇	女	实验师	硕士	第九章　植物的生长生理 知识点：种子生理	案例十　以强农兴农为己任
					第九章　植物的生长生理 知识点：植物生长的相关性	案例十一　团结一致，互帮互助
					第十章　植物的生殖生理 知识点：春化作用	案例十二　民族自豪感和自信心，专业自信感和认同感
					第十章　植物的生殖生理 知识点：光周期现象	案例十三　刻苦钻研精神，锲而不舍的精神
石河子大学	孙　黎	女	教授	博士	第二章　植物的水分生理 知识点：植物的蒸腾作用	案例二　“植物的蒸腾作用”思政案例
					第十二章　植物的逆境生理 知识点：旱害生理与植物抗旱性	案例十五　“植物的抗旱性”——兵团精神与胡杨精神的传承

案例一　植物生理学家汤佩松院士的科研故事

1. 课程内容简介

植物生理学（Plant physiology）是研究植物生命活动规律及其与环境的相互关系、揭示植物生命现象本质的科学，其基本任务是研究和了解植物在各种环境条件下进行生命活动的规律和机制，并将这些研究成果应用于农业生产。

植物生理学既是一门基础理论学科，又是一门实践性很强的学科，它是合理农业的基础，在农业现代化中占有非常重要的地位。因此，植物生理学与农业的关系也是一个必须给予高度重视的学习与研究领域，对于高等农林院校大学生具有重要意义。

2. 课程思政教学目标

① 培养学生对自然奥秘的敬畏，激发学生认识植物、探索自然的兴趣；

② 通过介绍我国植物生理学家的学术贡献，建立专业自豪感。

3. 课程思政教学设计

（1）课程导入

在世界历史上，植物生理学是从植物学这门古老的科学中分化而来的。在作为一门独立完整的学科体系之前，植物生理学在生产实践和科学实验的基础上，经过近千年孕育的漫长奠基历程，终于在公元 19 世纪后叶脱颖而出。因此，植物生理学是一门实验性科学。

（2）知识讲授

中国植物生理学的发展：我国现代植物生理学起步较晚，最早是张挺（1884—1950）从日本留学回国，自 1914 年起在武昌高等师范学校任教，编写讲义并讲授植物生理学。其次是钱崇澍（1883—1965）1915 年从美国留学回国，先后在金陵大学、厦门大学讲授植物生理学，并编写讲义和实验指导书，1917 年在国际刊物上发表《钡、锶及铈对水绵属的特殊作用》论文。在国内第一位从事植物生理学研究并发表论文的是李继侗（1892—1961）。20 世纪 30 年代从日本、美国留学回国的罗宗洛（1898—1978）、汤佩松（1903—2001）先后在中山大学、中央大学、武汉大学、清华大学从事植物生理学的教学、科研工作，培养了不少人才，为中国现代植物生理学的发展奠定了基础，罗宗洛等在氮素营养及微量元素研究方面作出了较大的贡献。1941 年汤佩松和王竹溪发表了《活细胞水分关系的热力学论述》，美国著名植物生理学家 P. J. Kramer 高度评价了这篇论文的先驱性贡献和首创地位。

思政元素：虽然我国古代劳动人民在生产实践中总结出许多有关植物生理学的知识，但由于我国长期受封建体制的限制，特别是在西方工业革命带动的近代科技文化大发展时期，我国多灾多难，错过了现代科学技术发展的机会。汤佩松是中国植物生理学的奠基人之一，抗日战争期间（1938—1946 年），他在西南联合大学农业研究所工作并创办了植物生理研究室。实验室非常简陋，而且 3 次被炸毁，4 次搬迁重建。然而他不畏困难，从 20 世纪 20 年代探索呼吸的生化研究，到 30 年代开展“细胞呼吸动力学”研究，再到 50 年代建立植物呼吸代谢的多途径理论，以及 70 年代钻研植物光合作用中光合膜蛋白的作用等；即使在战火纷飞的抗战期间，汤佩松的科研也从未停止过，做不成实验，他就在理论层面进行思考，同样有重要的成果产生。

4. 教学方法

采用多媒体演示、案例分析、引导启发、课堂讨论等多种教学方法。突出以学生为主体，教师为主导，充分调动学生的积极性与主动性，让教师的“教”和学生的“学”相辅相成，即“教”和“学”之间相互联系，相互促进，有序发展。

5. 教学反思

（1）知识传授反思

本案例的知识点主要是通过讲述植物生理学的产生与发展，着重了解中国植物生理学家的成长及科研贡献。

（2）价值引领反思

本案例的主要思政元素是开课伊始让学生接触到“科学精神”和“传承精神”。人的一生不是一帆风顺的，会经历很多困难，如何在逆境中克服困难，绝处逢生，通过普及科学家的科研故事，树立榜样的力量。

（3）能力培养反思

汤佩松始终认为科学就是积累、继承、突破和演进的过程。科学的发展尤其需要代代相传的精神。现代植物生理学离不开张挺先生、钱崇谢先生、李继侗先生、罗宗洛先生、汤佩松先生等老一辈科学家的代代传承，他们大多具有海外留学的经历，却毅然选择回国发展。汤佩松院士在他的回忆录中说，“我是一个中国人，当然要回到中国去！我的成长教育，是由四万万国民的血汗哺育出来的。”汤老为我们树立了“科技报国”的榜样，要将个人命运与国家的前途命运紧密相连，不因个人的荣辱得失而动摇、改变，用崇高使命感和强烈责任感主动为国担当、为国分忧。

案例二　“植物的蒸腾作用”思政案例

1. 课程内容简介

植物在生命活动中，需要与所处的大气环境进行气体交换，以获得所需的 CO_2 和 O_2。这一过程往往伴随着水分经过植物体表面的蒸发，即蒸腾作用。理解蒸腾作用的概念、部位、意义和方式；蒸腾作用的指标。

2. 课程思政教学目标

① 可持续发展观、环境保护。使学生深刻体会我国水资源现状以及保护水资源的必要性，认识植物水分生理及节水农业的重要性。

② 用辩证唯物主义观点理解影响蒸腾作用的内外因素与调节，外因通过内因影响植物的生命活动。引导学生在个人成长过程中要充分发挥主观能动性，积极进取，实现人生价值。

3. 课程思政教学设计

（1）蒸腾作用的概念与生理意义

课程引入：陆生植物耗水量很大。一株玉米在整个生育期消耗的水量约 200kg，用作植株组成的不到 2kg，用作反应物的约 0. 5kg，通过蒸腾散失的水量达总吸水量的 99%。引出蒸腾作用概念，并进行讲解。

在教师的引导下总结出蒸腾作用的意义。

（2）蒸腾作用的方式

PPT 展示气孔、角质和皮孔的结构，介绍蒸腾作用的 3 种方式：气孔蒸腾（主要）、角质蒸腾和皮孔蒸腾。视频播放：植物气孔的结构及开闭。

小组讨论：不同类型植物的气孔数目、分布和大小的差异？单子叶植物和双子叶植物保卫细胞结构差异？引导学生探究气孔开闭的机理。

（3）蒸腾作用的指标

介绍蒸腾速率、蒸腾比率、蒸腾系数的概念。从植物蒸腾系数的定义出发，让学生计算在蒸腾系数 500g 时，每生产 1kg 小麦所消耗的水分。在考虑经济系数、灌溉损失条件时，学生发现每生产 1kg 粮食大约需要消耗 2t 水。再介绍玉米等其他几种作物的需水量，进行对比。一籽下地，万粒归仓，农业的大丰收离不开水的利用！

案例：从太空中来看中国，中国是一个干旱缺水严重的国家，70%土地呈干旱的红黄色。淡水资源总量为28 000亿 m^3，占全球水资源的 6%，仅次于巴西、俄罗斯和加拿大，居世界第四位，但人均只有2 200m^3，仅为世界平均水平的 1/4、美国的 1/5，是全球 13 个人均水资源最贫乏的国家之一。随着工农业和城镇建设的快速发展，中国的耕地越来越少，18 亿亩耕地红线被突破难以避免。粮食和水资源安全将长期成为中国政府的头等大事。

思政元素：可持续发展观是科学发展观的核心内容。其理论主张发展“不仅要满足当代人需求，而且不对满足后代人需求的能力造成威胁”。人类可持续发展的重要目标是社会进步、消除贫困、促进发展、保护环境。水资源作为人类进步与发展的重要载体，以可持续发展理论指导对水资源利用的实践是一项最有现实意义和深远意义的工作。从植物的蒸腾作用学习联系到我国人均水资源短缺的国情，科学用水有助于农业和社会的可持续发展，增强学生在日常生活中节约用水、合理用水的意识，引导学生注重对水资源的保护，认识到新时代农业发展的客观需要，树立科学发展观。

(4) 影响蒸腾作用的内外因素与调节

小组讨论：内部因素（气孔频度和大小、气孔下腔容积的大小、气孔开度调节、气孔结构、叶片内部面积的大小）；外部因素（光、温、水、气等）。

思政元素：用辩证唯物主义观点理解影响蒸腾作用的内外因素与调节，外因通过内因影响植物的生命活动。植物所有的生命活动均受到内外因素的影响，内因是影响生命活动的根本原因，外因是条件，外因通过内因而起作用。在个人成长过程中要正确对待内外因，首先要靠自己的主观努力，有一颗向往成功的炽热之心，学好科学文化知识，提升自身的素质。

4. 教学方法

采用多媒体演示、案例分析、引导启发、课堂讨论等多种教学方法。突出以学生为主体，教师为主导，充分调动学生的积极性与主动性，让教师的“教”和学生的“学”相辅相成，即“教”和“学”之间相互联系，相互促进，有序发展。

5. 教学反思

水是农业生产的命脉，是重要的农业生态环境资源，是农民的基本生存条件。水资源的紧张不仅仅影响生产本身，而且直接关系到由生产能力引致的粮食安全乃至国家安全问题。因此，合理开发利用和保护水资源，节约用水，是 21 世纪人类面临的重要课题之一。所以教育学生珍惜水资源，重视节水技术研究具有重要意义。

在课堂上，将蒸腾系数和水资源保护联系起来，使学生体会可持续发展观的深刻内涵，了解水在农业中的重要作用，培养学生对本学科学习的兴趣，使学生体会到专业知识对农业可持续发展的巨大作用，培养学生的专业自豪感，激励学生在今后的学业和工作中重视水资源与节水农业的研究。另外，从“影响蒸腾作用的内外因素与调节”授课内容，引导学生从辩证唯物主义内因和外因的辩证关系角度进行理解，既能帮助学生理解和掌握知识，提高教学效果，又能提高学生的辩证思维能力，提高分析问题和解决问题的能力。

案例三　以海尔蒙特的柳树栽培试验为例

1. 课程内容简介

植物在其自养生活中，除了从土壤中吸收水分，还必须吸收矿质元素，并将吸收的矿质元素运输到需要的部位加以同化利用，以维持其正常生命活动。植物对矿质元素的吸收、转运和同化利用是植物矿质营养（Mineral nutrition）的基本内容。

2. 课程思政教学目标

通过讲述经典的海尔蒙特柳树栽培实验，使学生了解人类探索生物学定量分析方法的过程。认识到事物的发展不是一蹴而就的，科学发展的过程中也需要经过否定之否定的过程，但上升性和前进性是事物发展不可逆的基本方向和基本趋势。

3. 课程思政教学设计

(1) 课程导入

自然界中有 100 多种元素，植物体内有多少种？哪些是植物正常生长发育不可缺少的必需元素？其需要量有多大？通过设置这一系列的设问，启发学生主动思考设计实验，来证明植物生长所需必需元素，再引入海尔蒙特的柳树栽培实验，使其理解实验生物学经典方法之一——定量分析。

（2）知识讲授

海尔蒙特柳树栽培实验：17 世纪比利时科学家海尔蒙特把一棵 2.27kg 的柳树种在装有 90kg 泥土的木桶里，只浇水。5 年后，柳树（含落叶）质量长到了 76.74kg，而称一下泥土的重量，大约只减少了不到 0.06kg。由此，他得出一个错误结论，柳树增加的重量全部来源于水，而与土壤的关系不大。

思政元素：

海尔蒙特之所以没有得出正确结论，一个重要原因是他忽略了那减少的 2 盎司土壤。正是水和土壤中提供的物质使植物（柳树）长大、长高，而且后来的研究进一步发现，给植物施肥可以使植物长得更好。

虽然海尔蒙特的柳树实验得出的结论不正确，但他开创了实验生物学定量分析的先河，成为实验生物学经典方法之一。任何事物的发展都是前进性和曲折性的统一，要克服和舍弃旧事物中过时的、消极的要素，保留和发扬旧事物合理的、积极的要素，并且增加了富有生命力的内容，因而每一次否定都是把事物推向较高的水平或阶段。

4. 教学方法

采用多媒体演示、案例分析、引导启发、课堂讨论等多种教学方法。突出以学生为主体，教师为主导，充分调动学生的积极性与主动性，让教师的“教”和学生的“学”相辅相成，即“教”和“学”之间相互联系，相互促进，有序发展。

5. 教学反思

（1）知识传授反思

本案例的知识点主要是通过学习柳树栽培实验的过程，掌握生物学定量分析的方法。

（2）价值引领反思

本案例的主要思政元素是认识事物螺旋式上升、波浪式前进的客观规律。前途是光明的，道路是曲折的，在前进中有曲折，在曲折中向前进，是一切新事物发展的途径。在价值引领方面，虽然海尔蒙特的柳树栽培实验没有得出正确结论，但他打破了之前科研界仅靠想象的推演模式，开启了植物生理学史上以实验验证获得结果的时代。

（3）能力培养反思

本节内容引入了经典的辩证唯物思想，解读了事物发展的总趋势是前进的、上升的前途是光明的，道路是曲折的是说事物的发展是前进性和曲折性，上升性和恢复性的统一，是否定之否定规律的表现形式。然而仅靠这一个案例不能让学生对这一哲学思想产生深刻认识，因此在今后教学中，要提前准备好更多的支撑材料，帮助学生理解这些抽象的概念。

案例四　团结互助，薪火相传

1. 课程内容简介

以光合作用光合磷酸化为切入点，引出我国著名的光合作用研究专家沈允钢院士，通过沈允钢先生的事迹来展示团结互助、薪火相传在我国植物生理研究中的重要作用。让学生了解我国科技工作者科研团队的建设，增强学生的团队意识。

2. 课程思政教学目标

结合“植物的光合作用”知识内容，介绍我国老一辈科学工作者传帮带、刻苦奋斗的研究史。

3. 课程思政教学设计

沈允钢院士在我国光合研究中作出巨大贡献。他一生痴迷于光合作用的研究，在光合作用机理和生理研究中取得较大成果。包括光合电子传递、光合磷酸化及激发能在两种光系统间的分配与类囊体动态变化的关系；光合产物的合成、转化、输出和贮存；光合作用和作物产量形成及植物生物量累积与环境及植物生命活动的关系、光合机构运转与调控等。

沈允钢师从殷宏章先生。其实同学们不知道的是，开始的时候，由于所学专业不同，沈允钢对光合作用研究兴趣不大。殷宏章先生便循循善诱，指导沈允钢前往农业试验站分析水稻开花后籽粒中干物质的来源。这个实验让沈允钢发现水稻籽粒中的物质主要是由光合作用提供的，这让他认识到光合作用的重要性，并深深痴迷于这一研究领域。

在20世纪六七十年代，他们在开展研究的过程中，研究遇到了仪器缺乏的问题，他们便自制仪器，从强光源到自制叶绿体毫秒延迟发光测定仪，有力地促进了光合作用的研究。这种“有条件要上，没有条件创造条件也要上”的可贵创业精神值得我们学习。同学们，就像我们生活学习中遇到的一些困难，我们要想办法解决，总会有解决问题的办法。

沈允钢先生在人才培养方面继承了殷弘章先生的人才培养方法，认为导师的作用在于激发学生的兴趣，引领学生进入研究之门，入门后则要靠自己刻苦“修行”，对学生要善于启发、循循善诱，使之举一反三，触类旁通。为国家培养了一批卓越人才，对科学事业的发展作出了重要贡献。

同学们，我国植物生理研究成果并不是单打独斗获得的，而是在团队共同努力中取得的。同样，我们的生活学习中会加入各种团队，团队的成绩需要大家共同努力获得。同时，也要学会对后加入团队成员业务能力的培养，这样才能使团队永葆活力。

4. 教学方法

采用多媒体演示、案例分析、引导启发、课堂讨论等多种教学方法。突出以学生为主体，教师为主导，充分调动学生的积极性与主动性，让教师的“教”和学生的“学”相辅相成，即“教”和“学”之间相互联系，相互促进，有序发展。

5. 教学反思

经过一代代植物生理学家不断开拓进取，我国在植物生理学多个领域取得突破性的成果。科研成果的取得不仅仅是个人努力的结果，还来源于团队的建设，相关人才的培养。了解我国科技工作者科研团队的建设，增强学生团队意识。

案例五　热爱+激情+努力=成功

1. 课程内容简介

本课程从光合作用色素蛋白入手，引出并介绍了我国光合作用的领军人物匡廷云院士的事迹，从而了解老一辈科研工作者的不易，以及他们不畏艰难、勇攀高峰的科研精神。

2. 课程思政教学目标

结合“植物的光合作用”知识内容，介绍我国老一辈科学工作者刻苦奋斗的研究史。

3. 课程思政教学设计

同学们，在我国光合作用研究的发展历程中，我国科学家克服各种困难，取得瞩目的成就，也涌现出许多可歌可泣的人物，如匡廷云院士。

20世纪60年代以来，匡廷云院士主要从事光合作用的研究。在光合作用、光合膜、叶绿素蛋白结构与功能研究方面取得了系统的、创造性的成果，开辟了我国光合膜蛋白结构与功能研究的新领域。她和合作者揭示捕光叶绿素蛋白在膜上横向迁移调节激发能分配的规律；首次证明21kD膜蛋白是光系统Ⅰ长波荧光发射的最初来源；提出光系统Ⅱ反应中心可能的动力学模型；首次发现光系统Ⅱ反应中心叶绿素蛋白的组氨酸残基及原初电子受体去镁叶绿素受到光照破坏，提出了反应中心第二条电子传递链具有光保护功能的假设。2004 年，在 *Nature* 上发表论文“菠菜主要捕光复合物（LHC-Ⅱ）2.72Å 分辨率的晶体结构”，推动了我国光合作用机理与膜蛋白三维结构研究进入国际领先水平。2020 年中国植物生理和植物分子生物学会授予匡廷云“终身贡献奖”，表彰她在光合作用领域作出的杰出贡献。然而她取得如此瞩目的成就并不是偶然的。

她进入中国科学院植物研究所工作时，常常穿着大棉袄和同事在冰库里使用冰冻离心机进行实验。电车驶过时影响离心机仪表指针的稳定性，为了获得稳定的结果，她们只能晚 12 点以后早 6 点之前工作，这样的工作持续了几个月，最终取得可喜成果。63 岁那年为了申请到国家重点基础研究发展规划项目（973）——“光合作用高效光能转化的机理及其在农业中的应用”项目，她和团队通宵准备材料，几个月都没有睡过一个安稳觉，也曾因工作太晚翻墙回家扭伤过手。2004 年，匡廷云被确诊为乳腺癌，2019 年的 3 月和 9 月，匡廷云又先后被确诊结肠癌和肺癌。如今，年近 90 岁的她依然出现在实验室，奋斗科研第一线，为我国光合作用事业添砖加瓦。匡廷云先生在学术上取得的卓越成就与她对事业的执着追求、不屈不挠的奋斗精神及兢兢业业的敬业精神是分不开的。就像她自己说的“我一辈子都在研究光合作用，人家说我是追光者，六十几年一直在追光，是我对自己专业的一种执着，一种热爱，一种激情。人总是要追求光明。”

同学们，在自己领域取得成功，首先要热爱这个领域，这样才会充满激情，其次还需要个人在自己热爱的事业上不断地拼搏。

4. 教学方法

采用多媒体演示、案例分析、引导启发、课堂讨论等多种教学方法。突出以学生为主体，教师为主导，充分调动学生的积极性与主动性，让教师的“教”和学生的“学”相辅相成，即“教”和“学”之间相互联系，相互促进，有序发展。

5. 教学反思

我国植物生理研究取得瞩目的成就，自然离不开科研工作者艰苦奋斗。了解我国植物生理研究历史，挖掘科研工作者的艰苦奋斗的故事，增强同学们对科研工作的认识，同时激发学生在生活和学习中对专业的热爱，培养学生不轻言放弃，努力拼搏的精神。

案例六　尊重自然规律，趋利避害

1. 课程内容简介

植物叶片中的同化产物来源于光合作用，部分被用于光合细胞自身以满足其结构和功能的需要，另一部分被输送到不同的库器官以提供其生长所需的养料或用于贮藏，光合作用产物被用于哪些方面将取决于光合以后的代谢过程。植物将光合固定的碳输送到不同代谢途径的调节作用称为配置（Allocation）。光合同化产物需要通过维管束运送到各种不同的库。植物体中光合同化产物有规律地向各库器官输送的模式称为分配（Partitioning）。

2. 课程思政教学目标

结合生产实践，介绍同化产物的分配规律，着重指出我国劳动人民如何利用科学运用同化物分配自然规律，趋利避害，获得农业丰收的故事。

3. 课程思政教学设计

同化物的再利用和再分配。虽然光合作用是植物同化物的最主要来源，但是植物体在一定发育时期常发生同化物的再分配和再利用。细胞的内含物，无论是无机离子还是有机物质，甚至细胞器也可以发生降解，然后被运输出细胞并转移到植物体的生长部分或储藏器官，被重复利用以避免浪费。例如，在植物叶片衰老时，叶中的同化物可以进行“撤退”，转移到其他储藏或生长组织中。

在生殖生长的植物中，营养体细胞的内含物会向生殖体转移。例如，小麦粒在达到其最终饱满度的25%时，植株对氮和磷的吸收已经完成90%，因此籽粒在其后的充实中主要是依靠营养体中物质的再利用和再分配。小麦叶片在衰老过程中，有85%的氮和90%的磷会转移到穗中。在果实、鳞茎、块茎、根茎等延存器官发育成熟过程中，营养体中的同化物也会再分配向延存器官转移，结果是营养器官的衰老如果去除生殖器官常可延缓营养器官的衰老。有些器官当完成其自身的功能后，它所固有的物质并不废弃浪费，而是再度分配利用。例如，当开花授粉之后花瓣细胞的原生质就迅速解体，氮、磷、钾等矿质元素与有机物大部分撤离，花瓣凋落。因此，同化物在植物体内的再分配和再利用是植物生长发育的重要生理过程，是植物在长期进化中形成的利用精华协调器官生长的优良习性。

同化物的再利用和再分配在作物的产量形成中具有重要的意义。如果茎叶不能进行自然的秋熟和衰退，细胞内含物没有及时撤离，作物的产量特别是它的品质就会受到影响。例如，霜冻来得早，地上部分受冻，对叶片中物质转移也造成严重影响。

收割后作物储藏期间茎叶中的有机物仍可继续转移。我国北方劳动人民正是利用了同化物可以再分配的规律，在霜冻之前将玉米连秆带穗收割，竖立成垛，使茎叶不致冻死，这样茎叶中的同化物会继续向穗转移，即所谓的“蹲棵”，也称为“活秆成熟”。据测可比收割时提高玉米千粒重5%~10%。小麦、水稻等作物适当延迟脱粒也有增加粒重的作用。这种做法既增加了产量，又避免了霜冻灾害的不利影响。

4. 教学方法

采用多媒体演示、案例分析、引导启发、课堂讨论等多种教学方法。突出以学生为主体，教师为主导，充分调动学生的积极性与主动性，让教师的“教”和学生的“学”相辅相成，即“教”和“学”之间相互联系，相互促进，有序发展。

5. 教学反思

高手在民间，群众的力量是无穷的。我国劳动人民在长期实践中总结了很多优秀生产经验，这些经验都有植物生理理论知识做支撑。通过本案例，引导学生理论联系实际、密切联系群众、尊重规律、趋利避害。

案例七 以植物呼吸代谢途径的多样性为例

1. 课程内容简介

在自然界中，植物有机体的一个重要特征就是以新陈代谢的方式进行物质与能量的转变，在不断地与外界环境进行物质交换中维持生存，建立其特有的形态并繁衍后代。植物呼吸作用集物质代谢与能量代谢于一体，是植物生长发育得以顺利进行的物质、能量和信息的源泉，是有机物代谢的枢纽，没有呼吸就没有生命。因此，研究呼吸作用的物质能量转变与调控过程及呼吸作用的生理功能，具有非常重要的意义。

2. 课程思政教学目标

通过讲述植物呼吸代谢途径的多样性，使学生了解我国的汤佩松院士在植物生理学发展历程中的贡献。在学习过程中，善于通过总结前人的成果并提出创新性的观点。使同学们深刻认识到创新是一个民族进步的灵魂，它关系到中国特色社会主义事业的兴衰成败和中华民族的伟大复兴。引导学生树立“科技报国”的远大理想。

3. 课程思政教学设计

呼吸作用（Respiration）是生物界非常普通的现象，是一切生物细胞的共同特征。呼吸作用是指生活细胞内的有机物，在一系列酶的参与下，逐步氧化分解成简单物质，并释放能量的过程。呼吸作用的停止，就意味着生物体的死亡。呼吸作用将植物体内有机物质不断分解，提供有机体内各种生命活动所需的能量和合成重要有机物质的原料，还可以增强植物的抗病力，是植物体内代谢的中心。

通过对呼吸途径多样性的引入，让同学们了解植物呼吸代谢并不是只有一条途径，不同的植物，或是同一植物的不同器官或组织在不同生育时期或不同环境条件下，呼吸底物的氧化降解可经不同的途径。这个观点是由我国植物生理学家汤佩松（1965）提出来的，他认为呼吸代谢的多样性是植物长期进化中形成的一种对多变环境的适应性表现。呼吸代谢多条路线观点植物呼吸代谢多样性表现在3个方面，即植物呼吸化学途径的多样性、呼吸链电子传递途径的多样性，以及末端氧化酶系统的多样性。植物呼吸代谢的系统观点在当时独树一帜，而随着生物科学的发展，完全证实了这一观点的正确性。

4. 教学方法

采用多媒体演示、案例分析、引导启发、课堂讨论等多种教学方法。突出以学生为主体，教师为主导，充分调动学生的积极性与主动性，让教师的“教”和学生的“学”相辅相成，即“教”和“学”之间相互联系，相互促进，有序发展。

5. 教学反思

（1）知识传授反思

本案例的知识点主要是植物呼吸方式的多样性，包括植物呼吸代谢途径多样性、呼吸链电子传递途径多样性，以及末端氧化酶系统多样性。

（2）价值引领反思

科技是第一生产力，科技创新能力越来越成为综合国力的决定性因素。本案例的主要思政元素是向老一辈科技工作者学习和致敬，认识到创新是一个国家和民族发展的动力，树立“科技报国”的远大理想。虽然意识到如果我们的自主创新能力提不上去，一味靠技术引进，就难以摆脱落后的局面，但是增强自主创新精神和提高国民的原始创新能力是一项任重而道远的工作。

（3）能力培养反思

一个民族创新能力的提高离不开创新人才的培养。本节内容讲解了汤佩松院士通过分析呼吸代谢与其他生理功能之间控制和被控制的相互制约关系，创新性地提出植物呼吸代谢方式具有多样性的特征。要实现科教兴国和人才强国，就必须加强科技创新和教育创新。虽然采用案例分析的方式使学生在理论层面认识到创新的价值，但具体如何提高创新能力，由于缺乏实践途径，还需要在日后的实践应用中进一步探索。

案例八　从中药道地性角度看细胞信号转导

1. 课程内容简介

植物细胞信号转导（Signal transduction）是指细胞偶联各种刺激信号（包括各种内外刺激信号）与其引起特定生理效应之间的一系列分子反应机制。对植物来讲，环境变化就是刺激和信号。植物的生长发育是在环境因子（信号）的影响下正确进行时空表达（转导）的过程。

2. 课程思政教学目标

《晏子春秋》载：橘生淮南则为橘，橘生淮北则为枳。环境条件可改变植物表型、品质，如药材的道地性。引导学生从事农业实践要因地制宜，因势利导，在合适的区域开展合适的生产，再引申到人生，也要扬长避短，发挥优势，作更大贡献。

3. 课程思政教学设计

图片展示黄山迎客松、雪岭云杉、晏子使楚的故事，简单介绍这些图片与本节知识点的关系——环境与表型。再展示典型的中药等，并做以下介绍。

中药材的道地性是指经过中医临床长期应用优选出来的，产在特定地域，与其他地区所产同种中药材相比，品质和疗效更好且质量稳定，具有较高知名度的中药材。

道地药材又称地道药材，是指历史悠久，产地适宜，品种优良，产量宏丰，炮制考究，疗效突出，带有地域性特点的药材。道地药材的确定，与药材产地、品种、质量等多种因素有关，而临床疗效则是其关键因素。

在众多中药材当中，常用道地药材有长白山人参，四川的黄连、川芎、附子，宁夏的枸杞，江苏的薄荷、苍术，山东的阿胶等。

中医中药是中华瑰宝，在新冠疫情中，中医药也发挥了重要作用。我们要加强研究，大力保护、发展和继承。越是民族的，越是世界的。

4. 教学方法

采用多媒体演示、案例分析、引导启发、课堂讨论等多种教学方法。突出以学生为主体，教师为主导，充分调动学生的积极性与主动性，让教师的“教”和学生的“学”相辅相成，即“教”和“学”之间相互联系，相互促进，有序发展。

5. 教学反思

在介绍微观难懂的细胞信号转导有关知识之前，先宏观地从植物表型的各异来激发学生兴趣，然后阐述细胞信号转导对于中药材道地性形成及植物生理现象产生的重要意义。知其然知其所以然。引导学生关注研究热点，激发学生从事科学工作的热情。

案例九 科研是一个探索、发现和优化的过程

1. 课程内容简介

本课程从生长素和细胞分裂素在农业生产中的应用入手，介绍了细胞分裂素的发现，以及生长素和细胞分裂素在扦插生根和组织培养中作用的研究，为大家展示科研是一个不断探索、发现和优化的过程。同时也让学生了解植物生长调节剂在农业生产上发挥着巨大作用。

2. 课程思政教学目标

结合“第八章 植物生长物质”知识内容，讲解著名科学家利用“小”激素作出“大”贡献的例子，引导学生理解“科学精神”“工匠精神”。

3. 课程思政教学设计

如今植物调节物质在植物生产中扮演着重要的作用。扦插生根时使用的生根粉，含有的主要成分是生长素类调节剂，促进扦插枝条生根；组培生产时采用的生长素和细胞分裂素，促进根和芽的分化。而这些生长调节物质在生产上的应用，离不开科学家对生长调节物质在植物生长调节中的探索。

生根粉的作用是生长素类调节剂，促进扦插生根。我国在生长素促进生根上的功能研究较早，1938 年左右，殷宏章先生在西南联大便研究了不同浓度生长素对果树枝条生根的影响。拉开了我国生长素在生产上应用研究的序幕。

我们知道，在组培生产中，生长素和细胞分裂素的比例决定了根和芽的分化和形成。Skoog 和崔澂发现了腺嘌呤具有促进细胞分裂的作用。不仅如此，他们还用烟草茎段研究了生长素和腺嘌呤对根和芽的形成作用，确定了生长素含量多促进根的形成，腺嘌呤含量多促进芽的形成。后来，Skoog 和 Miller 发现久放的或经压力锅处理过的鲱鱼精子 DNA 中有强烈促进细胞分裂的物质。然而他们并没有忽视这一现象，经过分离和鉴定，证明起作用的物质是 6-糠基腺嘌呤，即细胞分裂素中的激动素。由此奠定了植物组织培养和器官再生的基础。激素在组织培养中作用的发现，促进了植物组培产业的发展。我们可以根据生产目的调节生长素和细胞素的比例，使培养的材料处于愈伤或者分化形成幼苗。如愈伤组织中提取紫草素，组培形成脱毒苗等。

科学的研究，是一个探索、发现和优化的过程。从科学研究到生产也是一个尝试、探索和优化的过程。我们现在能够将生长调节物质应用到农业生产上，所用生长调节剂的种类和剂量也是科研人员经过不断尝试得到的最终结果。

我们地处塔里木盆地，棉花是主要的经济作物。棉花打顶前使用矮壮素，以及在棉花机采前喷施脱叶剂和乙烯利。为什么在棉花生产过程中要喷施这些生长调节剂，这些生长调节剂在棉花生产中的作用是什么？

4. 教学方法

采用多媒体演示、案例分析、引导启发、课堂讨论等多种教学方法。突出以学生为主体，教师为主导，充分调动学生的积极性与主动性，让教师的“教”和学生的“学”相辅相成，即“教”和“学”之间相互联系，相互促进，有序发展。

5. 教学反思

植物生长调节剂在农业生产上发挥着巨大作用。了解激素及激素作用探索的过程，有助于帮助学生建立生长调节剂在生产中作用的概念。以矮壮素、脱叶剂和乙烯利，激发学生了解南疆农业生产中生长调节剂作用的兴趣，为服务南疆打下思想和理论基础。

案例十　以强农兴农为己任

1. 课程内容简介

种子萌发是指种子从吸水到胚根（很少情况下是胚芽）突破种皮期间所发生的一系列生理生化变化过程。种子萌发受到水分、氧气、温度和光等外界条件的影响，例如在种子萌发并转变为快速生长幼苗的过程中，需要进行旺盛的物质代谢，这些过程所需的能量主要由有氧呼吸提供。因此，氧气是种子萌发所必需的条件。以及种子萌发中一系列生理生化过程是在一系列酶的催化下完成的，而酶促反应与温度密切相关，其也是影响种子萌发的重要外界因素。

2. 课程思政教学目标

今天的学生是未来实现中华民族伟大复兴中国梦的主力军，将“三农梦”“中国梦”和“青春梦”相结合，让学生“懂农业”“爱农村”和“爱农民”。

3. 课程思政教学设计

案例：中国工程院院士，云南农业大学原校长朱有勇，出生在云南省红河州个旧市一个普通农户的家中，从小跟着父母耕田、耙地、插秧、收稻。高中毕业的朱有勇下乡成为知青，在生产队劳动的那些日子，他愈发体会到，农作物病虫害给农民带来的灾害，尤其是每年稻瘟病发作的时候，老百姓急得一天打两次农药。1997 年，朱有勇参加高考，他拿到了云南农业大学的录取通知书，看到农业两字朱有勇犯起了嘀咕：已经当了 22 年的农民，好不容易考上了大学，却还要学种地。后来，朱有勇在读本科和研究生以及出国留学期间，通过学习先进的知识，解决稻瘟病。他在悉尼大学留学期间，谢绝了悉尼大学的挽留，几乎是一刻不停地回到了云南农业大学，朱有勇说："宾馆再好不是家。国外条件再优越，也是为他人做事。我能回到祖国，为自己的家乡做事，比什么都有意义。"

朱有勇曾对同行的博士生们说过，"没有真正地来为老百姓做些事情，老百姓享受不到你的研究成果，作为院士，这就是失职。"当代的青年学生就好比"种子"，他们的"萌发"离不开国家、社会、父母、老师等的影响。

4. 教学方法

采用多媒体演示、案例分析、引导启发、课堂讨论等多种教学方法。突出以学生为主体，教师为主导，充分调动学生的积极性与主动性，让教师的"教"和学生的"学"相辅相成，即"教"和"学"之间相互联系，相互促进，有序发展。

5. 教学反思

青年学生作为未来实现中华民族伟大复兴中国梦的主力军，我们要引导广大青年学生知农爱农，用智慧改变农业，在农村广阔天地上大展才华、大显身手，树立献身"三农"的伟大人生志向。

案例十一　团结一致，互帮互助

1. 课程内容简介

高等植物是由各种器官组成的统一整体，各种器官虽然在形态结构和功能上不同，但是它们的生长是相互依赖又相互制约的，称为相关性。植物生长的相关性包括地下部分和地上部分的相关性等。

地下部分是指植物体的地下器官，包括根、块茎、鳞茎等，而地上部分是指植物的地上器官，包括茎、叶、花、果等。地下部分和地上部分的生长是相互依赖的。地下部分的根负责从土壤中吸收水分、矿物质、有机质和合成少量有机物、细胞分裂素等供地上部分所用，但根的生长所必需的糖类、维生素等却需要由地上部分才能很好地生长。所谓"根深叶茂""本固枝荣"就是这个道理。

2. 课程思政教学目标

团队齐心协力，共同承担团体责任，成为一个强有力的团体。

3. 课程思政教学设计

案例："若夫修德以降命；奉命以造邦；源浚者流长；根深者叶茂；天人报应；岂相远哉。"根扎得深，就会兴旺发达。曾经有一次，联想运动队和惠普运动队进行攀岩比赛。惠普队强调的是齐心协力，注意安全，共同完成任务。联想队在一旁，没有做太多的士气鼓动，而是一直在合计着什么。比赛开始了，惠普队在全过程中几处碰到险情，尽管大家齐心协力，排除险情，完成了任务，但因时间拉长最后输给了联想队。那么联想队在比赛前合计着什么呢？原来他们把队员个人的优势和劣势进行了精心组合：第一个是动作机灵的小个子队员，第二个是一位高个子队员，女士和身体庞大的队员放在中间，断后的当然是具有独立攀岩实力的队员。于是，他们几乎没有险情，迅速完成了任务。可见团队的一大特色：团队成员在才能上是互补的。共同完成目标任务的保证就在于发挥每个人的特长，并注重流程，使之产生协同效应。

团队精神的最高境界——凝聚力。全体成员的向心力、凝聚力是从松散的个人集合走向团队最重要的标志。团队活动可以帮助个人加深对问题的认识和理解，能够从他人的角度审视问题，倾听他人的观点，看看他们如何强化自己的观点等。

4. 教学方法

采用多媒体演示、案例分析、引导启发、课堂讨论等多种教学方法。突出以学生为主体，教师为主导，充分调动学生的积极性与主动性，让教师的“教”和学生的“学”相辅相成，即“教”和“学”之间相互联系，相互促进，有序发展。

5. 教学反思

通过植物生长的相关性知识点，让学生了解，团结就是一棵无力的小草变成茂盛的丛林，就是一滴不起眼的水变成长江大海。学会团队合作，能显著提高学习能力，倾听他人的观点，从团队中获取知识等，受益无穷。

案例十二　民族自豪感和自信心，专业自信感和认同感

1. 课程内容简介

植物开花与温度高低和日照长短有密切关系。低温诱导植物开花的过程，称为春化作用。持续一定时间的低温是春化作用的主要条件，具体有效温度和低温持续时间随植物种类而定。在春化过程结束之前，如遇高温，春化效果会削弱甚至消除，这种现象称为脱春化作用。植物春化时，除了需要一定时间的低温外，还需要充足的氧气、适量的水分和作为呼吸底物的糖分等。

2. 课程思政教学目标

通过介绍古代各类农学著作，增强学生的民族自豪感和自信心、专业自信感和认同感。

3. 课程思政教学设计

案例：我国北方农民发明的“闷麦法”就是春化作用的实际应用。在古代，各类知识还未被发现，凭借在实际种植生产中积累的经验，先后撰写出一部部农学著作。例如《氾胜之书》被认为是我国最早的一部农书，主要记载黄河中游地区耕作原则、作物栽培技术和种子选育等农业生产知识；《四民月令》是叙述一年农事活动的专书，对正月到十二月中的农业活动，古时谷类、瓜菜的种植时令和栽种方法都有详细叙述；《齐民要术》是世界农学史上最早的专著之一，是中国现存最早的一部完整的农书，系统地总结了6世纪以前黄河中下游劳动人民牧业生产经验、食品加工与贮藏、野生植物的利用，以及治荒的方法，详细介绍了季节、气候和不同土壤与不同农作物之间的关系，被誉为“中国古代农业百科全书”。除此之外，还有许多农学著作，说明中华民族善于总结，从实践中得到真理。作为一名中国人，中华民族的接班人，我们应当有民族自豪感和自信心，以及植物生理知识、农业知识与我们的生活息息相关，也应当对生物专业有自信感和认同感。学习植物生理学知识，就是为了把这些知识应用于农业生产，造福一方。

4. 教学方法

采用多媒体演示、案例分析、引导启发、课堂讨论等多种教学方法。突出以学生为主体，教师为主导，充分调动学生的积极性与主动性，让教师的“教”和学生的“学”相辅相成，即“教”和“学”之间相互联系，相互促进，有序发展。

5. 教学反思

在“春化作用”中，挖掘中国古代农书的故事，深入介绍我国农学著作的地位，增强学生的民族自信心和认同感。

案例十三 刻苦钻研精神，锲而不舍的精神

1. 课程内容简介

在一天 24h 的循环中，白天和黑夜总是随着季节不同而发生有规律的交替变化。一天之中白天和黑夜的相对长度，称为光周期。植物对白天和黑夜相对长度的反应，称为光周期现象。在自然界中，植物的开花具有明显的季节性。同一品种的植物在同一地区种植时，即使播种时间不同，但开花期却相差不大；在不同纬度地区种植时，开花期也呈现有规律的变化。根据植物开花对光周期的反应不同，一般将植物分为 3 种主要类型：短日植物、长日植物和日中性植物。

2. 课程思政教学目标

通过科学家陈温福院士的“北粳南引”实例，引导学生做科学研究要有刻苦钻研和锲而不舍的精神。

3. 课程思政教学设计

案例：1956 年，湖南为实现“籼稻改粳稻”，从东北地区调运“青森 5 号”早粳种子 150 万 kg，种植面积达 21. 59 万亩，但禾苗生长普遍不好，平均亩产仅 106. 5kg，赶不上当地早籼稻亩产 224. 5kg 的一半，减产 118kg。“青森 5 号”事件，造成减产的重大损失，此后多年，一些业内人士仍然谈“引”色变。针对籼稻和粳稻两个亚种间杂交存在疯狂分离、结实率低和后代不易稳定三大困难，陈温福在导师杨守仁教授的指导及安徽农大的协作下，用了近 10 年的努力探索，多次赴南方实地考察、实验，足迹遍布鄂、豫、皖、川等广袤的水稻种植区，终于选育出适合“北粳南引”的代表品种“中粳 564”。1991 年，“中粳 564”在2 000亩土地上实验获得成功。1992 年，又在安徽稻区一举扩大到 11 万亩，打开了“籼稻改粳稻”的新局面，使之成为行之有效的水稻常规育种方法，从而使我国籼粳稻杂交育种不仅在理论研究上居国际领先地位，在育种实践上也是最成功的国家。通过科学家陈温福院士的“北粳南引”实例，告诉我们做科学研究不能怕苦怕难，害怕失败，要勤奋好学、实事求是、刻苦钻研，肯吃苦耐劳，要有锲而不舍的精神，永不放弃。

4. 教学方法

采用多媒体演示、案例分析、引导启发、课堂讨论等多种教学方法。突出以学生为主体，教师为主导，充分调动学生的积极性与主动性，让教师的“教”和学生的“学”相辅相成，即“教”和“学”之间相互联系，相互促进，有序发展。

5. 教学反思

通过科学家陈温福院士的“北粳南引”实例，告诉我们做科学研究不能怕苦怕难，害怕失败，要勤奋好学、实事求是、刻苦钻研，肯吃苦耐劳，要有锲而不舍的精神，永不放弃。

案例十四 延缓作物衰老获高产——家国情怀结出山农大科技硕果

1. 课程内容简介

衰老（Senescence）是植物体生命周期的最后阶段，是在正常环境下，成熟的细胞、组织、器官和整个植株自然地发生机能衰退、逐渐终止生命活动的过程。衰老受到植物自身遗传程序控制，同时也受环境条件的影响。农作物受到某些不良因素影响时，适应能力降低，营养体生长不良，造成过早的衰老，籽粒不饱满，引起粮食减产，这类负面影响，应通过提高植物的抗衰老能力予以克服。

2. 课程思政教学目标

结合4个典型科学研究与生产实践案例，介绍通过良种良法配套等措施，改善作物环境，延缓其衰老，获得更高产量，“把中国人的饭碗牢牢端在自己手中”。让同学们感受老一辈科学家“顶天立地”的家国情怀。

3. 课程思政教学设计

在栽培条件不适宜时，农作物适应能力降低，营养体生长不良，造成过早的衰老，籽粒不饱满，引起粮食减产。选育抗逆性强的新品种，配套适应的栽培管理措施，延缓作物衰老，提高产量。

案例1：山东农业大学于振文院士团队对小麦衰老的生理机制进行深入研究，探讨小麦衰老的阶段性、生理特点及与粒重形成的关系。根据研究成果，他认为，同步提高生物产量和经济系数，增加开花至成熟阶段的干物质积累和向穗部的分配，延缓小麦衰老，提高粒重，是获得超高产的理论基础。根据这一理论，他带领课题组创建了以氮肥后移为关键技术的小麦超高产栽培技术模式。这一技术模式于1998—2009年在鲁、豫、冀、皖、苏推广2.7亿亩，小麦累计增产100多亿公斤，获得显著经济效益。他主持完成的“小麦衰老生理和超高产栽培理论与技术”获2001年国家科技进步奖二等奖，2005年被农业部确定为全国小麦生产主推技术。利用该技术，2005年在山东兖州市小孟镇王海村创造出1.81亩泰山23小麦实打验收亩产735.66kg的黄淮海地区最高单产，2006—2008年在兖州市史王村又分别创造出济麦22小麦4.21亩单产727.43kg、2.25亩单产722.7kg、4.38亩单产737.38kg的高产纪录，为我国小麦高产树立了样板。

案例2：山东农业大学束怀瑞院士根据自己多年对果树根系的研究，发明了经济实惠又简便有效的“地膜覆盖穴贮肥水”技术，使缺水贫瘠的沂蒙山区成为我国重要的果品生产基地。他的“山东省百万亩苹果幼树优质丰产开发研究”课题，使山东18个县新增经济效益56亿元，1996年获得国家科技进步二等奖。

案例3：山东农业大学董树亭教授团队通过栽培措施延长玉米叶片保绿期，增加有效光合时间，延缓衰老，提高产量。他主持的“玉米高产优质高效生态生理及其技术体系研究与应用”2005年获国家科技进步二等奖。

案例4：山东农业大学万勇善教授主持的高产优质多抗“丰花”系列花生新品种培育与推广应用成果获2010年国家科技进步二等奖。

这些教过我的老师一贯提倡“顶天立地”。顶天就是要出高水平的成果；立地就是科研成果要接地气，为农业现代化和乡村振兴战略提供强大科技支撑。从粮食增产到提质增效，从脱贫攻坚到乡村振兴，他们始终把骨子里的家国情怀贯穿到科技工作中，给农业插上了科技的翅膀。

4. 教学方法

采用多媒体演示、案例分析、引导启发、课堂讨论等多种教学方法。突出以学生为主体，教师为主导，充分调动学生的积极性与主动性，让教师的“教”和学生的“学”相辅相成，即“教”和“学”之间相互联系，相互促进，有序发展。

5. 教学反思

延缓衰老，甚至追求“长生不老”，是人类几千年来的“梦想”。植物生产上仅延缓衰老的一些措施的正确使用和推广，就能够创造巨大的经济和社会效益，介绍自己母校老师的几个典型案例，让学生理解，科学家要胸怀祖国、热爱人民，才能作出顶天立地的大成果。

案例十五　“植物的抗旱性”——兵团精神与胡杨精神的传承

1. 课程内容简介

植物抗旱性是指陆生植物对干旱环境的适应或抗御能力。植物抗旱性包括多种机制，如逃旱性、避旱性和耐旱性。掌握干旱对植物的一般影响、植物抵御干旱的主要方式以及一般生理基础及其机制。

2. 课程思政教学目标

① 结合沙漠植物对干旱的适应策略，渗透兵团精神和胡杨精神的教育，引导学生像胡杨一样不怕困难，在艰苦的环境中磨炼自己，不忘初心、牢记使命，扎根边疆，建设边疆。

② 培养学生成为具有生态文明理念，热爱自然、保护自然的劳动者，为促进我国生态文明建设作出一份努力。

3. 课程思政教学设计

（1）旱害及类型

课程引入：展示世界、国内和新疆干旱、半干旱地区分布状况，缺水影响图表资料，启发同学们思考干旱对植物、农业的影响，研究植物抗旱性的重要意义。

在全球气候变暖背景下，水循环加快，加速了干旱、半干旱区的水分散失，造成陆地蒸散发和水储量显著减小，干旱、半干旱区整体呈干旱化加剧和扩张趋势，未来全球干旱、半干旱区将加速扩张。我国是世界上主要的干旱国家之一，干旱区的面积约为 280 万 km^2，其总面积约占全国面积的一半以上，主要集中在西北地区。

思政元素：研究植物抗旱机理，提高农作物的抗旱性，对解决我国粮食安全和改善生态环境的重要性。

（2）植物对干旱的适应策略

植物适应干旱的方式：避旱性、御旱性、耐旱性。

案例：展示新疆塔克拉玛干沙漠植物的生境图片，如胡杨，梭梭、沙拐枣、柽柳、肉苁蓉等。观看视频“胡杨千年不死，千年不倒，千年不朽”。胡杨一生都在顽强地同恶劣环境抗争，成为沙漠外围居民生存的忠诚伴侣和绿洲卫士。

思政元素：兵团精神和胡杨精神的传承。习近平总书记在第三次中央新疆工作座谈会上强调，要弘扬民族精神和时代精神，践行胡杨精神和兵团精神，激励各级干部在新时代扎根边疆、奉献边疆。作为新时代兵团人，我们要牢记习近平总书记的嘱托，像胡杨一样不怕困难，在艰苦的环境中磨炼自己，不忘初心、牢记使命，扎根边疆，建设边疆。

（3）植物适应干旱的机理

展示沙漠植物的图片，学生小组讨论、总结出沙漠植物适应干旱环境的形态结构、生理及分子机制及其意义。

思政元素：

① 哲学思想的融入。植物在长期进化过程中形成了严密且复杂的调控网络来应对干旱胁迫，需要多种分子、细胞、组织和器官和个体的参与，以及物种之间、物种与环境之间的相互作用，它们既相对独立，又相互联系，形成矛盾的统一体。

② 建设生态文明，是关系人民福祉、民族未来的长远大计。面对日趋严重的生态环境问题，我们要高度重视大自然留给地球上的这一特殊环境生长的植物类群，保护并合理利用好沙漠植物资源本身就是为了人类自己。以所学的植物生理学知识与技术服务于国家生态文明建设，不辱使命，做一个有担当的新时代大学生。

（4）植物抗旱机理在农业上的应用

小组讨论：研究植物抗旱（逆）机理的意义何在？怎样进行研究？

思政元素：理论与实践相结合，将所学的植物生理学知识和技术运用到农业生产实践中，为提高我国乃至世界粮油作物的抗性提供保障，激起学生的爱国情怀和使命担当。

4. 教学方法

采用多媒体演示、案例分析、情境教学、引导启发、学生反转课堂与课堂讨论等多种教学方法。突出以学生为主体，教师为主导，充分调动学生的积极性与主动性，依据不同的教学内容及学生实际情况灵活运用多种教学方法。

5. 教学反思

在教学过程中，将兵团精神、胡杨精神、国家生态文明建设等思政元素渗透到课堂教学中，培养学生像一棵棵胡杨树一样不畏艰难险阻，勇担时代使命，到基层去、扎根兵团、到祖国需要的地方去，让青春之花绽放在祖国需要的地方。把生态文明教育融入课堂教学中，培育学生知行合一的精神，培养学生未来参与生态文明建设的行动能力。

第八章 《生态学》课程思政案例

课程信息及编写教师信息

课程名称	生态学
课程类型	○公共基础课程 ◉专业教育课程 ○实践类课程
授课专业类/代码	生物科学/071001、生物技术/071002、生物信息学/071003、生物制药/083002T、生物工程/083001
课程性质	◉必修 ○选修
开课年级	大学二年级

编写教师信息

编写教师单位	教师姓名	性别	职称	学位	案例所属教学大纲中的章节及知识点	思政案例名称
新疆大学	艾尼瓦尔·吐米尔	男	教授	博士	第一章 绪论	案例一 从中国传统生态智慧讲起，增强民族自豪感
					第二章 生物与环境	案例二 树立正确的生命观
					第三章 能量环境	案例三 适者生存带来的对生命观的解读和自我价值实现的认识
					第七章 种内和种间关系	案例七 从“生态位”看竞争
					第九章 群落动态	案例八 塔里木河的生态保卫战
	李俊	女	副教授	博士	第四章 物质环境	案例四 培养学生在艰苦环境中的奋斗精神，树立正确的择业观
					第五章 种群及其基本特征	案例五 中国人口调整政策的生态学基础
					第六章 生活史对策	案例六 从 r-K 选择看人生规划
					第十一章 生态系统的一般特征	案例九 从生态系统的负反馈调节看生态文明建设
					第十三章 应用生态学	案例十 保护生物多样性，促进建设地球生命共同体

案例一 绪论——从中国传统生态智慧讲起，增强民族自豪感

1. 课程内容简介

通过本章教学使学生掌握生态学的定义、研究内容和研究对象，了解生态学的分支学科及发展史，了解本门课程的教学要求和学习方法。结合中国科学家对生态学的杰出贡献，增强学生的民族自豪感。

2. 课程思政教学目标

引用我国古代先民在《尔雅》《管子·地员篇》《齐民要术》等著作中记载的实例彰显我国古人的智慧与文化积淀，这些著作为生态学的奠基与发展作出了很大的贡献。

3. 课程思政教学设计

在生态学的萌芽时期，我国古代先民在《尔雅》《管子·地员篇》《齐民要术》等著作中就论述了植物的形态与生态环境的关系，作物和昆虫的生物现象与气候之间的关系，我国农历基于物候确立了 24 节气，我国是最早栽培稻米和大豆的国家。这些实例彰显了我国古人的智慧与文化积淀，为生态学的奠基与发展作出了很大的贡献。

杰出人物介绍：

马世骏（1915. 11. 5—1991. 5. 30），中国生态学家。曾任中国科学院动物研究所研究员、生态环境研究中心名誉主任。

1937 年毕业于北京大学农学院生物系，1948 年获美国犹他大学研究院科学硕士学位，1950 年获美国明尼苏达大学研究院哲学博士学位，1980 年当选为中国科学院院士。

自 1951 年回国以后，马世骏带领研究团队，通过实地考察、定点观察、室内试验、数据分析等方法，揭示了飞蝗暴发的主因是水、旱灾相间发生，次因是社会不稳定及贫穷落后；明确了飞蝗次生型的演变规律及其演变的机制；提出了“改治结合，根除蝗害”的飞蝗治理策略与措施。马世骏还先后提出了“中国农业害虫的动态分析及控制途径”“昆虫种群的空间、数量、时间结构及其动态”与“种群变境成长”（1964 年）等理论及新概念；创造性地将生态学原理应用于植物保护，提升了中国害虫综合防治理论与应用的水平。1980 年马世骏进一步将生态学研究从自然生态系统扩展到以人类为中心的人工生态系统，在国际上首次提出了社会-经济-自然复合生态系统理论，明确指出“社会、经济、自然 3 个子系统既有各自运行规律，也是相互作用的整体”，复合生态系统中“人是最活跃的因素，也受自然生态规律制约”。这些思想开创了人与自然耦合机制与调控的新思路，为生态文明要“融入经济建设、政治建设、文化建设、社会建设各方面和全过程”的“五位一体”的思路奠定了科学的理论基础。

20 世纪 70 年代就提出了可持续发展的论点，曾与挪威首相 Brundtland 夫人等共同起草了著名的 Brundtland 宣言：《我们共同的未来》。马世骏提出了生态系统工程概念，并在国际上首次给予明确的科学定义，精辟地概括了生态工程的原理是生态系统的“整体、协调、循环、再生”，在 20 世纪 80 年代，该原理推动了中国生态农业的蓬勃发展。现在该原理已成为生态县、生态城市与生态省规划与建设的科学思路，对推动中国生态建设与产业可持续发展奠定了理论基础。

4. 教学方法

采用多媒体演示、教师讲授、学生反转课堂与课堂讨论等多种教学方法。让学生明确目标，课上讲解，充分调动学生的积极性与主动性，让教师的“教”和学生的“学”相辅相成，即“教”和“学”之间相互联系，相互促进，有序发展。

5. 教学反思

《道德经》中提出:“人法地,地法天,天法道,道法自然。”老子用简洁明了的语言,道出了人在天地自然中间的地位和处境,将天、地、人乃至整个宇宙的生命规律精辟道出。中华传统文化中的天人合一、天人相应、因地制宜的人地观,也是我们祖先古老的生态智慧。通过给学生介绍“生态伦理与正确的人地关系”相关知识点,学生们听得津津有味,对中华文化崇尚自然和道法自然的“东方智慧”心生自豪。

课堂上,老师会向学生介绍中国传统文化和生态哲学在理念、行动和实践上如何达到高度一致,中国传统道家生态智慧如何从哲学层面建立起人地关系的至高至善标准,对从根源指导生态规划设计具有哪些重要价值,通过中西生态观念发展比较,了解中国传统生态智慧的伟大成就,从而建立文化自信。

案例二　生物与环境——树立正确的生命观

1. 课程内容简介

掌握生态因子的分类方法、生态因子的作用一般特征、生态因子作用的基本原理。通过介绍环境因子作用的规律、基本定律(或规律),生态学最基本的理论问题,培养学生的批判思考能力、理论联系实际的能力。

2. 课程思政教学目标

本章是生态学的基础内容,学生对生态学还不甚了解,所以本章课的成败会直接影响到学生学习生态学的兴趣,对学生形成正确的生态学观点,从整体上认识生物与环境的关系,都有重要的作用。根据课程目标,力求设计多个探索性实验,激发学生的兴趣,让学生体会、感悟生物与环境的关系,并有意识地渗透保护环境,正确树立尊重自然、顺应自然、保护自然的生态文明观,是我们设计本案例的初衷。

形成遵守规则、诚实守信的好习惯;树立“功成不必在我、功成必定有我”的价值观,强调集体主义精神,养成尊重宽容、团结协作的大局意识。

3. 课程思政教学设计

同学们在理解生态因子作用特征时,可以联想一下我们班集体和个人的关系。我们把班级比作生态环境,班级内的每一名同学都是生态因子,只有大家共同努力才能使班级积极向上,取得好成绩,得到更大的荣誉。

在讲解“生态因子的不可替代性和互补性”时,引入说明每一名同学都是班集体不可或缺的一员,都是不可替代的。通过思政案例的引入,使学生掌握生态因子这一环境要素普通而又不平凡的特性,引导学生像生态因子一样,在普通岗位上争取实现不平凡的人生价值。

从这一知识点能够引出“雷锋精神”,在新时代,学习雷锋精神,就要把崇高的理想信念和道德品质追求融入日常的生活,在自己岗位上做一颗永不生锈的“螺丝钉”,每个人的力量虽然小,但是大量个体的积累,就能为社会提供源源不断的“正能量”。

4. 教学方法

采用多媒体演示、教师讲授、学生反转课堂与课堂讨论等多种教学方法。让学生明确目标,课上讲解,充分调动学生的积极性与主动性,让教师的“教”和学生的“学”相辅相成,即“教”和“学”之间相互联系,相互促进,有序发展。

5. 教学反思

从学生反馈来看,本“课程思政”案例在教学中起到一定的效果,学生不但充分理解生态因子作用特征,更领会到每一名同学都是班级不可分割的组成成分,促进了同学们的集体主义思想的养成，更让普通同学深刻理解班级干部在班级建设中的重要贡献。

案例三　能量环境——适者生存带来的对生命观的解读和自我价值实现的认识

1. 课程内容简介

通过本章教学使学生掌握地球表面光和温度等生态因子的变化规律以及生物对这些生态因子的适应机制。在讲解的基础上，通过学生开放式的课外阅读（含新近的科学研究案例进展引入）进行相关知识的加深理解、拓展，帮助学生更好掌握理论知识，同时树立敬畏生命、敬畏自然的生态观。

2. 课程思政教学目标

通过引入中国科学院策勒国家站开展的有关骆驼刺根系以及克隆繁殖的研究，让学生直观了解荒漠植物对极端干旱环境的适应性特征，增加对自然和生命的敬畏，也让他们看到科研工作者扎根新疆开展科学研究的问道精神以及本章知识的实际应用，激发学生专业兴趣、培养探究能力、彰显科学家精神。

3. 课程思政教学设计

在讲到生物对极端温度的适应时，立足新疆自然环境的实际特点，引入荒漠生物的适应性特征（案例：中国科学院策勒国家站对骆驼刺根系特征及克隆繁殖的研究），直观看到骆驼刺从地下的根系到地上植株形态对干旱高温环境的特征；同时点出开展研究工作环境条件的恶劣，而对坚守在科学一线的科研工作者的奉献精神加以肯定，实现知识传递和思政育人的结合。

4. 教学方法

采用多媒体演示、案例引入、递进式启发式问题和探究等方法，调动学生对讲授章节知识点的关注力，从知识层面、育人层面产生师生之间的共鸣。

5. 教学反思

本章主要讲授能量环境分别包含光、温度、风、火等生态因子，从这些生态因子对生物生存的影响到生物对生态因子的适应，知识点繁杂，但借助新疆自身所具有的自然环境特征可以较为融洽地将书本知识以案例的形式呈现，直观地让学生看到生物对不同生态因子的适应特点。尤其是讲到对极端温度的适应，有关案例的引入既承载了知识点，也让学生意识到学科知识的应用、一线科研人员扎根边疆潜心研究本身也包含了我们一直宣传的“胡杨精神”的再现。同时，本章也是生命观教育的典型章节。基于上述，实现教学目标。

案例四　物质环境——培养学生在艰苦环境中的奋斗精神，树立正确的择业观

1. 课程内容简介

介绍地球上水的存在形式与分布；生物对水的适应；大气组成及其生态作用；土壤的理化性质及其对生物的影响。

2. 课程思政教学目标

本章通过案例介绍我国在水土保护、人工植树造林、防治沙漠化和七大防护林工程所取得的成果，让同学们深入了解我国改革开放以来在生态环境保护方面取得的成绩和突出的科研成果，进一步增强民族自豪感，同时培养学生在艰苦环境中的奋斗精神，树立正确的择业观。

3. 课程思政教学设计

只有受植被保护的土壤才能保持其完整性，发挥其提供植物生长所需的水热肥气的作用，而人类的垦荒、伐木、放牧、修路和各种建设活动，严重破坏着土壤的天然结构和层次性。

改革开放初期，我国的森林面积约 18 亿亩，森林覆盖率仅 12.5%，到 2017 年，全国拥有的森林总面积达到 31 亿亩，覆盖我国近 22%的国土面积，其中，人工林的保存面积占 1/3，达到 10.4 亿亩，占全球人工林的一多半。

20 世纪 90 年代初，我国沙化面积以每年平均2 000km^{2}的速度增加，目前，却开始以每年同样的速度减少。

这些成绩的取得都与我国开展的七大防护林工程（“三北”防护林体系、长江中上游防护林体系、沿海防护林体系、太行山绿化工程、平原绿化工程、黄土高原水土保护林工程、全国防治沙漠化工程）建设密不可分。

“三北”防护林体系建设工程是国务院 1978 年决定兴建的，并把这项工程列为国家经济建设重点项目之一。中央和地方政府都拨出专款，组织 2.5 万多名专业人员深入实地进行考察勘测。这项工程东起黑龙江省的宾县，西至新疆的乌孜别里山口，北抵我国北部边界，南沿海河顺延到喀喇昆仑山，东西长4 480km，南北宽 560~1 460km，横跨东北、华北、西北 13 个省（自治区、直辖市）的 551 个县（市、旗、区），总面积 406.9 万 km^2，占我国国土总面积的 42.4%，故称“三北”防护林。

“三北”防护林体系建设在保护好现有森林植被的基础上，大力开展造林育林，采取人工造林、飞机播种造林、封山封沙育林育草等多种途径，有计划、有步骤地营造防风固沙林、水土保持林、牧场防护林、水源涵养林，以及薪炭林、经济林、用材林多林种相结合，实行乔木、灌木、草本植物相结合，林带、林网、片林相结合，农林牧协调发展的防护林体系。目前在于防风固沙，保持水土，涵养水源，改善生态环境，促进农林牧副业全面发展。

“三北”防护林工程的规模和速，均超过美国“罗斯福大草原林业工程”、苏联“斯大林改造大自然计划”和北非五国的“绿色坝工程”，被国际上誉为“中国的绿色长城”“生态工程的世界之最”。1987 年被联合国环境署评为“全球环境保护 500 佳”之一。

4. 教学方法

采用多媒体演示、教师讲授、学生反转课堂与课堂讨论等多种教学方法。让学生明确目标，课上讲解，充分调动学生的积极性与主动性，让教师的“教”和学生的“学”相辅相成，即“教”和“学”之间相互联系，相互促进，有序发展。

5. 教学反思

水、大气和土壤是重要的生态因子，它们构成有机体生活的空间和栖息地，成为生物生存的必需条件。其中土壤的结构理化特性和生物成分直接影响耕地的质量。耕地保护关系到国家粮食安全、经济社会可持续发展。如果粮食安全出现问题，就会影响经济平稳健康发展和社会和谐稳定。“人、山、水、林、田、湖”是一个生命共同体，作为耕地的“田”本身也是一个生态系统，耕地保护必须以保护和改善生态环境、防止水土流失等为前提，保护耕地就是保护生态环境。因此，在本章课程中将物质环境与耕地保护、经济社会可持续发展、生态环境保护紧密结合，通过案例教学和分析激发学生的学习兴趣，达到思政育人效果。

案例五　种群及其基本特征——中国人口调整政策的生态学基础

1. 课程内容简介

中国政府在《国家人口发展规划（2016—2030 年）》（以下简称《规划》）中提出了我

国人口调控的一系列解决思路。《规划》明确了今后一段时期我国人口发展的总体要求、主要目标、战略导向和工作任务，是指导全国人口发展的纲领性文件，是全面做好人口和计划生育工作的重要依据，并为经济社会发展宏观决策提供支撑。党和国家为何制定《规划》，规划中的解决思路有何科学依据？

2. 课程思政教学目标

由中国人口数据变化引导学生从种群数量变动角度进行思考，引导学生结合种群数量调控方法提出人口数量调控措施，最后结合国家生育政策变化来验证学生提出的人口数量调控措施。

3. 课程思政教学设计

（1）案例分析

2016年对于中国人口具有特殊意义，首先在于根据2015年底修订的《中华人民共和国计划生育法》规定，“国家提倡一对夫妻生育两个子女”的计划生育新政策2016年1月1日起施行，彻底告别了过去30年的“独生子女”政策；其次，中国国家统计局公布2016年全年的出生人口达到1 786万人，比往年有显著提升，总和生育率达到1.8左右，为近10年来的最高值。2017年初，国务院印发了《国家人口发展规划（2016—2030年）》，国家卫生计生委公布了《“十三五”全国计划生育事业发展规划》。这两项人口发展规划都表明，中国计划生育政策完成了由“控制总量”到“调整结构”的转变。

（2）具体教学内容

① 种群增长率 r 可按下式计算：$r = ln\ R_0/T$。式中，T 为平均世代时间，它是指种群中个体从母体出生到其产子的平均时间，即从母世代生殖到子世代生殖的平均时间。r 值是随 R_0 的增大而增大，随 T 值增大而变小。计划生育的目的是要使 r 值变小，据此式可有两条途径：降低 R_0 值，即让世代增殖率降低，这就要限制每对夫妇的生育数；使 T 值增大，即可以通过推迟首次生殖时间或晚婚来实现。

② 年龄锥体决定着种群数量的变化趋势。在同样的条件下，繁殖期个体的比例越大，种群的出生率就越高；而繁殖后期的个体比例较大，则死亡率较高。目前中国呈现老龄化社会，是典型的衰退型年龄结构。

4. 教学方法

采用多媒体演示、教师讲授、学生反转课堂与课堂讨论等多种教学方法。让学生明确目标，课上讲解，充分调动学生的积极性与主动性，让教师的“教”和学生的“学”相辅相成，即“教”和“学”之间相互联系，相互促进，有序发展。

5. 教学反思

（1）案例实施的优点

引导学生利用专业知识模拟参与国家政策制定，明白政策制定原则包括：① 从客观实际出发，以客观事实为依据；② 以科学的理论为指导，按客观规律办事；③ 符合人民的利益，有利于社会主义物质文明和精神文明。

（2）案例实施的缺点

数据材料略显枯燥。

案例六　生活史对策——从 r-K 选择看人生规划

1. 课程内容简介

通过本章教学，学生掌握生物生活史对策的基本原理，为更好地理解和掌握种内和种间关系打下基础，引导学生牢固树立正确的人生价值观。

2. 课程思政教学目标

通过对不同生活史对策的讲授，在尊重、理解不同生命形式生活史对策多样性的同时，使学生认识到面对未知的工作-生活挑战，找到顺应主流价值观、达到个人自我价值实现和服务社会的生存对策、做好人生规划的现实意义。

3. 课程思政教学设计

生活史对策，侧重讲授不同生物在完成不同生活史阶段（如生长、发育、繁殖等生活史）关键组分上的权衡对策。自然界中生命形式多样，不同生命形式在生存斗争中逐渐形成了增加生存适合度的生存对策。典型的如 *r*-选择、*K*-选择对策。授课中举例典型的两种对策生物的特征，如 *r*-选择生物侧重高的繁殖力以及高扩散能力，因而成为新生境的开拓者，而K-选择生物则靠竞争力取胜，无论哪种，都能增加这类生物的生存适合度。进一步引导学生在学习生物生活史策略中意识到个人人生目标和规划的重要性，并主动将个人自我价值实现与国家发展连接，树立正确的人生价值观。

4. 教学方法

采用多媒体演示、教师讲授、学生反转课堂与课堂讨论等多种教学方法。借助案例教学让学生明确目标，以启发式问题调动学生参与课程互动。

5. 教学反思

生态学作为一门自然学科，探讨的是生物与生存环境之间相互作用关系，作用与反作用并存，恰如我们生活的社会环境。因此，在本章节课程中将自然环境中生物的生存策略与社会中人的价值实现、体现联系，与学生在个人发展需求和价值追求上求得共鸣，以此激发学生内驱力，推动学风的良性发展，达到思政育人效果。

案例七 种内和种间关系——从“生态位”看竞争

1. 课程内容简介

通过本章教学，学生了解自然种群内部和种群之间的相互关系。通过讲授种内和种间关系为学生理解生物群落的形成积累相关知识。使学生学会做一个能正确处理人与人、个人与集体、人与自然关系、并能协调发展的人。

2. 课程思政教学目标

本章知识涉及种内和种间关系，其中竞争是种内和种间均有的个体间关系，引入含有思政元素的案例，使学生理解同种个体之间或不同种个体之间竞争出现的原因以及生态位变化在其中的作用，培养学生正确认识竞争对于群体和个人有利的一面，强化团结合作精神和共同体意识。

3. 课程思政教学设计

生态位是种群生态学讲到种内和种间竞争关系时会提及的一个知识点。在讲到生态位分化时首先会提及资源利用曲线，以图片形式引入这一知识点，让学生以“看图说话”的形式梳理生态位不重叠的两物种资源利用曲线的状态（分离），进一步以启发式问题提出，这种情况下说明任一物种种群生存所需的资源是怎样的？接着提出下一个问题，种群数量变动的特点以及生态位的宽度将如何变化等问题。让学生看到，随着种群数量上升，将出现生态位的扩大，继而出现重叠。共存为前提时接着将出现生态位的分化。由现象归纳总结：种内竞争导致生态位接近，而种间竞争的结果会导致生态位分离，但无论哪种都说明需求相同则会出现竞争。而无论对于物种内还是物种之间，竞争都作为一种动力驱动物种在这一过程中得以进化，且团队的力量将增大整体的竞争力，使学生意识到小到一个团队、班级，大到民族、国家都需要具有强大的内聚力，才能在竞争中处于不败之地，强化他们的团队精神塑造以及共同体意识。

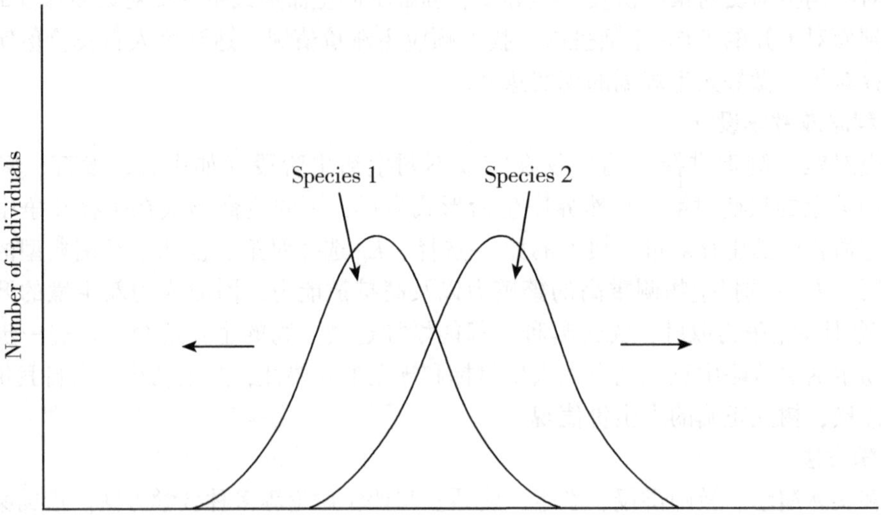

4. 教学方法

采用多媒体演示、讲授、启发探究、归纳演绎等方法促进学生对理论知识的理解，并借助自然世界中存在的竞争与进化关系案例反思如何在竞争日益激烈的社会大环境下找到自己的生态位，以及理解大思政层面的家国情怀，促进共同体意识入脑入心。

5. 教学反思

能够引起共鸣的，很多是触及学生个人的要害或“痛点”。在生态学教学中，类似从自然中获得的对生命、对自然的敬畏、对个人生存与发展具有启发意义的切入点较多。而重点在于，知识与道理是否能实现无缝衔接。正如本讲中见到的生态位、竞争与进化的关系，这些都能很好地契合学生自身目前正面临的以及未来将面临的不同程度的竞争与磨炼。找到个人定位固然重要，而团队赋予的力量更为强大，以此深化学生对个人发展与整体发展的理解，强化中华民族共同体意识。

案例八　群落动态——塔里木河的生态保卫战

1. 课程内容简介

本章教学，使学生了解自然环境中生物群落结构变化的基本规律，比较不同演替学说使学生了解影响生物群落演替的主要因素。了解我国科学家在理论创新、机理解析等方面的学术成果，自觉增强社会主义文化自信和认同感。

2. 课程思政教学目标

新疆塔里木河重要源流区山水林田湖草沙一体化保护和修复工程是深入贯彻习近平生态文明思想、践行“绿水青山就是金山银山”理念的重要举措，是认真落实习近平总书记关于山水林田湖草沙一体化保护和系统治理重要要求的具体行动，也是持续弘扬“胡杨精神”、巩固提升生态文明建设成效、构建高质量发展平台的重点工程。

对塔里木河流域生态恢复工程案例进行介绍，使学生充分认识我国开展的生态文明建设的重要意义。

3. 课程思政教学设计

河道断流、湖泊干涸、风沙肆虐……20世纪50年代以来，受气候变化和人类活动影响，塔里木河流域生态环境持续恶化。为拯救新疆人民的“母亲河”，2001年，塔里木河流域生态环境综合治理启动，20年来累计生态输水81.92亿m^3，有效恢复和改善植被面积2 285km^2，遏制了沙进林退的困局，流域生物多样性和生态系统的稳定性显著增强。随着水资源总量控制等措施的实施，塔里木河生态“红利”不断释放，成为新时代南疆大地各族人民与自然和谐共生的福祉所在。

塔里木河全长2 486km，由环塔里木盆地的阿克苏河、喀什噶尔河等九大水系144条河流组成，流域面积超过102万km^2，覆盖了我国约10%、占新疆六成以上的国土面积，涉及5个地州45个县市和4个新疆生产建设兵团师57个团场、1 000余万人，灌溉土地面积4 594万亩。

1993年，中国科学院将塔里木河研究列为区域发展前期研究项目。1996年，由中国科学院新疆生态与地理研究所牵头、相关单位参加的“九五”攻关项目——“塔里木河流域整治与生态环境保护研究”立项。历时多年科技攻关，解决了塔里木河流域干旱区天然植被生理生态响应机理和适应策略、恢复潜力和实现大规模生态恢复等一系列关键性科学问题。

进入21世纪，塔里木河流域生态综合治理驶入“快车道”。2001年6月，国务院批复了《塔里木河流域近期综合治理规划报告》，启动实施塔里木河流域近期综合治理项目。据新疆塔里木河流域管理局有关负责人介绍，项目总投资107.39亿元，建设地点分布在南疆5个地州29个县市和兵团4个师18个团场，目标是通过实施灌区节水改造、地下水开发利用、河道治理、博斯腾湖输水系统、生态建设保护、山区控制性水利枢纽、流域水资源统一调度管理等九大类措施，实现“四源一干”总节水量26.6亿m^3（“四源”分别是发源于天山的阿克苏河、发源于喀喇昆仑山的叶尔羌河、发源于昆仑山和喀喇昆仑山的和田河以及开都河，“一干”指塔里木河干流），在多年平均来水条件下，塔里木河干流阿拉尔（断面）来水量达到46.5亿m^3，向大西海子水库以下下泄生态水3.5亿m^3，使干流上中游林草植被得到保护和恢复，下游生态环境得到初步改善。

4. 教学方法

采用多媒体演示、教师讲授、学生反转课堂与课堂讨论等多种教学方法。让学生明确目标，课上讲解，充分调动学生的积极性与主动性，让教师的“教”和学生的“学”相辅相成，即“教”和“学”之间相互联系，相互促进，有序发展。

5. 教学反思

通过案例分析说明人类活动对群落演替的影响。从我们周边都熟悉的现象中分析新的问题，从而培养学生仔细观察、全面独立分析问题的习惯。关注我国实行退耕还林、还草、还湖、退牧还草的政策，并探讨人类在这方面的作用，让学生认识到生态环境保护的重要性和必要性。

案例教学在理论知识讲授上的优势在本章中也能够得以体现，吸引学生的关注和课堂参与度，在相对轻松的氛围中实现知识的传递和思政育人的效果。

案例九　生态系统的一般特征——从生态系统的负反馈调节看生态文明建设

1. 课程内容简介

通过本章教学，使学生掌握生态系统的基本特征、生态系统物质循环、能量流动的规律。讲授生态系统的平衡和反馈机制方面的有关知识，培养学生保护自然生态系统的意识，树立正确的生态文明观。

2. 课程思政教学目标

本章中的一个重要知识点为生态系统反馈调节和生态平衡。基于这一知识点引入卡拉麦里环境问题整改的成效，凝练生态学中关于生态系统稳态维持的负反馈调节理论以及生态失衡带来的连锁反应，进而提出习总书记2018年在全国生态环境保护大会提出的“生态兴则文明兴，生态衰则文明衰”的见解，深化对生态文明建设的理解，树立正确的生态文明观。

3. 课程思政教学设计

基于之前的知识积累，首先以问题提出让学生思考正反馈和负反馈的差别，进而提及正负反馈对系统稳态的影响。让学生列举生态系统这两种反馈形式的案例（学生生源地不同，案例会有不同）。就地取材，讲到卡拉麦里自然保护区的建立以及近年来环境的改善。让学生直接理解生态系统失衡对生态环境及其中生物的影响。进而引出习总书记在生态环境保护大会的讲话内容，强化“推进生态文明、建设美丽中国”初衷和愿景，加强对国家政策的解读以及学生生态文明观的建立。

4. 教学方法

采用启发式提问、学生参与互动、案例引入等加深对生态系统结构和功能稳态维持的机制，加深对国家政策的解读，促进学生以可持续的视角对待社会发展中出现的资源、环境问题，为第十三章应用生态学的讲授作铺垫。

5. 教学反思

“天地一指、万物一马”是庄子提出的观点，但究其根本，涉及的是平等的生命自然观。这也是我国一直倡导的自然生命共同体理解。而现实中人类活动加剧了作为开放系统的生态系统正反馈的作用，导致生态失衡。案例教学在理论知识讲授上的优势在本章中也能够得以体现，吸引学生的关注和课堂参与度，在相对轻松的氛围中实现知识的传递和思政育人的效果。

案例十　应用生态学——保护生物多样性，促进建设地球生命共同体

1. 课程内容简介

介绍物多样性的概念及4个层次，尤其是对物种多样性的理解，生物多样性的价值，保护生物多样性的意义。其中教学难点包括，生物多样性的间接使用价值；生物多样性保护中就地保护与迁地保护的优点及局限性；生物多样性保护与生态文明的关系。

2. 课程思政教学目标

结合我国生物多样性现状，渗透爱国主义教育，顺应我国生态文明建设及全球绿色发展浪潮对生物多样性保护的要求，培养学生成为具有生态文明理念，热爱自然、保护自然的劳动者，为促进我国生态文明建设作出一份努力。

3. 课程思政教学设计

党的十九大报告也指出：“建设生态文明是中华民族永续发展的千年大计”，要从根本上实现生态文明建设战略目标，就需要从生态文明理论及其学科体系的重建做起，而生态学正是“生态文明”时代的核心学科。

2021年10月8日我国发布《中国的生物多样性保护》白皮书。生物多样性是生态文明建设的重要内容，为促进生态文明建设，我国开展了生态红线划定、以国家公园为主体的自然保护地体系建设以及山水林田湖草生态修复等工作。习近平生态文明思想为推进生物多样性保护工作提供了根本遵循，为正确处理好保护和发展的关系，实现人与自然和谐共生的愿景提供了思想指引和行动指南。

生物多样性的保护需要保护生物栖息环境，生物与环境和谐共存，正是建设我国生态文明要求与体现；通过对我国丰富的生物多样性的学习，可以增强同学们的归属感与民族自豪感；目前我国生物多样性面临严峻挑战，与人类破坏行为密不可分，这就迫切要求人与自然的和谐共处，加进我国生态文明建设，绿水青山就是金山银山。

4. 教学方法

采用多媒体演示、教师讲授、学生反转课堂与课堂讨论等多种教学方法。让学生明确目标，课上讲解，充分调动学生的积极性与主动性，让教师的“教”和学生的“学”相辅相成，即“教”和“学”之间相互联系，相互促进，有序发展。

5. 教学反思

通过课上讲解，让学生意识到社会发展需要开发生物资源与生物多样性保护这对矛盾的存在，认识到中国已经踏上全面建设社会主义现代化国家的新征程，生态文明建设具备更多条件，同时，也面临很多挑战，生物多样性保护任重而道远。展望未来，中国将秉持人与自然生命共同体理念，把生物多样性保护作为生态文明建设重要内容，持续推进生物多样性治理体系和治理能力现代化，改善自然生态系统状况，提升生态服务功能，提高生态产品供给能力，实现自然生态系统良性循环，不断满足人民日益增长的优美生态环境需求。

第九章 《分子生物学》课程思政案例

课程信息及编写教师信息

课程名称	分子生物学
课程类型	○公共基础课程 ◉专业教育课程 ○实践类课程
授课专业类/代码	生物科学/071001、生物技术/071002、生物信息学/071003、生物制药/083002T、生物工程/083001
课程性质	◉必修 ○选修
开课年级	大学三年级

编写教师信息

编写教师单位	教师姓名	性 别	职称	学位	案例所属章节内容	思政案例名称
新疆农业大学	刘晓东	男	教授	博士	染色体与DNA DNA损伤	案例八　基因突变与基因编辑工具卡脖子技术突破
					生物信息的传递	案例十一　Bt抗虫棉与农业科学家的社会责任
					原核生物基因表达调控	案例十五　色氨酸操纵子与科学的魅力
					真核生物基因表达调控	案例十七　RNA剪接与科学报国
	葛杰	女	副教授	硕士	原核生物基因组的特点	案例五　基因改造细菌，治疗遗传代谢疾病
					蛋白质的生物合成	案例十四　中国科学家首次合成一个完整的核酸分子
					结构基因组学	案例二十　本世纪的重大科学工程
					国家蛋白质科学研究	案例二十一　解读新冠肺炎病毒密码
					DNA序列分析	案例二十二　中国水稻逆袭之路
	夏木斯亚·卡坎	女	讲师	博士	病毒基因与基因组	案例六　战“役”中的中国速度
					DNA甲基化修饰	案例十九　我们的健康谁说了算？

（续表）

安康学院	杨芳	女	教授	硕士	绪论	案例二 “一定要争气”中国克隆之父童第周
					染色体与 DNA	案例三 《基因的紊梦》（谈家桢）
					染色体与 DNA	案例四 周芷：被诺贝尔奖忽视的华人女科学家
					染色体与 DNA	案例七 DNA 复制的双链之间有无协调性？
					染色体与 DNA	案例九 “跳跃基因”发现之旅
					生物信息的传递（下）	案例十二 探索生命基础材料的里程碑
					真核基因表达调控	案例十六 从表观遗传学的发展历程悟科学的本质
	成温玉	男	副教授	博士	绪论	案例一 基因编辑大咖
					RNA 的结构与功能	案例十 解码生命世界的“暗物质”——陈玲玲
					真核生物基因表达调控	案例十八 转基因育种“中国抗虫棉之父”——郭三堆
					基因重组技术	案例二十三 贺建奎基因编辑婴儿事件
	赵鸿远	男	讲师	博士	生物信息的传递（下）	案例十三 乳腺生物反应器
					真核生物基因表达调控	案例二十四 生命时钟能够逆转——诱导多能干细胞（iPS）技术

案例一 绪论——基因编辑大咖

1. 课程内容简介

基因编辑又称基因组工程，是一种新兴的比较精确的能对生物体基因组特定目标基因进行修饰的一种基因工程技术。基因编辑经历了同源重组、锌指核酸酶和成簇规律间隔短回文重复（clustered regularly interspaced short palindromic repeats，CRISPR－Cas）3 代技术的发展。CRISPR-Cas9 是细菌和古细菌在长期演化过程中形成的一种适应性免疫防御，可用来对抗入侵的病毒及外源 DNA。随着技术手段的不断成熟，该法发展成为一种基因治疗法，这种方法能够通过 DNA 剪接技术治疗多种疾病。

2. 课程思政教学目标

理解基因编辑技术的发展过程，感受科学家不断创新、求真务实、探求真理的精神。

3. 课程思政教学设计

知识点讲解：重组 DNA 技术；基因编辑；CRISPR-Cas9 等；

2012 年 8 月 17 日，Doudna 和 Charpentier 合作【注：两位女科学家】，在 *Science* 发表了一篇里程碑式的论文，解析了 CRISPR-Cas9 基因编辑的工作原理。2013 年 2 月 15 日，美国麻省理工学院华人科学家张锋在 *Science* 发表论文，首次将 CRISPR-Cas9 基因编辑技术改进并应用于哺乳动物和人类细胞。相较于前面两位女科学家，张锋博士的论文虽然晚了大约半年时间，但掀起的轰动毫不逊色。因为是他首次将基因编辑工具应用到哺乳动物和人类细胞中进行基因改造，这对人类的药物开发和疾病治疗起到了积极的推动作用。2020 年 Doudna 和 Charpentier 获诺贝尔化学奖，表彰她们在基因编辑领域的重大发现。尽管张锋博士遗憾未获得诺奖，但其在哺乳动物基因编辑技术的研究推动了基因修饰的发展，最终 CRISPR-Cas9 的专利权属纠纷判给了张锋博士。

CRISPR-Cas9 基因编辑：CRISPR-Cas9 是细菌和古细菌在长期演化过程中形成的一种适应性免疫防御，可用来对抗入侵的病毒及外源 DNA。而 CRISPR-Cas9 基因编辑技术，则是对靶向基因进行特定 DNA 修饰的技术，这项技术也是用于基因编辑中前沿的方法。以 CRISPR-Cas9 基础的基因编辑技术在一系列基因治疗的应用领域都展现出极大的应用前景，例如血液病、肿瘤和其他遗传疾病。该技术成果已应用于人类细胞、斑马鱼、小鼠以及细菌的基因组精确修饰。【原理】当细菌抵御噬菌体等外源 DNA 入侵时，在前导区的调控下，CRISPR 被转录为长的 RNA 前体（Pre RISPR RNA，pre-crRNA），然后加工成一系列短的含有保守重复序列和间隔区的成熟 crRNA，最终识别并结合与其互补的外源 DNA 序列上发挥剪切作用。

除了 CRISPR-Cas9 基因编辑技术，2021 年，华东师范大学生命科学学院、上海市调控生物学重点实验室研究员叶海峰课题组报道了一种远红光调控的基因编辑和表观遗传重塑的控制系统，为精准可控的基因编辑技术再添一员“大将”，即 CRISPR-Cas12a，研究成果发表于《科学进展》。CRISPR-Cas12a 是Ⅱ类Ⅴ型基因编辑工具，其系统相对简单，引起了生物学界的广泛关注。然而，CRISPR 基因编辑工具由于不可控性导致的脱靶效应及潜在风险，极大限制了其体内应用，能否使其活性控制做到剂量依赖，从而实现更精准的基因编辑，仍是一道难题。目前，远程、无痕、精准可控的 CRISPR-Cas12a 鲜有报道。为了解决基因编辑精准控制问题，叶海峰团队结合光遗传学及合成生物学设计理念，以先前开发的远红光调控的转基因表达系统为基础，开发了远红光调控的 CRISPR-Cas12a 基因编辑系统及 CRISPR-dCas12a 基因激活系统，为 Cas12a 安装了一个精准可控的开关，实现了靶基因的精准切割或激活。

4. 教学方法

线上线下结合、启发式教学和理论联系实践，引导学生挖掘教学内容中的科研思路和科学价值观。

5. 教学反思

分子生物学的主要魅力在于应用于人类医药健康，当然还有许多未揭示的科学问题和有待开发的分子生物学技术，如脑科学问题、疾病的治疗等。因此，为了激发学生的学习兴趣，可以鼓励学生除了课堂学习之外，积极主动参与教师的研究课题，自己动手开展简单的分子生物学创新实验，启发学生的创新思维。

案例二　绪论——“一定要争气”中国克隆之父童第周

1. 课程内容简介

从 1950 年开始，童第周担任中国科学院水生生物研究所青岛海洋生物研究室主任，成就斐然：通过对两栖类和鱼类的研究，揭示了胚胎发育的极性现象；通过研究文昌鱼的个体发育和分类地位，在对核质关系的研究中取得了重大成果。1963 年首次完成鱼类的核移植研究，为 20 世纪 70 年代我国完成鱼类异种克隆和成年鲫鱼体分种克隆打下了基础，因此原中国科学院院长路甬祥称之为“克隆先驱”。

2. 课程思政教学目标

树立学生对行业以及国家与社会的责任担当意识。

3. 课程思政教学设计

学生阅读材料：

《一定要争气》是人民教育出版社 2002 年版小学语文第五册第 26 课的课文，这篇课文中，介绍了青少年时期立志为自己、为祖国争气而勤奋学习、刻苦钻研的童第周。在比利时留学时，童第周刻苦勤奋。旧中国贫穷落后，在世界上没有地位，中国学生在国外被同学瞧不起。童第周暗暗下决心，一定要为中国人争气。当时童第周与其他国家的学生一起跟欧洲一位著名的教授学习，那位教授一直在做一项实验，需要把青蛙的卵的外膜剥掉。这个实验非常难做，成功率非常低，教授自己做了几年，没有成功。同学们谁都不敢尝试，只有童第周默不作声，私下里刻苦钻研，不断尝试。有时候坚持不住了，他就会想起父亲告诫他"水滴石穿"的故事。经过一次又一次的失败，终于成功了。童第周一生从"滴水穿石"到"为自己争气，为祖国争气"，父亲的话始终激励着童第周践行他"愿效老牛，为国捐躯"的誓言。

学生分组讨论：童第周先生少年立志苦读、青年立志为中国人争气、回国后立志报效祖国，让学生体会童第周先生不服输的勇气。同时，突出童第周先生突破固有思维、追求真理的科学精神，在困难时期献身国家科学事业的家国情怀。

从中国克隆之父童第周先生的科学故事入手，引入体细胞克隆动物的定义。

4. 教学方法

线上线下结合、启发式教学和理论联系实践，引发学生追求真理的科学精神，在困难时期献身国家科学事业的家国情怀。

5. 教学反思

在分子生物学教学引入相关科学家及其科研故事，让同学们深刻感受老一辈科技工作者爱国、创新、求实、奉献、育人的科学家精神，以及艰苦奋斗、不屈不挠、勇攀高峰、追求真理的科学精神。

案例三　染色体与 DNA——《基因的萦梦》，谈家桢 著

1. 课程内容简介

基因是能够表达和产生蛋白质和 RNA 的 DNA 序列，是决定遗传性状的功能单位。

2. 课程思政教学目标

理解基因概念的形成过程，感受科学探究的严谨性及实事求是的科学态度；认同基因与性状的关系，领悟生命科学的价值，树立唯物辩证的自然观。

3. 课程思政教学设计

讲故事：谈家桢是我国现代遗传学奠基人之一，为中国遗传学的发展作出了巨大的贡献。他一生致力于破译"生命密码"的研究与教学，将"基因"一词带入中文，创建了多个第一：建立中国第一个遗传学专业，创建中国第一个遗传学研究所，组建中国第一个生命科学院。

1909 年 9 月 15 日，谈家桢出生于浙江宁波的慈溪。1934 年，立志投身于生命科学研究的谈家桢赴美国加州理工学院攻读博士学位，师从现代遗传学奠基人摩尔根。博士毕业后，谈家桢深知此时国内遗传学基础薄弱、亟待开拓，毅然选择返回祖国。1937 年回国后，他应竺可桢校长之邀，成为浙江大学生物系的一名教授。不久，抗日战争爆发，浙江大学辗转西迁。西迁期间，谈家桢争分夺秒开展学科建设。在遵义湄潭祠堂"实验室"里，唯一的照明工具就是一盏小小的桐油灯，连件像样的实验器材都没有。竹管代替导管，瓦盆作为蒸发皿，挖地窖

作冰箱，就是在这样艰苦的条件下，谈家桢发现了瓢虫鞘翅色斑变异现象，首次提出镶嵌显性遗传，引起了国际遗传学界的巨大反响。

2005 年，他向宁波市科协负责人亲手送出他写的“丰衣足食，安居乐业，延年益寿，天下太平”四句话。他用这四句话概括生命科学工作者的责任：“丰衣足食”就是用生物学研究成果推进农业发展；“安居乐业”则是要研究解决环境问题；“延年益寿”是进行医药开发；“天下太平”是要制止生物武器、维护世界和平。这四句话，也是他毕生“追求身心和谐”的写照。

4. 教学方法

讨论法，引导学生挖掘教学内容中的科研思路和科学价值观。

5. 教学反思

在分子生物学中涉及很多基本概念，而且很多概念的背后都有相应科学家。因此，在介绍这些概念的同时，可以引入相关科学家及其科研故事，让同学们深刻感受老一辈科技工作者爱国、创新、求实、奉献、育人的科学家精神，以及艰苦奋斗、不屈不挠、勇攀高峰、追求真理的科学精神。

案例四　染色体与 DNA——周芷：被诺贝尔奖忽视的华人女科学家

1. 课程内容简介

真核生物结构基因，由若干个编码区和非编码区互相间隔开但又连续镶嵌而成，去除非编码区再连接后，可翻译出由连续氨基酸组成的完整蛋白质，这些基因称为断裂基因（splite gene）。在本世纪 70 年代以前，人们一直认为遗传物质是双链 DNA，在上面排列的基因是连续的。科学家以腺病毒作为实验对象，结果发现它们的基因在 DNA 上的排列由一些不相关的片段隔开，是不连续的。1993 年，诺贝尔生理学或医学奖颁给了 Phillip Sharp 和 Richard Roberts，以表彰他们在 1977 年分别发现了不连续基因，或者说断裂基因（RNA Splicing）。然而，不少科学家认为，比 Roberts 更值得获奖的其实是周芷。该发现在 1977 年《细胞》杂志第 11 卷第 4 期发表时，论文领衔署名的作者是出生在中国湖南（后来从中国台湾旅居美国）的女科学家周芷，而获奖的 Roberts 根本就未署名。第二篇论文发表于同年同一杂志第 12 卷第 1 期，第一作者仍是周芷，而作为实验室同事的罗伯茨则署名在最后（很像大多数文章中通讯作者的地位）。诺贝尔奖委员会把在美国从事科研工作达 28 年之久而不愿加入美国国籍的周芷排除在外，人们自然忿忿不平。周芷对于诺贝尔奖的回应是，“这已是难以挽回的事实，只有静待有心的科学史家去发现真相。”

2. 课程思政教学目标

讲科学家故事，塑造专业化的职业精神。

3. 课程思政教学设计

知识点讲解：1975 年周博士转赴纽约冷泉港（Cold Spring Harbor），与 Dr. Broker 共同主持电子显微组，1976 年 Davidson 实验室发展出来的一个新技术，叫 R-loop 来测定病毒 RNA 的长度与这些 RNA 在基因上的确实位置，也就是这个技术发现了不连续基因。R-loop 是由 RNA-DNA 杂合体和游离的 DNA 单链组成的三链结构，是转录时非模板链与 RNA-DNA 杂交体共同构成 R 环结构，是断裂基因典型的结构特征。R-loop 广泛存在于细菌、真菌、植物与动物的基因组中，在基因转录、DNA 复制、表观遗传修饰以及 DNA 损伤修复等过程中都具有重要作用，并与许多重大疾病的发生和发展密切相关，是近年来分子生物学的一个新研究热点。

思政要素切入点：对于周芷未能获奖的原因，可能性更大的说法是诺贝尔奖是需要推荐而不是申报的。作为同时歧视女性和中国人的 James Watson 来说，此行为也是意料之中，而周芷也一直不放弃自己的中国籍。虽失望于未能获奖，隔天一早周芷还是回到实验室继续工作。

4. 教学方法

讲授法、讨论法

5. 教学反思

结合绪论中分子生物学发展简史，思考中国的诺贝尔奖获得者为什么那么少？分析不同的声音："诺贝尔奖中国'遇冷'：是西方价值观崩盘、还是民族自信彰显？""诺贝尔奖在学术界地位非常高，我们落后和话语权无关。"

首先，我们要知道世界真正的诺贝尔奖是在物理化学生物医药等纯理科科学领域。其次，诺贝尔奖有一定延后性，得奖者都是十几二十年前提出理论到如今有了大成就才能获奖。中国科技迅猛发展期在2000年之后，尤其2010年之后是中国科技发展的爆发期，之前中国诺贝尔奖得到的少也就能理解了。最后，我们要知道诺贝尔奖是西方建立的奖项，诺贝尔奖话语权在西方手里，虽然我们现在厚积薄发，但是想让西方承认中国是很难的。如果我们追逐诺贝尔奖，就会将科研成果最高评判权交给西方国家。这就意味着，国家的人力、物力、财力等资源，就按照诺贝尔奖的指引，流向西方国家。中国应坚持"四个自信"，构建与民族复兴相适应的自主科研激励评判机制与体系。同时，全力推动我国科研奖励标准的世界化之路。为促进科技发展，实现中华民族伟大复兴，提供正确的价值观引导和充足的智力支持。

当阐述诺贝尔奖，举例屠呦呦研究发现青蒿素，为医药创新、抗疟治疗和人类健康作出了巨大贡献，有利于学生感受中国力量，激发学生研究兴趣，提高学生坚持不懈、精益求精的科学精神。

案例五　原核生物基因组的特点——基因改造细菌，治疗遗传代谢疾病

1. 课程内容简介

理解遗传物质 DNA 的重要性与信息传递，原核生物转录生成的 mRNA 属于多顺反子 mRNA，即由操纵子控制生成一条 mRNA 可编码几种不同的蛋白质。原核生物转录生成的 mRNA 不需要复杂的加工即可表现功能。

2. 课程思政教学目标

① 培养学生学习过程中要夯实理论学习基础，引导学生充分意识无论从事什么研究方向，均要稳扎稳打，用自己所学理论知识的积淀提出有依据的科学假设。

② 树立学成报国思想，在中国一样能够作出顶级研究成果。通过这些国际领先研究成果增强民族自豪感，激发创新型学习兴趣。

3. 课程思政教学设计

课前：通过学习平台给学生发放"原核生物基因组的特点"的文献资料，课本进行预习研读相关内容，查阅资料开展课前预习。

课中：课堂讲授中逐步引导和启发，让学生充分讨论课前下发的文献资料后，总结出相关知识点。课堂授课中主要通过实例导入法、设问启发及思政话题探讨等混合式教学方法来授课，并体现思政元素，老师利用讲故事方式引出"原核生物转录"知识点。

讲故事：基因改造细菌，治疗遗传代谢疾病

苯丙酮尿症是一种常见的遗传性氨基酸代谢缺陷疾病，患者由于苯丙氨酸代谢途径中的酶

缺陷，苯丙氨酸不能转变成为酪氨酸，导致苯丙氨酸及其酮酸在体内蓄积，从尿中大量排出得名。如果患者得不到及时治疗，血液中苯丙氨酸水平升高，将造成严重的神经系统并发症和智力损伤，如果能有效消耗患者体内的苯丙氨酸并将其转化为无毒代谢物，就能有效治疗苯丙酮尿症。如果在患儿出生后就坚持蛋白质限制饮食，减少并发症的影响，患者智力也会趋于正常。科学家通过将编码苯丙氨酸解氨酶和L—氨基酸脱氨酶的基因插入到大肠杆菌 Nissle 1917 的基因组中，构建了一株名为 SYNB1618 的大肠杆菌，能够消耗苯丙氨酸并将其转化为无毒代谢物，这一结果为利用合成生物学改造工程菌治疗罕见代谢紊乱疾病的可能性提供了实践依据。临床上降低苯丙酮尿症患者血液中苯丙氨酸水平，在未来或将成为治疗苯丙酮尿症患者的新方法。

课后：教师发布本节课程理论知识学习效果自测题，并在自测题中再次强化学生思政知识点方面的学习收获，进行诊断性评价。同时，引导学生借助智慧在线学习工具，针对课中的思政知识点的研讨话题，在线上发布讨论：基因改造用于疾病的治疗，其利弊有哪些？

4. 教学方法

线上线下结合、启发式教学和理论联系实践，引导学生挖掘教学内容中的科研思路和科学价值观。课前采用文献阅读法，激发学生的学习兴趣；课堂授课中通过讲授法并结合讨论法来总结授课内容，并体现思政元素；课后通过线上讨论式教学法加强课堂知识与日常生活的联系。

5. 教学反思

引入本案例的一个目的是让学生更加形象地理解“原核生物转录”知识点，引导学生理论与实例结合，增加学生学习兴趣；引导同学们应用所学知识辩证分析问题，引导学生体会做学问，多学多看多问，理论结合实际。

案例六　病毒基因与基因组——战“疫”中的中国速度

1. 课程内容简介

（1）课程理论知识内容简介

根据病毒基因组核酸的类型，可以分为 DNA 病毒和 RNA 病毒。DNA 病毒的 DNA 分子多数为双链线型结构，也有单链 DNA 和双链环状 DNA。RNA 病毒的 RNA 分子多数单链线状，也有双链 RNA。单链 RNA 病毒的核酸分为正链和负链：如果病毒的 RNA 分子直接可以作为翻译成蛋白质的模板，即 mRNA 分子，病毒就称为正链 RNA 病毒。如果病毒 RNA 本身不能作为 mRNA，而是以互补的 RNA 链作为 mRNA，病毒本身的 RNA 就称为负链单链 RNA。

（2）课程思政内容简介

2019 年 12 月，我们开始遭受一种传染性强传播速度快的病毒袭击，在各国科研工作者的共同努力下，研究清楚了该病毒的核酸是正链单股 RNA。

我国科研工作者与病毒赛跑，在短时间内研究发现该病毒与 SARS-CoV 病毒相似，是一种新型冠状病毒。我国科研工作者还将全球第一获取的新型冠状病毒全基因组序列发布于 GenBank，登录号为 MN908947。2020 年 2 月 7 日，我国疾控中心第一时间通报；国家卫健委将由这种新型冠状病毒引起的肺炎暂命名为“新型冠状病毒肺炎”，简称“新冠肺炎”。接下来，我国以惊人的速度阻止了最初的疫情传播。

2. 课程思政教学目标

① 学习我国科学家敢为人先的创新精神、爱国精神，加强学生的爱国教育。

② 增进学生的民族自豪感，树立正确的人生观和价值观。

3. 课程思政教学设计

本节课主要从战“疫”中的中国速度案例材料开展课程思政教育。

（1）课前思政教学设计

课前，教师借助智慧在线学习工具发布学习材料和思政案例材料，学生通过资料自查完成发布的学习任务：①新型冠状病毒的特点是什么？②你了解我国科技工作者在战“役”中展现的中国速度吗？引导学生通过查阅、思考形式，使其更加主动地参与到学习过程。根据学生提交任务的具体情况赋分，分值作为学生参与课前思政学习过程的考核评价。

（2）课中思政教学设计

课中，引出设计的课程思政问题：我国科技工作者做了哪些贡献助力科学防疫？新型冠状病毒的特点是什么？引导学生了解新冠病毒是单链 RNA 病毒；紧接着教师提出第二个问题，“你了解我国科技工作者在战‘役’中展示的中国速度吗？”组织学生开展课堂讨论，引导学生认识到科学家们我国科技工作者全球第一个检测出新冠病毒全基因组序列；我国科技工作者相继研制了新冠疫苗助力全球科学防疫，在战“役”中展现了中国速度。

（3）课后思政教学设计

课后，教师借助智慧在线学习工具发布本节思政知识点的讨论话题：战“役”中的中国速度。根据学生参与讨论话题的具体情况赋分，分值将计为学生参与课堂思政学习过程的考核评价。

（4）课后思政教学设计

课后，教师借助智慧在线学习工具发布本节思政知识点的讨论话题：我国科技工作者在战“役”中展示的中国速度。根据学生参与讨论话题的具体情况赋分，分值作为学生参与课堂思政学习过程的考核评价。

4. 教学方法

本节课课程思政教学采用实体课堂教学与智慧在线教学相结合的混合式教学。

课前，采用“任务驱动”法，教师在线发布预习任务，学生围绕创设的思政问题“新冠疫情防控中国速度展现在哪些方面？”查阅资料开展课前预习。

课中，首先通过教师的“教授法”及思政案例启发探讨，引导学生充分认识我国第一个为全球各国提供新冠病毒的序列数据展现了“中国速度”。

其次，通过“演示法”，学生观看我国大力开展抗疫防控工作的视频资料，深刻认识到我国迅速消除了最初最严重的新冠疫情，展现了“中国速度”。

课后，本节课程的思政教学方法采用在线教学总结式手段开展，教师发布本节课思政知识点的“讨论”题：“战‘疫’中的中国速度，对你有何启发？”并及时进行整体线上点评，强化和升华本节课思政元素点。

5. 教学反思

课前，教师给予战“疫”中的中国速度思政案例资料和问题创设为主，让学生通过预习及资料自查思考问题。

课中，如何在教学中感动学生，使学生更深刻地感受到民族自豪感。

课后，除课前学习任务的提交和课后讨论的考核评价外，如何完善学习评价。

案例七 染色体与 DNA——DNA 复制的双链之间有无协调性？

1. 课程内容简介

DNA 复制过程中，聚合酶在前导链和后随链上复制速度会基本保持一致，其中一条链上聚合酶的复制不会领先于另一个，即在各自进行复制作用时在某种程度上相互协调，因而在新合成的链中不会出现明显的缺口。但在最新研究中，研究人员使用荧光染料与复杂的成像技术，对大肠杆菌的单个DNA分子的复制过程进行了实时观测，并且获得DNA聚合酶完成这一过程的视频。该结果显示在同一复制体中，负责先导链与后随链的DNA聚合酶具有自主复制功能，其平均复制速率相似，但各自会呈现完全不同的随机合成行为，包括明显的复制暂停。DNA复制过程在动力学上被发现是一个不连续的过程，但仍然保证DNA复制的完整性。这一发现将更新现有教材中的DNA聚合酶复制功能的解释。

2. 课程思政教学目标

学习体会科学家探索科学历程中展现出的科学精神、科学态度、创新精神。

3. 课程思政教学设计

观看视频：美国加州大学戴维斯分校和斯隆凯特林癌症纪念中心的研究人员首次捕捉到单个DNA分子的复制过程。学生观看这个11秒的视频。

讲解知识点：DNA复制的起点；DNA复制的方向；DNA复制的速度、DNA的复制方式研究手段

课堂讨论：此前人们一直认为，DNA聚合酶构建DNA双链的过程是相互协调以某种方式协同工作的。然而，这项新研究却有一些意外发现。有时候，一条单链会不可预测地停止延伸，而另一条单链还在持续；DNA复制的过程也会突然改变速率。这段视频表明，DNA复制的双链之间并无协调性，每条单链的合成都是完全独立的。这项研究为DNA复制的机制提供了新的见解。相关研究结果发表在2017年6月15日的《细胞》期刊上。

DNA双螺旋是由方向相反的两条DNA单链组成的。此前人们认为，在DNA复制时，复制体中负责前导链和滞后链复制的DNA聚合酶一定是相互协调的，以避免在新合成的链中出现明显的缺口。

利用复杂的成像技术和荧光染料，研究人员观察到来自大肠杆菌的单个DNA分子的复制，并且实时测量了DNA聚合酶完成这一过程的速度。研究人员采用具有一段短末端的环状DNA片段进行实验，并将其附着到载玻片上。当复制体绕着环状DNA片段滚动时，片段末端会变得更长。他们可通过添加或移除ATP来开启或关闭DNA复制，并采用一种可结合双链DNA的荧光染料来观察复制过程。该研究发现，复制体中的两个DNA聚合酶是独立发挥功能的。虽然DNA前导链和滞后链的平均复制速率相似，但两个DNA聚合酶各自的轨迹会呈现出随机的合成速率改变，期间还会发生明显的暂停。滞后链合成停止时，前导链的合成还会持续进行。

4. 教学方法

线上线下结合、启发式教学和理论联系实践，引导学生挖掘教学内容中的科研思路和科学价值观。

5. 教学反思

生物学的发展历程所蕴含的科学精神、科学态度、创新精神、合作精神等内容为德育提供了丰富的素材。引导学生不断关注相关学科的最新进展，这个行为本身也可以给学生以正面的榜样和引导。介绍当下最新学科研究成果的方式，不仅可以激发学生的好奇心和兴趣，让学生了解什么是科研领域的创新，逐步培养学生的创新意识和能力，还使学生能带着发展的眼光看待问题，理解人类对客观世界和科学问题的认识是不断发展的。对于生物学人才的培养，不断提高其素质，知识更新是必须的，通过这些案例的介绍，也可以使学生清楚认识到当前科技知识更新周期加快，从而树立自主学习、继续学习、终身学习的观念，认识到持续自我完善的重

要性，不断接受生物学相关领域的新理论、新观点和新技术。

案例八 染色体与 DNA——基因突变与基因编辑工具卡脖子技术突破

1. 课程内容简介

DNA 损伤包括 DNA 分子的自发性损伤、物理因素引起的 DNA 损伤、化学因素引起的 DNA 损伤。这些损伤不能得到有效修复后就会产生基因突变。基因突变是生物进化的重要机制之一，其突变体是研究基因功能的重要遗传材料，也是育种实践中产生优异新种质的重要遗传材料。

2. 课程思政教学目标

学习科学家敢于斗争，敢于打破国外技术的垄断，不再像芯片一样被卡脖子。

3. 课程思政教学设计

首先讲授 DNA 损伤的类型。这些损伤不能得到有效修复后就会产生基因突变。其突变体是研究基因功能的重要遗传材料，也可为作物遗传改良提供基础材料。科学家依据对 DNA 损伤的研究成果，开发了物理和化学诱变技术，大大提高了诱变效率，获得了一系列突变体材料，为基因功能研究和生物育种提供了重要的遗传材料。然而这些方法依然远远无法满足研究的需要，直到基因组编辑技术诞生，尤其是 CRISPR/Cas 系列基因组编辑技术。然而上述这些基因编辑核心工具为国外垄断，在当今世界，百年未有之大变局下，很可能也会像华为和中兴的芯片事件一样，被西方卡脖子。因此我们要努力实现高水平科技自立自强。2021 年，赖锦盛教授团队以十年磨一剑的科技攻坚精神，自主开发了两把属于中国的“基因剪刀”-Cas12i 和 Cas12j，并获得专利授权，终于弥补了我国在基因编辑核心工具领域的技术空白，一举打破国外对该项技术的垄断，使我国在该前沿技术领域不再受制于人。在讲解过程中通过华为和中兴公司的芯片卡脖子事件和 1993 年中美银河号事件（事关 GPS 全球导航系统），让同学们真切地感受到我国在高科技领域中的卡脖子痛点，激发他们勇攀科技高峰，实现中华民族伟大复兴的历史使命感。

4. 教学方法

启发式教学、问题导向与传统讲授相结合。

5. 教学反思

我们不一定能作出像这些科学大家的科技贡献，但我们依然可以向他们学习，去勇于解决行业发展或单位发展中的痛点和难点，为行业或者自己所在单位的事业发展作出我们自己独特的贡献。

案例九 染色体与 DNA——“跳跃基因”发现之旅

1. 课程内容简介

转座子（transposon，Tn）是存在于染色体 DNA 上可自主复制和位移的基本单位。由转座子介导的遗传物质重排现象，称为 DNA 转座。转座作用的遗传学效应有：①转座引起插入突变，导致结构基因失活；②转座产生新的基因；③转座产生的染色体畸变；④转座引起生物进化。玉米 Ac-Ds 体系是一种真核生物非自主性因子，可以介导玉米斑驳效应。

2. 课程思政教学目标

结合“玉米夫人”麦克林托克“跳跃基因”发现之旅，行走在科研前端的思想和坚定不移的信念，引导学生体会科学正是在这种大胆的猜想与求证中一步步走向未来。

3. 课程思政教学设计

讲故事：

在近代遗传学的发展史上，有两项研究成果被公认为是20世纪的最重要发现：一项是著名的“DNA双螺旋结构”，另一项则是公众并不熟知的“跳跃基因”。

1951年，麦克林托克在冷泉港研讨会上介绍了她的基因“跳跃”理论，她认为遗传物质结构和顺序不是静态的，而是经过重新排列的，并且在发育过程中可能会发生变化。会议的听众认为她的研究结果晦涩难懂。麦克林托克的研究与当时的遗传现象理论不符。因为遗传物质在20世纪60年代之前被认为是静态实体。所以，麦克林托克的实验结果一直未受到重视，但是她始终坚持着自己的理论。就这样，漫长的30年过去了，鲜有人知道她在冷泉港的实验室里每天都背负着什么样的心情。但是，随着其他科学家在细菌和真菌以及高等动植物中相继发现了类似于基因“跳跃”的现象，被雪藏的麦克林托克的“基因跳跃”理论才开始得到科学界的认可与重视，世人无不惊叹于她行走在科研前端的思想和坚定不移的信念。终于，在1983年，瑞典皇家科学院诺贝尔奖学金评定委员会把该年度的诺贝尔生理学或医学奖授予这位已经81岁的坚韧的科学家，让她在有生之年看到了科学界对她成果的最高认可。

讲解知识点：DNA转座定义；DNA转座机制

讨论比较：比较“基因是固定排列在染色体上”到“基因跳跃”理论，从“遗传物质在20世纪60年代之前被认为是静态实体”到“彩色玉米基因：旋转，跳跃，我不停歇?”，引导学生感知基因认知的发展历程。

4. 教学方法

线上线下结合、启发式教学和理论联系实践，引导学生挖掘教学内容中的科研思路和科学价值观。

5. 教学反思

“跳跃基因”发现之旅案例启发学生感知麦克林托克敏锐的眼睛、超乎寻常的想象力和直观的逻辑推理能力，帮助学生理解“基因”核心概念的内涵之外，她身上坚强自主的精神对当代大学生更有引导价值。通过温习《论语》中“人不知，而不愠，不亦君子乎?”引导学生体会境界之高，领悟人生哲学：做学问、做人面对质疑时，不怨天尤人，常反省自己，练就健康心态，走精进修持、自我完善的道路。

案例十　RNA的结构与功能——解码生命世界的“暗物质”——陈玲玲

1. 课程内容简介

核糖核酸（缩写为RNA，即RibonucleicAcid），存在于生物细胞以及部分病毒、类病毒中的遗传信息载体。RNA由核糖核苷酸经磷酸二酯键缩合而成长链状分子。一个核糖核苷酸分子由磷酸，核糖和碱基构成。RNA的碱基主要有4种，即A腺嘌呤、G鸟嘌呤、C胞嘧啶、U尿嘧啶，其中，U（尿嘧啶）取代了DNA中的T。RNA根据大小和生物学功能，又分为mRNA、tRNA、rRNA、miRNA、小分子RNA和非编码RNA。其中非编码RNA（Non-coding RNA）是指不编码蛋白质的RNA。其中包括rRNA、tRNA、snRNA、snoRNA和microRNA等多种已知功能的RNA，还包括未知功能的RNA。这些RNA的共同特点是都能从基因组上转录而来，但是不翻译成蛋白，在RNA水平上就能行使各自的生物学功能。

2. 课程思政教学目标

通过讲述陈玲玲在非编码RNA方面所作出的贡献和成就，不仅可以拓展学生的知识面，还能激发学生的爱国主义情怀，勇于探索的精神，民族自豪感以及女科学家的成就感，同时也能够激发学生学习分子生物学的热情，树立为国家科学研究发展而努力奋斗的目标。

3. 课程思政教学设计

课前学生自主学习：在上课前一天让学生自己查阅和检索有关 RNA 的相关知识点，同时将各种 RNA 的功能等资料布置给学生预习自学。

知识点讲解：RNA 的结构；RNA 的种类及功能等内容。

事件背景：在生命科学奇妙世界里，存在许多鲜为人知的神秘“暗物质”，非编码 RNA（核糖核酸）就是其中之一，中国科学院分子细胞科学卓越创新中心陈玲玲教授长期致力于此，破解基因密码，揭开生命神秘面纱。2009 年，陈玲玲拿下了美国康涅狄格大学生物医学博士学位。2009—2010 年，陈玲玲在该校干细胞研究所从事博士后研究，期间她作为独立 PI（研究员）获得康州干细胞研究项目支持，2010 年 5 月破格晋升为助理教授。2011 年，正当她在国外的发展顺风顺水前景一片光明之时，陈玲玲却放弃了国外良好的发展机会，坚持选择回国。抱着对我国科研发展作出贡献的信念，陈玲玲作为中国科学院原上海生科院“特别人才”回国开展长非编码 RNA 生物学研究。2011 年时，该领域在国际上还刚刚起步，国内开展相关研究更少，陈玲玲是国际上早期从事长非编码 RNA 研究的科学家之一，回国后的她开始了在国内该领域的拓荒。

在这个被称为生物“暗物质”领域里，探索未知的快乐促使陈玲玲一步步去揭开生命科学的真相，她把自己的工作总结为“研究前人所不知道的基因组暗物质”。通过在“暗物质”世界里的潜心钻研和沉淀，她带领团队发表 SCI 论文 60 余篇，其中多篇论文发表在国际著名学术期刊，已获得授权发明专利 4 项，并积极推动 RNA 新技术、新方法在小胖威利综合征、自身免疫性疾病等疾病的临床转化研究，以期利用相关 RNA 研究前沿成果发展疾病诊疗新技术；同时担任国际顶尖期刊 *Cell* 和 *Science* 的编委。陈玲玲的科研能力和成果赢得了国际学术界的广泛认可和高度赞誉，提升了我国在该研究领域的国际影响力，在向世界积极发出中国科学家的声音。

学生心得交流：①谈谈通过了解陈玲玲教授在非编码 RNA 方面所做的贡献，你受到何种启发？②充分认识女性在科学研究领域不可估量的贡献。

4. 教学方法

线上线下结合、启发式教学和理论联系实践，引导学生挖掘教学内容中的科研思路和科学价值观。

5. 教学反思

该知识点抽象难懂，单靠知识点的讲解学生较难理解并掌握，同时对于该技术的应用技术更是难以理解。通过该案例的讲解，不仅可引导学生对知识点的自学和理解，同时也对其树立专业自信以及爱国主义情怀具有一定的作用。

案例十一　生物信息的传递——Bt 抗虫棉与农业科学家的社会责任

1. 课程内容简介

储存特定遗传信息的编码基因通过转录和翻译过程，决定产生出具有特定氨基酸排列顺序的蛋白质。而蛋白质是生命活动的最终执行者，最终实现基因对生物性状的决定作用。这是同学们通过分子生物学课程的学习所要获得的对生物体最重要的认知，也是基因工程诞生最重要的理论基础。

2. 课程思政教学目标

培养学生“爱农知农为农”精神。能够学会在实践中自觉地运用所学的分子生物学知识，能够从分子生物学的角度去分析生产实践中的问题，能够从分子生物学的视角提出解决问题的思路和方案。

3. 课程思政教学设计

首先讲授生物信息传递的最后一部分—蛋白质生物合成。至此整个中心法则内容全部讲完。通过对生物信息的传递所有内容的进行总结梳理，让同学们知道遗传信息是如何决定生物性状的，中心法则的解析让人类第一次在分子水平上解释了生物的遗传现象。使人类认识到基因工程可以通过转基因改造生物体的性状。在此引出 Bt 抗虫棉的农业实践案例。上 20 世纪 90 年代开始我国黄淮流域、长江流域两大主产棉区接连暴发棉铃虫灾害，持续时间长、范围大，前所未有，一年就损失上百亿。即使反复打药也难以取得防治效果。棉农眼看棉花被棉铃虫啃光也无可奈何，心急如焚、欲哭无泪。面对国外公司抗虫棉近乎天价的品种使用权也只能忍气吞声，而且到 1999 年国外转基因抗虫棉已占据国内市场 90%以上的份额。面对这样的局面，中国农业科学院郭三堆研究员临危受命开始了拥有自主知识产权抗虫棉的研发，在上中下游团队的精诚合作下，项目取得了重大突破，截至 2008 年国产转基因抗虫棉稳稳占据了国内市场的绝对优势。全国抗虫棉累计推广 3.15 亿亩，新增产值超过 440 亿元，农民增收 250 亿元，为棉花生产和农业可持续发展作出了巨大贡献。在讲解过程中让同学们真切地感受到农业、农民的痛点，感受到自身所应该承担的社会责任感；同时感受到科学知识的价值，激发同学们对学习科学知识、课程知识的动力和兴趣。

4. 教学方法

启发式教学、问题导向与传统讲授相结合。

5. 教学反思

我们不一定能作出像这些科学大家的科技贡献，但我们依然可以向他们学习，去勇于解决行业发展或单位发展中的痛点和难点，为行业或者自己所在单位的事业发展作出我们自己独特的贡献。

案例十二　生物信息的传递（下）——探索生命基础材料的里程碑

1. 课程内容简介

地球上所有的生命形式都使用了相同的遗传字母（碱基）：A、T、C、G。这类含氮化合物构成了 DNA 的基本材料，并组成了合成蛋白质的“指令”—密码子（由 3 个碱基组成，对应了组成蛋白质的不同氨基酸）。

2. 课程思政教学目标

结合人造碱基研究过程，激发学生学习兴趣，培养学生勇于探索的精神。

3. 课程思政教学设计

讲授遗传密码子的定义

看新闻：2017 年 *Nature* 杂志报道了美国加州 Scripps 研究所的 Floyd Romesberg 教授，在实验室合成出自然界中不存在的 X-Y 碱基对和相应的氨基酸，通过对碱基的系统修饰，并创造改良过的 tRNA 及相应的氨基酸用于识别人造碱基，从而成功将该合成人造碱基植入了大肠杆菌的基因组，其能够在大肠杆菌中自我复制和转录，并最终突破包括全新蛋白质合成的种种壁垒，避免大肠杆菌对人造碱基的排斥，使该人工合成的氨基酸可以被整合应用于大肠杆菌的蛋白质合成。

首次用自己在实验室合成的、自然界中不存在的 X-Y 碱基对和相应的氨基酸，成功在实验室创造了包含 ATGCXY6 种碱基的全新生命体。这一重要发现刊登在顶级期刊 *Nature* 杂志上。哈佛医学院的“遗传学大牛” George Church 评价这项工作为“探索生命基础材料的里程碑”。

学生课后思考：ATGCXY6 种碱基的全新生命体为什么能成为“全新”？为什么可以被冠以“探索生命基础材料的里程碑”？

4. 教学方法

线上线下结合、启发式教学和理论联系实践，引导学生挖掘教学内容中的科研思路和科学价值观。

5. 教学反思

介绍当下最新学科研究结果的方式，不仅可以激发学生的好奇心和兴趣，让学生了解什么是科研领域的创新，逐步培养学生的创新意识和能力，还使学生能带着发展的眼光看待问题，理解人类对客观世界和科学问题的认识是不断发展的。

案例十三 生物信息的传递（下）——乳腺生物反应器

1. 课程内容简介

生物按照从脱氧核糖核酸（DNA）转录得到的信使核糖核酸（mRNA）上的遗传信息合成蛋白质的过程。由于 mRNA 上的遗传信息是以密码（见遗传密码）形式存在的，只有合成为蛋白质才能表达出生物性状，因此将蛋白质生物合成比拟为翻译。所以，RNA 是蛋白质合成的直接模板。动物乳腺生物反应器是基于转基因技术平台，使外源基因导入动物基因组中并定位表达于动物乳腺，利用动物乳腺天然、高效合成并分泌蛋白的能力，在动物的乳汁中生产一些具有重要价值产品的转基因动物的总称。乳腺生物反应器生产的外源蛋白种类广泛，从小分子肽到大分子复杂蛋白质，从生物活性酶到抗体、病毒抗原蛋白均可有效生产。利用乳腺反应器生产营养活性蛋白，如需求量极大的护肤品中的活性蛋白，或者改造奶质而使其具备营养和药用双重功能，或者直接生产口服生物制品，都具有极大的市场潜力。我们相信乳腺生物反应器产业不仅会成为有高额利润回报的新兴行业，而且将会带动整个国民经济的发展，形成全新的产业结构模式。

2. 课程思政教学目标

通过对真核生物蛋白质合成过程的讲解，引导学生思考如何将这一生物过程应用到生产实践中，进而引出乳腺生物反应器技术，即利用动物乳腺天然、高效合成并分泌蛋白的特性来生产具有重要价值的药物等产品。中国科学院院士施履吉首次提出利用转基因动物乳腺生产重组蛋白的构想，并率先获得表达乙肝病毒表面抗原的转基因兔；上海交大曾溢滔院士在世界上率先获得乳腺能够分泌血友病病人所需的凝血因子 IX 活性蛋白的转基因羊。上述科学案例能够培养学生的民族自豪感，激发其学习、科研热情，并启发其要善于将所学理论知识应用于实践，为人类社会服务。

3. 课程思政教学设计

知识点讲解：蛋白质合成的详细过程；肽链合成后的加工；乳腺生物反应器

思政要素切入点：通过真核生物蛋白质合成及多肽翻译后修饰等过程的理论讲解，引导学生思考该基础理论知识在生物技术相关产业中的应用，进而引出乳腺生物反应器技术，启发学生学以致用的创新思维。再以施履吉院士与曾溢滔院士在乳腺生物反应器领域所取得的卓越成就为案例，培养学生的民族自豪感与爱国情怀。

课堂讨论：乳腺生物反应器能够应用于哪些领域？

4. 教学方法

理论讲解与课堂讨论相结合，将理论知识与生物技术实践应用联系起来，激发学生的主观能动性，培养学生的创新意识与爱国情怀。

5. 教学反思

分子生物学是一门较为基础和抽象的课程，因此，我们在讲授这门课时不仅要将抽象的理论知识浅显易懂地传授给学生，而且要将理论知识与生产实践相结合，让学生知道这些理论知识在生物技术相关产业中有哪些具体应用，以便更深刻地理解知识点。而乳腺生物反应器就是生物信息传递过程中蛋白质表达过程的具体应用，而且我国的科学家在这一领域取得了突出的成果，通过这些案例的讲解，让学生在了解前沿生物技术进展的过程中，对本节课蛋白质合成的内容也有了更深刻的认识，而且也能够培养学生的创新思维及科研兴趣。

案例十四　蛋白质的生物合成——中国科学家首次合成一个完整的核酸分子

1. 课程内容简介

蛋白质合成体系是最复杂的生物合成装置，主要包括核糖体、信使 RNA（mRNA）、各种氨基酸的一整套转运 RNA（tRNA）和氨基酰— tRNA 合成酶以及有关的蛋白质因子 。mRNA 是合成蛋白质的模板含有指令氨基酸掺入的遗传密码，mRNA 上的遗传信息来自 DNA，所以蛋白结合成的遗传信息最终是由 DNA 提供的。

2. 课程思政教学目标

① 培养学生学习过程中要夯实理论学习基础，引导学生充分意识无论从事什么研究方向，均要稳扎稳打，用自己所学理论知识的积淀提出有依据的科学假设。

② 引导学生体会学习老一辈科学家的艰苦奋斗，为国争光精神；建立文化自信；培养团队精神。

3. 课程思政教学设计

课前：通过学习平台给学生发放“蛋白质的生物合成”的文献资料，课本进行预习研读相关内容，查阅资料开展课前预习。

课中：课堂讲授中逐步引导和启发，让学生充分讨论课前下发的文献资料后，总结出相关知识点。课堂授课中主要通过实例导入法、设问启发及思政话题探讨等混合式教学方法来授课，并体现思政元素，老师利用讲故事方式引出“蛋白质的生物合成”的知识点。

讲故事：中国科学家首次合成一个完整的核酸分子—酵母丙氨酸转移核糖核酸的人工全合成。

在“酵母丙氨酸转移核糖核酸（酵母丙氨酸 tRNA）人工全合成”研究结果先后发表在 1982 年的《科学通报》和 1983 年的《中国科学》上。本工作启动于 1968 年，完成于 1981 年 11 月，是世界上首次人工合成一个核酸分子，其组成、序列和生物功能与天然的酵母丙氨酸 tRNA 完全相同。人工合成酵母丙氨酸 tRNA 历时 13 年。1982—1984 年，本研究的主要负责人之一王德宝以“酵母丙氨酸 tRNA 人工全合成”为题先后在国际 tRNA 学术研讨会，以及在美国、加拿大、英国、日本和西德等国的大学、研究所做过报告，获得了重视和赞扬。在半个世纪前的中国历史环境和条件下，中国科学家历尽艰难取得这一科学成就，至今回忆起来仍使人感到振奋。为本研究作出贡献的有 4 个研究所、1 个大学和 1 个工厂。据不完全统计，先后参加工作的有 180 人之多。

课后：教师发布本节课程理论知识学习效果自测题，并在自测题中再次强化学生思政知识点方面的学习收获，进行诊断性评价。同时，引导学生借助智慧在线学习工具，针对课中的思政知识点的研讨话题，在线上发布讨论：我国科学家在蛋白质研究领域中作出哪些重要的贡献？

4. 教学方法

线上线下结合、启发式教学和理论联系实践，引导学生挖掘教学内容中的科研思路和科学价值观。课前采用文献阅读法，激发学生的学习兴趣；课堂授课中通过讲授法并结合讨论法来总结授课内容，并体现思政元素；课后通过线上讨论式教学法加强课堂知识与日常生活的联系。

5. 教学反思

引入本案例的一个目的是让学生更加形象地理解“蛋白质的生物合成体系”知识点，引导学生理论与实例结合，增加学生学习兴趣；学习老一辈科学家的艰苦奋斗，为国争光精神；建立文化自信；培养团队精神，引导学生体会做学问，多学多看多问，理论结合实际。

案例十五　原核生物基因表达调控——色氨酸操纵子与科学的魅力

1. 课程内容简介

色氨酸操纵子是一个负反馈调控色氨酸合成酶基因表达的自我调控系统，包括阻遏系统和衰减子系统，他们有效精细调控了色氨酸的合成，实现了大肠杆菌中色氨酸合成的高效经济性。

2. 课程思政教学目标

培养科学精神，提高专业认知。能够学会在实践中自觉地运用所学的分子生物学知识，能够从分子生物学的角度去分析生产实践中的问题，能够从分子生物学的视角提出解决问题的思路和方案。

3. 课程思政教学设计

首先讲授色氨酸操纵子的工作原理。到了课程学习过了大半，此时学生会普遍觉得知识太难，学得太辛苦，也不知道学这些有什么用？快要失去课程学习的兴趣和动力了。此时放一个短视频来介绍氨基酸的市场需求和生产工艺，其中介绍发酵法生产氨基酸，它是利用微生物具有的能够合成其自身所需的各种氨基酸能力的一种氨基酸生产方法，其中包括生产色氨酸，然而生产实践发现色氨酸产量不高，生产效率低下。通过刚才讲授的色氨酸操纵子原理，让同学们分析色氨酸产量不高的原因是什么？假如你是那个生产氨基酸公司的技术研发人员，公司高层让你去解决这个问题，你怎么办？如何利用自己所学的专业知识提出解决方案。通过再次分析梳理色氨酸操纵子的工作原理，逐步引导同学们提出解决问题的方案：通过对色氨酸操纵子上的阻遏蛋白基因、操纵基因和前导序列进行改造，解除大肠杆菌色氨酸操纵子的负反馈抑制机制，可大幅度提高色氨酸的合成效率。在讲解过程中让同学们真切地感受到科学知识的价值，学习的获得感和重要性，激发同学们对学习科学知识、课程知识的动力和兴趣。

4. 教学方法

启发式教学、问题导向与传统讲授相结合。

5. 教学反思

我们应该转变同学们对课程学习的动机和态度，不是为了考试拿学分拿毕业证，而是了解自然规律，认识世界，并利用这些规律去更好地改造世界，造福人类。

案例十六　真核基因表达调控——从表观遗传学的发展历程悟科学的本质

1. 课程内容简介

表观遗传学研究非 DNA 序列变化情况下，相关性状的遗传信息通过 DNA 甲基化、染色质构象改变等途径保存并传递给子代的机制的学科。表观遗传学的概念最初由著名生物学家康拉德·哈尔·沃丁顿于 1942 年提出，用来定义基因与环境的互作产生表型，其含义是：同一个基因型在不同环境条件下会产生不同的表型。其中，最显而易见的例证就是一个个体可以呈现出的多种多样的发育表型。比如，人体的不同器官在表型和功能上都是迥然不同的，但它们都具有一个相同的基因型，这是基因选择性表达的结果，而对这些基因进行调控的就是表观遗传变异。具体来说，表观遗传变异包括 DNA 甲基化、组蛋白修饰的改变、染色质重塑以及非编码 RNA 丰度的变化等。

2. 课程思政教学目标

学生能带着发展的眼光看待问题，树立科学世界观，理解人类对客观世界和科学问题的认识是不断发展的。

3. 课程思政教学设计

由浅入深，由显性可见到隐性不可见，引导学生体会“遗传”“进化”与“环境”三者之间存在很微妙的关系。

① 将“诸药所生，皆有境界（《本草经集注》）”、“橘生淮南则为橘，生于淮北则为枳，叶徒相似，其实味不同。所以然者何？水土异也（《晏子春秋·内篇杂下》）”融入表观遗传学章节，让学生感受中国文化底蕴的博大精深。

② 从“人如其食”联系饮食与健康之间的关联。

③ 在介绍染色质修饰和表观遗传调控时，引入 Cedernaes 研究组 2018 年在 *Science* 子刊（*Science Advances*）报道，急性睡眠缺失（甚至熬夜一次）就能导致时钟基因的表观遗传变化和代谢改变，睡眠不足者体内的脂肪组织中 DNA 甲基化发生变化，并最终导致肥胖和Ⅱ型糖尿病发生。2020 年，Lewis 团队在 *Science* 上的研究成果首次记录了睡眠时“大脑自我清洗排毒”过程，为“熬夜会变傻”提供了科学依据。通过案例教学法倡导学生健康生活。

学生通过讨论，理解生物体能够产生后代并稳定遗传依赖于稳定传递的遗传信息与精密的调控机制。表观遗传信息的发现是对遗传信息的重要补充，拓展了遗传密码（DNA）的信息承载量。表观遗传信息的加入相当于扩大了遗传样本量，为自然选择提供了更多的素材。很多表观遗传学现象都是在生物后天的发育中表现出来的，体现出环境的塑造性。借助表观遗传学研究手段，学生能更好地理解环境因素对生命的影响。

4. 教学方法

线上线下结合、启发式教学和理论联系实践，引导学生挖掘教学内容中的科研思路和科学价值观。

5. 教学反思

表观遗传学的发展历程典型地体现出了科学的本质。因此，表观遗传学内容的教学，应着力于引导学生更好地理解科学的本质。人们对遗传现象的认知程度会随着科学的发展而改变，但所有观点的产生都不是异想天开，而是基于科学实证。表观遗传学从对现象的认识到理论的建立都是基于科学证据的积累，引导学生认识到科学是重视证据和逻辑的。引导学生理解科学的本质特征，一方面表现在科学知识是暂时的、可变的；另一方面表现为科学知识又具有持久性。

案例十七 真核生物基因表达调控——RNA剪接与科学报国

1. 课程内容简介

RNA剪接（RNA splicing）是指：在真核细胞核中从RNA初始转录物切除内含子，并连接外显子形成一个成熟、连续的信使RNA（mRNA）的过程。分子生物学的中心法则认为，遗传信息被编码在DNA中，然后被转录成RNA，进而被翻译成蛋白质。RNA剪接是真核基因表达中的一个过程。在此过程中，遗传信息以RNA的形式被改变——在RNA剪接中，RNA转录本的特定区域被切掉，然后侧翼序列被粘贴在一起。RNA剪接过程从根本上改变了RNA转录本所携带的信息内容，进而直接影响了遗传信息从DNA向蛋白质的流动。因此，RNA剪接调控是基因表达的关键步骤。RNA剪接过程包括两步反应：涉及保守RNA序列、分支点序列，以及5’和3’剪接位点。这些都存在于两个外显子之间的内含子中。两个外显子将组成成熟信使RNA（mRNA）的一部分。研究发现RNA剪接与疾病密切相关。研究RNA剪接体的结构和RNA剪接机制对于疾病的治疗意义重大。

2. 课程思政教学目标

培养科学家科学报国的爱国主义精神。科学无国界，但科学家有祖国。我国科技事业取得的历史性成就，是一代又一代矢志报国的科学家前赴后继、接续奋斗的结果。

3. 课程思政教学设计

在讲解真核生物基因表达调控—可变剪接内容时，提出可变剪接是如何完成的，即剪接的分子机制，就需要解析RNA剪接体的结构，而这就不得不提结构生物学家——施一公院士以及他的故事。2008年2月，40岁的施一公回到祖国，全职进入母校清华大学任教。40岁，被普遍认为是一个科学家创新能力的巅峰时期。他的离开，让美国生物学界颇为讶异不解。此时的施一公，是美国普林斯顿大学分子生物学系建系以来最年轻的终身讲席教授，拥有一整层楼的实验室、充裕的科研经费和优越的生活条件。为什么回国？这源于他从未动摇过的想法："能让中国屹立于世界民族之林，有一帮人在拼命。他不想做祖国发展的看客、坐享其成的乘客。"体现了科学家科学报国的爱国主义精神。施一公的回归被视为海外高层次人才回归中国的一个"风向标"。

探索前沿"世界级成果"，在中国实验室产生！2015年，施一公团队在世界上率先解析出RNA剪接体的空间三维结构，一时间惊叹世界结构生物学界。剪接体是基因表达第二步中的关键分子机器，其原子结构解析难度巨大，此前20年来许多一流实验室都未攻下这座山峰。这是施一公回国后的第一个10年拼来的成果。购买实验设备，领导团队掌握相关技术，数据收集、计算和结构解析……最难时每天工作16小时，他总是实验室最晚走的一个。如今，这一成果登上国际经典教科书《生物化学原理》的封面。业内人士将其评价为"RNA剪接领域里程碑式的重大突破"，是"近30年中国在基础生命科学领域对世界科学做的最大贡献"。用榜样的力量去激励同学们敢于解决行业发展或单位发展中的痛点和难点。

因为他的影响力，越来越多的科技人才回到祖国。我国科技事业取得的历史性成就，是一代又一代矢志报国的科学家前赴后继、接续奋斗的结果。我们不一定能作出像这些科学大家的科技贡献，但国家建设需要不同层次不同岗位的各类人才，我们依然可以向他们学习，为国家的事业发展作出我们自己的贡献。

4. 教学方法

启发式教学与传统讲授相结合。

5. 教学反思

我们不一定能作出像这些科学家的科技贡献，但国家建设需要不同层次不同岗位的各类人才，我们依然可以向他们学习，为国家的事业发展作出我们自己独特的贡献。

案例十八　真核生物基因表达调控——转基因育种“中国抗虫棉之父”——郭三堆

1. 课程内容简介

自然状态下细胞内大多数基因表达都有组织特异性和诱导表达性，人为操纵外源基因的导入和表达称之为异位表达，异位表达强调表达的时空性。

2. 课程思政教学目标

通过讲述郭三堆科学家在利用转基因抗虫育种方面所作出的贡献和成就，可以让学生从科学家的故事中学到理论知识，还能激发学生的爱国主义情怀，增强民族自信心与文化自信，弘扬民族精神，同时能够激发学生学习分子生物学的热情，树立为国家生物技术行业发展而努力奋斗的目标。

3. 课程思政教学设计

课前学生自主学习：在上课前一天让学生自己查阅和检索有关转基因食品或植物的相关信息，同时将转基因表达技术的原理资料布置给学生，让他们预习自学。

知识点讲解：真核生物基因的表达；转基因技术的原理等内容。

事件背景：20 世纪 90 年代，我国内地主产棉区棉铃虫连年大暴发，造成重大经济损失，棉农“谈虫色变”。棉农这样形容棉铃虫的为害：“除了电线杆子不吃，其他什么都吃。”棉铃虫的肆虐不但让当时我国棉花生产遭受巨大损失，而且由于过量使用化学农药造成了严重的环境污染以及人、畜中毒死亡事故。以 1992 年为例，仅棉田使用化学杀虫剂 15 万吨以上，中毒人数超过数万人。1996 年美国、澳大利亚等 3 个国家率先商业化种植转基因抗虫棉花，我国于 1997 年开始引入种植美国转基因抗虫棉，美国抗虫棉进入我国市场后，企图垄断我国棉花种子市场，攫取高额利润。内忧外患之下，我国“863”计划提出通过基因工程的方法解决棉铃虫问题，以中国农科院生物技术研究所郭三堆研究员为代表的一大批科研人员进行了科研攻关。1999 年，国产抗虫棉通过安全评价，并在河北、河南、山西、山东、安徽等 9 省区得到推广，之后国产抗虫棉打破了由美国抗虫棉垄断我国 95% 市场份额的局面。我国成为继美国之后，独立研制成功抗虫棉并拥有自主知识产权的第二个国家，郭三堆因此被誉为“中国抗虫棉之父”。国产抗虫棉的研制成功和应用，不仅有效控制了棉铃虫和红铃虫的为害，而且打破了抗虫棉主要依赖美国进口的局面，保护了棉农的生命财产安全，提升了我国农业高新技术的国际竞争力。

学生讨论：你们还知道有哪些产品或植物是通过关于转基因技术实现的？你们对转基因产品或植物的有什么看法？

4. 教学方法

线上线下结合、启发式教学和理论联系实践，引导学生挖掘教学内容中的科研思路和科学价值观。

5. 教学反思

该知识点抽象难懂，单靠知识点的讲解学生较难理解并掌握，同时对于该技术的应用技术更是难以理解。通过该案例的讲解，不仅可引导学生对知识点的自学和理解，同时也让其更进一步地理解分子生物学在生产实践中的应用，树立专业自信。另外通过故事的讲解，让学生树立正确的人生观和爱国主义情怀，明确自身的社会责任。还有针对此案例，可以衍生到国家提出的粮食安全问题，深入理解“中国人的饭碗要牢牢端在自己手中”这句话的含义，充分调动学生的爱农意识社会责任感。

案例十九 DNA 甲基化修饰——我们的健康谁说了算?

1. 课程内容简介

（1）课程理论知识内容简介

DNA 甲基化的概念：是指在 DNA 甲基转移酶的作用下将甲基选择性地添加到 DNA 分子中特定碱基上的过程。DNA 甲基化的主要形式：“第五碱基” 5-甲基胞嘧啶（5-mC），“第六碱基” 5-羟甲基胞嘧啶（5-hmC），N6-甲基腺嘌呤（N6-mA），7-甲基鸟嘌呤（7-mG）。

DNA 甲基化在不改变 DNA 碱基序列的前提下改变基因表达的最终遗传表型，是最重要的表观遗传调控方式之一。

（2）课程思政内容简介

随着社会的发展，对于年轻人的要求是越来越高，面对各种学习和工作上的压力，年轻人不规律的生活饮食习惯日趋常态化。于是，屡屡出现年轻人患原本老年人常见的高血压、糖尿病、心脑血管疾病等，甚至出现年轻人猝死的现象。

为了揭示不规律的生活行为之所以导致疾病的分子机制？有很多文献报道，不规律的睡眠、不均衡的营养摄取、不健康的吸烟行为和超出承受范围的精神压力等都可能会导致 DNA 甲基化改变，这是引发疾病的原因之一。

2018 年，瑞典乌普萨拉大学的研究学者研究发现，晚上不睡觉，肌肉会越来越少，脂肪堆积得越来越多导致肥胖，最终引起 2 型糖尿病病发。其机理是，熬夜会促使 DNA 甲基化增多，因此 DNA 甲基化是引发肥胖和 2 型糖尿病。2022 年 5 月 2 日，维多利亚大学健康与运动研究所报道，DNA 甲基化与衰老之间有必然的联系，告诫我们想要保持美颜不衰，那就要减少 DNA 甲基化的概率从而减缓衰老的步伐。2022 年 9 月 29 日，我国医学科学院阜外医院研究报道，高血压病的遗传和环境因素有关，DNA 甲基化最容易受环境因素的影响，因此 DNA 甲基化对研究高血压病因的分子机制很重要。

2. 课程思政教学目标

① 倡导学生践行生活作息规律、合理膳食、保持心理健康的绿色生活方式。

② 引导学生充分认识到自己才是自身健康的第一负责人，增强学生自我责任意识。

3. 课程思政教学设计

本节课主要我们的健康谁说了算？案例材料开展课程思政教育。

（1）课前思政教学设计

课前，教师借助智慧在线学习工具发布学习材料和思政案例材料，学生通过资料自查完成发布的学习任务：①你了解导致 DAN 甲基化改变的原因吗？②如何理解 DNA 甲基化改变是引发疾病的原因之一？引导学生通过查阅、思考形式，使其更加主动地参与到学习过程。根据学生提交任务的具体情况赋分，分值作为学生参与课前思政学习过程的考核评价。

（2）课中思政教学设计

课中，教师在讲解完 DNA 甲基化的概念，首先引出设计的课程思政问题：你了解导致 DAN 甲基化改变的原因吗？引导学生了解不规律的睡眠、不均衡的营养摄取、不健康的吸烟行为和超出承受范围的精神压力等都可能会导致 DNA 甲基化改变。紧接着教师提出第二个问题，“如何理解 DNA 甲基化改变是引发疾病的原因之一？”组织学生开展课堂讨论，引导学生认识到DNA甲基化最容易受环境因素的影响，引发疾病的原因之一是生活行为不规律造成的。

(3) 课后思政教学设计

课后，教师借助智慧在线学习工具发布本节思政知识点的讨论话题：我们的健康谁说了算？根据学生参与讨论话题的具体情况赋分，分值将计为学生参与课堂思政学习过程的考核评价。

4. 教学方法

本节课课程思政教学采用实体课堂教学与智慧在线教学相结合的混合式教学。

课前，采用“任务驱动”法，教师在线发布预习任务，学生围绕创设的思政问题“为何老年疾病年轻化？”查阅资料开展课前预习。

课中，首先通过教师的“教授法”及思政案例启发探讨，引导学生充分认识到老年疾病年轻化的原因是精神压力以及不规律的生活习惯。

其次，教师将本节课的知识点联系起来讲解不规律的生活饮食习惯和精神压力可能会导致DNA甲基化改变，这是引发疾病的原因之一。

课后，本节课程的思政教学方法采用在线教学总结式手段开展，教师发布本节课思政知识点的“讨论”题：如何践行绿色健康的生活方式，预防疾病？强化和升华本节课思政元素点。

5. 教学反思

课前，教师给予“我们的健康谁说了算？”思政案例资料和问题创设为主，让学生通过预习及资料自查思考问题。

课中，如何调动学生积极参与课堂互动，引导学生认识到健康的重要性。

课后，除课前学习任务的提交和课后讨论的考核评价外，根据教学安排完善学习评价。

案例二十　结构基因组学——本世纪的重大科学工程

1. 课程内容简介

结构基因组学是一门用结构生物学方法研究整个生物体、整个细胞或整个基因组中所有的蛋白质和相关蛋白质复合物的三维结构的学科。主要利用实验方式（X射线晶体学、核磁共振波谱法和电子显微学）来测定蛋白质结构，同时结合同源建模这一计算方式来推测蛋白质结构。和传统结构生物学不同的是，利用结构基因组学所测定的蛋白质结构通常是功能未知的蛋白质。结构生物信息学，利用三维结构信息来预测蛋白质功能，快速、高通量的蛋白质结构测定。

2. 课程思政教学目标

① 培养学生学习过程中要夯实理论学习基础，引导学生充分意识无论从事什么研究方向，均要稳扎稳打，用自己所学理论知识的积淀提出有依据的科学假设。

② 树立学成报国思想，在中国一样能够做出顶级研究成果。通过这些国际领先研究成果增强民族自豪感，激发创新型学习兴趣。

3. 课程思政教学设计

课前：通过学习平台给学生发放“结构基因组学”的文献资料，课本进行预习研读相关内容，查阅资料开展课前预习。

课中：课堂讲授中逐步引导和启发，让学生充分讨论课前下发的文献资料后，总结出相关知识点。课堂授课中主要通过实例导入法、设问启发及思政话题探讨等混合式教学方法来授课，并体现思政元素，老师利用讲故事方式引出“结构基因组学”的知识点。

讲故事：本世纪的重大科学工程

结构基因组学即通常人们所提到的“基因组学”，它以基因组作图，核苷酸序列测定，确定基因组成及基因定位为主要任务。1990 年 10 月，国际人类基因组计划（HGP）在美国正式启动，2003 年 4 月 14 日，美国联邦国家人类基因组研究项目负责人弗朗西斯·柯林斯博士在华盛顿宣布：美、英、日、法、德和中国科学家经过 13 年努力共同绘制完成了人类基因组序列图，至此人类基因组计划所有目标全部实现。HGP 主要完成了 4 张图谱：遗传图、物理图、转录图、序列图。大规模的全基因组测序计划正产生越来越多的序列信息，而理解这些信息的关键是理解基因产物—蛋白质的功能。在后基因组时代，蛋白质的三维结构解析是揭示生命密码的重要部分。结构蛋白质组学研究开始启动，它的目标是采用工业化生产的方式在基因组规模去大量测定蛋白质的结构。结构生物学家的研究方式，蛋白质结构测定的流程，从 cDNA 的克隆到数据收集，大部分实现自动化。结构蛋白质组学是实验和理论计算相结合的多学科交叉的领域，目前结构蛋白质组学面临着许多技术上的挑战，这些挑战也带来了很多机遇。结构蛋白质组学产生的大量结构信息是一笔巨大的财富，它给制药行业带来重大变化，近年来基于蛋白结构的合理药物设计在制药行业非常流行，给生物学领域带来一场革命。

课后：教师发布本节课程理论知识学习效果自测题，并在自测题中再次强化学生思政知识点方面的学习收获，进行诊断性评价。同时，引导学生借助智慧在线学习工具，针对课中的思政知识点的研讨话题，在线上发布讨论：结构基因组学对疾病机理的阐明、对疾病的防治有哪些重要应用意义？

4. 教学方法

线上线下结合、启发式教学和理论联系实践，引导学生挖掘教学内容中的科研思路和科学价值观。课前采用文献阅读法，激发学生的学习兴趣；课堂授课中通过讲授法并结合讨论法来总结授课内容，并体现思政元素；课后通过线上讨论式教学法加强课堂知识与日常生活的联系。

5. 教学反思

引入本案例的一个目的是让学生更加形象地理解“结构基因组学”知识点，引导学生理论与实例结合，增加学生学习兴趣；引导同学们应用所学知识辩证分析问题，引导学生体会做学问，多学多看多问，理论结合实际。

案例二十一　国家蛋白质科学研究——解读新冠肺炎病毒密码

1. 课程内容简介

蛋白质的生物合成大致分为氨基酸的活化、肽链合成的起始、肽链延伸、肽链合成的终止与释放 4 个阶段。mRNA 上每 3 个相邻核苷酸编码一个氨基酸，把编码氨基酸的 3 个相邻的核苷酸称为三联体密码或密码子。生物体内共有 64 组密码子，61 组用来编码氨基酸，有 3 组为终止密码子（UAA、UAG、UGA）不编码任何氨基酸，AUG 为起始密码子并编码甲硫氨酸（蛋氨酸）。从 mRNA 翻译得到的蛋白质多数是没有生物学活性的初级产物，只有经翻译后加工过程才能成为有活性的终产物。加工包括修饰和折叠两部分，蛋白质成熟过程中修饰和折叠是相辅相成的。

2. 课程思政教学目标

① 培养学生学习过程中要夯实理论学习基础，引导学生充分意识无论从事什么研究方向，均要稳扎稳打，用自己所学理论知识的积淀提出有依据的科学假设。

② 引导学生体会科学大胆的猜想与求证中一步步走向未来，对本专业我国杰出科学家的研究经历与突出贡献进行讲授，使同学们了解中国科学家的科学精神，增强文化自信和认

同感。

3. 课程思政教学设计

课前：通过学习平台给学生发放“蛋白质的生物合成”的文献资料，课本进行预习研读相关内容，查阅资料开展课前预习。

课中：课堂讲授中逐步引导和启发，让学生充分讨论课前下发的文献资料后，总结出相关知识点。课堂授课中主要通过实例导入法、设问启发及思政话题探讨等混合式教学方法来授课，并体现思政元素，老师利用讲故事方式引出“蛋白质的生物合成”的知识点。

讲故事：解读新冠肺炎病毒密码，国家蛋白质科学研究（上海）设施开放。在新冠疫情已成为世界性的突发性公共卫生事件。为了增强我国快速应对公共卫生事件能力，中国科学院上海高等研究院国家蛋白质科学研究（上海）设施建立了我国自己的蛋白质库。所有新冠病毒编码的29种蛋白质的表达质粒的构建已经全部完成，由国家蛋白质科学研究（上海）设施蛋白质库进行存储和分发，今天起面向全球开放并提供服务，以实现蛋白质资源的快速共享，助力新冠肺炎病毒的防治研究。

蛋白质库一期以蛋白质表达质粒库为主，提供蛋白质表达质粒的存储和寄送服务。新冠肺炎病毒的基因组不到3万个碱基，能够转录29种蛋白质，有16种非结构蛋白（NSPs）、4种结构蛋白和9种辅助蛋白。其中，非结构蛋白中NSP7、NSP8和NSP12形成RNA依赖的RNA聚合酶复合物，在病毒的复制和转录周期中发挥重要的作用；NSP5是3C蛋白水解酶，可以使大多数其他NSP蛋白质从蛋白链上解放出来，被认为是抗新冠肺炎病毒药物研究的重要靶点；4种结构蛋白S，E，M和N形成冠状病毒外层，保护内部的RNA，刺突蛋白S可以帮助病毒入侵细胞。针对这29种蛋白质的研究对致病机理解析、疫苗研发、试剂检测及抗体和药物的研发都至关重要。

经中国科学院院士饶子和等科学家们实验室的质粒捐赠和支持，所有新冠病毒编码的29种蛋白质的表达质粒的构建已经全部完成，面向全球开放并提供服务。蛋白质设施是国家“十一五”规划建设的国家重大科技基础设施项目，集成了具有不同空间和时间分辨率的仪器和设备，拥有自动化蛋白质制备系统、蛋白质结构与动态分析系统、蛋白质核磁共振分析系统、冷冻电镜分析系统、蛋白质修饰与相互作用分析系统、分子影像系统和数据库与计算分析系统等九个研究系统。蛋白质设施将全力推进基于张江实验室大设施群的新技术突破，整合型结构生物学，以及蛋白质从头设计和应用，在不断创新中实现跨越和发展。同时，蛋白质设施将聚焦世界科技前沿领域，充分发挥大科学设施平台效能，全面支撑我国蛋白质科学研究工作，为科学家们带来更多实用好用的技术，引领蛋白质科学研究新技术发展，并聚集培养蛋白质科学研究的尖端人才，建立国际一流的蛋白质科学研究基地。

课后：教师发布本节课程理论知识学习效果自测题，并在自测题中再次强化学生思政知识点方面的学习收获，进行诊断性评价。同时，引导学生借助智慧在线学习工具，针对课中的思政知识点的研讨话题，在线上发布讨论：蛋白质的生物合成之后，还需要哪些修饰和加工过程？

4. 教学方法

线上线下结合、启发式教学和理论联系实践，引导学生挖掘教学内容中的科研思路和科学价值观。课前采用文献阅读法，激发学生的学习兴趣；课堂授课中通过讲授法并结合讨论法来总结授课内容，并体现思政元素；课后通过线上讨论式教学法加强课堂知识与日常生活的联系。

5. 教学反思

引入本案例的一个目的是让学生更加形象地理解“蛋白质合成过程”知识点，引导学生理论与实例结合，增加学生学习兴趣；引导同学们应用所学知识辩证分析问题，引导学生体会做学问，多学多看多问，理论结合实际。

案例二十二 DNA 序列分析——中国水稻逆袭之路

1. 课程内容简介

核酸的核苷酸序列测定具体方法五花八门、种类繁多。但是究其所依据的基本原理，不外乎 Sanger 的核酸链合成终止法及 Maxam 和 Gilbert 的化学降解法两大类。虽然原理不同，但这两种方法都同样生成互相独立的若干组带放射性标记的寡核苷酸，每组寡核苷酸都有固定的起点，但随机终止于特定的一种或多种残基上。由于 DNA 链上每一个碱基出现在可变终止端的机会均等，因而上述每一组产物都是一些寡核苷酸的混合物，这些寡核苷酸的长度由某一种特定碱基在原 DNA 片段上的位置所决定。然后在可以区分长度仅相差一个核苷酸的不同 DNA 分子的条件下，对各组寡核苷酸进行电泳分析，只要把几组寡核苷酸加样于测序凝胶中若干个相邻的泳道之上，即可从凝胶的放射自显影片上直接读出 DNA 上的核苷酸顺序。

2. 课程思政教学目标

① 培养学生学习过程中要夯实理论学习基础，引导学生充分意识无论从事什么研究方向，均要稳扎稳打，用自己所学理论知识的积淀提出有依据的科学假设。

② 引导学生体会科学在大胆的猜想与求证中一步步走向未来，树立学成报国思想，在中国一样能够做出顶级研究成果。通过这些国际领先研究成果增强民族自豪感，激发创新型学习兴趣。

3. 课程思政教学设计

课前：通过学习平台给学生发放“核苷酸序列测定”的文献资料，课本进行预习研读相关内容，查阅资料开展课前预习。

课中：课堂讲授中逐步引导和启发，让学生充分讨论课前下发的文献资料后，总结出相关知识点。课堂授课中主要通过实例导入法、设问启发及思政话题探讨等混合式教学方法来授课，并体现思政元素，老师利用讲故事方式引出“核苷酸序列测定”的知识点。

讲故事：中国水稻逆袭之路。

2000 年 4 月，华大基因正式启动了水稻（籼稻）基因组计划，测序的样本是袁隆平杂交水稻的父本，希望通过测序找出水稻产量相关基因。外有日本竞争，内有资金困境，可谓是举步维艰，但华大水稻基因项目组成员决心不惜一切代价，要在水稻研究上拔得先筹。在极端艰苦、紧张的条件下，华大基因终于赶在日本之前，完成了水稻（籼稻）基因组框架图的绘制。2002 年 4 月，*Science* 杂志以封面文章的形式报道了这项工作，当期杂志的封面图是中国云南的哈尼梯田，山地上层层叠叠的稻田极具民族特色。2005 年，华大基因把绘制完善的水稻基因组精细图以封面文章的形式发表在 PLOS Biology 杂志。在封面图上，一个穿红衣的孩子抱着一大锅煮熟的米饭，暗喻水稻基因组框架图已经足够完美，生米已经煮成熟饭。2011 年 9 月，华大基因和中国农业科学院、国际水稻研究所共同启动“全球 3 000份水稻核心种质资源重测序计划”，对 3 000多株亚洲稻进行了重测序，这是全球最大的动植物重测序项目之一，能为水稻基因组学研究和育种提供重要的资源。

经过数年努力，研究人员终于完成了主要的测序工作，当他们把研究成果写成论文向 *Nature* 杂志投稿时，在文中用了“籼”（Xian）和“粳”（Geng）的名字，而没有采用日本的命名法。但杂志社审稿人认为这并非传统命名方法，建议把这两个汉字去掉。研究人员坚持用中文命名，他们跟审稿人讲述中国历史，讲述中国古代文献里关于籼稻和粳稻的记载，讲述丁颖先生的论文。水稻不仅在中国有悠久历史，测序结果也显示很多水稻品种起源于中国，所以应该尊重传统文化和生物学客观事实，把“籼”“粳”这两个汉字印在文章上，以纠正日本人当年的错误。最终，这篇含有两个汉字的论文于 2018 年 4 月成功发表在 *Nature* 杂志上。

从 20 世纪 30 年代起，丁颖等科学家就希望把水稻的两个亚种命名为籼稻和粳稻，但一直没能改过来，如今这两个汉字终于刊登在 *Nature* 杂志上。这不仅意味着 *Nature* 杂志的研究论文中首次出现了汉字，更意味着当年“印度型稻”和“日本型稻”的命名得到了纠正，具有重大的历史意义。一碗再常见不过的白米饭，背后是中国人上万年的水稻种植史和中国科学家数十年的努力。你在捧起这碗米饭的时候，是否感受到了蕴藏其中的历史和智慧呢？

课后：教师发布本节课程理论知识学习效果自测题，并在自测题中再次强化学生思政知识点方面的学习收获，进行诊断性评价。同时，引导学生借助智慧在线学习工具，针对课中的思政知识点的研讨话题，在线上发布讨论：我国科学家在大豆、玉米、棉花等作物中，还有哪些突出的科研成果？

4. 教学方法

线上线下结合、启发式教学和理论联系实践，引导学生挖掘教学内容中的科研思路和科学价值观。课前采用文献阅读法，激发学生的学习兴趣；课堂授课中通过讲授法并结合讨论法来总结授课内容，并体现思政元素；课后通过线上讨论式教学法加强课堂知识与日常生活的联系。

5. 教学反思

引入本案例的一个目的是让学生更加形象地理解“核酸的核苷酸序列测定”知识点，引导学生理论与实例结合，增加学生学习兴趣；引导同学们应用所学知识辩证分析问题，引导学生体会做学问，多学多看多问，理论结合实际。

案例二十三　基因重组技术——贺建奎基因编辑婴儿事件

1. 课程内容简介

同源重组（Homologous Recombination）是指发生在非姐妹染色单体（non - sister chromatid）之间或同一染色体上含有同源序列的 DNA 分子之间或分子之内的重新组合。同源重组需要一系列的蛋白质催化，如原核生物细胞内的 RecA、RecBCD、RecF、RecO、RecR 等以及真核生物细胞内的 Rad51、Mre11-Rad50 等。同源重组可以实现对某个基因或某些基因进行编辑，即将外源基因定位导入受体细胞染色体上，因为在该座位有与导入基因同源的序列，通过单一或双交换，新基因片段可替换有缺陷的基因片段，达到修正缺陷基因的目的。

2. 课程思政教学目标

通过对“基因编辑婴儿”事件的讲解，引导学生在未来进行科学研究时，除了要积极创新、勇于探索推动科学技术发展之外，更应该守住生物技术的伦理底线，不能为了个人的眼前的名利，丧失伦理道德。帮助大学生形成正确的职业道德观和生命伦理观，是每个教师的基本任务，在加强学生学习好专业文化知识之外，还需要培养学生成为一个知学、懂学、好学的人。

3. 课程思政教学设计

知识点讲解：同源重组技术概念；同源重组技术的原理；同源重组的应用等；通过科幻片引出克隆人。

事件回顾：2018年南方科技大学副教授贺建奎将CRISPR/Cas9技术用于人类胚胎的改造，对CCR5基因上的32个碱基进行敲除，使HIV丧失入侵细胞的途径。这一事件表面上是帮助患者获得免疫HIV的能力，但实则涉嫌违规和违背伦理道德。一方面CCR5基因本身的功能还不能完全确定，对其敲除可能引发其他未知风险，另一方面CRISPR/Cas9技术还未完全被掌控，可能出现脱靶效应，因此，在CCR5基因编辑还不能保证完全安全的情况下就应用于人类胚胎，这是对人的不尊重，同时也违背了社会公平伦理。

课堂讨论：你们对贺建奎对“基因编辑婴儿”事件的看法？

4. 教学方法

线上线下结合、启发式教学和理论联系实践，引导学生挖掘教学内容中的科研思路和科学价值观。

5. 教学反思

科学界将越来越重视生命科学的伦理规范。基因编辑技术引领生命科学来到了一个转折点上。科学将与伦理同行，为了生命的意义得以存续，也为了人类新的更美好的未来。分子生物学技术在为人类健康发展的研究和应用中发挥了十分重要的作用，实则是一把“双刃剑”。本节知识点晦涩难懂，尤其对本科生具有一定的理解难度。通过本案例的讲授，不仅要让学生认识到分子生物学技术重要的应用前景，而且让他们树立规则意识和底线意识。

案例二十四 生命时钟能够逆转——诱导多能干细胞（iPS）技术

1. 课程内容简介

真核生物的基因调控比原核生物复杂得多。这是因为这两类生物在3个不同水平上存在着重大的差别：①在遗传物质的分子水平上，真核细胞基因组的DNA含量和基因的总数都远远高于原核生物，而且DNA不是染色体中的唯一成分，DNA和蛋白质以及少量的RNA构成以核小体为基本单位的染色质；②在细胞水平上，真核细胞的染色体包在核膜里面，转录和翻译分别发生在细胞核和细胞质中，这两个过程在时间上和空间上都是分开的，而且在转录和翻译之间存在着一个相当复杂的RNA加工过程；③在个体水平上，真核生物是由不同的组织细胞构成的，从受精卵到完整个体要经过复杂的分化发育过程，除了那些为了维持细胞的基本生命活动所必需的基因之外，其他不同组织的细胞中的基因总是在不同的时空序列中被活化或受阻遏。真核生物基因表达调控具有如下特征：

基因组和染色体结构复杂：更多的调控信息，更复杂的转录起始机制；

细胞结构复杂：转录和翻译在时空上分开；

多细胞，多组织生物：细胞内外环境，细胞发育的不同阶段、细胞分化

真核生物基因表达调控的多层次性：染色质水平，转录水平，转录后水平，翻译水平，翻译后水平。

2. 课程思政教学目标

一方面通过对干细胞领域当前较为前沿的诱导性多能干细胞（induced pluripotent stem cells，iPS）技术的讲解，引导学生在未来的科学研究中，要善于打破常规、逆向思维，摆脱固有观念的束缚，这样才能取得创造性的成果。另一方面，以中国科学院动物研究所周琪和上海交通大学医学院曾凡一团队用iPS细胞培育出了小鼠“小小”，在世界上首次证明iPS细胞与胚胎干细胞具有相似的全能性的科学案例，培养学生的民族自豪感，激发学生的学习、科研热情。同时，要让学生明白，在进行生物技术研究时，还要遵守伦理道德的要求，形成正确的人生观、世界观以及科研伦理观。

3. 课程思政教学设计

知识点讲解：原核生物和真核生物基因表达调控的差别；真核生物基因表达调控的层次；转录水平的调控；多能诱导干细胞技术。

思政要素切入点：通过对真核细胞基因表达与发育分化调控机制的讲解，引出干细胞技术的应用，从而提出胚胎干细胞研究所存在的伦理学及免疫排斥等弊端，进而启发学生思考如何解决上述难题，引出 iPS 技术，即将一些多能遗传基因（如 Oct3/4、Sox2、c-Myc 及 Klf4 等）导入皮肤等体细胞中，从而诱导普通体细胞“重编程”，使其“初始化”，具备干细胞的功能。通过以上循循善诱、层层递进的教学过程，培养学生的逆向思维与创新意识，并树立正确的科研伦理观。

课堂讨论：iPS 细胞的应用前景及其存在的问题。

4. 教学方法

理论讲解与课堂讨论相结合，将理论知识与生物技术实践应用联系起来，激发学生的主观能动性，培养学生的创新意识与正确的科研伦理观。

5. 教学反思

干细胞技术是生物技术的一个重要分支，也在生命科学领域中发挥着越来越重要的作用。iPS 细胞技术不需要使用卵细胞或者胚胎，不存在伦理学的问题，其在神经系统、心血管疾病等方面的临床治疗价值日益呈现，在细胞替代性治疗、发病机理的研究及新药筛选等方面具有巨大的潜在价值。通过本案例的讲解，学生在了解前沿生物技术进展的过程中，对本节课真核基因表达调控的内容也有了更深刻的认识，而且也能够引导学生树立创新思维及正确的伦理道德观。

第十章 《酶工程》课程思政案例

课程信息及编写教师信息

课程名称	酶工程
课程类型	○公共基础课程 ◉专业教育课程 ○实践类课程
授课专业类/代码	生物科学/071001、生物技术/071002、生物信息学/071003、生物制药/083002T、生物工程/083001
课程性质	◉必修 ○选修
开课年级	大学三年级

编写教师信息

编写教师单位	教师姓名	性别	职称	学位	案例所属教学大纲中的章节及知识点	思政案例名称
新疆农业大学	苏豫梅	女	副教授	博士	酶的生产方法	案例三 厉害了！我国年轻科学家科研团队借助生物人工智能技术首次合成全球第一个人工β-氨基酸合成酶！
					产酶微生物	案例四 中国在新冠疫情大考中交上了令人民满意的答案！
					酶的分离纯化	案例五 生物酶的过滤分离技术高效处理废水，使得废水可持续循环使用
					酶的固定化	案例八 酶联免疫吸附(ELISA)技术快速进行疾病诊断
	夏木斯亚·卡坎	女	讲师	博士	酶工程概述	案例一 “酶”力绽放绿色
					酶的抑制剂作用	案例二 从“心”出发守护健康
					酶的改造	案例六 中国科学家颠覆性突破：定向进化构建工程酶，将 CO_2 化学催化产生的甲醇成功转化为淀粉
					酶分子定向进化	案例七 试管中模拟达尔文进化过程，实现分子水平的模拟进化
					酶反应器及酶传感器	案例九 有趣的新冠抗原检测试剂卡
					酶工程的应用	案例十 全国低碳日——今天你“低碳”了吗？

案例一　绪论——“酶”力绽放绿色

1. 课程内容简介

（1）课程理论知识内容简介

酶是一种生物体活细胞产生的具有催化功能的特殊蛋白质。它的特性是在常温、常压下催化生物体内的各种生物化学反应，而它本身却在这些变化中保持原样，因此称为生物催化剂。它有较强的高效性和专一性，如果没有酶的催化，生物将根本无法维持生命活动。

随着生物技术的发展，很快把酶分子修饰技术与基因工程技术结合在一起。通过基因定位突变技术，把酶分子修饰后的信息储存于 DNA 之中，经过基因克隆及表达，就可以通过生物合成的方法获得具有新功能的酶。

酶工程就是通过酶或微生物细胞、动植物细胞、细胞器等在一定的生物反应装置中，利用酶所具有的特殊生物催化功能，借助工程手段将相应的原料转化成有用物质并应用于社会生活的工程技术科学。

（2）课程思政内容简介

本思政案例主要从“酶”力绽放绿色开展课程思政教育。

酶作为天然的生物催化剂，在我们生命活动中的消化、呼吸、运动中酶促反应发挥作用。如果没有酶的存在，没有生命，就没有色彩斑斓的世界。

酶与我们的日常生活息息相关，加酶洗涤剂、加酶化妆品，如牙刷、护手霜、洗面奶，还有润肤霜等更加环保的洗护用品层出不穷。是不是很好奇，我们古人有哪些洗护用品呢？早在魏晋时，古人就开始利用可溶于水并持续产生泡沫的皂角清洗衣物上的污渍。《鸡肋编》中记载，宋代人们洗手、沐浴时使用的“肥皂”是以果肉比皂荚还要多油的“肥珠子”作为主料，添加其他辅料加工而成的。

据我们所知，酶在酿造、制糖、烘焙、乳制品、肉类和水果蔬菜等食品加工业中应用频繁。从健康安全的角度出发，需要密封保存食品保鲜，现使用的新型生物保鲜剂的主要成分就是葡萄糖氧化酶，在密封状态下它催化葡萄糖发生氧化，从而达到除氧保鲜的目的。葡萄糖氧化酶也在防止啤酒变质、保持啤酒原有风味、延长保质期方面有着显著的效果。目前，溶菌酶已完全替代有害人体健康的化学防腐剂苯甲酸，成为安全的生物防腐剂。除此之外，食品添加剂（食品酶制剂）具有天然环保特性，在保证安全的情况下，合理使用它可以提高食品风味和品质，正确认识食品添加剂。

酶在诊断、治疗疾病中广泛应用，转氨酶含量能反映肝脏的健康状况，当它异常升高时，肝脏可能受到损害；多种心肌酶反映心脏的综合状况；凝血酶因导致凝血块产生、堵塞血管，从而会引发中风、脑血栓等疾病；白化病是由于缺乏酪氨酸酶或酪氨酸酶功能减退导致黑色素减少从而引起的疾病。也有研究报道，抑制端粒酶的活性可以治疗癌症。

在工业制造中，制革、纺织品和洗涤剂生产等非食品加工业利用酶的比例大幅度提高，工业酶作为绿色环保的催化剂替代了化学试剂。在能源开发中，利用纤维素酶分解麦草、玉米秸秆、玉米芯、制浆和造纸厂的纤维渣、废纸和林业废弃物，再进行发酵生产生物燃料。运用基因工程改造酶分子或重新设计酶分子，从而可以改善天然酶的性能。在生物制药生产中，酶制剂作为药物广泛使用治疗各类重大疾病，人工改造的酶可高效治疗先天性缺酶症疾病，甚至涉及癌症治疗。人工改造的高效酶可降解塑料垃圾，减少白色污染；人工改造的高效优势菌可降解工业废水中的污染物。其实，基因工程中的“分子剪刀”本质也是酶。

因为酶的高效专一性、作用条件温和、可生物降解等特性，天然酶与人工改造酶都可以高质量完成产物的生物合成。但是，可以通过人工改造赋予酶在工业制造、医药生产、能源开发及环境保护中有效减少原料、节能、降低废弃物排放的更加绿色健康的特征。

2. 课程思政教学目标

通过对“酶”力绽放绿色案例的学习，拟达到下列课程思政教学目标。

① 加强学生中华民族优秀传统文化教育，增进文化认同、坚定文化自信。

② 引导学生充分认识制造业生产行业注重环保再循环利用，个人应具备责任担当，增强学生的环保意识、生态意识。

③ 引导学生正确认识健康理念，倡导绿色理念行动，践行绿色健康生活。

3. 课程思政教学设计

（1）课前思政教学设计

课前，教师借助智慧在线学习工具向学生发送课前学习任务单、学习材料和思政案例材料，提出课程理论知识的课前学习要求及学习效果评估要求。

思政元素故事课前学习主要以问题创设和故事导入为主，让学生首先通过资料自查，围绕下列 2 个问题进行课前思考。①酶在生物体内的作用是什么？②查阅分析资料，为何人工改造酶更环保健康？

（2）课中思政教学设计

课中，教师首先设计教学环节讲述酶的特点、酶的发现简史以及酶工程的概念，随后在课中采用问题创设和小组研讨方式提出思政知识点的升华教学设计，即借助智慧在线学习工具在线发布小组活动“讨论”的问题：①你还知道中国古人在生活劳动中有哪些运用酶的方式？如果有，请与学习小组同学进行分享。②酶与酶工程具备环保健康特征，对你有何启发？

教师组织学生针对上述两个问题进行深入研讨，学生之间进行信息交流。随后，教师选取小组代表进行研讨心得的分享，升华学生对此思政知识点的内化理解。

（3）课后思政教学设计

课后，教师发布本节课程理论知识学习效果自测题。同时，引导学生借助智慧在线学习工具，针对课中的思政知识点的研讨话题，将自己在课中研讨过程中的个人见解发布在话题讨论区中。这样有助于教师掌握本节课所涉及思想知识点的学生实际吸收情况，同时发布在话题讨论区的内容也可作为学生参与课堂思政学习的过程考核依据之一，作为本节内容思政学习的终结性评价。

4. 教学方法

本节课课程思政教学采用实体课堂教学与智慧在线教学相结合的混合式教学方法。

（1）课前思政教学方法

课前，思政教学方法主要采用智慧在线教学的问题创设、思政元素故事融入、学生查阅资料方式开展。具体由教师发布思政案例及指引学生查阅相关资料的方式引导学生主动学习，并通过问题创设方式采用两个学习问题进行课前的学习启发，激发学生的思考。

（2）课中思政教学方法

课中，思政教学方法采用多元化的混合式教学手段，通过教授法、讨论法及思政案例启发探讨等教学方法的综合运用，开展本节课程思政元素的深入引导挖掘。

首先，通过小组合作学习开展的启发式探讨，引导学生充分意识到中华民族优秀传统文化，增进文化认同、坚定文化自信。

其次，通过酶及酶工程都具备绿色健康特征。引导学生充分认识绿色健康的重要性，增强学生的环保意识。

最后，通过小组研讨第 2 题结果，随机选取同学开展个人对本节课程思政元素的理解展示。继续升华思政元素，倡导绿色理念行动，如何践行绿色健康生活。

（3）课后思政教学方法

课后，本节课程的思政教学方法采用在线教学总结式手段开展，引导学生借助智慧教学工具开展线上讨论区个人见解的抒发，老师进行整体线上点评，强化和升华本节课思政元素点。

5. 教学反思

（1）针对课前思政教学实施的反思

课前教师给予学生思政元素材料是以问题创设为主，让学生通过预习及资料自查来思考 2 个问题。所以问题的提出及引导显得尤为重要，因此如何更好地提升课前思政元素的启发式教学需要教师进行深入思考。

（2）针对课中思政教学实施的反思

如何将酶的应用以及应用措施与本节课程的思政元素更加有机融合仍需要继续优化。需要教师借助思考整体的教学环节，在形象生动地讲解本节课程的知识理论之时，能让学生更好地理解和感悟思政元素点。

（3）针对课后思政教学实施的反思

除了课前学习任务的提交和课后讨论的考核评价外，如何更好地进行本节课的课程思政元素的学习评价，需要教师根据教学安排完善学习评价。

案例二　酶学基础知识——从“心”出发守护健康

1. 课程内容简介

（1）课程理论知识内容简介

抑制剂：凡与酶结合后，使酶的必需基团或活性部位结构和性质改变而引起酶活性降低或丧失的物质。

抑制作用可分为两大类：不可逆抑制作用和可逆抑制作用。

酶与抑制剂非共价地可逆结合，当用透析或超滤等方法除去抑制剂后酶的活性可以恢复，这种抑制作用称为可逆抑制作用。

可逆抑制作用可分为竞争性抑制作用、非竞争性抑制作用、反竞争性抑制作用。

（2）课程思政内容简介

2020 年以来，遭受新冠肺炎疫情袭击之后，相信每个人都更加珍惜生命、关注自己的身体健康。我国在新冠肺炎疫情防控工作中，落实党的二十大报告中提出的“现代化最重要的指标还是人民健康，这是人民幸福生活的基础”；全面贯彻习近平总书记“生命至上”“人民至上”指示精神。

我国历来高度重视人民健康，从而一直严格管控药品、临床用药标准及管理工作。我们都知道，抗生素是抗菌药物，研究报道，过度使用抗生素会加剧引发细菌的耐药性。例如：细菌对青霉素产生耐药性的原因之一是过度使用青霉素致细菌被诱导产出一种酶，该酶可催化分解青霉素的特殊结构（具杀菌能力的结构）。

针对耐药性的社会热点问题，2011 年世界卫生组织抵制耐药性。

人民健康是立国之基，2012 年国家实施了史上“最严限抗令”——《抗菌药物临床应用管理办法》，着力于多学科抗菌药品管理建设、专家诊疗团队组建、抗菌药物临床用药重点环节管理、重点抗菌药物的专档管理实施、医师处方权限管理、停用副作用强的抗菌药物执行抗菌药物分级管理等方面实施治理措施。

2016 年，《中国遏制细菌耐药行动计划（2016—2020 年）》的颁布是从国家层面强调进一步加强抗生素临床应用管理，“升级版”限制抗生素的使用。并制定了一系列的政策有效遏制细菌耐药。国务院同年发布《“健康中国 2030”规划纲要》以人民健康为中心，力争“共建共享全民健康”，提升人民获得感。

2019 年 7 月 15 日，国务院印发《关于实施健康中国行动的意见》，明确指出预防疾病最为重要。我们每个人要为自己的健康负责，我们平时在生活中多注意个人卫生，坚持通过锻炼身体提高自身抵抗力，也可接种疫苗预防传染病。杜绝服用抗生素治疗类似感冒等日常小病；做到根据医嘱按时按量服用抗生素，避免过度服用。

2. 课程思政教学目标

通过对从“心”出发守护健康案例的学习，拟达到下列课程思政教学目标。

① 引导学生关注社会热点问题，使学生充分认识共建共享全民健康。

② 提高学生的健康素养，践行健康文明的生活方式有效预防疾病。

③ 增强学生的自我责任意识，为自己的健康负责，树立社会责任担当意识。

3. 课程思政教学设计

（1）课前思政教学设计

课前，教师借助智慧在线学习工具向学生发送课前学习任务单、学习材料和思政案例材料，提出课程理论知识的课前学习要求及学习效果评估要求。

思政元素材料课前学习主要以问题创设和故事导入为主，让学生首先通过资料自查，围绕下列两个问题进行课前思考：① 抗生素杀菌的机理是什么？② 查阅分析资料，我国《“健康中国 2030”规划纲要》提出“共建共享全民健康”，对你有何启发？

（2）课中思政教学设计

课中，教师首先设计教学环节讲述酶抑制剂的概念，抑制作用可分为两大类：不可逆抑制作用和可逆抑制作用。可逆抑制作用可分为竞争性抑制作用、非竞争性抑制作用、反竞争性抑制作用。

随后在课中采用问题创设和小组研讨方式提出思政知识点的升华教学设计，即借助智慧在线学习工具在线发布小组活动“讨论”的问题：① 你对我国《“健康中国 2030”规划纲要》提出“共建共享全民健康”的深刻认识是什么？② 如何防止过度服用抗生素？

教师组织学生针对上述问题进行深入研讨，学生之间进行信息交流。随后，教师选取小组代表进行研讨心得的分享，升华学生对此思政知识点的内化理解。

（3）课后思政教学设计

课后，教师发布本节课程理论知识学习效果自测题。同时，引导学生借助智慧在线学习工具，针对课中的思政知识点的研讨话题，将自己在课中研讨过程中的个人见解发布在话题讨论区中。这样有助于教师掌握本节课所涉及思想知识点的学生实际吸收情况，同时发布在话题讨论区的内容也可作为学生参与课堂思政学习的过程考核依据之一，作为本节内容思政学习的终结性评价。

4. 教学方法

本节课课程思政教学采用实体课堂教学与智慧在线教学相结合的混合式教学方法。

（1）课前思政教学方法

课前，思政教学方法主要采用智慧在线教学的问题创设、思政元素融入、学生查阅资料方式开展。具体由教师发布思政案例及指引学生查阅相关资料的方式引导学生主动学习，并通过问题创设方式采用两个学习问题进行课前的学习启发，激发学生参与学习思考。

(2) 课中思政教学方法

课中，思政教学方法采用多元化的混合式教学手段，通过教授法、讨论法及思政案例启发探讨等教学方法的综合运用，开展本节课程思政元素的深入引导挖掘。

首先，通过小组合作学习开展的启发式探讨，引导学生关注社会热点问题。

其次，通过小组讨论第 1 个问题结果，随机选取同学开展个人对本节课程思政元素的理解展示。引导学生充分认识共建共享全民健康。

最后，随机选取同学开展个人对本节课程思政元素的理解展示。加强学生的健康素养，增强学生的自我责任意识，为自己的健康学习负责。使学生充分认识到疫情期间每位学生克服实际困难，遵守疫情防控制度，坚持学习、完成学期任务，也是社会责任担当的体现。

(3) 课后思政教学方法

课后，本节课程的思政教学方法采用在线教学总结式手段开展，引导学生借助智慧教学工具开展线上讨论区个人见解的抒发，老师进行整体线上点评，强化和升华本节课思政元素点。

5. 教学反思

(1) 针对课前思政教学实施的反思

课前教师给予从“心”出发守护健康思政元素资料和问题创设为主，让学生通过预习及资料自查来思考 2 个问题。所以问题的提出及引导显得尤为重要，因此如何更好地提升课前思政元素的启发式教学需要教师进行深入思考。

(2) 针对课中思政教学实施的反思

如何将竞争性抑制剂与本节课程的思政元素更加有机融合仍需要继续优化。需要教师借助思考整体的教学环节，在形象生动地讲解本节课程的知识理论之时，能让学生更好地理解和感悟思政元素点。

(3) 针对课后思政教学实施的反思

除了课前学习任务的提交和课后讨论的考核评价外，如何更好地进行本节课的课程思政元素的学习评价，需要教师根据教学安排完善学习评价。

案例三　酶的生物合成——厉害了！我国年轻科学家科研团队借助生物人工智能技术首次合成全球第一个人工 β-氨基酸合成酶！

1. 课程内容简介

(1) 课程理论知识内容简介

酶的生产方法主要包括提取分离法、生物合成法及化学合成法三类。第一种提取分离法特指采用各种生物技术方法，将酶直接从动、植物细胞或组织中提取出来的方法。其特点是提取法简单易行，但受原材料来源、生物资源等条件的影响。第二种生物合成法特指利用微生物细胞、植物细胞和动物细胞的生命活动而获得人们所需酶的技术过程。该类生产方法是 20 世纪 50 年代以来生产酶的主要方法。其中微生物细胞产酶在生物合成法中占据较大比例，其主要利用微生物细胞的生命活动来合成所需酶，常用微生物液体发酵法。第三种化学合成法特指借助化学合成技术合成那些已知化学结构的酶的方法，该方法成本比较高，常用于前两种方法不能获得酶而最终采取的方法。

(2) 课程思政内容简介

本思政案例主要从我国科学家吴边科研团队于 2018 年通过人工合成的方法首次获得人工 β-氨基酸合成酶的科研经历及成果方面开展课程思政教育。

现今，随着生物技术与人工智能的相互融合发展，交叉学科推动着生物制造领域的发展。2018 年 5 月，中国科学院微生物研究所吴边研究员科研团队借助生物人工智能技术，首次合成获得了全球第一个人工 β-氨基酸合成酶，相关研究成果发表在 *Nature* 国际顶尖杂志子刊上。

β-氨基酸是一大类非蛋白质氨基酸，常用于重要活性天然产物和药物合成过程中。其应用范围广，是某些抗糖尿病药物及抗癌药物合成的基本单元。从前，获取 β-氨基酸通常使用化学合成法，但借助金属催化，这样不仅花费高昂，而且反应过程也会给环境带来污染。因此，如何通过高效、绿色的生物方法来获得 β-氨基酸，其技术一直未被突破。2018 年，我国科学家吴边研究员团队采用了“生物技术+人工智能技术”相融合的方式，使用势能计算方法对产 β-氨基酸分子的工业菌株进行了重新设计，进一步通过发酵工艺与转化工艺，使人工合成的 β-氨基酸合成酶的反应体系在温和条件下，利用廉价易得的烯酸类底物及氨水，一步实现相应 β-氨基酸的合成，其相关指标不仅符合工业化生产标准，同时使生产成本降低了 50%~90%。“该人工设计的反应体系具有高效率、高经济性和绿色环保等优势，相关指标达到了工业化生产的标准。”吴边说。

本次研究成果首创 3 个世界第一。第一是研制出人工 β-氨基酸，第二是此酶的合成是世界上首次通过完全的计算指导而获得，第三是本研究成果同时获得了工业级的产人工 β-氨基酸的微生物工程菌株，这为人工智能在生物制造的工业化应用及工业产酶菌株的设计方面开辟的新思路和新范式。

吴边生于 1982 年，现年仅 41 岁，其主攻研究方向为新型工业酶的发掘、催化应用与工程改造设计。当记者采访吴边取得此项重大成果的感想时，记者是这样描述的：“眼前的吴边，看上去是个典型的‘理工男’。他个子不高，浅色短袖配深色西裤，沉稳中透着青年人的活力。黑色半框眼镜后的眼睛微眯，似乎在思考着什么。这位‘理工男’终日沉浸在生物酶的世界里，对‘世外’的评奖、拿项目种种并不怎么上心，是旁人眼中的‘非主流科学家’。可奖项却自己‘找’上了门。在深圳召开的第十五届中国国际多肽学术会议上，吴边和另外 3 个年轻人纷纷获得科研殊荣。”

目前，生物技术和人工智能设计相融合的生物催化反应研究，还停留在初期的理论研究层面。但吴边带领的科研团队从一开始就直接锚定实际生产应用，因此克服重重困难，最终利用所学率先实现大规模工业化生产。

2. 课程思政教学目标

通过对吴边研究员首次人工设计合成全球第一个 β-氨基酸合成酶的科研案例的学习，拟达到下列课程思政教学目标。

① 培养学生从事科学研究要从解决实际生活问题出发，才能体现出科技是第一生产力的意义所在。

② 培养学生要珍惜当下良好的学习环境，认真努力学习，坚持对科学的热爱，抛开外界干扰，勇于创新，研发出更多造福人类的科学成果。

③ 培养学生从事科学研究精益求精的精神，激发学生科技报国的家国情怀和使命担当。

3. 课程思政教学设计

（1）课前思政教学设计

课前，教师借助智慧在线学习工具向学生发送课前学习任务单、学习材料和思政故事材料，提出课程理论知识的课前学习要求及学习效果评估要求。

思政元素故事课前学习主要以问题创设和故事导入为主，让学生首先通过资料自查，围绕下列两个问题进行课前思考。① 你所理解的酶的生产方式有哪些？② 通过在课前思政元素故事的阅读及相关资料的自查，吴边研究员科研团队首次人工设计合成全球第一个β-氨基酸合成酶的故事给予你什么样的启发？

（2）课中思政教学设计

课中，教师首先设计教学环节讲述酶的生产方式种类及其特点，随后在课中采用问题创设和小组研讨方式提出思政知识点的升华教学设计，即借助智慧在线学习工具在线发布“头脑风暴”小组活动问题。① 在课前，你还查到了有关吴边研究员团队研发β-氨基酸合成酶的其他相关内容吗？如果有，请与学习小组同学进行分享。② 吴边研究员利用势能计算方法对产β-氨基酸分子的工业菌株进行重新设计，并使β-氨基酸产值成本降低50%~90%故事，对你有何启发？

教师组织学生针对上述2个问题进行深入研讨，学生组内成员通过小组讨论分享课前查阅吴边研究团队研发的故事细节，学生之间进行信息交流。随后，教师选取小组代表进行研讨心得的分享，升华学生对此思政知识点的内化理解。最后，教师借助智慧在线学习工具，引导学生对各组发言进行学习互评评价。

（3）课后思政教学设计

课后，教师发布本节课程理论知识学习效果自测题，并在自测题中设计1~2个关于吴边研究团队研发β-氨基酸合成酶的相关测试题，再次强化学生思政知识点方面的学习收获，进行诊断性评价。

同时，引导学生借助智慧在线学习工具，针对课中的思政知识点的研讨话题，将自己在课中研讨过程中的个人见解发布在话题讨论区中。这样有助于教师掌握学生对本节课所涉及思想知识点的实际吸收情况，同时发布在话题讨论区的内容也可作为学生参与课堂思政学习的过程考核依据之一，作为本节内容思政学习的终结性评价。

4. 教学方法

本节课程思政教学采用线下实体课堂教学与智慧在线教学相结合的混合式教学方法。

（1）课前思政教学方法

课前，思政教学方法主要采用智慧在线教学的问题创设、思政元素故事融入、学生查阅资料方式开展。具体由教师发布思政学习小故事及指引学生查阅相关案例的方式引导学生主动学习，并通过问题创设方式采用2个学习问题进行课前的学习启发，激发学生的思考。

（2）课中思政教学方法

课中，思政教学方法采用多元化的混合式教学手段，通过教授法、讨论法及思政故事启发探讨等教学方法的综合运用，开展本节课程思政元素的深入引导和挖掘。

在课中首先通过小组合作学习开展吴边研究员团队研发β-氨基酸合成酶科研经历的启发式探讨，引导学生充分意识到我们从事科学研究首先要从解决实际生活问题出发，这样才能将研发出的成果应用于实际，体现出科技是第一生产力的意义。其次，通过吴边研究员在取得重大成就后仍然孜孜不倦、潜心研究，不关心拿项目评奖的个人表现，引导学生要明确从事科学研究的真正意义所在，即是要以吴边研究员为榜样，坚持对科学的热爱，抛开外界干扰，勇于创新，研发出更多造福人类的科学成果。最后，通过“头脑风暴”后小组研讨结果，随机选取同学开展个人对本节课程思政元素故事的理解展示。继续升华思政元素，培养学生从事科学研究精益求精的精神，激发学生科技报国的家国情怀和使命担当。

（3）课后思政教学方法

课后，本节课程的思政教学方法采用在线教学总结式手段开展，引导学生借助智慧教学工具开展线上讨论区个人见解的抒发，老师进行整体线上点评，强化和升华本节课思政元素点。

5. 教学反思

（1）针对课前思政教学实施的反思

课前教师给予学生吴边研究团队的思政元素故事是以故事导入和问题创设为主，让学生通过预习及资料自查来思考 2 个问题。所以问题的提出及引导显得尤为重要，因此如何更好地提升课前思政元素的启发式教学需要教师进行深入思考。这就要求教师可以设计教学环节引导学生收集更多有关吴边研究员的相关科研经历和故事，使吴边研究员人物形象更加鲜活，从而激发学生加深对吴边研究员科研经历及取得成果背后蕴藏思政元素的体验感。

（2）针对课中思政教学实施的反思

如何将酶的生产方法理论与本节课程的思政元素更加有机融合仍需要继续优化。需要教师借助思考整体的教学环节，在形象生动地讲解本节课程的知识理论之时，能让学生更好地理解和感悟思政元素点。

（3）针对课后思政教学实施的反思

如何更好地进行本节课的课程思政元素的学习评价。建议除了进行测试题类的诊断性评价和学习心得提交的终结性评价外，还可以单独再出与本知识点相近的学习案例，引导学生在线上进行思政元素文献的阅读，并激发再次线上研讨，使得思政元素领悟和学习再次升华。

案例四 产酶微生物——中国在新冠疫情大考中交上了令人民满意的答案！

1. 课程内容简介

（1）课程理论知识内容简介

微生物发酵产酶及其他代谢物是指利用微生物的生命活动获得所需物质的技术过程。利用微生物产酶及其他代谢物的主要原因是微生物种类繁多，分布广泛，人们可以根据不同的需求从环境中筛选出相应的微生物。同时微生物繁殖迅速、代谢能力强，短时间内可获取大量的酶或者其他代谢产物。

现今常见的工业产酶及其他代谢物的微生物主要包括细菌、霉菌、放线菌和真菌。其中用于工业生产的细菌主要为大肠杆菌和枯草芽孢杆菌；用于工业生产的霉菌主要为曲霉和根霉；用于工业生产的放线菌主要为链霉菌；用于工业生产的真菌主要为酵母。由此可见，日常生活中所见的酶或者制剂绝大多数由微生物发酵而来。微生物发酵产酶及其他代谢物的优势也日趋凸显，成为工业生产的主力军。

（2）课程思政内容简介

本思政案例主要从疫苗分类、微生物产灭活疫苗及我国免费接种新冠疫苗 3 个方面的综合融合开展课程思政教育。

本节内容主要讲解产酶及其他代谢物的微生物种类。一般的微生物除了可以用于产酶外，还与我们生活密不可分的疫苗生产息息相关。随着 2020 年伊始新冠病毒的全球传播，接种疫苗成为预防新冠病毒的最有效方法。目前常见疫苗种类分为 3 种，包括减毒疫苗、灭活疫苗和腺病毒载体疫苗。

第一类减毒疫苗是指病原体（如新冠病毒）经过处理后，毒性减弱但依旧保持抗原性的一类疫苗。当其接种到宿主体内时，毒性减弱的病原体（如毒性较弱的新冠病毒）依旧可以在宿主体内进行繁殖并引起机体的免疫反应，从而使机体产生免疫保护作用。第二类灭活疫苗是指将病原体进行培养时，通过各种方式使其致病能力丧失，成为灭活的病原体状态。但该状态下的病原体也可以作为疫苗注入宿主体内，使宿主产生免疫抗性。通常灭活疫苗是由病原微生物直接培养产生，在培养过程中不断进行纯化，直到纯化到有我们所需的抗原成分。第三类腺病毒载体疫苗又称重组腺病毒载体疫苗，其主要是将最能刺激宿主产生免疫抗体的病原序列插入到能够感染脊椎动物的腺病毒中，通过腺病毒对宿主的侵染使宿主体内产生记忆性的免疫细胞，从而抵御外界病原体感染。

我国通过微生物发酵生产的新冠疫苗种类齐全，包括上述3种疫苗类型，所以优势明显，迅速成为全世界大多数国家采购疫苗的首选，并且随着国内科研团队不断地深入研究，研制出不断更新迭代的疫苗类型，使得人们能够接种到广谱性、抗性更强的新冠疫苗，这些在世界人民抗击新冠疫情中均发挥了重要作用。同时，在新冠病毒肆虐全球的紧急情况下，中国伸出援助之手，免费提供新冠疫苗支援困难不发达国家，并迅速统一部署指挥，统一行动动员全体国民免费接种新冠疫苗，使我们获得了更好应对新冠病毒的外界抵御能力，强有力地保护了人民的生命安全。

2. 课程思政教学目标

通过对疫苗分类、微生物产灭活疫苗及我国免费接种新冠疫苗知识及案例的学习，拟达到下列课程思政教学目标。

① 增加学生对我国抵御新冠病毒采取措施的了解，深刻感悟社会主义国家在大灾大难面前的制度优越性。

② 培养学生要具备社会责任感和使命担当，要树立远大目标及理想，使之充分意识到要将所学知识立足社会发展，创造出更多利国利民的科研成果。

③ 培养学生们在危难面前，更要彰显大国风范，帮助实力水平欠发达的国家，帮助他们一起度过难关，充分体现我国构建人类命运共同体的历史使命和时代精神。

3. 课程思政教学设计

（1）课前思政教学设计

课前，教师借助智慧在线学习工具向学生发送课前学习任务单、学习材料和思政元素材料，提出课程理论知识的课前学习要求及学习效果评估要求。

思政元素案例的课前学习主要以事件案例导入、问题创设，以及案例对比分析角度进行。教师通过智慧在线学习工具学习教师发布疫苗分类、微生物产灭活疫苗及我国免费接种新冠疫苗的相关学习资料。引导学生在课前围绕上述3个方面进行详细资料的查阅，并课前思考3个问题：① 微生物在疫苗研制中主要起什么作用？② 针对国外接种疫苗情况，我国集中免费接种疫苗给予同学们什么样的启发？③ 国内研发疫苗的最新技术进展是什么？

（2）课中思政教学设计

课中，教师首先设计教学环节讲解产酶微生物的类型及产酶种类及特点，随后在课中采用问题创设和小组研讨方式提出思政知识点的内化教学设计，即借助智慧在线学习工具在线发布“世界咖啡”小组活动问题。① 在课前，你还查到了其他有关微生物产疫苗的其他应用案例吗？如果有，请与学习小组同学进行分享。② 根据你所了解的国外接种疫苗及国内接种疫苗的现状，你认为有何异同？③ 据你了解，我国国内疫苗研发水平已经到了什么程度？

教师组织学生针对上述3个问题进行深入研讨，学生组内成员通过小组讨论分享。随后，教师选取小组代表进行问题1和问题3的心得陈述式分享，升华学生对此思政知识点的内化理解。并采用对比分析设计引导学生开展问题2的辩论。最后，教师借助智慧在线学习工具，引导学生对各组发言进行学习互评。

（3）课后思政教学设计

课后，教师发布本节课程理论知识学习效果自测题，并在自测题中设计1~2个关于微生物产疫苗及我国疫苗免费接种及疫苗持续研发等相关测试题，再次强化学生思政知识点方面的学习收获，进行诊断性评价。

同时，引导学生借助智慧在线学习工具，针对课中的思政知识点的研讨话题，将自己在课中研讨过程中的个人见解发布在话题讨论区中。同时布置 1 个综合课后讨论题：请对比国外和国内疫苗情况，从疫苗的研发、安全性、效果、是否有后遗症、是否免费等方面来进行思考，引发学生通过对比总结出我们社会主义优越性。这些课后测试题及讨论作业题可作为学生参与课堂思政学习的过程考核依据，成为本节内容思政学习的终结性评价。

4. 教学方法

本节课程思政教学采用线下实体课堂教学与智慧在线教学相结合的混合式教学方法。

（1）课前思政教学方法

课前，思政教学方法主要采用智慧在线教学的事件案例导入、问题创设，以及案例对比分析角度方式开展。教师通过问题创设法设计 3 个学习问题引导学生对疫苗分类、微生物产灭活疫苗及我国免费接种新冠疫苗的思政元素案例进行思考，启发学生的初步思考。

（2）课中思政教学方法

课中，思政教学方法采用多元化的混合式教学手段，通过讲授法、小组合作学习的讨论法及辩论法开展本节课程思政元素的深入引导和挖掘。

首先，通过小组合作学习围绕课中研讨话题 1 和话题 3 进行集中信息交流及头脑风暴，通过学生之间的相互交流，培养他们要具备社会责任感和使命担当，要树立远大目标及理想，使之充分意识到要将所学知识立足社会发展，创造出像新冠疫苗一样更多利国利民的科研成果。其次，通过话题 2 的对比分析研讨，使学生从疫苗生产、接种及销售等多个方面分析国内外疫苗现状，增加学生对我国抵御新冠病毒采取措施的了解，通过对比分析来感悟社会主义国家在新冠疫情面前的制度优越性。同时，用我国采用人道主义方式资助贫穷国家疫苗的事迹，来激发学生的民族自豪感，作为中华民族儿女更要学习祖国的大国风范，为我国构建人类命运共同体贡献自己应有的力量。最后，通过成果展示法，选取同学进行话题 1、话题 2、话题 3 的研讨成果的展示，继续升华思政元素。

（3）课后思政教学方法

课后，本节课程的思政教学方法采用在线教学总结法及讨论作业总结法两个方面开展，引导学生借助智慧教学工具开展线上讨论区个人见解的抒发，老师进行整体线上点评，同时发布 1 个综合讨论题，再次强化和升华本节课思政元素点。

5. 教学反思

（1）针对课前思政教学实施的反思

课前教师给予学生有关疫苗分类、微生物产灭活疫苗及我国免费接种新冠疫苗的 3 个思政元素点，是以案例导入和问题创设为主，让学生通过预习及资料自查来思考 3 个问题。所以问题的提出及引导显得尤为重要，可以设计交互性更强的问题，既增加学生思考的广度，又增加学生思考的深度。

（2）针对课中思政教学实施的反思

课中的思政教学主要以学生分组研讨及辩论为主，目的是加强学生的相互交流和心灵碰撞。所研讨的问题可以更加发散，而且老师需要加强课中研讨过程中每位学生的参与度。使得 3 个问题都直击学生心灵，达到思政教育人人参与的目标。

（3）针对课后思政教学实施的反思

本节内容的课程思政教学设计了 1 个综合研讨作业，如何更加科学地进行此作业的评价值得深入思考。

案例五　酶的分离纯化——生物酶的过滤分离技术高效处理废水，使得废水可持续循环使用

1. 课程内容简介

（1）课程理论知识内容简介

酶的纯化包括酶的粗分离方法和酶的细分离方法。其中粗分离方法主要是除去与目的产物（酶）性质差异很大的杂质，主要包括盐析法、等电点沉淀法、有机溶剂沉淀法和选择性沉淀法等。在粗分离酶初步纯化的基础上再进一步进行酶的细分离，细分离是指除去与产物（酶）性质相似的杂质的方法，主要包括过滤和膜分离、层析分离和电泳分离三大类。

酶细分离方法中的过滤和膜分离特指借助于过滤介质将不同大小、不同形状物质分离的技术过程。根据过滤介质种类又将过滤分为膜过滤和非膜过滤。其中膜过滤特指采用各种高分子膜作为过滤介质所进行的酶的细分离过程。酶经过膜过滤后纯度可达98%以上。现今，利用酶的分离纯化技术及酶促反应特点，人们将酶制剂与作用底物及酶的分离纯化技术相结合，在废水处理中进行了广泛的应用。

（2）课程思政内容简介

本思政案例主要从酶制剂利用分离纯化技术来进行废水处理，使得废水重新环保利用方面开展课程思政教育。

废水来源广泛，主要包括工业废水和生活废水。工业废水和生活废水排放的污染物种类中有机物成分基本相同，主要包含糖类、脂肪、蛋白质和无机盐等。除此之外，工业废水还包含悬浮固形物等，但主要以有机污染物为主。传统的废水处理存在处理不净、效率低等特点，自引用了酶制剂进行废水处理后，处理质量及效率显著提升。现如今，采用酶制剂的过滤分离处理法，采用板框压滤-UASB-A/O 主体工艺，可以使得废水除净率达到 GB 8978—1996《污水综合排放标准》中的三级要求，可为相同类型的废水处理提供一定参考借鉴。

酶制剂进行废水处理主要依据处理废水中有机物的主要类型进行“分质处理”，将收集到的废水首先采用“板框压滤预处理过滤工艺”去除废水中主要的悬浮物；其次采用“UASB 升流式厌氧污泥床反应工艺”，利用酶制剂的添加进行废水中有机污染物的预处理，最后将初级处理得较为清澈的废水，通过添加酶制剂消化并分离最终废除剩余的有机污染物，从而保证废水处理达标，重新循环得到新生水。在整个过程中，酶制剂两次的投放及对污染物的消化和进一步的分离使得废水纯化，将废水变废为宝，实现了绿色环保可循环利用，充分显示出酶制剂在我国绿色环保、循环利用理念下的新利用和新发展。

2. 课程思政教学目标

通过对生物酶的过滤分离技术高效处理废水，使得废水变废为宝案例的学习，拟达到下列课程思政教学目标。

① 增加学生对酶在改善生态、将生活污水变废为宝技术处理中的深层认识，令学生感悟到酶可以与减少环境污染相结合，深刻感悟酶制剂的优越性。

② 培养学生要具备科技报国的思想，引导学生利用课程所学，密切结合生活中的实际问题展开科技创新，用自己的才能智慧为改善人类生活环境及生态环境而不断努力。

3. 课程思政教学设计

（1）课前思政教学设计

课前，教师借助智慧在线学习工具向学生发送课前学习任务单、学习材料和思政元素材

料，提出课程理论知识的课前学习要求及学习效果评估要求。思政元素案例的课前学习主要以事件案例导入、问题创设，以及案例对比分析角度进行。教师通过智慧在线学习工具学习教师发布酶的分离、提纯方式方法的相关学习资料。引导学生在课前围绕上述2个方面进行详细资料的查阅，并课前思考2个问题：① 酶的分离提纯方法有哪些？② 借助酶的分离提纯方式及技术，我们如何利用酶进行废水的处理，使废水得以循环利用，变废为宝？

（2）课中思政教学设计

课中，教师首先设计教学环节讲解酶的分离纯化方式及技术，重点阐述酶的粗分离及细分离方法，然后在课中采用问题创设和小组研讨方式提出思政知识点的内化教学设计，即借助智慧在线学习工具在线发布“世界咖啡”小组活动问题。① 依据课程中理论所学，人们是如何利用酶的分离纯化技术开展废水处理的？② 通过这个小案例你有何启发和收获？

教师组织学生针对上述2个问题进行深入研讨，学生组内成员通过小组讨论分享。然后，教师选取小组代表进行问题1和问题2的心得陈述式分享，升华学生对此思政知识点的内化理解。最后，教师借助智慧在线学习工具，引导学生对各组学生代表的发言进行学习互评评价。

（3）课后思政教学设计

课后，教师发布本节课程理论知识学习效果自测题，并在自测题中设计1~2个关于酶分离纯化及借助酶分离纯化技术开展相应的实际应用等相关测试题，再次强化学生思政知识点方面的学习收获，进行诊断性评价。同时，引导学生借助智慧在线学习工具，针对课中的思政知识点的研讨话题，将自己在课中研讨过程中的个人见解发布在话题讨论区中，引发学生通过课后持续深入思考来感悟酶制剂的优越性。并进一步激励学生要利用课程所学，密切结合生活中的实际问题展开科技创新，用自己的才能智慧改善人类生活环境及生态环境。

4. 教学方法

本节课程思政教学采用线下实体课堂教学与智慧在线教学相结合的混合式教学方法。

（1）课前思政教学方法

课前，思政教学方法主要采用智慧在线教学的事件案例导入、问题创设，以及案例对比分析角度方式开展。教师通过问题创设法设计2个学习问题引导学生对酶的纯化分离方式进行总结，并引导学生对酶制剂分离纯化方法在废水处理中的应用思政元素进行思考，启发学生的初步感悟。

（2）课中思政教学方法

课中，思政教学方法采用多元化的混合式教学手段，通过讲授法、小组合作学习的讨论法及辩论法开展本节课程思政元素的深入引导和挖掘。

首先，通过小组合作学习围绕课中研讨话题1和话题2，即① 依据课程中理论所学，人们是如何利用酶的分离纯化技术开展废水处理的？② 通过这个小案例你有何启发和收获？进行集中信息交流及头脑风暴，通过学生之间的相互交流，培养他们要充分意识到酶制剂的分离纯化技术在处理废水方面的优越性，倡导学生要利用课程所学，密切结合生活中的实际问题展开科技创新，从而继续升华思政元素。

（3）课后思政教学方法

课后，本节课程的思政教学方法采用在线教学总结法及讨论作业总结法两个方面开展，引导学生借助智慧教学工具开展线上讨论区个人见解的抒发，老师进行整体线上点评，同时发布1个综合讨论题，再次强化和升华本节课思政元素点。

5. 教学反思

（1）针对课前思政教学实施的反思

课前教师给予学生酶制剂分离纯化废水、变废为宝的思政元素点是以案例导入和问题创设为主，让学生通过预习及资料自查来思考2个问题。所以问题的提出及引导显得尤为重要，可以设计交互性更强的问题，既增加学生思考的广度，又增加学生思考的深度。

（2）针对课中思政教学实施的反思

课中的思政教学主要以学生分组研讨为主，目的是加强学生的相互交流和心灵碰撞。所研讨的问题可以更加发散，而且老师需要加强课中研讨过程中每位学生的参与度。

（3）针对课后思政教学实施的反思

除了课中研讨的思政案例外，酶的分离纯化的相关思政案例较多，可以在课后布置一个开放拓展题，让学生查阅有关酶分离纯化在实际生活中的其他应用，并且引导学生通过查阅文献及思考有何新的收获，可以将该思政点更加入心。

案例六　酶的改造——中国科学家颠覆性突破：定向进化构建工程酶，将 CO_2 化学催化产生的甲醇成功转化为淀粉

1. 课程内容简介

（1）课程理论知识内容简介

在科学家们的共同努力下，中国开发了在工业制造、医药生产、能源开发及环境保护中可有效减少原料、节能，降低废弃物的排放具有绿色健康特征的新酶。

获取新酶的方法：① 采用微生物细胞发酵、富集、驯化、筛选出预期的新酶；② 利用宏基因组文库筛选出不可培养的微生物酶；③ 从基因库中挖掘新酶；④ 改造现有的酶分子，制造出具有新功能的酶。

改造现有的酶分子有理性设计和定向进化两种策略。

第一，理性设计。在深入了解酶蛋白的结构、功能和催化机制的基础上，确定最可能影响酶的功能和结构的基因序列，利用基因工程技术定点突变该序列，再与构建的表达载体连接转化微生物细胞并高效表达，筛选出预期的突变酶。

第二，定向进化。人为制造基因随机突变和重组，并对突变体施加特定设计的胁迫，筛选出预期的蛋白质。2018年诺贝尔化学奖获得者之一就是首次提出酶分子的定向进化技术的Arnold，该技术已广泛应用于各领域。

（2）课程思政内容简介

党的十八大以来，提出“必须把创新作为引领发展的第一动力”的重大战略抉择，促进科技创新，借助科技手段解决全球气候变暖、粮食问题、能源短缺、生态污染等一系列人类面临的突出问题，创造人类美好的未来。

2021年9月24日，国际顶级期刊 *Science* 杂志上发表了中国科学院天津工业生物技术研究所科研团队重大突破成果：CO_2 直接合成淀粉。这是该团队集聚所内外创新资源，加强学科平台整合合作，集中力量连续奋战6年的成果。

CO_2 直接合成淀粉的途径可以看作现代催化化学与合成生物学相结合的产物：首先把高浓度的 CO_2 在高密度氢能条件下用无机催化剂还原为甲醇，其次采用定向进化技术人工设计出碳一聚合新酶，利用该酶催化作用甲醇发生聚合反应合成三碳，最后优化三碳合成六碳的生物合成途径。该途径的核心关键是定向设计制造了碳一聚合新酶，实现了C1直接聚合成C3化合物。从而使无机 CO_2 固定到合成淀粉只需11步完成，并且该途径合成淀粉的速率竟是玉米淀粉合成速率的8.5倍。

该研究成果是国际首次在体外实现从头合成淀粉，是“从0到1”的突破，是发展生物制造解决全球危机问题的里程碑。

2. 课程思政教学目标

通过对中国科学家颠覆性突破：定向进化构建工程酶，将 CO_2 化学催化产生的甲醇成功转化为淀粉案例的学习，拟达到下列课程思政教学目标。

① 使学生充分认识科技创新是发展第一动力，也是我国长期以来的战略抉择。

② 我国科学家具备胸怀祖国统一战线的爱国精神，勇攀高峰、敢为人先的创新精神，集智攻关、团结协作的协同精神。

③ 加强学生的爱国教育，鼓励学生努力成为科技强国的生力军。

3. 课程思政教学设计

（1）课前思政教学设计

课前，教师借助智慧在线学习工具向学生发送课前学习任务单、学习材料和思政案例材料，提出课程理论知识的课前学习要求及学习效果评估要求。

思政元素故事课前学习主要以问题创设和故事导入为主，让学生首先通过资料自查，围绕下列 2 个问题进行课前思考：① 理性设计和定向进化两个方法的区别是什么？② 查阅分析资料，我国科学家颠覆性突破：CO_2 直接合成淀粉，对你有何启发？

（2）课中思政教学设计

课中，教师首先设计教学环节讲述改造酶分子的方法主要有两种化学修饰法和生物酶工程法，后者包括基因工程生产酶和蛋白工程改造酶。而获取新酶的方法采用微生物细胞发酵、富集、驯化、筛选出预期的新酶；利用宏基因组文库、基因库筛选挖掘出新酶；改造现有的酶分子有理性设计和定向进化两种策略。

随后在课中采用问题创设和小组研讨方式提出思政知识点的升华教学设计，即借助智慧在线学习工具在线发布小组活动“讨论”的问题。我国科学家颠覆性突破：CO_2 直接合成淀粉，对你有何启发？

教师组织学生针对上述问题进行深入研讨，学生之间进行信息交流。随后，教师选取小组代表进行研讨心得的分享，升华学生对此思政知识点的内化理解。

（3）课后思政教学设计

课后，教师发布本节课程理论知识学习效果自测题。同时，引导学生借助智慧在线学习工具，针对课中的思政知识点的研讨话题，将自己在课中研讨过程中的个人见解发布在话题讨论区中。这样有助于教师掌握本节课所涉及思想知识点的学生实际吸收情况，同时发布在话题讨论区的内容也可作为学生参与课堂思政学习的过程考核依据之一，作为本节内容思政学习的终结性评价。

4. 教学方法

本节课课程思政教学采用实体课堂教学与智慧在线教学相结合的混合式教学方法。

（1）课前思政教学方法

课前，思政教学方法主要采用智慧在线教学的问题创设、思政元素故事融入、学生查阅资料方式开展。具体由教师发布思政案例及指引学生查阅相关资料的方式引导学生主动学习，并通过问题创设方式采用 2 个学习问题进行课前的学习启发，激发学生的思考。

（2）课中思政教学方法

课中，思政教学方法采用多元化的混合式教学手段，通过教授法、讨论法及思政案例启发探讨等教学方法的综合运用，开展本节课程思政元素的深入引导挖掘。

首先，通过小组合作学习开展的启发式探讨，引导学生认识到我国长期以来的战略抉择是把创新作为引领发展的第一动力。

其次，通过小组研讨问题结果，随机选取同学开展个人对本节课程思政元素的理解展示。引导学生正确认识我国科学家的爱国精神、创新精神、协同精神。

最后，随机选取同学开展个人对本节课程思政元素的理解展示。我国出现更多“从0到1”的突破，会更加有力推进科技强国建设。继续升华思政元素，加强学生的爱国教育，引导学生发挥个人力量为科技强国出一份力。

（3）课后思政教学方法

课后，本节课程的思政教学方法采用在线教学总结式手段开展，引导学生借助智慧教学工具开展线上讨论区个人见解的抒发，老师进行整体线上点评，强化和升华本节课思政元素点。

5. 教学反思

（1）针对课前思政教学实施的反思

课前教师给予我国科学家的颠覆性突破思政元素故事是以故事导入和问题创设为主，让学生通过预习及资料自查来思考2个问题。所以问题的提出及引导显得尤为重要，因此如何更好地提升课前思政元素的启发式教学需要教师进行深入思考。

（2）针对课中思政教学实施的反思

如何将改造酶分子的方法与本节课程的思政元素更加有机融合仍需要继续优化。需要教师借助思考整体的教学环节，在形象生动地讲解本节课程的知识理论之时，能让学生更好地理解和感悟思政元素点。

（3）针对课后思政教学实施的反思

除了课前学习任务的提交和课后讨论的考核评价外，如何更好地进行本节课的课程思政元素的学习评价，需要教师根据教学安排完善学习评价。

案例七　酶分子定向进化——试管中模拟达尔文进化过程，实现分子水平的模拟进化

1. 课程内容简介

（1）课程理论知识内容简介

由于酶具有高效性、专一性和催化作用条件温和等优点，因此在工业制造、农业、医药生产、能源开发及环境保护等领域已经得到越来越多的应用。但酶本身也有稳定性差，在高酸、高盐或高温等逆境条件下容易失活等缺点。如果按照需要通过各种方法定向地改造酶分子，可提高酶的稳定性和酶活性，创造出具备抗逆优良性状的酶，进一步推广酶的应用。

化学修饰法和生物酶工程法是目前主要的两种改造酶分子的方法。

化学修饰法：人为地在酶侧链基团上接上或去掉一些化学基团，改变酶的物理化学性质及生物活性。缺点：需采取一些保护措施维持酶的稳定性及得率。

生物酶工程法：包括基因工程生产酶和蛋白工程改造酶。

蛋白工程改造酶：结合蛋白质一级结构序列的测定，改变或删除某些特定位点的氨基酸，从而使酶具备新的优良性状。利用蛋白工程除了可以获取新功能酶之外，还可以创造全新的酶。

（2）课程思政内容简介

1993年，诺贝尔化学奖（2018）获得者之一Arnold首次提出酶分子的定向进化技术，实践研究证明可通过该技术改造酶甚至可以获取新酶，现该技术已在各领域中广泛应用。

受思维的局限性，早期Arnold一直专心研究如何通过改变酶蛋白分子的结构从而提高酶的活性。1990年，Arnold改变思路开始研究进化，尝试通过自然的定向选择从而筛选出改造

之后的酶。

提到“进化”，我们就会想到达尔文进化论核心“变异-选择-进化”：当物种遭受恶劣环境影响，少数物种依靠变异适应外界条件的变化，于是它们被环境选择会存活下来，从而实现物种的进化。

我们知道“中心法则”的核心是基因（DNA）决定性状（蛋白质）。Arnold 这次没有局限于只考虑基因和蛋白酶之间的逻辑关系，而是结合进化论进一步分析，环境定向选择变异物种（基因突变），适应环境生存下来的变异物种才得以进化，于是物种进化（出现特异的表型）是环境对变异物种的选择，所以基因突变的频率决定了蛋白质进化（出现特异表型）的速率。

Arnold 提出的酶分子定向进化就是在试管中模拟物种进化的过程：首先人为地随意制造基因突变，再施加胁迫之后，筛选出具备预期特性的蛋白质（酶），实现在蛋白质分子水平上模拟“变异-选择-进化”。充分展示导致基因变异并定向选择的都是环境条件。当蛋白质定向进化技术出现之际，就预示人类可以制造出很多自然界原本不存在的蛋白。

2. 课程思政教学目标

通过对酶分子的定向进化案例的学习，拟达到下列课程思政教学目标。

① 引导学生认识到坚持不懈、努力奋斗是成功者的通行证。

② 着重培养学生勤思考、分析问题、解决问题的能力。

3. 课程思政教学设计

（1）课前思政教学设计

课前，教师借助智慧在线学习工具向学生发送课前学习任务单、学习材料和思政案例材料，提出课程理论知识的课前学习要求及学习效果评估要求。

思政元素故事课前学习主要以问题创设和故事导入为主，让学生首先通过资料自查，围绕下列 2 个问题进行课前思考。① 改造酶分子的方法有哪些？② 查阅分析资料，你了解酶分子的定向进化技术之后，对你有何启发？

（2）课中思政教学设计

课中，教师首先设计教学环节讲述改造酶分子的意义，改造酶分子的方法主要有两种，化学修饰法和生物酶工程法，后者包括基因工程生产酶和蛋白工程改造酶。

随后在课中采用问题创设和小组研讨方式提出思政知识点的升华教学设计，即借助智慧在线学习工具在线发布小组活动“讨论”的问题。① Arnold 提出酶分子定向进化技术，关键在于什么？请与学习小组同学进行分享。② 酶分子定向进化技术，对你有何启发？

教师组织学生针对上述 2 个问题进行深入研讨，学生之间进行信息交流。随后，教师选取小组代表进行研讨心得的分享，升华学生对此思政知识点的内化理解。

（3）课后思政教学设计

课后，教师发布本节课程理论知识学习效果自测题。同时，引导学生借助智慧在线学习工具，针对课中的思政知识点的研讨话题，将自己在课中研讨过程中的个人见解发布在话题讨论区中。这样有助于教师掌握本节课所涉及思想知识点的学生实际吸收情况，同时发布在话题讨论区的内容也可作为学生参与课堂思政学习的过程考核依据之一，作为本节内容思政学习的终结性评价。

4. 教学方法

本节课程思政教学采用实体课堂教学与智慧在线教学相结合的混合式教学方法。

（1）课前思政教学方法

课前，思政教学方法主要采用智慧在线教学的问题创设、思政元素故事融入、学生查阅资料方式开展。具体由教师发布思政案例及指引学生查阅相关资料的方式引导学生主动学习，并通过问题创设方式采用 2 个学习问题进行课前的学习启发，激发学生的思考。

（2）课中思政教学方法

课中，思政教学方法采用多元化的混合式教学手段，通过教授法、讨论法及思政案例启发探讨等教学方法的综合运用，开展本节课程思政元素的深入引导挖掘。

首先，通过小组合作学习开展的启发式探讨，引导学生认识到坚持不懈、努力奋斗是成功者的通行证。

其次，通过小组研讨第 1 题结果，随机选取同学开展个人对本节课程思政元素的理解展示。引导学生正确认识如何突破思维局限性，看问题有了新的视角，会产生思考和疑问，思考决定行动，行动决定目标。

最后，通过小组研讨第 2 题结果，随机选取同学开展个人对本节课程思政元素的理解展示。继续升华思政元素，在工作学习中要勤思考，在认真学习的同时，积累实践经验，提高解决问题的应变能力。

（3）课后思政教学方法

课后，本节课程的思政教学方法采用在线教学总结式手段开展，引导学生借助智慧教学工具开展线上讨论区个人见解的抒发，老师进行整体线上点评，强化和升华本节课思政元素点。

5. 教学反思

（1）针对课前思政教学实施的反思

课前教师给予学生酶分子的定向进化技术思政元素故事是以故事导入和问题创设为主，让学生通过预习及资料自查来思考 2 个问题。所以问题的提出及引导显得尤为重要，因此如何更好地提升课前思政元素的启发式教学需要教师进行深入思考。

（2）针对课中思政教学实施的反思

如何将酶的改造方法与本节课程的思政元素更加有机融合仍需要继续优化。需要教师借助思考整体的教学环节，在形象生动地讲解本节课程的知识理论之时，能让学生更好地理解和感悟思政元素点。

（3）针对课后思政教学实施的反思

除了课前学习任务的提交和课后讨论的考核评价外，如何更好地进行本节课的课程思政元素的学习评价，需要教师根据教学安排完善学习评价。

案例八　酶的固定化及细胞固定化——酶联免疫吸附（ELISA）技术快速进行疾病诊断

1. 课程内容简介

（1）课程理论知识内容简介

酶固定化技术即是用载体材料将酶束缚或限制在一定的空间内，保留其催化活性，并可回收及重复使用的一类技术。酶的固定化方法较多，有吸附法、共价键结合法、包埋法等方式，其中最常用的方法为吸附法。吸附法又可以分为两种，即离子交换吸附和物理吸附。吸附法反应条件温和，酶的构象不易改变，因此对酶的催化特性就不会产生大的影响。

（2）课程思政内容简介

本思政案例主要从酶固定化应用中酶联免疫吸附技术方面开展课程思政教育。

酶联免疫吸附反应（简称 ELISA）是抗原或抗体的固相化及抗原或抗体的酶标记方法，是酶免疫测定方法中应用最常用的技术，其反应基础是抗原或抗体的固相化及抗原或抗体的酶标记。

ELISA 方法的基本原理是酶分子与抗体共价结合，酶标记抗体可与吸附在固相载体上的抗原或抗体发生特异性结合，此种结合不会改变和影响抗体的免疫学特性及酶的生物学活性。当滴加底物溶液后，底物可由无色变成有色，从而呈现颜色反应。此时，检测者可通过底物的颜色反应来判定有无相应的抗原或者抗体发生免疫反应，颜色反应的深浅与相应抗体或抗原的量呈正比，该显色反应可通过 ELISA 检测仪进行定量测定，这样就将酶化学反应的敏感性和抗原抗体反应的特异性结合起来，使 ELISA 方法逐步成为灵敏度较高的检测方法。现今，用于标记抗体或抗体的酶需具有下列特性：有高度的活性和敏感性；在室温下稳定，反应产物易于产生及放大。现今应用于 ELISA 中较多的有辣根过氧化物酶、碱性磷酸酶、葡萄糖氧化酶等，其中以辣根过氧化物酶应用最为广泛。

酶联免疫吸附反应首次于 1971 年进行报道，由于其具有快速、敏感、简便、易于标准化等优点，使其得到迅速的发展和广泛应用。如今 ELISA 广泛应用于细菌或病毒相关疾病的诊断。在动物检疫方面，ELISA 检测法在牲畜传染性胃肠炎、牲畜结核病，以及牲畜伪狂犬病等诊断中已成为广泛采用的标准方法并应用于实际。由此可以看出，将酶进行固定化或抗原或抗体的固定化可以更好地服务于人类的生活。这就要求我们需要依据课程所学，积极进行深入研发，将理论知识转化为生产力，创造出更多有益于人类的发明创造。

2. 课程思政教学目标

通过对酶固定化应用中酶联免疫吸附反应案例的学习，拟达到下列课程思政教学目标。

① 增加学生对酶固定化技术应用深度的了解，促使学生感受到检测分析领域中酶固定化技术能更快速、敏感、简便、易于标准化评估分析待检测对象，由此意识到酶固定化技术的优势。

② 培养学生要具备科技报国的思想，引导学生利用课程所学，密切结合生活中的实际问题展开科技创新，用自己的才能智慧为改善人类生活环境及生态环境而不断努力。

3. 课程思政教学设计

（1）课前思政教学设计

课前，教师借助智慧在线学习工具向学生发送课前学习任务单、学习材料和思政元素材料，提出课程理论知识的课前学习要求及学习效果评估要求。思政元素案例的课前学习主要以事件案例导入、问题创设，以及案例对比分析角度进行。教师通过智慧在线学习工具学习教师发布学习资料。引导学生在课前围绕上述 2 方面进行详细资料的查阅，并课前思考 2 个问题：① 酶的固定化技术常用方法有哪些？② 借助酶的固定化技术，思考如何利用酶联反应技术进行细菌及病毒类疾病的快速、精准检测？

（2）课中思政教学设计

课中，教师首先设计教学环节讲解酶常见的固定化方法及技术，重点阐述酶固定化后的实际应用，随后在课中采用问题创设和小组研讨方式提出思政知识点的内化教学设计，即借助智慧在线学习工具在线发布“世界咖啡”小组活动问题：① 酶联免疫吸附反应如何利用酶的固定化技术？② 通过这个小案例你有何启发和收获？

教师组织学生针对上述 2 个问题进行深入研讨，学生组内成员通过小组讨论分享。随后，教师选取小组代表进行问题 1 和问题 2 的心得陈述式分享，升华学生对此思政知识点的内化理解。最后，教师借助智慧在线学习工具，引导学生对各组进行学习互评。

（3）课后思政教学设计

课后，教师发布本节课程理论知识学习效果自测题，并在自测题中设计 1～2 个关于酶固定化等相关内容测试题，再次强化学生思政知识点方面的学习收获，进行诊断性评价。同时，引导学生借助智慧在线学习工具，针对课中的思政知识点的研讨话题，将自己在课中研讨过程中的个人见解发布在话题讨论区中，引发学生通过课后持续深入思考来感悟酶固定化在实际生活中多方面的应用，体现出酶固定化技术应用的优越性。并进一步激发学生要利用课程所学，密切结合生活中的实际问题展开科技创新，用自己的才能智慧为改善人类生活水平作贡献。

4. 教学方法

本节课程思政教学采用线下实体课堂教学与智慧在线教学相结合的混合式教学方法。

（1）课前思政教学方法

课前，思政教学方法主要采用智慧在线教学的事件案例导入、问题创设，以及案例对比分析角度方式开展。教师通过问题创设法设计 2 个学习问题引导学生对酶的固定化方法及原理产生思考，并添加“借助酶的固定化技术帮助人类进行细菌及病毒类疾病的快速、精准检测”思政元素案例进行思考，启发学生的初步感悟。

（2）课中思政教学方法

课中，思政教学方法采用多元化的混合式教学手段，通过讲授法、小组合作学习的讨论法及辩论法开展本节课程思政元素的深入引导和挖掘。通过小组合作学习围绕课中研讨话题 1 和话题 2 进行集中信息交流及头脑风暴，通过学生之间的相互交流，培养他们要充分意识到酶的固定化会产生许多实际应用的技术及方法，倡导学生要利用课程所学，密切结合生活中的实际问题展开科技创新，从而继续升华思政元素。

（3）课后思政教学方法

课后，本节课程的思政教学方法采用在线教学总结法及讨论作业总结法两个方面开展，引导学生借助智慧教学工具开展线上讨论区个人见解的抒发，老师进行整体线上点评，同时发布 1 个综合讨论题，再次强化和升华本节课思政元素点。

5. 教学反思

（1）针对课前思政教学实施的反思

课前教师给予学生酶固定化技术中酶联反应吸附技术的应用思政元素点是以案例导入和问题创设为主，让学生通过预习及资料自查来思考 2 个问题。所以问题的提出及引导显得尤为重要，可以设计交互性更强的问题，既增加学生思考的广度，又增加学生思考的深度。

（2）针对课中思政教学实施的反思

课中的思政教学主要以学生分组研讨为主，目的是加强学生的相互交流和心灵碰撞。所研讨的问题可以更加发散，而且老师需要加强课中研讨过程中每位学生的参与度，本思政案例酶联反应吸附原理较为难理解，因为需要教师在课堂中采用视频演示等方法将该技术的难点问题进行剖析，才能帮助学生更有效地进行思政元素的感悟。

（3）针对课后思政教学实施的反思

本节内容的课程思政教学设计了 1 个综合研讨作业，如何更加科学地进行此作业的评价值得深入思考。同时酶的固定化技术除了在酶联反应吸附中得到广泛应用，在其他众多领域中的应用案例也较多，教师可以在课后发布更多相似的案例，引发学生思考。

案例九　酶反应器及酶传感器——有趣的新冠抗原检测试剂卡

1. 课程内容简介

（1）课程理论知识内容简介

生物传感器对生物活性物质敏感发生的生物学效应转换为电信号分析检测的装置。例如：葡萄糖快速检测仪。

生物传感器主要由两大部分组成：第一部分识别元件（感应元件），是对一种或几种相关生物活性物质敏感的材料（生物敏感膜），其功能是特异识别被测物样品。生物体、组织、细胞、核酸、酶、酶的辅助因子、抗体、有机物分子等都可以制作生物感应元件。第二部分转换元件，其功能是把被测物样品结合生物敏感膜所产生的生物学效应转换成便于输出显示的电信号，就是个信号传导器。

生物传感器的原理：首先生物敏感膜接触到被测物质，其特异识别被测物质；其次把发生生物学效应所产生的热量变化、光效应、物质的量变化由相应的传导器以电信号的形式输出；最后通过检测到的数据推测出被测物质的浓度。

（2）课程思政内容简介

本思政案例主要从有趣的新冠抗原检测试剂卡开展课程思政教育。

2022 年 3 月 29 日，《纳米快报》发表美国约翰·霍普金斯大学研制出一种准确快速检测新冠病毒的传感器。据报道，这种传感器在灵敏度和检测速度方面兼具核酸检测和抗原检测的优势。除此之外，使用该传感器（抗原检测试剂卡）检测新冠病毒抗原的操作简单、快速，居民只需要按使用说明在家就能操作自测，不需要专业人员操作，最快 15min 就能得到结果。

我们通常使用的新冠病毒抗原检测试剂盒是采用胶体金法进行检测，这是一种将含有显色成分和新冠病毒抗体的胶体金球包埋在试剂卡的结合垫子上，通过新冠病毒抗原与胶体金球上的抗体结合。它是一个有趣的检测新冠病毒的传感器。

将采好的待测样品滴入样品垫加样孔，当样品在结合垫上向前移动扩散时会带动胶体金球不停地移动向前冲。假如样品中含有病毒时，病毒与显色球携带的抗体专一识别结合形成“抗原-抗体-显色球”，当移动到达反应垫时，在检测带处固定存在的特异性“抗体”识别“抗原-抗体-显色球”上的抗原，并与其发生结合反应，形成“抗体-抗原-抗体-显色球”的“夹心”结构；这时“夹心”结构停留在检测带位置，显现出第一条红线。而未与检测带处的抗体结合的多余的“抗原-抗体-显色球”会继续向前冲，到达控制带时与该处的包被抗体结合，并在控制带停留后呈现第二条红线。于是，抗原检测结果呈现两条红线就判定为阳性。

当然，若样品中不含病毒，样品经过结合点时，显色球仍会随样品扩散而向前移动，到达检测带因不存在抗原抗体特异性结合，就不会出现第一条红线；当样品到达控制带时，显色球与该处的抗原抗体结合，只呈现一条控制带。抗原检测结果就判定为阴性。

2022 年 3 月 15 号被国务院联防联控机制综合组所肯定和大力推广新冠病毒抗原检测作为核酸检测补充手段。2022 年 12 月 7 日，为进一步优化新冠病毒检测策略，做好防控工作，国务院应对新型冠状病毒感染疫情联防联控机制综合组制定了《新冠病毒抗原检测应用方案》，新冠病毒抗原检测适用于大规模群体检测。

2. 课程思政教学目标

通过对有趣的新冠抗原检测试剂卡案例的学习，拟达到下列课程思政教学目标。

① 引导学生认识到理论知识与实践相辅相成，扎实掌握理论知识，将所学的知识与实践相结合，练就学以致用的本领。

② 引导学生科学防控疫情的重要性，个人要注意做好疫情防护措施，筑牢学生的健康安全意识。

3. 课程思政教学设计

（1）课前思政教学设计

课前，教师借助智慧在线学习工具向学生发送课前学习任务单、学习材料和思政案例材料，提出课程理论知识的课前学习要求及学习效果评估要求。

思政元素故事课前学习主要以问题创设和故事导入为主，让学生首先通过资料自查，围绕下列 2 个问题进行课前思考。① 你了解生物传感器吗？② 查阅分析资料，新冠抗原检测试剂卡的制作，对你有何启发？

（2）课中思政教学设计

课中，教师首先设计教学环节讲述什么是生物传感器，生物传感器的组成，生物传感器的原理。

随后在课中设计问题：新冠抗原检测试剂卡检测原理是什么？接下来组织小组“讨论”问题：新冠抗原检测试剂卡的制作，对你有何启发？

教师组织学生针对上述 1 个问题进行深入研讨，学生之间进行信息交流。随后，教师选取小组代表进行研讨心得的分享，升华学生对此思政知识点的内化理解。

（3）课后思政教学设计

课后，教师发布本节课程理论知识学习效果自测题。同时，引导学生借助智慧在线学习工具，针对课中的思政知识点的研讨话题，将自己在课中研讨过程中的个人见解发布在话题讨论区中。这样有助于教师掌握本节课所涉及思想知识点的学生实际吸收情况，同时发布在话题讨论区的内容也可作为学生参与课堂思政学习的过程考核依据之一，作为本节内容思政学习的终结性评价。

4. 教学方法

本节课程思政教学采用实体课堂教学与智慧在线教学相结合的混合式教学方法。

（1）课前思政教学方法

课前，思政教学方法主要采用智慧在线教学的问题创设、思政元素故事融入、学生查阅资料方式开展。具体由教师发布思政案例及指引学生查阅相关资料的方式引导学生主动学习，并通过问题创设方式采用 2 个学习问题进行课前的学习启发，激发学生的思考。

（2）课中思政教学方法

课中，思政教学方法采用多元化的混合式教学手段，通过教授法、讨论法及思政案例启发探讨等教学方法的综合运用，开展本节课程思政元素的深入引导挖掘。

首先，通过小组合作学习开展的启发式探讨，引导学生认识到努力学习专业知识，将书本上的知识与基层经验联系起来，将理论学习与实践探索联系起来，练就学以致用的本领。

其次，通过小组讨论问题的结果，随机选取同学开展个人对本节课程思政元素的理解展示。引导学生正确认识疫情防控除了科学检测手段之外，还需个人做好防护措施。

（3）课后思政教学方法

课后，本节课程的思政教学方法采用在线教学总结式手段开展，引导学生借助智慧教学工具开展线上讨论区个人见解的抒发，老师进行整体线上点评，强化和升华本节课思政元素点。

5. 教学反思

（1）针对课前思政教学实施的反思

课前教师给予学生有趣的新冠抗原检测试剂卡，思政元素故事是以故事导入和问题创设为主，让学生通过预习及资料自查来思考 2 个问题。所以问题的提出及引导显得尤为重要，因此如何更好地提升课前思政元素的启发式教学需要教师进行深入思考。

（2）针对课中思政教学实施的反思

如何将生物传感器与本节课程的思政元素更加有机融合仍需要继续优化。需要教师借助思考整体的教学环节，在形象生动地讲解本节课程的知识理论之时，能让学生更好地理解和感悟思政元素点。

（3）针对课后思政教学实施的反思

除了课前学习任务的提交和课后讨论的考核评价外，如何更好地进行本节课的课程思政元素的学习评价，需要教师根据教学安排完善学习评价。

案例十 酶工程的应用·全国低碳日——今天你“低碳”了吗?

1. 课程内容简介

（1）课程理论知识内容简介

科学技术发展付出了环境污染问题日益剧增的代价，运用酶与酶工程解决环境污染问题已呈现“酶”好景象。

酶在监控环境质量变化中的应用实例；酶在绿色造纸工艺中的应用实例；酶工程在废水治理中的应用实例；酶工程在生物降解材料开发中的应用实例。

（2）课程思政内容简介

今天你“低碳”了吗?我们非常熟悉“低碳”，是环保的代名词，“碳标签”“低碳消费”等低碳公益微信小程序都诠释着提倡节能行动。

2010年1月21—22日，在北京召开了低碳中国论坛首届年会，会议发表并倡议设立全球首个“低碳日”。“低碳日”提倡协调发展资源开采与环境保护，积极应对全球气候变暖，共同面对挑战；并倡议5月20日设立为全球“低碳日”。

首个全国低碳日是2013年6月17日（节能宣传周的第3天）。每年的“低碳日”有社区、学校、各行各业部门单位以各种活动形式、多种渠道、不同角度大力开展“全民低碳”宣传活动，动员全民在衣食住行等方面践行节能生活方式。

为加快推动全球环境治理，构建人类命运共同体。2020年9月22日，习近平总书记在第七十五届联合国大会一般性辩论上明确中国2030年达到“碳达峰”，2060年实现“碳中和”。“碳达峰”目标是确保在2030年二氧化碳排放量为最大值，之后碳排放量不再增大只会下降；“碳中和”目标是指通过大力推进节能减排从而使二氧化碳净排放量在2060年零排放。

为实现“双碳”，全民总动员践行节能行动，为减少碳排放量贡献一份力；再通过人工植树造林、海洋吸收、可再生能源开发、碳捕集与封存工程等，实现二氧化碳“零排放”。只有这样才能稳定气候、守护地球、共建和谐美丽的家园。

2. 课程思政教学目标

通过对“全国低碳日——今天你‘低碳’了吗?”案例的学习，拟达到下列课程思政教学目标。

① 引导学生关注社会热点问题，使学生充分认识推动构建人类命运共同体的责任担当。

② 增强学生的环保意识，倡导践行绿色低碳生活理念，携手共建绿色低碳美好家园。

3. 课程思政教学设计

（1）课前思政教学设计

课前，教师借助智慧在线学习工具向学生发送课前学习任务单、学习材料和思政案例材料，提出课程理论知识的课前学习要求及学习效果评估要求。

思政元素故事课前学习主要以问题创设和故事导入为主，让学生首先通过资料自查，围绕下列2个问题进行课前思考：① 你会如何描述酶与酶工程在环保中应用的“酶”好景象?② 查阅分析资料，我国提出全球“低碳日”和“双碳”目标，对你有何启发?

（2）课中思政教学设计

课中，教师首先设计教学环节讲述酶在监控环境质量变化、绿色造纸工艺中的应用；酶工程在废水治理、生物降解材料开发中的应用。

随后在课中采用问题创设和小组研讨方式提出思政知识点的升华教学设计，即借助智慧在线学习工具在线发布小组活动“讨论”的问题。① 你对我国提出全球“低碳日”和“双碳”目标的认识？② 如何践行低碳绿色生活？

教师组织学生针对上述问题进行深入研讨，学生之间进行信息交流。随后，教师选取小组代表进行研讨心得的分享，升华学生对此思政知识点的内化理解。

（3）课后思政教学设计

课后，教师发布本节课程理论知识学习效果自测题。同时，引导学生借助智慧在线学习工具，针对课中的思政知识点的研讨话题，将自己在课中研讨过程中的个人见解发布在话题讨论区中。这样有助于教师掌握本节课所涉及思想知识点的学生实际吸收情况，同时发布在话题讨论区的内容也可作为学生参与课堂思政学习的过程考核依据之一，作为本节内容思政学习的终结性评价。或组织学生课外开展“低碳生活宣传”活动。

4. 教学方法

本节课程思政教学采用实体课堂教学与智慧在线教学相结合的混合式教学方法。

（1）课前思政教学方法

课前，思政教学方法主要采用智慧在线教学的问题创设、思政元素故事融入、学生查阅资料方式开展。具体由教师发布思政案例及指引学生查阅相关资料的方式引导学生主动学习，并通过问题创设方式采用 2 个学习问题进行课前的学习启发，激发学生的思考。

（2）课中思政教学方法

课中，思政教学方法采用多元化的混合式教学手段，通过教授法、讨论法及思政案例启发探讨等教学方法的综合运用，开展本节课程思政元素的深入引导挖掘。

首先，通过小组合作学习开展的启发式探讨，引导学生认识到我国提出全球“低碳日”和“双碳”目标，展示了我国为解决全球气候问题作出的努力。

其次，通过小组讨论第 1 个问题结果，随机选取同学开展个人对本节课程思政元素的理解展示。引导学生正确认识推动构建人类命运共同体的责任担当。

最后，随机选取同学开展个人对本节课程思政元素的理解展示。加强学生的环保意识，引导学生努力营造低碳舆论氛围，倡导践行绿色低碳生活，携手共建绿色低碳美好家园。

（3）课后思政教学方法

课后，本节课程的思政教学方法采用在线教学总结式手段开展，引导学生借助智慧教学工具开展线上讨论区个人见解的抒发，老师进行整体线上点评，强化和升华本节课思政元素点。

5. 教学反思

（1）针对课前思政教学实施的反思

课前教师给予全国低碳日——今天你“低碳”了吗？思政元素资料问题创设为主，让学生通过预习及资料自查来思考 2 个问题。所以问题的提出及引导显得尤为重要，因此如何更好地提升课前思政元素的启发式教学需要教师进行深入思考。

（2）针对课中思政教学实施的反思

如何将酶与酶工程在环保中的应用与本节课程的思政元素更加有机融合仍需要继续优化。需要教师借助思考整体的教学环节，在形象生动地讲解本节课程的知识理论之时，能让学生更好地理解和感悟思政元素点。

（3）针对课后思政教学实施的反思

除了课前学习任务的提交和课后讨论的考核评价外，如何更好地进行本节课的课程思政元素的学习评价，需要教师根据教学安排完善学习评价。

第十一章 《发酵工程》课程思政案例

课程信息及编写教师信息

课程名称	发酵工程
课程类型	○公共基础课程 ◉专业教育课程 ○实践类课程
授课专业类/代码	生物科学/071001、生物技术/071002、生物信息学/071003、生物制药/083002T、生物工程/083001
课程性质	◉必修 ○选修
开课年级	大学三年级

编写教师信息

编写教师单位	教师姓名	性别	职称	学位	案例所属教学大纲中的章节及知识点	思政案例名称
塔里木大学	夏占峰	男	教授	博士	第一章 绪论	案例一 学习发酵工程发展史，了解发酵历史和现状
					第二章 微生物菌种制备原理与技术	案例二 发酵微生物菌种资源收集及菌种选育
					第三章 发酵培养基的制备	案例三 发酵培养基促进农副产品的高值化利用
					第四章 发酵设备	案例四 中国制造业快速发展促进发酵设备升级换代
					第五章 发酵产物的提取与精制	案例五 发酵产物的提取与精制——沙里淘金
					第六章 发酵生产的染菌及防治	案例六 发酵过程染菌及其控制——防微杜渐
					第七章 动植物细胞发酵	案例七 动植物细胞发酵有利于生物产品全天候生产
新疆农业大学	苏豫梅	女	副教授	博士	第八章 微生物生长动力学	案例八 理论探索和实践应用双管齐下的 Monod 方程
					第九章 发酵工程应用实例	案例九 维生素 C 的两段发酵法——为中国科学院微生物研究所研发的维生素 C 二步发酵法点赞
					第九章 发酵工程应用实例	案例十 青霉素的发现及生产——机会总是留给有准备的人！

案例一　学习发酵工程发展史，了解发酵历史和现状

1. 课程内容简介

学习传统发酵工业的发展史，了解传统发酵行业的起源、发展过程和现代发酵工业技术。了解我国的主要发酵产品、知名发酵企业，结合中国发酵行业的蓬勃发展历程，增强民族自豪感。

2. 课程思政教学目标

通过讲解我国传统发酵食品，如酱油、甜面酱、腐乳、醋、醪糟、白酒等，彰显我国古人的智慧，为发酵行业的奠基与发展作出了很大的贡献。通过讲解当前我国多种现代发酵产品产量位居世界第一，发酵设备制造和发酵技术的长足进步，增强学生对国家现代化建设和科技发展的认可。

3. 课程思政教学设计

在人们还没有认识到微生物存在的时期，我国古代劳动人们就开始应用微生物制作酱油、酱、醋等调味品，制作腐乳、豆豉发酵食品，尤其是酒的酿造为我国传统文化的发展起到了推波助澜的作用。在《吕氏春秋》中有“仪狄作酒”的描述，在《说文解字》中有“杜康作秫酒”的描述，《齐民要术》中作酱的描述，这些历史记载彰显了我国古人的智慧，为发酵的起步作出了很大的贡献。近年来，我国生物发酵产业通过增强自主创新能力、加快产业结构优化升级、提高国际竞争力，使得产业规模持续扩大，并形成了一些优势产品。我国发酵产品总量稳居世界第一，柠檬酸、啤酒、味精、维生素 C、赖氨酸等多种产品的产能已达到世界第一。发酵技术不断创新发展，发酵装备制造业长足进步，形成了一批在世界有影响力的发酵龙头企业。

阜丰集团有限公司，主要产品：谷氨酸、味精、黄原胶、结冷胶、透明质酸、氨基酸（L-亮氨酸、L-异亮氨酸、L-缬氨酸、L-谷氨酰胺）等。新疆阜丰生物科技有限公司位于乌鲁木齐甘泉堡经济技术开发区，主要生产小品种氨基酸及生物多糖等生物发酵制品。

梅花生物科技集团股份有限公司，全球最大的味精制造企业之一，食品添加剂、医药原料、饲料添加剂等多个领域。新疆梅花氨基酸有限责任公司，位于兵团第六师五家渠市。2012 年底建成投产，总投资近 100 亿元，年产各类氨基酸总计 60 万 t，年产值超 50 亿元。

安琪酵母股份有限公司，亚洲第一、全球第三大酵母供应商，主要产品：面包酵母、酿酒酵母、酵母抽提物等。安琪酵母（伊犁）有限公司成立于 2004 年 3 月 29 日，位于新疆伊犁哈萨克自治州伊宁市，是安琪酵母股份公司投资设立的控股子公司。

4. 教学方法

采用多媒体演示、教师讲授、学生反转课堂与课堂讨论等多种教学方法。让学生明确目标，课上讲解，充分调动学生的积极性与主动性，让教师的“教”和学生的“学”相辅相成，即“教”和“学”之间相互联系，相互促进，有序发展。

5. 教学反思

“微生物 · 高科技 · 大产业”，微生物个体小，常常被人们忽视，但微生物种类多、分布广，能够产生非常多的产品，除了传统的酿造产品，还有大多数的抗生素是由微生物发酵生产，多种氨基酸、维生素、酶制剂也是来自微生物发酵，通过微生物发酵能够将农副产品转变成为高附加值产品。虽然微生物个体微小，但能够形成庞大的群体，形成合力，终将体现其价值。

案例二 发酵微生物菌种资源收集及菌种选育

1. 课程内容简介

通过学习发酵工业菌种的知识，学生掌握发酵菌种资源的获取、菌种的筛选、诱变育种及基因工程改造等技术，了解微生物菌种在发酵行业中的重要地位，认识到微生物菌种资源保护和自主可控的重要性。

2. 课程思政教学目标

通过学习微生物菌种知识，了解微生物小小的微生物菌种的巨大潜能。学习诱变育种过程，让学生认识到高产稳定菌种来之不易，优良的菌种选育的“成功之路”途中历经坎坷。让学生理解目前美好生活来之不易，敢于直面生活的压力，百折不挠、勇毅前行，才能成为栋梁之材。

3. 课程思政教学设计

发酵工业与我们的日常生活密切相关，涉及食品、医药、能源、材料、化工等多个行业，随着生物技术的发展，越来越多的产品可以通过微生物发酵生产。菌种是发酵工业的核心，只有具备了优良的菌种，才有可能获得理想的发酵产品。

一个优良的菌种能形成一个产业，能够创造巨大的经济价值，例如井冈霉素的生产菌种——吸水链霉菌井冈变种。1973 年上海农药研究所从江西井冈山地区土壤中分离得到一株具有抑菌活性的链霉菌，研究发现该菌种能够产水溶性抗生素——井冈霉素。由于井冈霉素具有无毒、高效、安全、使用方便、无抗药性、药效长、用量小等诸多优点，迅速成为防治水稻纹枯病的首选农药，也可用于水稻稻曲病、玉米大小斑病以及蔬菜和棉花、豆类等作物病害的防治，是我国自主发明并大规模生产的第一个生物农药。井冈霉素从菌种筛选到生产，研究解决了工业化生产的一系列问题，包括菌种选育、发酵工艺、工业分析方法、提炼工艺、产品稳定性以及大田应用技术，井冈霉素产量逐年提高，生产成本逐渐下降，成为杀菌剂中的骨干品种。井冈霉素的开发和推广应用，不仅填补了我国自主生产农用抗生素的空白，还解决了农业生产中的病害问题，创造了巨大的经济价值。

发酵菌种需要集高产、稳定、生长速度快等一系列优点于一身。从自然环境中筛选获得的原始菌种通常达不到商业化发酵生产的要求，需要经历漫长的诱变和选育过程。例如柠檬酸的发酵菌种黑曲霉。自从 20 世纪初开始用微生物生产柠檬酸以来，人们对生产柠檬酸的菌种进行了几十年的诱变研究。上海工业微生物研究所从土壤中经酸性平板分离获得的野生黑曲霉 628 作为出发菌株，经多次 $^{60}Co-\gamma$ 射线和硫酸二乙酯等复合诱变，获得了高产柠檬酸菌株 Co827。该菌株可直接利用薯干粉发酵，产酸达 12%～13%，平均转化率为 95%，发酵周期 54～64h。朱亨政利用 $^{60}Co-\gamma$ 射线反复处理 Co827 获得变异株 Co8-60-7，实验室摇瓶产酸可达 23%以上，转化率 100%，发酵周期 120h。洪厚胜通过激光复合诱变从 246 株突变株中筛选出了 1 株木薯粉柠檬酸发酵高产黑曲霉菌株 Wm1-016。该菌株在 150m^3 生产性试验中表现出良好性能，发酵周期 66.9h，平均产酸 16.14%，平均转化率 98.47%。后来又经历了细胞工程育种、基因工程育种，柠檬酸的产量和生产效率进一步提高。黑曲霉菌种的成功，促进了柠檬酸产业的发展，使我国成为柠檬酸第一生产大国。

诱变育种的主要环节包括随机诱变和定向筛选两个过程，诱变环节主要是选用合适的诱变剂处理微生物细胞，引起绝大多数细胞致死的同时，使存活个体中的突变频率大幅度提高。筛选的环节主要是设计有效的筛选方法，将少量正突变株中的优良菌株挑选出来。诱变剂剂量的选择很重要，最适剂量是在提高突变率的基础上，既能扩大变异幅度，又能使变异向正突变范围移动的剂量。诱变育种的过程会使很多的菌种被诱变剂杀死，只有少数菌株存活下来，又经历了漫长的优胜劣汰的筛选过程，将最优菌种保留下来。

4. 教学方法

采用教师讲授、播放纪录片、课堂讨论等多种教学方法。把井冈霉素的研发过程、柠檬酸生产菌种选育相关的案例引入课堂，充分调动学生的积极性与主动性。

5. 教学反思

通过发酵微生物菌种选育的学习，让学生认识到一个好的菌种可以形成一种产品，可以促进产业的发展，创造巨大的经济价值。但优良的菌种来之不易，需要经历漫长的选育过程。发酵工业的进步和发展，离不开育种工作者默默的奉献。微生物育种作为发酵工程的前期工作具有重要的意义。作为新时代青年学者，要努力学习新的技术，用好基因工程技术、细胞工程技术，选育出更多优良的微生物菌种，促进发酵产业进一步发展。

案例三　发酵培养基促进农副产品的高值化利用

1. 课程内容简介

微生物的生长和代谢离不开发酵培养基提供的营养物质，本章主要学习发酵培养基的营养要求、发酵培养基的类型、发酵培养基的配制及灭菌等技术。通过学习，了解发酵培养基营养成分的主要来源，为发酵培养基的配制提供基础知识。

2. 课程思政教学目标

通过学习微生物发酵培养基知识，学生认识到发酵培养基是一个有机的整体，需要各种营养元素的合理搭配，缺少任何一种营养成分都可能会形成“短板效应”。在培养基的选择过程中，农副产品是营养物质的重要来源，可以通过发酵来有效处理低值农副产品，有利于农副产品的综合利用。

3. 课程思政教学设计

发酵培养基为微生物的生长和代谢提供营养物质，培养基中的营养成分要有碳源、氮源、无机盐、水、生长因子，还要有合适的 pH。要求培养基中的营养物质含量合适，所用的原材料来源丰富、价格低廉、质量稳定。发酵产业在发展的同时，还要兼顾社会经济社会发展，不能与人类争粮食。

发酵培养基中需要大量的碳源，碳源一方面组成微生物细胞成分的碳架，另一方面为细胞的生长和代谢提供能源。目前发酵工业普遍使用玉米淀粉作为碳源，淀粉来源丰富，价格低廉。发酵企业的选址首先要考虑到发酵原料的供应问题，常选在稳定的玉米产区。例如新疆阜丰生物科技有限公司、新疆梅花氨基酸有限责任公司、新疆合源正达生物化学有限公司都选址在北疆玉米产区，在发酵原料方面的获取方面具有优势。

微生物发酵生产燃料乙醇是促进粮食有效利用的一种途径，乙醇是燃油的增氧剂，使汽油增加内氧，充分燃烧，达到节能和环保的目的，向燃料中加入乙醇有利于改善空气质量。我国生物燃料乙醇产业的发展始于“十五”初期，当时主要是为了解决“陈化粮”的处理问题。经过 20 多年的发展，我国已经成为全世界第三大燃料乙醇生产国和消费国，目前燃料乙醇每年生产量和消费量超过了 2 850 万 t。发酵生产燃料乙醇产业也是我国安全处置超期、超标（陈化、霉变、重金属超标）等粮食的有效途径。为了保证这部分粮食不流入口粮市场和进入动物食物链环节，国家通过定向销售和加工的形式，每年指定燃料乙醇企业负责加工稻谷生产燃料乙醇，逐年消化，有效地避免了财政损失。发酵生产燃料乙醇受到粮食价格影响较大，2018 年国家深入推进农业供给侧结构性改革，调减稻谷、玉米等的种植量，提高大豆种植量，旨在提高粮食自给率。2018 年、2019 年玉米种植面积持续减少，对燃料乙醇产业的原料供给结构带来影响。2020 年，国内玉米价格出现大幅度上涨，燃料乙醇的生产受到价格的影响产量降低。为了避免与人争粮，人们尝试采用非粮食淀粉进行发酵，例如木薯可以作为非粮食淀粉质原料，其含淀粉高、原料单耗低，是燃料乙醇生产的主要原料之一。糖蜜也是主要的发酵碳源原料，糖蜜又称为糖浆、糖稀，是甘蔗糖厂或甜菜糖厂的一种副产品，主要含蔗糖，总糖含量可达 50%~75%，也含有丰富的氮源和维生素等营养物质。通过发酵可以消耗掉制糖工业剩余的废料，延长产业链，把废料转化为更高价值的产品，促进农副产品的高值化应用，促进发酵产业绿色可持续发展。

4. 教学方法

采用教师讲授、播放纪录片、课堂讨论等多种教学方法。把我国主要发酵基地与粮食产区相比较，把燃料乙醇的发展历程等知识点引入课堂，让学生在学习发酵工程知识的同时，关心产业动态，关注经济社会发展。

5. 教学反思

任何事务的发展都不是孤立的，受到多种因素的影响，发酵培养基也是一样，需要由碳源、氮源、无机盐、多种生长因子共同组成，形成一个有机的整体，满足微生物的生长，支持着新陈代谢。任何一个产业的发展也是与经济社会密切相关，要有可持续发展的理念，要做到综合利用，产业才能长久发展。

案例四　中国制造业快速发展促进发酵设备升级换代

1. 课程内容简介

发酵罐是为微生物生长和产物形成提供良好环境的容器。本章主要学习不同类型发酵罐的结构、发酵罐配套的管路、发酵自动控制系统。学习发酵设备的发展历程，特别是自动控制技术和装备的升级促进了发酵产业的快速发展。

2. 课程思政教学目标

通过学习发酵设备的发展历程，让学生了解科技是第一生产力，了解我国制造业发展现状。发酵装备的改进，特别是自动控制技术的应用把人们从繁重的劳动中解放出来，还能提高发酵控制的精准度，极大地提高了发酵生产效率。

3. 课程思政教学设计

在发酵行业，发酵罐作为最关键和核心的设备。原始的发酵设备较为简陋，以木桶和发酵池进行酒精发酵，主要进行厌氧或兼性厌氧发酵，发酵不稳定，容易受到杂菌污染。通气搅拌技术的应用解决了液体深层培养的供氧问题，无菌空气、培养基灭菌、无污染接种、大型发酵罐的密封与抗污染设计解决了耗氧发酵中的杂菌污染问题，建立了完整的好氧发酵放大技术及装备，奠定了现代发酵工业的理论和实践基础。

以青霉素的发酵生产为例，最能体现发酵设备及工艺的进步。青霉素最早采用固体表面培养法，即将固体培养基与青霉素生产菌菌液混合，放入浅盘中；再将盛有发酵物的浅盘摆放在室内的架子上，保持室内温度，进行发酵；发酵结束后，用水将产生的青霉素从固体培养基中浸提出来，制成干粉。这种培养方法需要占用大量的场地、需要使用大量的培养基、发酵过程和产物质量难以控制等。因此，人们不断地改进生产青霉素的方法，由固体表面培养发展为液体深层培养，即使用液体培养基并在固定的容器内通入无菌空气进行培养发酵的方法，不断完善发酵设备和优化发酵生产工艺。科学家通过对影响青霉素发酵的各种外部因素的研究以及通过对青霉素发酵动力学的研究，建立了有效的发酵动力学模型；发酵过程采用流动发酵和变温发酵技术；利用计算机对碳源、氮源、前体、pH 值、搅拌速率、通气量、罐压、温度等诸多参数进行自动检测和关联控制等，使青霉素的生产水平进一步提高。

随着发酵工业的快速发展，发酵工程趋向设备大型化、高效和自动化，目前大型发酵罐高度超过 100m，容量可达4 000m^3。发酵生产过程大多为纯培养过程，需要在无杂菌污染的环境下进行。发酵生产过程中的操作比较多，特别是好氧发酵过程，既要供给无菌空气，又要排放尾气，过程中需要添加消泡剂、补充培养基、定时取样分析及不断改变通气量等，通入的气体通过搅拌分散，补入的物料通过搅拌混合均匀，这些操作都有可能造成发酵生产的染菌。发酵工序工艺参数的控制经历了由人工、半人工、仪表控制到自动控制的阶段，目前大型发酵企业均采用自动控制系统，在线检测器可以实时检测发酵设备参数，并通过控制系统进行计算，进行 PID 调整。目前发酵温度、pH 值、溶氧、补料均可实现自动控制。随着科学技术的快速发展，大量的新知识、新技术、新工艺和新材料不断涌现，现代生物发酵设备已不再是传统意义上的机械技术、电气技术的产物，而是机械技术、电气技术、电子技术、光学技术和数字技术，乃至软件技术有机结合的产物。

4. 教学方法

采用教师讲授、现场教学等多种教学方法结合。通过展示不同时期的发酵设备，让学生认识到发酵设备取得的巨大进步。发酵设备的升级换代是我国制造业快速发展的缩影。发酵设备质量的提升，是机械技术、电气技术、电子技术、光学技术和数字技术共同发展的结果，学生在学习发酵工程设备知识的同时，了解当前制造业发展。

5. 教学反思

早在 1975 年邓小平在听取中国科学院工作汇报时明确指出，科学技术是生产力，科技人员就是劳动者！1988 邓小平在会见捷克斯洛伐克总统胡萨克时，提出了“科技是第一生产力”的重要论断。当前我国正处在加快建设科技强国，实现高水平科技自立自强的关键阶段，需要我们不断努力，以科技进步为引领，全面建成小康社会。

案例五　发酵产物的提取与精制——沙里淘金

1. 课程内容简介

发酵产物的提取与精制是获得商业化生物产品的关键环节，是拥有市场竞争力的重要保证。本章节主要学习发酵产物的预处理、离心技术、细胞破碎技术、萃取技术、膜过滤技术、层析技术、结晶和干燥技术。通过多种技术的组合应用，从发酵液中分离纯化目的产物，并加工成成品的过程。

2. 课程思政教学目标

通过学习发酵产物的提取与精制，让学生认识到发酵产物中活性成分的分离提取是一个循序渐进的过程，采用多种技术一步一步去除杂质，最终获得一定纯度的目标产物。因为发酵产物中的目标产物占比很少，这一过程犹如沙里淘金，需要一定的技术积累，也需要耐心和毅力。

3. 课程思政教学设计

目标的达成有多种方法和途径，如何选择最优的途径，需要综合考虑多种影响因素，形成最优方案。以发酵液中的固体和液体分离这一工艺为例，有过滤和离心两种基本方法。过滤设备又可以分为板框过滤机、真空转鼓过滤机、离心过滤机等。离心设备有瓶式离心机、管式离心机、碟式离心机、螺旋沉降离心机等。有这么多的方法和设备供选择，如何进行选择？固体液体分离方法的选择要根据发酵液的性质和目标产物的性质来决定。首先要确定是要收集固体成分还是要获得液体成分，还要估算料液中固体物质含量，固体物质颗粒的密度和大小。虽然条条大路通罗马，但如何选择最优路线，也是非常重要。

结晶技术常用于产物的分离纯化。结晶是制备高纯度固体物质的方法之一，溶质从溶液中析出形成新相的过程，只有同类分子离子才能排列成晶体，具有高度的选择性。结晶的方法也有很多，如热饱和溶液冷却法、溶剂蒸发法等，结晶的设备也有多种，如搅拌冷却结晶器、循环冷却结晶器等。结晶方法和设备的选择也要根据产物的性质。结晶的过程中溶质分子有足够时间进行有序规则排列，溶质以晶体形式从溶液中析出。如果时间不足，溶质排列不规则，则无法形成晶体，且溶液中的一些杂质也会掺入固体，导致纯度不高，影响产品质量。要想取得理想的结果，需要时间的积累和精力的投入，需要慢工出细活，反之欲速则不达。有很多同学毕业后在不同的工作岗位同样要耐得住性子，要有铁杵磨成针的恒心和韧性，才能厚积而薄发。

4. 教学方法

采用教师讲授、视频教学、现场参观等多种教学方法结合。通过参观相关企业的分离与精制工艺流程及设备，让学生学习产物分离提取相关知识，了解相关仪器设备的使用原理和方法，为后续的生产实习及工作积累知识。

5. 教学反思

学生在学习发酵产物提取与精制知识的同时，了解生产工艺中所蕴含的深邃思想。从工序技术流程的选择联想到合理规划的重要性，从结晶的过程联想到工匠精神。发酵产物的分离提取过程有多个环节，每一个环节都很重要，都需要严格的操作规范，任何一个环节出现问题，都会影响最终的产品收率和质量。

案例六　发酵过程染菌及其控制——防微杜渐

1. 课程内容简介

发酵大多为纯培养过程，需要在没有杂菌污染条件下进行。因为发酵生产环节比较多，既要供给无菌空气，又要排放尾气、添加消泡剂、补充培养基、定时取样分析等，增加了污染的机会。必须对发酵罐、管道和附属设备、培养基及空气严格灭菌，还需要对每个环节进行监控，防止杂菌污染。本章主要学习染菌对发酵的影响、发酵染菌的途径和挽救措施。

2. 课程思政教学目标

通过学习发酵染菌及其控制，让学生认识到染菌对于发酵的危害性，任何一个小的疏忽都可能会造成整个发酵系统的紊乱，造成非常重大的损失。从菌种的制备，到供氧通气，到补加营养、调节 pH 值都要严格按照无菌操作要求进行规范操作。需要严谨的态度、精心的操作，才能保障微生物发酵的无污染。

3. 课程思政教学设计

微生物在自然环境中无处不在，空气、水、土壤中都含有大量的微生物。发酵培养基营养丰富，条件适宜，一旦环境中的微生物进入发酵体系中，就会迅速生长和繁殖，与发酵菌争夺营养物质，产生非目标产物，造成整个发酵系统紊乱，染菌对发酵过程有很大的影响，发酵产率、提取率、得率、产品质量都会相应降低。发酵染菌的过程犹如“千里之堤，溃于蚁穴”。杂菌在发酵罐中以指数的方式快速增殖，在短短的十几个小时就能达到数亿。发酵染菌的防治是一项系统工程，要做到防微杜渐，任何环节都不能有一丝纰漏。

在当前的科学技术条件下要做到完全不染菌几乎是不可能。目前要做的是提高生产技术水平，强化生产过程管理，尽量防止发酵染菌的发生。一旦发生染菌，应尽快找出污染的原因，根据污染的程度不同采取相应的有效措施，把发酵染菌造成的损失降低到最小。发酵染菌的原因有：发酵菌种带菌、空气带菌、培养基或发酵设备灭菌不彻底、发酵设备渗漏。

不同的染菌途径有不同的表现，要善于观察，通过现象寻找染菌的本质原因。例如发酵种子带菌可使发酵染菌具有延续性；空气带菌也使发酵染菌具有延续性，导致染菌范围扩大至所有发酵罐；培养基或设备灭菌不彻底一般为孤立事件，不具有延续性；设备渗漏造成染菌范围小，但是危害性较大，需要维修或更换。

不同时期染菌，影响范围和处置结果有很大差异。种子培养期微生物菌体浓度低、培养基营养十分丰富、培养液中几乎没有产物，故比较容易染菌，一旦发现种子受到杂菌的污染，应经灭菌后弃去，并对种子罐、管道等进行仔细检查和彻底灭菌。发酵前期染菌，杂菌与生产菌争夺营养成分，干扰生产菌的繁殖和产物的形成，发酵前期最易染菌，且危害最大，可以用降低培养温度，调整补料量，用酸碱调 pH 值，缩短培养周期等措施予以补救。发酵中期染菌，较严重影响发酵液理化性质，如杂菌大量产酸，pH 值下降；糖、氮消耗快，发酵液发黏，菌丝自溶，产物分泌减少或停止，有时甚至会使已产生的产物分解。发酵后期染菌，发酵后期发酵液内已积累大量的产物，特别是抗生素，对杂菌有一定的抑制或杀灭能力。如杂菌量不大，可继续发酵；如污染严重，可采取措施提前放罐。发酵污染发现越早，处置越早，造成的损失就越小。与新冠疫情的处置非常相似，早发现、早隔离。把病原造成的影响控制在最小的范围。

4. 教学方法

采用教师讲授、视频教学等多种教学方法结合。通过观看发酵染菌的状态，估算染菌的损失，让学生意识到发酵染菌的严重后果。通过分析排查每一个容易引起发酵染菌的环节，让学生培养缜密的思维，积累技术和经验。

5. 教学反思

发酵过程有多个环节，每一个环节处置不当都会形成污染，因此需要严格规范的杀菌操作，确保万无一失，才能保障发酵的成功。学生在学习发酵染菌及其预防的同时，培养学生一丝不苟的品质。

案例七　动植物细胞发酵有利于生物产品全天候生产

1. 课程内容简介

一提起发酵，人们首先想到的是微生物发酵，微生物的确是发酵的主力军。动物细胞和植物细胞的大规模培养，也是发酵的一种形式，而且可以用来生产一些高效医药产品。本章节主要学习动植物细胞的培养特征、动植物细胞培养的主要产品以及主要的培养设备。通过与微生物发酵相比较，了解动植物细胞发酵的优势和不足。

2. 课程思政教学目标

通过学习动物细胞和植物细胞发酵相关知识，让学生认识到动物细胞和植物细胞离开机体，也可以存活并生产有用的产品。与传统的栽培养殖相比，动植物细胞培养可以突破生长季节的限制因素，一年四季全天候生产。再结合细胞工程育种技术和基因工程育种技术，培养更多优良细胞系，用来生产疫苗、单克隆抗体、紫杉醇等更多医药产品，有利于降低生产成本，让更多的生物技术产品普惠更多百姓。

3. 课程思政教学设计

动物细胞培养技术的进步促进了疫苗产业和单克隆抗体生产的发展，使生产方式发生了翻天覆地的变化。

在疫苗产业早期，往往利用动物来生产疫苗，如用家兔人工感染狂犬病毒生产狂犬病疫苗，用奶牛来生产天花疫苗，用某些细菌接种到动物身上来生产抵抗该种细菌的疫苗。早在20世纪50年代，已经能够利用动物细胞培养技术生产病毒。先在反应器中大规模培养动物细胞，待细胞长到一定密度后接种病毒，病毒利用培养的细胞进行复制，从而生产大量的病毒，病毒经过灭活用来生产灭活疫苗。使用具有无限增殖潜力的细胞系，则使疫苗的生产得到飞跃式的进展。某些来自人体或动物体内的细胞，在一定条件下的体外培养后，可以获得无限增殖的潜力，用它们来生产疫苗可以大大降低试验动物的用量，提高生产效率。

单克隆抗体在体外诊断、体内造影、人和家畜的治疗以及工业上的应用日益广泛，需要量可达数百克。采用小鼠或大鼠的腹水瘤培养法生产单克隆抗体，已不能适应实际需要。应用大规模细胞培养系统生产各种不同的单克隆抗体是经济可靠的方法。到目前为止，已成功地在1 000L培养系统中，采用无血清培养液生产优质的单克隆抗体。

植物细胞培养技术起步较早，促进了具有药用价值的天然产物的工业化生产。首次提出从植物细胞培养物中合成天然药物的是1956年美国的Routier和Nickell，1967年Kaul和Staba采用多升发酵罐进行了细胞大量培养的研究，并首次用此方法得到了药用成分呋喃色酮。植物细胞培养生产抗癌药物紫杉醇，紫杉醇是一种用于卵巢癌、乳腺癌、肺癌的高效、低毒的抗癌药物，被誉为20世纪90年代国际上抗肿瘤药三大成就之一。但自1993年紫杉醇上市以来，紫杉醇的来源问题成为世界性的研究热点。植物细胞培养被公认为是生产紫杉醇一种长期有希望的方法。研究人员利用短叶红豆杉和东北红豆杉进行愈伤组织的诱导、筛选得到合适的细胞株，紫杉醇含量达到0.05%，比原来的红豆杉树皮紫杉醇含量增加了10倍。细胞培养制药的规模化应用，推动了高新药物价格大幅度下降，“旧时王谢堂前燕，飞入寻常百姓家”。希望更多的生物技术药物能够在国内生产并投放市场，打破国外的技术垄断，让“天价药”变成“白菜价”，让更多患者受益。

4. 教学方法

采用教师讲授、案例教学等多种教学方法结合。通过讲解细胞工程在药物生产中应用案例，让学生在学习动物、植物细胞培养相关知识的同时，了解细胞工程在药物生产中巨大的应用潜力。

5. 教学反思

动物和植物是天然药物的主要来源，但饲养动物和栽培植物容易受到温度、季节、动植物疾病等因素的限制，影响生产效率，导致动植物来源的药物成本一直居高不下。细胞培养技术突破了这种限制，采用类似于微生物大规模发酵的方式进行动植物细胞的离体培养，用来生产更多的药物，大幅度降低了生产成本，让更多的人受益于生物技术的发展和进步。在新的科技创新体制的推动下，会有更多的科研团队加入细胞工程药物研制行列。

案例八 理论探索和实践应用双管齐下的Monod方程

1. 课程内容简介

微生物生长速率与底物浓度是影响微生物发酵速率的重要影响因素。Monod方程是揭示微生物生长速率与底物浓度关系的重要方程，其可以反映出微生物不同的代谢模式，从而帮助人类可以对微生物进行改良，提高微生物的代谢途径，改变微生物的生长速率及对底物的消耗速率。为人类了解微生物在不同培养环境条件下的增殖及代谢模式提供理论基础，因此十分重要。

本思政案例主要围绕Monod方程发现历程及其实际应用两方面开展课程思政教育。

Monod方程又称为莫诺方程，由1942年现代细胞生长动力学奠基人Monod提出，该方程主要揭示微生物生长速度与底物浓度之间的一种函数关系。在此之前，人们对于揭示发酵过程中微生物生长速率和底物浓度之间的关系是一筹莫展。但在这样的大环境下，科学家Monod于1942年和1950年前后两次分别对发酵微生物进行了单一底物的培养试验。在试验中也多次历经波折，但是Monod却长期坚持，反复摸索求证，直至1942年Monod提出微生物增殖速率与微生物浓度、底物浓度密切相关，结合前人Michaelis-Menten于1913年提出的“米-门方程”基础上，进一步研究提出Monod方程。

现今Monod方程广泛用于人类生活，例如污水处理厂的污水处理，通常借助Monod方程辅助污水处理线的设计。Monod方程是通过单一底物的纯菌种培养实验而得出的，但人类生活产生的污水中多为多种微生物群体，且污水中的有机底物也是多种类的。因此，20世纪60年代，Lawrence等将Monod方程式引入污水微生物处理领域，继续深层探究，推导出一系列公式，针对性地应用于污水处理厂中污水处理线的设计，结果实践充分证实该方程是完全适用的。因此，Monod方程对于微生物污水处理起到重要的指导作用。

2. 课程思政教学目标

通过对Monod方程课程思政案例的学习，拟达到下列课程思政教学目标。

引导学生充分意识到科学研究是需要经历不断探索尝试才能有机会成功，要能吃苦，不断为自己的理想奋斗。

引导学生充分认识Monod方程在污水处理线上的应用可以很好地指导生产实践，因此需要积极引导学生从事科学研究要解决生产问题的初衷，这样才能更有意义。

3. 课程思政教学设计

课前思政教学设计：教师借助智慧在线学习工具向学生发送课前学习任务单、学习材料和思政案例材料，提出课程理论知识的课前学习要求及学习效果评估要求。思政元素故事课前学习主要以问题创设和故事导入为主，让学生首先通过资料自查，围绕下列2个问题进行课前思考：①你认为在发酵过程中，有哪些因素会影响发酵的速率？②查阅相关分析资料思考，你认为微生物生长速率与底物浓度之间存在关系吗？该种关系能否用数学函数来体现？

课中思政教学设计：教师首先设计教学环节，讲述发酵生产动力学及细胞动力学概念，并引出Monod方程；随后在课中采用问题创设和小组研讨方式提出思政知识点的升华教学设计，即借助智慧在线学习工具在线发布小组活动“讨论”的问题：①课前预习的Monod方程你认为核心内容是什么，该方程有何意义？②根据对Monod方程发现历程及其实际应用的小故事学习，你有何感悟和启发？教师组织学生针对上述2个问题进行深入研讨，学生之间进行信息交流。随后，教师选取小组代表进行研讨心得的分享，升华学生对此思政知识点的内化理解。

课后思政教学设计：教师发布本节课程理论知识学习效果自测题。同时，引导学生借助智慧在线学习工具，针对课中的思政知识点的研讨话题，将自己在课中研讨过程中的个人见解发布在话题讨论区中。这样有助于教师掌握本节课所涉及思想知识点的学生实际吸收情况，同时发布在话题讨论区的内容也可作为学生参与课堂思政学习的过程考核依据之一，作为本节内容思政学习的终结性评价。

4. 教学方法

本节课程思政教学采用实体课堂教学与智慧在线教学相结合的混合式教学方法。

课前，思政教学方法主要采用智慧在线教学的问题创设、思政元素故事融入、学生查阅资料方式开展。具体由教师发布思政案例及指引学生查阅相关资料的方式引导学生主动学习，并通过问题创设方式采用2个学习问题进行课前的学习启发，激发学生的思考。

课中，思政教学方法采用多元化的混合式教学手段，通过教授法、讨论法及思政案例启发探讨等教学方法的综合运用，开展本节课程思政元素的深入引导挖掘。首先，通过小组合作学习开展的启发式探讨，回顾 Monod 方程发现历程，并对该历程进行学习和思考。充分引导学生要意识到科学研究需要经历不断探索尝试才能有机会成功，要能吃苦，不断为自己的理想奋斗。其次，通过开展 Monod 方程在污水处理方面的应用分享，可引导学生从事科学研究要本着解决实际生产问题的初衷开展研究，这样才能更有意义。

课后，本节课程的思政教学方法采用在线教学总结式手段开展，引导学生借助智慧教学工具开展线上讨论区个人见解的抒发，老师进行整体线上点评，强化和升华本节课思政元素点。

5. 教学反思

针对课前思政教学实施的反思：课前教师给予学生思政元素材料是以问题创设为主，让学生通过预习及资料自查来思考2个问题。所以问题的提出及引导显得尤为重要，因此如何更好地提升课前思政元素的启发式教学需要教师进行深入思考。

针对课中思政教学实施的反思：Monod 方程不易理解，因此如何将 Monod 方程发现研究历程更好地向学生呈现，让学生感兴趣，再深耕 Monod 方程。因此，围绕 Monod 方程本节课程需要挖掘更多的相关思政元素，这样才能让学生更好地感悟思政元素点。

针对课后思政教学实施的反思：除了课前学习任务的提交和课后讨论的考核评价外，如何更好地进行本节课的课程思政元素的学习评价，需要教师根据教学安排完善学习评价。

案例九 维生素 C 的两段发酵法——为中国科学院微生物研究所研发的维生素 C 二步发酵法点赞

1. 课程内容简介

（1）课程理论知识内容简介

维生素 C 是一种重要药物及人体补充剂，其合成方式最初由德国学者发明的莱氏一步法进行生产，后由我国自主创新改良的维生素 C 二步发酵法进行生产。该二步发酵法是全球维生素 C 生产的主流方法，原因在于一步法过程中，微生物生长状态欠佳，且产生的维生素 C 前体物质也很少，导致维生素 C 生产速率较低。但由我国自主改进及研发的维生素 C 二步发酵法在发酵过程中，微生物生长状态佳，且产生的维生素 C 前体物质较多，生产速率高。

（2）课程思政内容简介

本思政案例主要围绕维生素 C 两段发酵法生产历程方面开展课程思政教育。

维生素 C 传统的生产是 20 世纪 40 年代由德国学者发明的“莱氏一步化学法”来进行生产的。该方法需要一步发酵，然后进行人工转化合成，在整个生产过程中伴随大量有毒物质产出，对生产环境要求极高，且对自然生态环境产生影响。但在 20 世纪 70 年代，由我国中国科学院微生物研究所科研人员牵头，通过不断实践和摸索，提出了维生素 C 生产的二步法工艺路线，具体是以第一步发酵所得的 L-山梨糖为原料，将两种菌（氧化葡萄糖酸杆菌和假单胞杆菌）进行混合，生成合成维生素 C 的前体物质（-）2-酮基-L-古龙酸。

与维生素 C 一段发酵法方法比较，两段发酵法发酵转化生成维生素 C 的效率更高，且省掉了一步化学合成反应，整个二步法大量节约了易燃、易爆、有毒的化工原料，极大地减少了“三废”的处理成本，减少了维生素 C 的生产工序和生产设备，缩短了生产周期，与其他发酵方法及发酵实力相比，我国维生素 C 的二段法发酵生产其发酵规模及产酸量均稳居国际领先地位，彰显了国家在维生素 C 领域生产的硬实力。

2. 课程思政教学目标

通过维生素 C 两段发酵法生产历程的课程思政案例学习，引导学生要具有在科研领域中不断拼搏，奋进的科学态度和状态。激发学生民族自豪感及科技报国的思想。

3. 课程思政教学设计

课前思政教学设计：教师借助智慧在线学习工具向学生发送课前学习任务单、学习材料和思政案例材料，提出课程理论知识的课前学习要求及学习效果评估要求。思政元素故事课前学习主要以问题创设和故事导入为主，让学生首先通过资料自查，围绕下列 2 个问题进行课前思考：① 你认为在发酵过程中，有哪些因素会影响发酵的速率？② 查阅相关分析资料思考，你认为微生物生长速率与底物浓度之间存在关系吗？该种关系能否用数学函数来体现？

课中思政教学设计：教师首先设计教学环节，讲述发酵生产动力学及细胞动力学概念，并引出 Monod 方程；随后在课中采用问题创设和小组研讨方式提出思政知识点的升华教学设计，即借助智慧在线学习工具在线发布小组活动“讨论”的问题：① 课前预习的 Monod 方程你认为核心内容是什么，该方程有何意义？② 根据对 Monod 方程发现历程及其实际应用的小故事学习，你有何感悟和启发？教师组织学生针对上述 2 个问题进行深入研讨，学生之间进行信息交流。随后，教师选取小组代表进行研讨心得的分享，升华学生对此思政知识点的内化理解。

课后思政教学设计：教师发布本节课程理论知识学习效果自测题。同时，引导学生借助智慧在线学习工具，针对课中的思政知识点的研讨话题，将自己在课中研讨过程中的个人见解发布在话题讨论区中。这样有助于教师掌握本节课所涉及思想知识点的学生实际吸收情况，同时发布在话题讨论区的内容也可作为学生参与课堂思政学习的过程考核依据之一，作为本节内容思政学习的终结性评价。

4. 教学方法

本节课程思政教学采用实体课堂教学与智慧在线教学相结合的混合式教学方法。

课前思政教学方法：思政教学方法主要采用智慧在线教学的问题创设、思政元素故事融入、学生查阅资料方式开展。具体由教师发布思政案例及指引学生查阅相关资料的方式引导学生主动学习，并通过问题创设方式采用 2 个学习问题进行课前的学习启发，激发学生的思考。

课中思政教学方法：思政教学方法采用多元化的混合式教学手段，通过教授法、讨论法及思政案例启发探讨等教学方法的综合运用，开展本节课程思政元素的深入引导挖掘。首先，通过小组合作学习开展的启发式探讨，通过对维生素 C 传统的一步发酵法和现今二步发酵法反应阶段学习和思考，引导学生要具有在科研领域中不断拼搏、奋进的科学态度，以及具有集中精力开展科学研究的状态。其次，通过对由我国中国科学院微生物研究所科研人牵头研发的维生素 C 二步法优势的分析及该法在全球中广泛应用的实际情况，激发学生民族自豪感及科技报国的思想。

课后思政教学方法：本节课程的思政教学方法采用在线教学总结式手段开展，引导学生借助智慧教学工具开展线上讨论区个人见解的抒发，老师进行整体线上点评，强化和升华本节课思政元素点。

5. 教学反思

针对课前思政教学实施的反思：课前教师给予学生思政元素材料是以问题创设为主，让学生通过预习及资料自查来思考 2 个问题。所以问题的提出及引导显得尤为重要，因此如何更好地提升课前思政元素的启发式教学需要教师进行深入思考。

针对课中思政教学实施的反思：维生素 C 的二步发酵法是由我国科研人员研发创制，具有较高的生产实际应用价值。为了更好、深入地进行该思政案例的挖掘，可搜集更多研发维生素 C 二步发酵法的科研历程信息，这样才能让学生更好地感悟思政元素点。

针对课后思政教学实施的反思：除了课前学习任务的提交和课后讨论的考核评价外，如何更好地进行本节课的课程思政元素的学习评价，需要教师根据教学安排完善学习评价。同时，可以通过对其他微生物发酵案例的收集，拓宽、拓深学生对科技报国的更高层次感悟。

案例十 青霉素的发现及生产——机会总是留给有准备的人！

1. 课程内容简介

(1) 课程理论知识内容简介

青霉素是指可以破坏细菌细胞壁并在细胞增殖期起快速杀菌作用的一类抗生素，其来源于青霉菌的分泌。现今，青霉素可以通过青霉菌的发酵生产而产生，主要经历菌种发酵和提取精制两个步骤进行生产。

(2) 课程思政内容简介

本思政案例主要围绕青霉素的发现及生产方面开展课程思政教育。

青霉素是由 Alexander Fleming 在一次偶然事件中所发现，在 20 世纪 20 年代，金黄葡萄球菌是导致人类伤口化脓、感染的罪魁祸首，造成数以万计的人因为细菌性感染而死亡。Alexander Fleming 一直研究对付葡萄球菌的办法，但长期一直没有进展。但他并没有放弃，依旧坚持反复试验，不断地进行探索。终于在某一天，Alexander Fleming 无意中发现在一个葡萄球菌的培养皿里长出了青绿色的菌落，按照以往，这都作为培养皿污染而直接清掉，但 Alexander Fleming 却突然产生了一个念头即拿到显微镜下观察，结果他惊奇地发现，在青绿色的菌落旁边，葡萄球菌已大量死亡。这说明青绿色的菌能产生某种物质，致使金黄葡萄球菌直接死亡。

于是 Alexander Fleming 就开始大量培养青绿色的霉菌，并将其稀释不同的倍数进行葡萄球菌的杀菌处理，结果他发现如果将青霉菌稀释了 800 倍，它仍然可以杀死培养皿中的金黄色葡萄球菌。把它稀释 50 万倍仍能有效地杀灭其他细菌，这充分说明 Alexander Fleming 发现的青霉菌产生的青霉素是一种极有临床价值的新型抗菌药。于是他们在 1941 年进行了第一次青霉素治病的临床试验，并在培养条件非苛刻的环境中生产大量青霉素，成为一种可以杀菌的性价比极高的特效药物。该发现于 1945 年授予 Alexander Fleming 等人诺贝尔生理或医学奖。

有人说 Alexander Fleming 发现青霉素既偶然又幸运，但深入思考，会发现这是与 Alexander Fleming 多年来孜孜不倦以及对研究对象的敏感性是分不开的。正如其他学者所说："在观察的领域中，机遇只偏爱那种有准备的头脑。"

2. 课程思政教学目标

通过青霉素的发现及生产的课程思政案例学习，引导学生要耐得枯燥乏味的科学研究生活，要时刻保持对实验对象的仔细观察及对科学问题的敏锐性。引导学生要具有科学研究历程中坚持不懈、持之以恒的探究精神和科学态度。

3. 课程思政教学设计

课前思政教学设计：教师借助智慧在线学习工具向学生发送课前学习任务单、学习材料和思政案例材料，提出课程理论知识的课前学习要求及学习效果评估要求。思政元素故事课前学习主要以问题创设和故事导入为主，让学生首先通过资料自查，围绕下列 2 个问题进行课前思考。① 查阅相关分析资料，你了解抗生素中青霉素的发现历程是什么？② 通过对查阅相关分析资料的思考及学习，你有何感悟？

课中思政教学设计：教师首先设计教学环节，讲解青霉素的发酵生产一般流程。其次在课中采用问题创设和小组研讨方式提出思政知识点的升华教学设计，即借助智慧在线学习工具在线发布小组活动“讨论”的问题：根据对青霉素发现及生产案例的学习，你有何感悟和启发？教师组织学生针对上述问题进行深入研讨，学生之间进行信息交流。最后，教师选取小组代表进行研讨心得的分享，升华学生对此思政知识点的内化理解。

课后思政教学设计：教师发布本节课程理论知识学习效果自测题。同时，引导学生借助智慧在线学习工具，针对课中的思政知识点的研讨话题，将自己在课中研讨过程中的个人见解发布在话题讨论区中。这样有助于教师掌握本节课所涉及思想知识点的学生实际吸收情况，同时发布在话题讨论区的内容也可作为学生参与课堂思政学习的过程考核依据之一，作为本节内容思政学习的终结性评价。

4. 教学方法

本节课课程思政教学采用实体课堂教学与智慧在线教学相结合的混合式教学方法。

课前思政教学方法：思政教学方法主要采用智慧在线教学的问题创设、思政元素故事融入、学生查阅资料方式开展。具体由教师发布思政案例及指引学生查阅相关资料的方式引导学生主动学习，并通过问题创设方式采用 2 个学习问题进行课前的学习启发，激发学生的思考。

课中思政教学方法：思政教学方法采用多元化的混合式教学手段，通过教授法、讨论法及思政案例启发探讨等教学方法的综合运用，开展本节课程思政元素的深入引导挖掘。

通过小组合作学习开展的启发式探讨，引导学生要耐得枯燥乏味的科学研究生活，要时刻保持对实验对象的仔细观察及对科学问题的敏锐性。同时通过对话题 1 的再次深入解读和讨论，引导学生要具有科学研究历程中坚持不懈、持之以恒的探究精神和科学态度。

课后思政教学方法：本节课程的思政教学方法采用在线教学总结式手段开展，引导学生借助智慧教学工具开展线上讨论区个人见解的抒发，老师进行整体线上点评，强化和升华本节课思政元素点。

5. 教学反思

针对课前思政教学实施的反思：课前教师给予学生思政元素材料是以问题创设为主，让学生通过预习及资料自查来思考 2 个问题。所以问题的提出及引导显得尤为重要，因此如何更好地提升课前思政元素的启发式教学需要教师进行深入思考。

针对课中思政教学实施的反思：青霉素发现及生产案例具有较高的生产实际应用价值，为了更好、深入地进行该思政案例的挖掘，可搜集更多研发青霉素历程信息的附加思政元素，这样才能让学生更好地感悟思政点。

第十二章 《植物细胞工程》课程思政案例

课程信息及编写教师信息

课程名称	植物细胞工程
课程类型	○公共基础课程 ◉专业教育课程 ○实践类课程
授课专业类/代码	生物科学/071001、生物技术/071002、生物信息学/071003、生物制药/083002T、生物工程/083001
课程性质	◉必修 ○选修
开课年级	大学三年级

编写教师信息

编写教师单位	教师姓名	性别	职称	学位	案例所属教学大纲中的章节及知识点	思政案例名称
塔里木大学	刘逸泠	女	副教授	博士	第一章 绪论	案例一 “无籽西瓜之父”黄昌贤——走近植物细胞工程
					第三章 细胞全能性和形态发生	案例二 我国单倍体育种研究水平
					第七章 植物细胞培养与次生代谢产物生产	案例三 青蒿素：人类征服疾病的一小步
					第八章 原生质体培养与体细胞杂交	案例四 史无前例！中国科学家培育出第一代杂交马铃薯荣登《细胞》

案例一 “无籽西瓜之父”黄昌贤——走近植物细胞工程

1. 课程内容简介

本章教学使学生了解细胞工程概念及意义，了解细胞工程的发展与相关学科的联系，了解植物细胞工程的应用与发展前景。由无籽西瓜之父——黄昌贤的事迹结合中国科学家李继侗、罗宗洛、罗士伟、崔澂等人对植物细胞工程的贡献，增强学生的民族自豪感。

2. 课程思政教学目标

通过介绍“无籽西瓜之父”黄昌贤的事迹引出植物细胞工程课程。介绍细胞工程的发展历程中历代科学家的巨大贡献和不断探索的科学精神，培养学生的科学精神和学习热情。

3. 课程思政教学设计

植物细胞工程是应用细胞生物学和分子生物学方法，借助工程学的试验方法或技术，在细胞水平上研究改造生物遗传特性和生物学特性，以获得特定的细胞、细胞产品或新生物体的有关理论和技术方法的学科。

20 世纪 30 年代，果树学家、园艺教育家黄昌贤（1910—1994），应用某种植物激素能使植物子房不经受精作用就自然发育成无核果实的理论，他首次培育出的无籽西瓜被列入世界生物学成就之一。

古斯塔佛逊教授按黄昌贤先生的方法进行重复培育试验，看到结出的西瓜里仍有些种壳似的“种子”时，竟将西瓜扔进垃圾桶里，并轻蔑地说黄昌贤先生欺骗了他。但经黄昌贤先生说明那是一些未受孕的无胚种壳后，古斯塔佛逊立即从垃圾桶里捡回“种子”检查，不得不承认这位年轻的中国人的试验是成功的。后来每当黄昌贤先生谈起这件事，他总是激动地说：“那个时候，中国科学落后，被人瞧不起，我们争的就是这口气。”

介绍植物细胞工程发展简史的同时介绍中国科学家李继侗、罗宗洛、罗士伟、崔澂等人对中国植物细胞工程发展的贡献。

4. 教学方法

采用多媒体演示、教师讲授、学生反转课堂与课堂讨论等多种教学方法。让学生明确目标，课上讲解，充分调动学生的积极性与主动性，让教师的“教”和学生的“学”相辅相成，即“教”和“学”之间相互联系，相互促进，有序发展。

5. 教学反思

通过列举中国科学家的事迹，拉近学生与细胞工程这门课的距离，调动学生课堂思考积极性。介绍细胞工程的发展历程中历代科学家的巨大贡献和不断探索的科学精神，培养学生的科学精神和学习热情。通过“无籽西瓜之父”黄昌贤的事迹激发学生的民族自豪感。

案例二　细胞全能性和形态发生——我国单倍体育种研究水平

1. 课程内容简介

本章教学使学生掌握细胞全能性的基本原理，从而深入理解培养条件下组织细胞脱分化和再分化的调控原理，了解体细胞胚形成过程及其与合子胚的差异。重点是细胞全能性的概念、表达；器官和体细胞胚胎发生的特点及影响、调控因素；难点是细胞脱分化的调控机理，器官发生的过程，体细胞胚的结构与发育特点。

2. 课程思政教学目标

通过一系列我国在单倍体育种研究领域处于先进或领先水平的案例，激发学生的民族自豪感，坚定文化自信、道路自信等四个自信。

3. 课程思政教学设计

单倍体育种是植物育种手段之一。即利用植物组织培养技术（如花药离体培养等）诱导产生单倍体植株，再通过某种手段使染色体组加倍（如用秋水仙素处理），从而使植物恢复正常染色体数。单倍体是具有体细胞染色体数为本物种配子染色体数的生物个体。

单倍体育种研究方面，我国在该领域处于先进或领先水平，尤其是在花药培养基的改进中，中国科学院植物研究所朱至清研究员成功研发了 N6 培养基，现已广泛应用在小麦、大白菜、水稻等作物育种上，培育了一大批良种，为提高我国育种技术水平作出了突出贡献。

2021 年中国农业科学院生物技术研究所作物高光效功能基因组团队借助基因编辑技术成功实现蒺藜苜蓿体内单倍体诱导，为豆科牧草及豆科作物单倍体育种体系建立提供新路径。

2021 年中国农业大学领衔的国内外单倍体育种技术研究团队，首次建立了番茄单倍体诱导系统，为创建单双子叶作物通用的跨物种单倍体快速育种技术体系奠定了基础。

通过一系列我国在单倍体育种研究领域处于先进或领先水平的案例，激发学生的民族自豪感，坚定文化自信、道路自信等四个自信。

4. 教学方法

采用多媒体演示、教师讲授、学生反转课堂与课堂讨论等多种教学方法。让学生明确目标，课上讲解，充分调动学生的积极性与主动性，让教师的“教”和学生的“学”相辅相成，即“教”和“学”之间相互联系，相互促进，有序发展。

5. 教学反思

通过列举一系列我国在单倍体育种研究领域处于先进或领先水平的案例，拉近学生与细胞全能性这个知识点的距离，调动学生课堂思考积极性，激发学生的民族自豪感，坚定文化自信、道路自信等四个自信。

案例三 植物细胞培养与次生代谢产物生产——青蒿素：人类征服疾病的一小步

1. 课程内容简介

本章教学使学生了解植物单细胞分离及培养技术、植物细胞生物反应器及次生代谢产物的生产；掌握植物细胞悬浮、固定化培养的方法及过程。重点是悬浮培养，次生代谢产物培养系统；难点是植物细胞大规模培养与次生代谢产物生产。

2. 课程思政教学目标

本设计按照《植物细胞工程》课程大纲相关要求，课堂致力于科学素养的实现，坚持“心里有标”；同时，教学基于“将课堂还给学生”“以生为本”的理念，积极创设情境调动学生民族自豪感，通过“启发式教学”培养学生科学思维能力；在课堂中灵活使用多种教学方法，以多元教学方法促进学生融入课堂，在合作研究中提升学生合作意识，实现“手中有法”。

3. 课程思政教学设计

（1）热点导入

从西汉到清末，中国至少发生过 321 次大瘟疫，但每一次瘟疫的到来，中医都不曾缺席，在这次新冠肺炎防治中，中医依然逆行而上，发挥了重要作用，中国医疗专家驰援外国时，还带去了中药连花清瘟和金花清感。中医是中国的国粹，也是世界医学宝库中的瑰宝，许多优秀的中医人才正在尽力传承它，比如，2015 年获诺贝尔生理学或医学奖的中国本土从事中医药研究的科学家——屠呦呦，她用一株小草改变了曾被一种叫疟疾的沉疴所困扰的世界。

青蒿素是利用我国特有的植物资源黄花蒿研制成功的一种全新的抗疟有效单体。它的发现成为世界抗疟药史上继奎宁之后的又一个重要里程碑。由于其结构独特，抗疟机理特别，对抗氯喹的恶性疟和脑性疟有特效，且有高效低毒的特点，而被 WHO 称为“世界上目前唯一有效的疟疾治疗药物”。

【活动意图说明】课堂伊始，结合中医在 2020 年新冠肺炎防治中所发挥的作用，引导学生将其注意力集中到植物细胞次生代谢产物上，有序开展学习。

（2）教学过程

① 介绍植物单细胞培养；

② 讲解植物细胞悬浮培养的特点及应用；

③ 讲解植物细胞固定化培养的特点及操作步骤；

④ 介绍植物细胞的生物反应器及次生产物生产。举例紫衫醇、紫草素、灵芝酸、人参皂苷和青蒿素，这些次生代谢物为人类疾病治疗、抗疟作出了贡献。

4. 教学方法

采用多媒体演示、教师讲授、学生反转课堂与课堂讨论等多种教学方法。让学生明确目标，课上讲解，充分调动学生的积极性与主动性，让教师的“教”和学生的“学”相辅相成，即“教”和“学”之间相互联系，相互促进，有序发展。

5. 教学反思

以青蒿素的发现提取为出发点，凝炼这一发现背后的“一生只为一事来”的科学精神与情怀，进而引入不忘初心，牢记使命的科学价值观，培养同学们的爱国情怀。

案例四　原生质体培养与体细胞杂交——史无前例！中国科学家培育出第一代杂交马铃薯荣登《细胞》

1. 课程内容简介

通过本章教学使学生深入了解原生质体分离、培养及细胞融合的基本原理，掌握原生质体的分离、培养技术、体细胞杂交方法。重点是原生质体的分离、培养与融合技术；难点是体细胞杂交的基本原理及方法。

2. 课程思政教学目标

通过中国科学家培育出第一代杂交马铃薯荣登《细胞》，了解原生质体培养与体细胞杂交的巨大应用前景，形成不忘初心，牢记使命的科学价值观，最终利用科学规律，改造自然，服务百姓。

3. 课程思政教学设计

植物体细胞杂交又称原生质体融合，就是将不同种的植物体细胞，在一定条件下融合成杂种细胞，并把杂种细胞培育成新的植物体的技术。体细胞杂交在转移优良性状、改良作物、创造新型物种上显现了重要的应用前景。

在农业上，科学家们利用这项技术，培育出了白菜-甘蓝，与普通白菜相比，具有生长期短、耐热性强和易于贮藏等优点。

作为一种重要的块茎类粮食作物，马铃薯在全世界为十多亿人提供了主食。最近由中国农业科学院深圳农业基因组研究所黄三文教授领衔的科研团队在农业领域的一项重要创新最近登上了顶尖学术期刊《细胞》。运用基因组设计的理论和方法体系，在全世界首次培育出了第一代杂交马铃薯，把马铃薯带入了现代植物育种时代。

我们熟悉的栽培马铃薯大多为同源四倍体，主要靠薯块进行无性繁殖。想要获得更耐储存、更不易染病的遗传改良品种，四倍体遗传的复杂性成为极大的阻碍。黄三文研究团队联合云南师范大学等多个国内外研究机构，发起了一项“优薯计划”，将无性繁殖的四倍体马铃薯改造为种子繁殖的二倍体杂交马铃薯。

4. 教学方法

采用多媒体演示、教师讲授、学生反转课堂与课堂讨论等多种教学方法。让学生明确目标，课上讲解，充分调动学生的积极性与主动性，让教师的“教”和学生的“学”相辅相成，即“教”和“学”之间相互联系，相互促进，有序发展。

5. 教学反思

本节课以中国科学家培育出第一代杂交马铃薯荣登《细胞》为实际案例，让学生了解原生质体培养与体细胞杂交的巨大应用前景，形成不忘初心，牢记使命的科学价值观，最终利用科学规律，改造自然，服务百姓。

第十三章 《基因工程》课程思政案例

课程信息及编写教师信息

课程基本信息

课程名称	基因工程
课程类型	○公共基础课程 ◉专业教育课程 ○实践类课程
授课专业类/代码	生物技术/071002、生物科学/071001、生物制药/083002T、生物工程/083001、生物信息学/071003
课程性质	◉必修 ○选修
开课年级	大学三年级

编写教师信息

编写教师单位	教师姓名	性别	职称	学位	案例所属教学大纲中的章节及知识点	思政案例名称
塔里木大学	王彦芹	女	教授	博士	基因工程概述	案例一 转基因的前世今生
					基因工程操作的工具酶	案例二 工程的魅力
					基因工程的载体	案例三 借助外力，扩展自己
					凝胶电泳	案例五 人才筛选
					分子杂交	案例六 概念的巧妙应用
					基因文库	案例七 人类基因组计划及应用
					大肠杆菌感受态细胞转化	案例九 基因工程工程菌
新疆农业大学	夏木斯亚·卡坎	女	讲师	博士	微生物基因工程	案例十 初期基因工程
					植物基因工程	案例十一 自然界中的转基因
					动物基因工程	案例十二 新冠疫苗的研发与生产
					动物基因工程	案例十三 基因治疗
					基因工程规则、专利、安全性	案例十四 国家的保驾护航
石河子大学	朱新霞	女	副教授	博士	PCR 技术	案例四 无所不能的生物技术
					基因编辑技术	案例八 基因魔剪

（续表）

杭州师范大学	郝娟	女	讲师	博士	基因工程在医药领域的应用	案例十五　我们生活中的转基因
					基因工程在分子诊断方面的应用	案例十六　健康宝贝
					转基因的生物安全	案例十七　转基因事件澄清

案例一　基因工程概述——转基因的前世今生

1. 课程内容简介

什么是基因工程？基因工程发展的理论基础和技术支撑是什么？介绍基因工程的发展历程，以临床医用人胰岛素的生产过程、转基因抗虫棉、基因治疗简单介绍基因工程发展历程；介绍我国“一号文件”关于转基因研究的几个发展阶段。

2. 课程思政教学目标

让学生了解转基因的发展史及所面临的问题，了解我国关于转基因产品研发及应用的政策，了解生物经济时代基因工程发展的重要性及其未来，了解当代生物技术专业大学生的使命与责任，为学生的未来发展树立信心与社会责任感。

3. 课程思政教学设计

课前，首先讲解基因工程的概念，从而引出基因工程与转基因的关系。抛出问题，了解学生对转基因知识与产品的了解情况，引出人类社会发展中为什么要转基因？转哪些基因？转到哪里？这些转基因对人类社会发展有什么好处？又可能会有什么坏处？这些问题的回答及探讨有助于我们理解转基因。

课中，讲到关于转基因的意义时，在丰富多彩的动物、植物、微生物等生命有机体中，均存在着一种被称为“基因”（Gene）的遗传因子，它的神奇之处在于能够通过特定的途径控制各生物个体的性状表现，从而实现“种瓜得瓜、种豆得豆”。基因支撑着生命的基本构造和功能，储存着生命的种族、血型、孕育、生长、发育、凋亡等过程的全部信息。环境和遗传的互相依赖，演绎着生命的繁衍、细胞分裂和蛋白质合成等重要生理过程。生物体的生、长、衰、病、老、死等一切生命现象都与基因有关，它也是决定生命健康的内在因素。正因为基因对生物体有着决定性的作用，才使得转基因具有重要意义。并以转基因抗虫棉、人胰岛素的生产、新冠疫苗的生产为例，介绍基因工程的发展成果及给人类带来的福祉，为学生树立专业自信。

4. 教学方法

本节课程思政教学采用线下教学与课堂在线教学相结合的混合式教学。

本节课采用探究式、讲解式、调查等方法，让学生掌握基因工程的概念及转基因的一般流程；通过查阅相关法律文件，了解转基因生物安全，了解我国转基因产品发展的政策及规划。

课后，给学生布置转基因相关的科学家、转基因产品成功应用的任务，让学生查阅并利用语音或文字在线讲述转基因相关的故事，老师在线教学总结并及时进行整体点评，强化和升华本节课思政元素点。

5. 教学反思

通过学生在线故事及有关转基因的了解，反思我们在教学中的内容设计及授课方式，了解学生对课程思政的意义了解及掌握情况。如果存在学生掌握效果不佳的现象，及时调整授课方式，以期达到课程思政的教学目标。

案例二 基因工程操作的工具酶——工程的魅力

1. 课程内容简介

基因工程操作的工具酶的发现、生产及应用是基因工程发展的基础，通过学习本节内容，让学生掌握各类常用的基因工程工具酶的概念，了解各类酶的发现及生产的科研思路及实验流程、酶的应用及注意事项，了解相关科学家的轶闻趣事及创新、严谨的科学精神。

2. 课程思政教学目标

让学生了解限制性核酸内切酶、DNA 连接酶、各种 DNA 聚合酶、反转录酶、末端核苷酸转移酶、SI 酶、碱性磷酸酶的发现过程及实验思路，掌握各种酶的应用及注意事项，了解各种酶发现者的故事及科学精神，从而培养学生的创新意识和思维。

3. 课程思政教学设计

复习绪论中学习的基因工程的 5 字操作流程“切、接、转、增、鉴”，引出“切、接”需要的工具酶，讲解限制性核酸内切酶的发现及其实验设计、发掘、种类、基因工程生产及其应用，讲解连接酶的发现及其实验设计、发掘及应用，讲解逆转录酶的发现及其应用，了解逆转录酶发现者及其有关诺贝尔奖获得的经过，通过各种酶的学习，掌握 DNA 重组的策略，从而培养学生基因工程科学研究思维。

实验设计的重要性：

限制性核酸内切酶的发现：公元 1961—1968 年，发现限制性核酸内切酶。瑞士生物学家 Werner Arber 在用来自不同菌株的噬菌体回转大肠杆菌时发现转化率是 100%，而用来自不同菌株的噬菌体交叉转染时发现侵染率是 10^{-4}，进一步研究发现细菌细胞能通过一种“限制酶”抵制噬菌体的攻击，这种酶能切断噬菌体的 DNA 而抑制其繁殖。他的发现后来发展成 DNA 重组技术中的分子剪刀，为分子克隆技术奠定了重要基础，即基因工程。H. Smith 和 D. Nathans 提出了酶的命名。因此，Werner Arber、H. Smith 和 D. Nathans 3 人共同获得了 1978 年诺贝尔生理学或医学奖。

4. 教学方法

本节课程思政教学采用线下教学与课堂在线教学相结合的混合式教学。

本节课运用讲解式、启发式、探究式教学方法，再利用总结比较法，让学生掌握基因工程的各种工具酶的概念、发现、酶活、酶催反应效率及注意事项、酶的灵活应用等。

课后，给学生布置作业查阅发现工具酶的科学家、DNA 重组的相关任务，让学生查阅并利用语音或文字在线讲述相关故事，老师在线教学总结并及时进行整体点评，强化和升华本节课思政元素点。

5. 教学反思

通过学生在线故事及有关工具酶的应用与了解，反思我们在教学中的内容设计及授课方式，了解学生对课程思政的意义了解及掌握情况。如果存在学生掌握效果不佳的现象，及时调整授课方式，以期达到课程思政的教学目标。

案例三 基因工程的载体——借助外力，扩展自己

1. 课程内容简介

基因工程的载体不仅能承载目的基因进入细胞，还能在细胞中进行独立复制，或者通过同源重组的方式将目的基因整合到受体细胞染色体基因组上，成为受体细胞遗传物质的一部分进行稳定的遗传。通过对本节内容的学习，让学生掌握载体的概念、载体的特点、载体的构建思

路、载体的分类、质粒的种类及应用。

2. 课程思政教学目标

让学生了解载体的功能及意义，了解载体的发现及改造，熟悉不同用途所选的相应载体，从而深刻体会作为载体的胸襟和各司其职、分工协作的重要意义，传递奉献和成全的观念。

3. 课程思政教学设计

复习绪论中学习的基因工程的5字操作流程“切、接、转、增、鉴”，引出“切、接”需要的对象。讲解限制性核酸内切酶酶切和链接的另一个对象——载体，引出作为载体应该具备的功能和特点，载体的发掘、构建及应用，讲解载体的分类，重点讲解质粒的概念、特点、种类及用途。通过对载体的学习，深刻体会作为载体的胸襟和各司其职、分工协作的重要意义，传递奉献和成全的观念。

基因的复制或扩增有两种情况：其一是体内扩增，其二是体外扩增。要使一个基因实现体内扩增，必须将基因导入细胞，而基因只能借助能够移动的DNA才能进入细胞。

1967年，罗思和赫林斯基发现细菌拟核DNA之外的质粒有自我复制能力，并可以在细菌细胞间转移，这一发现为基因转移找到了一种既能转移、又能扩增的载体——质粒。

1972年，Cohen首先在体外实现了DNA的改造与重组。

1973年，Boyey和Cohen构建了含有抗生素基因的重组质粒，并且将重组DNA转入大肠杆菌受体细胞，外源基因可以在原核细胞中成功表达，实现了物种之间的基因交流。因此，1973年也被称为基因工程的元年。

4. 教学方法

本节课程思政教学采用线下教学与课堂在线教学相结合的混合式教学。

本节课运用讲解式、启发式、探究式教学方法，再利用总结比较法，让学生掌握基因工程的各种载体的概念、载体的特点、载体构建思路、DNA重组的效率及注意事项、载体的灵活应用等。

课后，给学生布置作业查阅发现并构建第一个载体的科学家，查阅文献阐述用于功能基因克隆、人类基因组测序等所用的载体并比较它们的异同，并利用语音或文字在线讲述相关故事，老师在线教学总结并及时进行整体点评，强化和升华本节课思政元素点。

5. 教学反思

通过学生在线故事及有关载体应用的了解，反思我们在教学中的内容设计及授课方式，了解学生对课程思政的意义了解及掌握情况。如果存在学生掌握效果不佳的现象，及时调整授课方式，以期达到课程思政的教学目标。

案例四　PCR技术——无所不能的生物技术

1. 课程内容简介

本节内容主要讲解PCR技术及耐热Taq DNA聚合酶的发现、PCR的原理、PCR衍生技术及应用。要求学生掌握概念原理，熟练PCR技术操作，了解PCR技术的应用。

2. 课程思政教学目标

（1）知识目标

掌握PCR的概念，理解PCR技术的基本原理，了解PCR的主要类型和PCR技术在科学研究及食品卫生监测、转基因检测、环境监测、法医学调查、疾病诊断和治疗等方面的主要应用案例。

（2）能力目标

能科学应用PCR技术。

（3）素质目标

通过介绍 PCR 发明人 Kary Banks Mullis 的事迹（诺贝尔化学奖，1993 年）和 PCR 技术的应用，引导学生培养科学兴趣，勇于探索未知、追求真理，大胆创新，将所学知识应用于生活，服务于人民。

3. 课程思政教学设计

（1）创设情境，话题导入

找准授课知识与当前社会正在发生的生物学相关时事或研究热点的关联点，将其导入教学，引起学生好奇心，激发学生的学习兴趣和热情，引导学生思考如何将本节所学知识升华提炼，把知识或技术应用到解决相关的生物学问题方案中？鼓励学生学以致用。

（2）诺贝尔奖的有机渗入

教学中穿插穆利斯发明 PCR 技术的故事，让学生明白进行科学研究必须要有专心致志、孜孜以求、善于思考、不畏困难、大胆创新，精益求精的科研精神。

如果要问生物学领域，谁是不可不提的人物，那被尊为“PCR 之父”凯利·穆利斯（Kary Mullis）一定是其中之一。1985 年，凯利·穆利斯发明了 PCR 技术，1989 年美国《科学》杂志把 PCR 技术列为十余项重大科学发明之首，比喻 1989 年为 PCR 爆炸年，Mullis 在 1993 年凭借这一方法获得了诺贝尔化学奖。《纽约时报》曾经评价凯利·穆利斯说：高度创新，非常重要，生命科学可以被分为两个时代：PCR 前时代和 PCR 后时代。PCR 技术是生命科学领域里程碑似的发明，PCR 技术的发明，照亮生命科学领域的前进之路，极大地推进了分子生物学、生物化学、遗传学、医学、法医学等多个学科的发展进程，是支撑现代分子生物学发展的一块重要基石，具有划时代意义，被认为是 20 世纪最重要的科学技术之一。

PCR 即聚合酶链式反应，是一种能模拟体内 DNA 天然复制过程，在体外几小时内迅速将极微量要检验、分析的样品基因扩增放大几百万倍的分子生物学技术。从凯利·穆利斯发明到如今，PCR 技术被不断改进和创新，各种 PCR 技术被广泛应用于分子克隆、基因表达、基因分型等生命科学基础研究，也被广泛应用于食品卫生监测、转基因检测、环境监测、法医学调查、疾病诊断和治疗等诸多方面，为探寻生命奥秘和引领生命科学领域的发展提供了重要的技术支撑。2015 年，理查德·罗斯柴尔德用 PCR 技术开发的病毒核酸检测方法获得美国专利。2020—2022 年，世界各国都使用核酸检测方法确定新冠病毒（2019-nCoV）的感染者。

在讲授 PCR 技术这一节内容时引入 PCR 技术在新冠病毒检测、法医学调查、食品卫生监测、转基因检测、环境监测、疾病诊断中的应用，让学生切实体会到科学技术可以应用于生活，服务于人民。引导学生培养科学兴趣，勇于探索未知、追求真理，大胆创新，将所学知识用于造福人类。

4. 教学方法

（1）课前准备

课前将“PCR 技术”和“荧光定量 PCR 原理与应用”等相关资料上传到教学平台，让学生提前预习，熟悉相关知识，将案例中蕴含的知识点在教学平台讨论区展现出来。

（2）导入设计

在“新冠”疫情肆虐全球 3 年背景下，学生耳濡目染了新型冠状病毒的巨大危害。本节课以全民关注的“核酸检测”作为切入点，创设生活化的教学氛围，使学生结合当前社会热点开始新知识的学习。PPT 图片展示人们排队进行咽拭子取样和用以进行核酸检测的 PCR 仪，此时讲解“核酸检测”是通过 PCR 技术进行的，引出 PCR 技术的概念，PCR 技术的基本原理。引导学生讲解 PCR 技术在科学研究和食品卫生监测、法医学调查、环境监测、疾病诊断和治疗等方面的应用案例，激发学生对 PCR 技术相关理论的学习兴趣和求知欲，使学生认识到核酸检测对早期发现病毒、控制疾病传播和疾病预防控制的重要性，明白高大上的实验技术不只应用于科学研究中，同时也可广泛应用到我们的实际生活中，体会到科学技术与现实生活的紧密联系，鼓励学生学以致用，树立“科学技术应用于生活，服务于人民”的理念与信心。同时特别提到疫情发生后，中国持续不断地向全世界提供检测试剂盒和防疫物资，体现出大国担当和责任，增强学生的国家自豪感和民族自信心。

（3）诺贝尔奖的有机渗入

在 PCR 反应过程教学中穿插穆利斯发明 PCR 技术的偶然与异想天开故事。PCR 技术本身原理并不复杂，思路也很简洁，为什么只有穆利斯想到？其重大意义在哪里？通过这个事例，引导学生讨论，让学生意识到在求学和进行科学研究过程中要积极探索，善于发现、善于思考，且不畏困难、不轻言放弃，孜孜以求、努力奋斗，大胆创新、精益求精，为科学技术和祖国的发展作出应有的贡献。

（4）强化巩固

PPT 再现 PCR 技术的知识点和基本原理，引导学生推导新冠核酸检测的基本过程，明确专业知识的应用和个人的社会责任，坚定疫情阴霾终将散去，胜利曙光定会到来的必胜信念。

（5）课后拓展

要求学生课后查阅资料归纳总结“PCR 技术和应用”的知识点，拓展知识体系，提高学生跨学科认知视野和创新能力。

5. 教学反思

把基因工程的主要技术——PCR 技术和社会热点问题“核酸检测”紧密结合起来，是能将社会热点问题和思政元素与专业知识有机结合的很好案例。本节教学设计思路清晰，从社会热点问题“核酸检测”到理论到思政再到应用，步步推进，层层深入，调动了学生学习兴趣。学生学习兴趣盎然，课堂气氛活跃，同学们在理解 PCR 技术基本原理的同时也认识到了 PCR 技术的重要性，了解了 PCR 技术在科学研究及食品卫生监测、转基因检测、环境监测、法医学调查、疾病诊断和治疗等方面的主要应用，潜移默化中激发了爱国热情和民族自信。同时通过融入科学家创新精神，学生了解到科学家为科学进步和实际生活所作的贡献，润物无声地激发了学生的创新意识和使命感，培养了学生乐观向上的积极心态。总之，思政元素被潜移默化地在专业知识的学习中被学生接受，达到了知识传授与德育引领同频共振的效果。

案例五　凝胶电泳——人才筛选

1. 课程内容简介

电泳是分离核酸、蛋白质等待点物质的重要技术，根据电泳介质的不同可以将电泳分为纸电泳、薄层层析电泳、凝胶电泳等，凝胶电泳又分为琼脂糖凝胶电泳和聚丙烯酰胺凝胶电泳。通过本节课的学习，让学生掌握电泳分离物质的原理，掌握凝胶的制备方法、所需试剂特征及其注意事项、电泳结果分析及凝胶电泳的应用。

2. 课程思政教学目标

课前复习生物化学中所学的电泳的概念及所用过的电泳介质，从而引出凝胶电泳的概念及凝胶介质来源、电泳根据分子筛效应分离分子的原理，联系到社会发展中各种企事业单位的用人及筛选机制，让学生树立危机意识，正确自我定位，在适应社会的同时磨砺自己，在工作中有所突破。

3. 课程思政教学设计

课前，复习生物化学课程中学习的电泳的概念及原理，引出基因工程中凝胶电泳的介质的种类及其凝固的条件、不同凝胶电泳分离的对象，从电泳的分子筛效应，传递社会对人才的需求及筛选的理念，劝诫学生加强学习提高自身电荷，适应并突破自我，为社会发展贡献自己智慧的理念。

课中，以电泳技术的发明例子，介绍我们身边奋斗的故事。

1809 年俄国物理学家 Peice 首次发现电泳现象。他在湿黏土中插上带玻璃管的正负两个电极，加电压后发现正极玻璃管中原有的水层变混浊，即带负电荷的黏土颗粒向正极移动，这就是电泳现象。

1937 年瑞典 Uppsala 大学的 Tiselius 对电泳仪器作了改进，创造了 Tiselius 电泳仪，建立了研究蛋白质的移动界面电泳方法。Tiselius 在电泳技术方面作出的开拓性贡献而获得了 1948 年的诺贝尔化学奖。

1959 年 Raymond 和 Weintraub 利用人工合成的凝胶作为支持介质，创建了聚丙烯酰胺凝胶电泳，极大地提高了电泳技术的分辨率，开创了近代电泳的新时代。

电泳实际是利用分子筛效应分离核酸或蛋白质的方式。其实我们都是被筛选的分子，只有对自己有准确的定位，我们才能在社会中立足、做自己力所能及的事。

4. 教学方法

本节课程思政教学采用线下教学与课堂在线教学相结合的混合式教学。

本节课运用讲解式、启发式、探究式及实践等教学方法，再利用总结比较法，让学生掌握基因工程中的凝胶电泳的特点、分离对象及各自的分辨率及其应用等。

课后，给学生布置作业查阅琼脂糖凝胶电泳图片、聚丙烯酰胺凝胶电泳图的结果，比较相同的电泳技术，但结果却千差万别的原因，分析电泳结果好与不好的直观图、怎样才能避免跑出不理想的电泳图，让学生了解技能和严谨的重要性，强化和升华本节课思政元素点。

5. 教学反思

通过学生分析电泳图的优劣差异，反思我们在教学中的内容设计及授课方式，了解学生对课程思政的意义了解及掌握情况。如果存在学生掌握效果不佳的现象，及时调整授课方式，以期达到课程思政的教学目标。

案例六 分子杂交——概念的巧妙应用

1. 课程内容简介

分子杂交是基因工程操作流程中“鉴”部分的重要技术，通过本节课的学习，让学生掌握分子杂交的概念、分类及检测对象、各种分子杂交结果分析、探针标记方法及显示原理，熟悉分子杂交的操作流程、注意事项及应用，了解分子杂交技术的发明者 Southern 发明分子杂交的过程。

2. 课程思政教学目标

根据核酸复性的原理，引出 Southern 发明分子杂交技术的过程，通过讲解不同分子杂交的流程及待检物所代表的意义，介绍分子杂交在遗传病诊断、DNA 图谱分析、PCR 产物及转基因个体的鉴定等方面的重要价值，深刻认识科技发展给人类社会发展带来的福祉。

3. 课程思政教学设计

课前，复习核酸复性的概念及原理，引出分子杂交的发现、分类及检测对象，介绍分子杂交发明者 Southern 发明并建立分子杂交技术的过程，深刻认识掌握概念的重要性。

课中，以产前诊断和转基因抗虫棉的检测为例，介绍分子杂交技术的应用及在提高人类优生中的贡献。

Southern 印迹法由埃德温·萨瑟恩（Edwin Southern）在英国医学研究理事会从事科学研究时发明，相关论文首次发表时他仅仅 35 岁，他发明的 DNA 印迹技术以他的名字命名。

Southern 印迹法可用于确定特定 DNA 序列，并判断其功能、是否变异、图谱位置等，他后续还发明了 DNA 芯片等技术。引文桂冠奖称他的发明是高通量核酸分析工作、基因图谱、诊断和筛查的开端，也是当今个性化医疗的基础。

军事医学科学院基础医学研究所蔡仕英等在介绍《电泳的原理、应用及进展》中提到：在电流作用下，萨瑟恩成功地将 DNA 片段从琼脂糖凝胶中转印到硝酸纤维膜上进行分子杂交分析，因此称为 Southern Blotting。

后来，Alwine 用类似方法也成功地将 RNA 从电泳胶中转印到硝酸纤维膜上作分子杂交分析，但他并没有称这一技术为 Alwine-Blotting，而是称为 Northern Blotting，以便与 Southern Blotting 相对应。

1981 年 Burette 又成功地将 SDS-PAGE 胶中的蛋白质转印到膜上进行免疫学分析（如抗原抗体结合、蛋白质与配基结合等），继 Alwine 之后，Burette 称这一技术为 Western Blotting。蛋白印迹法是一项广泛用于检测细胞或组织提取物中蛋白表达水平的技术。这项技术借助抗体与目的蛋白的结合作用，测量生物样品中的蛋白质水平。

这样一来，在印迹电泳这个家族中，就有了 Southern Blotting、Northern Blotting 和 Western Blotting。

4. 教学方法

本节课程思政教学采用线下教学与课堂在线教学相结合的混合式教学。

本节课运用讲解式、启发式、探究式及案例法等教学方法，再利用总结比较法，让学生掌握分子杂交的分类及操作流程、检测结果分析及其应用等。

课后，给学生布置作业查阅含有分子杂交的文献，比较不同方法标记产生的探针的优缺点，分析比较 PCR 相关技术与分子杂交技术结果重复性的优缺点，让学生了解不同技术产生的不同结果的被认可度，强化和升华本节课思政元素点。

5. 教学反思

通过学生分析不同分子杂交技术产生的不同结果，反思我们在教学中的内容设计及授课方式，了解学生对课程思政的意义了解及掌握情况。如果存在学生掌握效果不佳的现象，及时调整授课方式，以期达到课程思政的教学目标。

案例七　基因文库——人类基因组计划及应用

1. 课程内容简介

基因文库是基因工程课程的重要内容，基因文库的构建通常用于基因的克隆和基因组、转录组的测序。通过学习，让学生掌握基因文库的概念、分类、文库构建流程、文库的评估及文库查询，熟悉基因文库的应用，了解基因文库在应用中给人类健康和医学、农业发展带来的福祉。

2. 课程思政教学目标

课前，复习基因克隆的技术方法，提出基因克隆的缺陷，从而引出基因文库，讲解基因文库的种类及构建流程、文库评估及查询、文库应用及发展。

课中，以人类基因组计划为例，讲述文库的应用。

3. 课程思政教学设计

人类基因组计划（Human Genome Project，HGP）是一项规模宏大，跨国跨学科的科学探索工程。其宗旨在于测定组成人类染色体（指单倍体）中所包含的30亿个碱基对组成的核苷酸序列，从而绘制人类基因组图谱，并且辨识其载有的基因及其序列，达到破译人类遗传信息的最终目的。

人类基因组计划由美国科学家于1985年率先提出，于1990年正式启动。美国、英国、法国、德国、日本和中国科学家共同参与了这一预算达30亿美元的人类基因组计划。按照这个计划的设想，在2005年，要把人体内约2.5万个基因的密码全部解开，同时绘制出人类基因的图谱。换句话说，就是要揭开组成人体2.5万个基因的30亿个碱基对的秘密。截至2003年4月14日，人类基因组计划的测序工作已经完成。其中，2001年人类基因组工作草图的发表（由公共基金资助的国际人类基因组计划和私人企业塞雷拉基因组公司各自独立完成，并分别公开发表）被认为是人类基因组计划成功的里程碑。

主要用途：在人类疾病方面的贡献。人类疾病相关的基因是人类基因组中结构和功能完整性至关重要的信息。对于单基因病，采用“定位克隆”和“定位候选克隆”的全新思路，导致亨廷顿氏舞蹈症、遗传性结肠癌和乳腺癌等一大批单基因遗传病致病基因的发现，为这些疾病的基因诊断和基因治疗奠定了基础。对于心血管疾病、肿瘤、糖尿病、神经精神类疾病（阿尔茨海默病、精神分裂症）、自身免疫性疾病等多基因疾病是疾病基因研究的重点。健康相关研究是HGP的重要组成部分，1997年相继提出“肿瘤基因组解剖计划”“环境基因组学计划”。对医学的贡献基因诊断、基因治疗和基于基因组知识的治疗、基于基因组信息的疾病预防、疾病易感基因的识别、风险人群生活方式、环境因子的干预。

生物技术方面的贡献：胚胎细胞克隆羊——多利。

① 基因工程药物分泌蛋白（多肽激素、生长因子、趋化因子、凝血和抗凝血因子等）及其受体。

② 诊断和研究试剂产业基因和抗体试剂盒、诊断和研究用生物芯片、疾病和筛药模型。推动细胞工程胚胎和成年期干细胞、克隆技术、器官再造。

对制药方面的贡献。筛选药物的靶点：与组合化学和天然化合物分离技术结合。建立高通量的受体、酶结合试验以知识为基础的药物设计：基因蛋白产物的高级结构分析、预测、模拟——药物作用“口袋”。个体化的药物治疗：药物基因组学。

社会经济影响：生物产业与信息产业是一个国家的两大经济支柱；发现新功能基因的社会和经济效益；转基因食品；转基因药物（如减肥药、增高药）生物进化影响生物的进化史，都刻写在各基因组的“天书”上；草履虫是人的亲戚——13亿年；人是由300万~400万年前的一种猴子进化来的；人类第一次“走出非洲”——200万年的古猿；人类的“夏娃”来自于非洲，距今20万年——第二次“走出非洲”？

负面作用：侏罗纪公园不只是科幻故事；种族选择性灭绝性生物武器；基因专利战；基因资源的掠夺战；基因与个人隐私。

4. 教学方法

本节课程思政教学采用线下教学与课堂在线教学相结合的混合式教学。

本节课运用讲解式、启发式、探究式及案例法等教学方法，再利用总结比较法，让学生掌握基因文库的分类及构建流程、文库评估、文库查询及其应用等。

课后，给学生布置作业查阅人类基因组计划及有关组学的文献，了解文库的应用及其对人类社会发展的贡献，并利用语音或文字在线讲述相关故事，老师在线教学总结并及时进行整体点评，强化和升华本节课思政元素点。

5. 教学反思

通过学生讲述文库构建相关内容，反思我们在教学中的内容设计及授课方式，了解学生对课程思政的意义了解及掌握情况。如果存在学生掌握效果不佳的现象，及时调整授课方式，以期达到课程思政的教学目标。

案例八　基因编辑技术——基因魔剪

1. 课程内容简介

基因编辑技术是一种比较精确的能对生物体基因组及其转录产物中特定目标基因进行定点敲除、加入和替换的新兴基因工程技术，已经成为跨学科和转化研究、精准基因研究的重要手段和驱动力，为人类医疗与健康、作物育种、环境与生态修复、工业微生物设计等诸多方面带来深刻变革。在提高人民生活质量的同时，也引发了一些伦理道德上的争议，甚至带来一些潜在的危险。2018 年南方科技大学原副教授贺建奎等人，通过编辑人类胚胎 CCR5 基因用于生育艾滋病免疫的婴儿，在国际上引发轩然大波，并受到法律的严惩。在讲授基因编辑技术这一节的内容时引入贺建奎“基因编辑婴儿事件”，让学生对基因编辑技术树立正确的认识，培养学生严谨的科研态度，引导学生应用基因工程技术时，要明辨是非，遵守国家相关法律法规和伦理道德规范，不要急功近利，害人害己。

2. 课程思政教学目标

知识目标：掌握基因编辑技术基本原理，了解基因编辑应用有关的案例。

能力目标：能科学判断基因编辑技术的利与弊，理性分析和基因编辑技术有关的伦理安全问题。

素质目标：培养学生树立正确的科学态度，引导学生应用基因编辑技术时要遵守国家相关法律法规及伦理道德规范。

3. 课程思政教学设计

以问题导入的方式引入“基因编辑婴儿事件”，根据学生的观点，引导学生对基因编辑技术和基因编辑婴儿事件的利和弊进行辩论，辩论结束后，老师进行点评总结。让学生在掌握基因工程基本技术的同时，重温和理解生物安全性相关知识，同时将思政元素融入课堂，培养学生严谨的科学态度，引导学生在应用基因工程技术时要明辨是非，不能急功近利，要遵守相关法律法规及伦理道德规范。

4. 教学方法

（1）课前准备

课前将“基因编辑”和“基因编辑应用”等相关资料上传到教学平台，让学生提前预习，熟悉相关知识，做好课堂分组辩论、答疑等准备。

（2）导入设计

先以 PPT 和视频方式讲述“基因编辑”技术和基因编辑技术在医疗、农业上应用的 2~3 个案例，再以问题“你对贺建奎基因编辑婴儿事件有什么看法?”进行导入，让学生私下自由讨论 3~5min，把学生注意力引入基因编辑婴儿的案例中来。

（3）课堂辩论

学生自由组合，对“基因编辑技术和基因编辑婴儿”的利与弊进行辩论，尽量让更多的学生都积极参与，加深学生对基因编辑技术安全伦理的主动思考和探究。

(4) 强化巩固

辩论结束后，老师对辩论双方的观点和论据进行点评总结，明确告诉学生“基因编辑婴儿”的行为已严重违背伦理道德和科研诚信，违反国家有关规定，贺建奎等人已受到法律严惩，并进一步举例阐明基因编辑技术在各领域取得成就的同时可能引发的伦理与安全问题，加深学生对基因编辑技术的理解，引导学生树立正确的科学态度，对新技术不要盲目追捧。在应用基因编辑技术时不要急功近利，要抱有敬畏之心，要遵守国家相关法律法规及伦理道德规范，以如履薄冰的心态，小心谨慎地前行。

(5) 课后拓展

要求学生课后查阅资料归纳总结“基因编辑技术和基因编辑应用”的知识点，拓展知识体系。

5. 教学反思

将思政元素与专业知识有机结合的“基因编辑婴儿”案例能跟踪基因工程技术前沿领域，及时反映社会热点问题，丰富课程章节教学内容。大部分学生能够积极参与课堂辩论，课堂气氛活跃，同学们也认识到了对新技术要抱有敬畏之心，不要盲目追捧，做科研工作要经得起诱惑，耐得住寂寞，不能急功近利，违反国家相关法律法规及伦理道德规范，思政效果比较理想，学生学习兴趣浓厚，起到了知识传授、价值引领和素质养成的思政育人目的。

案例九 大肠杆菌感受态的制备及转化——基因工程工程菌

1. 课程内容简介

大肠杆菌感受态细胞是转基因的第一步，大肠杆菌工程菌基因组的改造——限制缺陷型、转化亲和型、重组缺陷型、遗传互补型、感染寄主缺陷型、蛋白降解突变型，通过学习，让学生掌握工程菌改造的基础和目的，熟悉大肠杆菌感受态细胞的制备与转化，了解基因工程中“工程”的魅力。

2. 课程思政教学目标

回顾蓝白斑筛选引出β-半乳糖苷酶的功能和 *LacZ* 基因，启发学生思考大肠杆菌宿主菌是否需要保留野生型的 *LacZ* 基因？通过回顾限制性核酸内切酶、DNA 同源重组机理、蛋白质降解途径等，与学生探讨大肠杆菌是否需要野生型的限制系统、同源整合相关基因、蛋白质降解依赖的酶系统，让学生熟悉大肠杆菌感受态细胞的制备及转化方法和过程，从而让学生掌握基因工程研究的思路。

3. 课程思政教学设计

课前，利用启发式教育引出大肠杆菌工程菌的构建与改造，介绍工程菌构建的思路，介绍转化的概念及转化技术的科学家格里菲斯（Frederick Griffith）。1928 年分子遗传学的奠基人 Frederick Griffith 发现了细菌转化现象（肺炎双球菌转化试验）。与学生一起回顾并讨论肺炎双球菌转化试验的成果，除了证明 DNA 是遗传物质以外，该实验还证明 DNA 可以在特定条件下通过人工方式导入到细胞——转化。

Frederick Griffith 发现，若将活的无毒的粗糙型的Ⅰ型肺炎双球菌（R 型）和加热致死的有毒的光滑型的Ⅱ型肺炎双球菌（S 型）混合后注入健康小鼠体内，小鼠会死亡，并能从该小鼠体内提取到活的 S 型肺炎双球菌。这个实验为后来证明 DNA 是遗传物质奠定了基础。

19 世纪 30 年代，艾弗里（Avery）、麦克劳德（Macleod）和麦卡蒂（McCarty）继续格里菲斯的工作并解释了该实验现象。原来，虽然 S 型菌已经加热致死，但它的 DNA 并未解体，该 DNA 进入 R 型菌，使 R 型菌转化为致病的 S 型肺炎双球菌。艾弗里等人的实验第一次证明了遗传物质就是DNA。

讨论实验设计的重要性。

4. 教学方法

本节课程思政教学采用线下教学与课堂在线教学相结合的混合式教学。

本节课运用讲解式、启发式、探究式及案例法等教学方法，再利用实验设计法，让学生掌握工程菌的构建及转化流程、实验设计等。

课后，给学生布置作业查阅大肠杆菌转化的相关文献，了解细菌转化实验的贡献，并利用语音或文字在线讲述相关故事，老师在线教学总结并及时进行整体点评，强化和升华本节课思政元素点。

5. 教学反思

通过学生讲述细菌转化相关内容，反思我们在教学中的内容设计及授课方式，了解学生对课程思政的意义了解及掌握情况。如果存在学生掌握效果不佳的现象，及时调整授课方式，以期达到课程思政的教学目标。

案例十　微生物基因工程——初期基因工程

1. 课程内容简介

（1）课程理论知识内容简介

科学家们在如何处理环境污染重大难题上不懈努力地进行研究，探索利用微生物基因工程技术治理环境污染，也就是改造出能够高效降解污染物的重组微生物工程菌。降解工程菌在治理工业废水、城市污水和清除石油污染、有机磷农药中广泛应用。

（2）课程思政内容简介

本思政案例主要以工程菌的绿色健康本领开展课程思政教育。

海上原油泄漏时有发生，2020年7月25日，一艘大型油轮途经毛里求斯岛国南部海域时触礁搁浅，导致1 000t原油泄漏污染邻近海域。危急时刻，各国支援拯救美丽的毛里求斯，启动保卫地球海洋生态环境行动。

在处理泄漏的原油时，首先架设海洋栅栏阻挡原油继续扩散，使用机械滤油机过滤海水中的油，或用撇沫器刮海水表面的石油。当地居民也自发组织加入保卫家园的行动，他们将空瓶子制作成围栏；还纷纷剪发捐献头发，将头发与稻草以及甘蔗叶混合捆绑成栅栏阻止原油泄漏扩散。

除此之外，处理泄漏的原油还可以采用化学法，即喷洒化学药剂改变海面石油的分散状态以便于清除。但为了避免化学药剂引起二次污染，采用环保健康的生物法是必不可少的，即抛洒人工改造的可降解石油的“重组微生物工程菌”清除海面的污染。

2. 课程思政教学目标

通过对从工程菌的绿色健康本领案例的学习，拟达到下列课程思政教学目标。

① 使学生充分认识科技是第一生产力，科技在环保中的重要性。

② 加强学生的绿色环保意识，倡导守护美丽的家园。

3. 课程思政教学设计

课前，教师借助智慧在线学习工具向学生发送课前学习任务单、学习材料和思政案例材料，提出课程理论知识的课前学习要求及学习效果评估要求。

思政元素材料课前学习主要以问题创设和故事导入为主，让学生首先通过资料自查，围绕下列2个问题进行课前思考：① 你了解原油泄漏的危害吗？② 查阅分析资料，工程菌的绿色健康本领有哪些？

课中，采用教师讲述、问题创设和小组研讨方式提出思政知识点的升华教学设计，即借助智慧在线学习工具在线发布小组活动“讨论”的问题：2020 年毛里求斯南部海域原油泄漏拯救行动，对你有何启示？

教师组织学生针对上述问题进行深入研讨，学生之间进行信息交流。随后，教师选取学生代表分享研讨心得，升华学生对此思政知识点的内化理解。引导学生正确认识科技的重要性，并加强学生的绿色环保意识，倡导守护美丽的家园。

课后，教师发布本节课程理论知识学习效果自测题。同时，引导学生借助智慧在线学习工具，参与本节课思政知识点的“讨论”：如何践行守护美丽家园？发布个人见解。

4. 教学方法

本节课程思政教学采用实体课堂教学与智慧在线教学相结合的混合式教学。

课前，采用任务驱动法，教师在线发布预习任务，学生围绕创设的思政问题查阅资料方式开展。

课中，通过教授法、讨论法及思政案例启发探讨等多元化的混合式教学手段，开展本节课程思政元素的深入引导挖掘。

课后，采用在线教学总结式手段，教师发布本节课思政知识点的“讨论”题，并及时进行整体线上点评，强化和升华本节课思政元素点。

5. 教学反思

课前，教师给予重组微生物工程菌的绿色健康本领思政元素资料和问题创设为主，让学生通过预习及资料自查思考 2 个问题。

课中，思考在讲述思政案例教学中如何使学生切身感受到科技的重要性。

课后，除课前学习任务的提交和课后讨论的考核评价外，根据教学安排完善学习评价。

案例十一 植物基因工程——自然界中的转基因

1. 课程内容简介

（1）课程理论知识内容简介

植物基因工程在改良植物品种中的应用，首先在增强农作物抗逆性研究中广泛应用，如：研发抗虫、抗病、抗除草剂、抗旱、耐盐、抗寒等多种抗逆境胁迫的农作物优良品种。在花卉和果蔬中的应用主要包括颜色、花形、营养成分、大小、保鲜改良。

（2）课程思政内容简介

本思政案例主要以我国抗虫棉的由来开展课程思政教育。

20 世纪 90 年代初，我国棉花遭受严重的棉铃虫为害。数据显示，棉铃虫迁飞能力高，繁殖力极强，成年雌棉铃虫一生产卵数目近 1 000粒。它的食量惊人，只要是它袭击过的棉田，不会留下棉铃的同时连棉花叶片也不会放过，只会留下光秃秃的棉花秆。除此之外，它的抗药性极其神奇，就算棉农每天反反复复喷洒几十次农药，而且轮番更换不同的农药加大药量喷洒，仍然对棉铃虫没有任何伤及作用，甚至高强度喷洒农药导致棉农中毒事件频频发生。年底棉农没有收成，欲哭无泪，我国棉花产量损失惨重。

正当我国棉花遭受棉铃虫为害的同时，国外种业公司虎视眈眈想让我国出巨资购买其转基因抗虫棉品种使用权；还趁机在我国种植棉花的省份城市成立棉花种子公司，销售其抗虫棉种，控制中国棉花种子市场的意图非常明显。

早在 1986 年 3 月，我国贯彻执行国家领导人邓小平同志“将来农业问题的出路，最终要由生物工程来解决，要靠尖端技术”的讲话指示，正式启动了国家高技术研究发展规划 863 计划。棉铃虫为害之时，面对无助的棉农，国外的咄咄逼人，我国高科技研究计划资助实施抗虫棉研究。

科研工作者进入实验地棉田，展开人虫大战，仅用 4 年的时间，我国农业科学院生物技术研究所郭三堆研究员，研发了 Bt 转基因抗虫棉株系，我国拥有了 Bt 抗虫蛋白的自主知识产权，自己的核心技术。之后我国相继培育出多种优良的抗虫棉品种，使我国完全主导了国内的棉种市场。

2. 课程思政教学目标

通过对从我国抗虫棉的由来案例的学习，拟达到下列课程思政教学目标。

① 使学生正确认识国家立足于自主创新才能拥有自己的核心技术。

② 使学生充分认识我国抗虫棉的研发为我国敢于参与国际竞争树立了信心。

3. 课程思政教学设计

课前，教师借助智慧在线学习工具向学生发送课前学习任务单、学习材料和思政案例材料，提出课程理论知识的课前学习要求及学习效果评估要求。

思政元素材料课前学习主要以问题创设和故事导入为主，让学生首先通过资料自查，围绕下列问题进行课前思考：你了解研发 Bt 转基因抗虫棉的研究背景吗？

课中，采用教师讲述、问题创设和小组研讨方式提出思政知识点的升华教学设计，即借助智慧在线学习工具在线发布小组活动“讨论”的问题：Bt 转基因抗虫棉研发背后的故事，对你有何启示？引导学生正确认识国家只有立足于自主创新，才能拥有自己的核心技术，才能敢于参与国际竞争。

教师组织学生针对上述问题进行深入研讨，学生之间进行信息交流。随后，教师选取学生代表分享研讨心得，升华学生对此思政知识点的内化理解。我国 Bt 转基因抗虫棉的研发为我国敢于参与国际竞争、攀登科技创新制高点树立了信心。

课后，教师发布本节课程理论知识学习效果自测题。同时，引导学生借助智慧在线学习工具，参与本节课思政知识点的“讨论”：Bt 转基因抗虫棉研发的意义。发布个人见解。

4. 教学方法

本节课程思政教学采用实体课堂教学与智慧在线教学相结合的混合式教学。

课前，采用任务驱动法，教师在线发布预习任务，学生围绕创设的思政问题学生查阅资料方式开展。

课中，通过教授法、讨论法及思政案例启发探讨等多元化的混合式教学手段，开展本节课程思政元素的深入引导挖掘。

课后，采用在线教学总结式手段，教师发布本节课思政知识点的“讨论”题，并及时进行整体线上点评，强化和升华本节课思政元素点。

5. 教学反思

课前，教师给予我国抗虫棉的由来思政元素资料和问题创设为主，让学生通过预习及资料自查思考问题。

课中，在讲述思政案例教学中使学生切身感受到国家自主创新拥有核心科技的重要性。

课后，除课前学习任务的提交和课后讨论的考核评价外，根据教学安排完善学习评价。

案例十二 动物基因工程——新冠疫苗的研发与生产

1. 课程内容简介

（1）课程理论知识内容简介

基因工程疫苗：使用 DNA 重组技术，将病原微生物的毒力基因删除或将保护性病原基因，定向插入合适的载体，导入细菌、酵母菌或哺乳动物细胞中，用其表达产物制得的疫苗。

重组活载体疫苗：借助基因转移载体，根据基因重组原理将病原微生物抗原基因插入低（无）致病力的病毒或细菌中，用其表达产物制得的疫苗。载体基本上有病毒和细菌这两类。

重组病毒活载体疫苗：痘苗病毒活载体疫苗（狂犬病疫苗）、禽痘病毒活载体疫苗（禽流感疫苗）、疱疹病毒活载体疫苗（口蹄疫疫苗）、腺病毒活载体疫苗等。

重组菌活载体疫苗：主要有沙门氏菌和大肠杆菌活载体疫苗。

（2）课程思政内容简介

本思政案例主要以新冠疫苗的“守护英雄”开展课程思政教育。

遭受新冠疫情袭击初期，我国在新冠疫情防控工作中，全面贯彻习近平总书记“生命至上”“人民至上”指示精神，将全力研发新冠疫苗提上了日程。我国长期规划发展为研发新冠疫苗提供了技术支持，专业科研人才；提出布局同时全力推进五个疫苗技术路线研发新冠疫苗，这也是“十三五”规划创新的成果展现。

我国著名的病原生物学家赵振东教授是国务院联防联控机制科研攻关组疫苗研发专班技术支持组组长，他带领无数科研人员扛起人民的期望，不眠不休战斗在疫情的第一线。2020 年 9 月 17 日，没能等到疫苗的开打，赵振东教授因过度劳累，永远离开了我们。令我们敬重的赵教授成为新冠疫苗研发最重要的“守护英雄”。

2021 年 5 月 7 日，我国研发的新冠灭活疫苗通过世卫组织的质量验证获批紧急使用。相继我国研发了安全有效的基因工程疫苗，如：腺病毒载体疫苗，只接种一针就可诱导机体发生免疫保护反应产生有效的抗体；获取病毒的抗原成分制成的重组蛋白疫苗，需接种 3 针产生抗体。除此之外，为了进一步加强免疫，目前可以再接种吸入式重组新冠疫苗（5 型腺病毒载体）。

2. 课程思政教学目标

通过对从新冠疫苗的“守护英雄”案例的学习，拟达到下列课程思政教学目标。

① 引导学生崇尚“战”疫英雄、学习英雄、铭记英雄。

② 学习我国科学家的爱国精神，勇攀高峰、敢为人先的创新精神，集智攻关、团结协作的协同精神，加强学生的爱国教育。

3. 课程思政教学设计

课前，教师借助智慧在线学习工具向学生发送课前学习任务单、学习材料和思政案例材料，提出课程理论知识的课前学习要求及学习效果评估要求。

思政元素材料课前学习主要以问题创设和故事导入为主，让学生首先通过资料自查，围绕下列 2 个问题进行课前思考：① 基因工程疫苗是什么？② 查阅分析资料，新冠疫苗的“守护英雄”，对你有何启发？

课中，采用问题创设和小组研讨方式提出思政知识点的升华教学设计，即借助智慧在线学习工具在线发布小组活动“讨论”的问题。① 我国使用的新冠疫苗的类型有哪些？② 新冠疫苗“守护英雄”是谁？

教师组织学生针对上述问题进行深入研讨，学生之间进行信息交流。随后，教师选取学生代表分享研讨心得，升华学生对此思政知识点的内化理解。引导学生正确认识新冠疫苗的“守护英雄”是在“战”疫中勇攀高峰、敢为人先、集智攻关、团结协作、胸怀祖国的科学家们。

课后，教师引导学生借助智慧在线学习工具，参与本节课思政知识点的“讨论”：我们崇尚的英雄是谁？发布个人见解。

4. 教学方法

本节课程思政教学采用实体课堂教学与智慧在线教学相结合的混合式教学。

课前，采用任务驱动法，教师在线发布预习任务，学生围绕创设的思政问题学生查阅资料方式开展。

课中，通过教授法、讨论法及思政案例启发探讨等多元化的混合式教学手段，开展本节课程思政元素的深入引导挖掘。

课后，采用在线教学总结式手段，教师发布本节课思政知识点的“讨论”，并及时进行整体线上点评，强化和升华本节课思政元素点。

5. 教学反思

课前，教师给予新冠疫苗的“守护英雄”思政元素资料和问题创设为主，让学生通过预习及资料自查思考提出的问题。

课中，在理论教学中如何优化循序渐进地对学生进行英雄情怀的教育。

课后，除课前学习任务提交和课后讨论的考核评价外，根据教学安排完善学习评价。

案例十三　动物基因工程——基因治疗

1. 课程内容简介

基因治疗是指在基因水平上，向靶细胞或组织引入外源基因 DNA 或 RNA 片段，以纠正、抑制或关闭异常基因的表达，从而达到治疗目的。

基因治疗的研究前景，基因治疗的社会和伦理问题，基因治疗的技术问题、展望。

2. 课程思政教学目标

通过对从恶性肿瘤的克星问世案例的学习，拟达到下列课程思政教学目标。

① 使学生充分认识到科技创新给人们的生活带来了福利。

② 激发学生热爱科学，热爱生物学科专业。

3. 课程思政教学设计

课前，教师借助智慧在线学习工具向学生发送课前学习任务单、学习材料和思政案例材料，提出课程理论知识的课前学习要求及学习效果评估要求。

思政元素材料课前学习主要以问题创设和故事导入为主，让学生首先通过资料自查，围绕下列 2 个问题进行课前思考：① 基因治疗的成功案例有哪些？② 查阅分析资料，恶性肿瘤的克星问世，对你有何启发？

课中，采用问题创设和小组研讨方式提出思政知识点的升华教学设计，即借助智慧在线学习工具在线发布小组活动“讨论”的问题：基因治疗的研究意义。

教师组织学生针对上述问题进行深入研讨，学生之间进行信息交流。随后，教师选取学生代表分享研讨心得，升华学生对此思政知识点的内化理解。使学生充分认识到科技创新给人们的生活带来了很多福利。

本思政案例主要以恶性肿瘤的克星问世开展课程思政教育。

恶性肿瘤是我们都想避而远之的癌症，恶性肿瘤细胞生长速度快扩散范围广，一直成为医学界的治疗难题。随着科技的发展，基因诊断在癌症预防中掀起了一个热潮。众所周知，美国女明星安吉丽娜·朱莉曾通过基因检测查到自己患乳腺癌的概率高，果断切除乳腺预防，就这样，为换取生命一位女性付出了她最大的代价。可见癌症让每个人极恐生畏。

相信任何一个人都不想目睹到中晚期的癌症患者在医院接受放疗、化疗等一系列药物治疗的场景。药物不能有效到达癌组织细胞内部，就会伤害其他健康器官组织，易造成药物治疗的副作用，危及患者的生命，同时给患者家属也带来精神和经济上的双重压力。

经过医学科学家们周而复始的不懈努力，相继报道基因治疗脊髓性肌萎缩症、血友病和β-地中海贫血单基因遗传性疾病的成功案例。由此提示癌症虽然是涉及多种基因的疾病，但基因治疗是否也可以给癌症患者及家属带来曙光？

2015 年，恶性肿瘤的克星出现了。英国科学家们使用“分子剪刀”编辑设计免疫细胞抗恶性肿瘤细胞，首次采用基因治疗成功治愈了一个患血癌的 1 岁女孩，成为解决全球医学界癌症治疗难题的成功案例，也是基因工程技术的一个里程碑。相信不久的将来，通过科学家们的继续努力，基因治疗造福各类癌症患者及家属势在必得。

课后，教师发布本节课程理论知识学习效果自测题。同时，引导学生借助智慧在线学习工具，参与本节课思政知识点的“讨论”话题：如果你是一位生物科学家，请谈谈你对基因治疗的新展望。发布个人见解。

4. 教学方法

本节课程思政教学采用实体课堂教学与智慧在线教学相结合的混合式教学。

课前，思政教学方法主要采用智慧在线教学的问题创设、思政元素融入、学生查阅资料方式开展。

课中，思政教学方法采用多元化的混合式教学手段，通过教授法、讨论法及思政案例启发探讨等教学方法的综合运用，开展本节课程思政元素的深入引导挖掘。

课后，本节课程的思政教学方法采用在线教学总结式手段开展，教师发布本节课思政知识点的“讨论”题，并及时进行整体线上点评，强化和升华本节课思政元素点。

5. 教学反思

课前，教师给予恶性肿瘤的克星问世思政元素资料和问题创设为主，让学生通过预习及资料自查思考 2 个问题。

课中，在理论教学中如何让学生积极参与课堂讨论话题。

课后，除课前学习任务的提交和课后讨论的考核评价外，根据教学安排完善学习评价。

案例十四 基因工程规则、专利、安全性——国家的保驾护航

1. 课程内容简介

（1）课程理论知识内容简介

环境安全性：转基因植物演变成农田杂草的可能性，基因漂流到近缘野生种的可能性；对非目标生物的影响。现代农业生产安全性：作物-作物间的基因漂流。转基因食品安全性：过敏性，抗生素抗性的水平转移，营养水平的改变。

（2）课程思政内容简介

为了防范和应对基因工程转基因生物、重大新发突发传染病、动植物疫情，外来物种入侵、病原微生物实验室生物安全等生物安全问题，2020 年 10 月 17 日第十三届全国人民代表大会常务委员会第二十二次会议通过了《中华人民共和国生物安全法》，并于 2021 年 4 月 15 日起实施。这是面对越来越严峻的各类生物安全问题，我国为了维护国家安全，保护生物

资源和生态环境，推动构建人类命运共同体而制定的法律，重点是依法保障人民生命安全和身体健康。

我国历来高度重视人民健康，国务院先后发布、印发《“健康中国 2030”规划纲要》和《关于实施健康中国行动的意见》，始终把人民生命安全和身体健康放在第一位。

2020 年新冠病毒大肆袭击全球，当人民的生命健康遇到危险时。习近平总书记提出“生命至上”“人民至上”，我国新冠疫情防控工作紧紧围绕这一指示精神，从而切实保障了我们的生命安全和身体健康。

2. 课程思政教学目标

通过对从筑牢生物安全屏障，关爱人民安全健康案例的学习，拟达到下列课程思政教学目标。

① 加强学生制度自信的树立，增强其民族自豪感，充分弘扬学生的爱国主义情怀。

② 增强学生安全意识的树立，引导学生为健康中国行动作出个人的贡献。

3. 课程思政教学设计

课前，教师借助智慧在线学习工具向学生发送课前学习任务单、学习材料和思政案例材料，提出课程理论知识的课前学习要求及学习效果评估要求。

思政元素材料课前学习主要以问题创设和故事导入为主，让学生首先通过资料自查，围绕下列 2 个问题进行课前思考：① 我国颁布的《生物安全法》是什么？② 查阅分析资料，《生物安全法》颁布的背景和意义？

课中，采用问题创设和小组研讨方式提出思政知识点的升华教学设计，即借助智慧在线学习工具在线发布小组活动“讨论”的问题：《生物安全法》的颁布，对你有何启发？

教师组织学生针对上述问题进行深入研讨，学生之间进行信息交流。随后，教师选取学生代表分享研讨心得，升华学生对此思政知识点的内化理解。增强学生制度自信、民族自豪感；并增强学生安全意识，引导学生为健康中国行动作出个人的贡献。

课后，教师发布本节课程理论知识学习效果自测题。同时，引导学生借助智慧在线学习工具，参与本节课思政知识点的“讨论”：我们个人可以为“健康中国”行动，做些什么？发布个人见解。

4. 教学方法

本节课程思政教学采用实体课堂教学与智慧在线教学相结合的混合式教学。

课前，思政教学方法主要采用智慧在线教学的问题创设、思政元素融入、学生查阅资料方式开展。

课中，思政教学方法采用多元化的混合式教学手段，通过教授法、讨论法及思政案例启发探讨等教学方法的综合运用，开展本节课程思政元素的深入引导挖掘。

课后，本节课程的思政教学方法采用在线教学总结式手段开展，教师发布本节课思政知识点的“讨论”题，并及时进行整体线上点评，强化和升华本节课思政元素点。

5. 教学反思

课前，教师给予筑牢生物安全屏障，关爱人民安全健康思政元素资料和问题创设为主，让学生通过预习及资料自查思考 2 个问题。

课中，在教学中如何提高学生的参与度并加强学生的安全意识。

课后，除课前学习任务的提交和课后讨论的考核评价，根据教学安排完善学习评价。

案例十五 基因工程的应用——我们生活中的转基因

1. 课程内容简介

基因工程的应用是转基因最重要的目标之一，基因工程不仅在农业、食品工业、临床医学方面有着广泛的应用，在新药的研发方面也有着重要的应用。

2. 课程思政教学目标

本节内容的学习，让学生掌握基因工程药物的生产过程，熟悉生产工艺，了解基因工程药物的发展现状及前景，从而树立专业自信。同时让学生科学看待转基因的利与弊，树立科学发展观，增强学生的专业自信，并能够将转基因知识客观公正地讲给自己身边的亲人和朋友，成为一名科普宣传者，承担社会使命，实现自己的社会价值。

3. 课程思政教学设计

首先提出问题：是否了解基因工程药物？是否用过基因工程药物？然后展开讨论。引导学生查阅并讨论我们用过的基因工程药物。

我想我们大家都注射过乙肝疫苗，乙肝疫苗就是通过基因工程的手段获得的。它是将乙肝表面抗原 HBSAg 的 DNA 用经过酶切，再和相应的表达载体连接，再转入大肠杆菌或酵母菌，再通过发酵工程生产大量的抗原蛋白，再通过生物工程下游技术分离、提取、纯化、检测、包装而成的。

除了用细菌生产人用医药，我们还可以用植物转基因技术生产家畜用重组疫苗。例如把植物基因工程技术与机体免疫机理相结合，生产出能使机体获得特异抗病能力的疫苗。转基因植物表达的抗原蛋白经纯化后仍保留了免疫学活性，注射入动物体内能产生特异性抗体；饲喂动物后，转基因植物表达的抗原递呈到动物的肠道相关淋巴组织（GALT），被其表面特异受体，特别是 M 细胞所识别，产生黏膜和体液免疫应答。转基因植物已表达的细菌抗原主要有大肠杆菌热不稳定毒素 B 亚单位（LTB）和霍乱弧菌肠毒素 B 亚单位（CTB）等；病毒抗原有乙型肝炎表面抗原、兔出血症病毒 VP60 蛋白、口蹄疫病毒 VP1 蛋白、传染性胃肠炎病毒 S 蛋白、狂犬病病毒 G 蛋白、诺沃克（norwalk）病毒衣壳蛋白及呼吸道合胞体病毒 G 蛋白、F 蛋白等。此外，疟原虫抗原亦在转基因植物中得到表达。

胰岛素想必大家并不陌生，目前临床用的胰岛素就是通过转基因技术生产的。胰岛素具有调节糖类代谢，降低血糖含量，促进血糖合成糖原，抑制非糖物质转化为葡萄糖，从而使血糖含量降低的功能。胰岛素用于临床已有 80 多年，由于它是治疗糖尿病的特效药物，糖尿病患者数量逐年升高，因而对胰岛素的需求量很大。这促使科学家不断改进工艺和采用新的技术生产胰岛素。最初胰岛素的获得是从动物体的器官组织中提取，产量低、提取成本昂贵，而且来自动物的胰岛素在人用过程中还会产生免疫反应，后来 DNA 重组技术的出现为胰岛素的生产带来了新的希望。第一个重组 DNA 分子报道不久后，相继有研究者报道了胰岛素在大肠杆菌中表达成功，成为最早在微生物中表达的哺乳动物蛋白质之一。人胰岛素也是第一个被投放市场的生物工程药用蛋白质。目前，通常利用基因工程发酵生产胰岛素原，然后加工成有活性的人胰岛素。随后研究者在许多系统，如大肠杆菌、酵母、真菌、哺乳动物细胞和植物细胞等，都成功地表达胰岛素及其类似物。不过，目前仅有大肠杆菌和酵母表达系统重组人胰岛素进入产业化阶段。

4. 教学方法

本节课程思政教学采用线下课堂教学与课堂在线教学相结合的混合式教学。

课前，思政教学方法主要采用课堂在线提出问题、思政元素融入、学生查阅资料方式开展。

课中，思政教学方法采用多元化的混合式教学手段，通过教授法、讨论法及思政案例启发探讨等教学方法的综合运用，开展本节课程思政元素的深入引导挖掘。

课后，本节课程的思政教学方法采用在线教学总结式手段开展，教师发布本节课思政知识点的“讨论”题，并及时进行整体线上点评，强化和升华本节课思政元素点。

5. 教学反思

课前，教师以基因工程药物的应用，关爱人民安全健康思政元素资料和问题创设为主，让学生通过预习及资料自查思考2个问题。

课中，思考在教学中如何提高学生的参与度并加强学生创新意识的树立。

课后，除课前学习任务的提交和课后讨论的考核评价外，根据教学安排完善学习评价。

案例十六　基因工程在分子诊断方面的应用——健康宝贝

1. 课程内容简介

分子诊断是基因工程在医药领域的另一个重要应用，通过分子诊断可以在孕妇妊娠早期筛查胎儿是否健康，同样也用于临床疾病筛查，这种方式有利于优生优育和快速准确地确定患者是否属于分子病，帮助医生制订治疗方案。

2. 课程思政教学目标

通过本节内容学习，学生掌握分子诊断的原理及相关法律法规，熟悉分子诊断的流程，了解目前用于分子诊断的疾病及其治疗策略，从而严格遵守学术规范，增强学生的专业自信，并能够将分子诊断知识客观公正地讲给自己身边的亲人和朋友，成为一名科普宣传者，承担社会使命，实现自己的社会价值。

3. 课程思政教学设计

基因诊断与基因治疗能够在比较短的时间从理论设想变为现实，主要是由于分子生物学的理论及技术方法，特别是重组DNA技术的迅速发展，使人们可以在实验室构建各种载体、克隆及分析目标基因。所以对疾病能够深入至分子水平的研究，并已经取得了重大的进展。因此在20世纪70年代末诞生了基因诊断；随后于1990年美国实施了第一个基因治疗的临床试验方案。可见，基因诊断和基因治疗是现代分子生物学的理论和技术与医学相结合的范例。

传统对疾病的诊断主要是以疾病的表型改变为依据，如患者的症状、血尿各项指标的变化，或物理检查的异常结果，然而表型的改变在许多情况下不是特异的，而且是在疾病发生的一定时间后才出现，因此不能及时作出明确的诊断。现知各种表型的改变是由基因异常造成的，即基因的改变是引起疾病的根本原因。基因诊断是指采用分子生物学的技术方法来分析受检者的某一特定基因的结构（DNA水平）或功能（RNA水平）是否异常，以此来对相应的疾病进行诊断。基因诊断有时也称为分子诊断或DNA诊断（DNA diagnosis）。基因诊断是病因的诊断，既特异又灵敏，可以揭示尚未出现症状时与疾病相关的基因状态，从而可以对表型正常的携带者及某种疾病的易感者作出诊断和预测，特别对确定有遗传疾病家族史的个体或产前的胎儿是否携带致病基因的检测具有指导意义。

目前可以用基因诊断的疾病主要有产前诊断和疾病诊断。如华大基因已经开展的“胎儿遗传异常的无创性检测技术”，无创产前基因检测技术即通过采集孕妇外周血，提取游离DNA，采用新一代高通量测序技术，结合生物信息分析，得出胎儿患染色体非整倍体即唐氏综合征、爱德华氏综合征、帕陶氏综合征的风险。

2013年，美国十五岁的马里兰州高中生杰克·安德拉卡，发明了检测胰腺癌发病和传播之前的测试方法。胰腺癌是全美第四大死亡原因。这项新技术的检测准确率为90%。其价格比当前市场可用试剂盒便宜，而且比目前其他检测方法简单易行。安德拉卡使用一根糖尿病试纸创建了类似的方法来测试血液或尿液的早期胰腺癌。此方法在筛查胰腺癌检测中，比常规方法快28倍，敏感度高100倍。

4. 教学方法

本节课程思政教学采用线下课堂教学与课堂在线教学相结合的混合式教学。

课前，思政教学方法主要采用课堂在线提出问题、思政元素融入、学生查阅资料方式开展。

课中，思政教学方法采用多元化的混合式教学手段，通过教授法、讨论法及思政案例启发探讨等教学方法的综合运用，开展本节课程思政元素的深入引导挖掘。

课后，本节课程的思政教学方法采用在线教学总结式手段开展，教师发布本节课思政知识点的“讨论”题，并及时进行整体线上点评，强化和升华本节课思政元素点。

5. 教学反思

课前，教师以基因工程药物的应用，关爱人民安全健康思政元素资料和问题创设为主，让学生通过预习及资料自查思考2个问题。

课中，思考在教学中如何提高学生的参与度并加强学生创新意识的树立。

课后，除课前学习任务的提交和课后讨论的考核评价外，根据教学安排完善学习评价。

案例十七 转基因生物安全——转基因事件澄清

1. 课程内容简介

前面我们给大家介绍了转基因技术的发展及应用，似乎绕开了转基因生物安全的话题。要说到转基因，安全是不可回避的问题。而且现在网络发达，各种事件通过媒体发酵，很容易就会在不明真相的民众间产生恐慌。这节课我们通过曾经传得沸沸扬扬的几件与转基因生物安全相关的事件入手，来给大家澄清这些所谓的事实。

转基因农作物被培育成功以来，科学家们通过实验检验其安全性的工作从未停止。然而，由于研究中存在的各种缺陷或失误，影响了实验结果的准确性，并进而引发公众对转基因农作物安全性的疑虑。

作为高技术实验品的转基因农作物，在其迈向公众日常生活的途中，因与人类休戚相关的安全性问题在全球范围内广受争议而充满坎坷。

从科学的角度而言，转基因农作物的安全性主要集中于食用安全和生态安全两个方面。在此，我们剖析近年来发生的几起具代表性的典型争议事件，追根溯源，以期引发公众对转基因农作物全面、准确的认知和思考。

2. 课程思政教学目标

通过本节内容学习，让学生重视生物安全，坚守科学底线，遇到问题要查询第一手资料，做到不信谣、不传谣，严格遵守学术规范，增强学生的专业自信，并能够将分子诊断知识客观公正地讲给自己身边的亲人和朋友，成为一名科普宣传者，承担社会使命，实现自己的社会价值。

3. 课程思政教学设计

带领学生查阅以下资料。

（1）巴西坚果事件

巴西坚果（Bertholletia excelsa）中有一种富含甲硫氨酸和半胱氨酸的蛋白质2S albumin。

为提高大豆的营养品质，1994 年 1 月，美国先锋（Pioneer）种子公司的科研人员尝试将巴西坚果中编码蛋白质 2S albumin 的基因转入大豆中（文章摘要发表于《细胞生物化学杂志》*Journal of Cellular Biochemistry*，1994，Suppl 18A：78）。但是，他们意识到一些人对巴西坚果有过敏反应，随即对转入编码蛋白质 2S albumin 的基因的大豆进行了测试，发现对巴西坚果过敏的人同样会对这种大豆过敏，蛋白质 2S albumin 可能正是巴西坚果中的主要过敏原（研究结果发表于《新英格兰医学杂志》*The New England Journal of Medicine*，1996，334：688-692）。

于是先锋种子公司取消了这项研究计划。此事却被说成“转基因大豆引起食物过敏”。“巴西坚果事件”也是迄今所发现的唯一因过敏而未被商业化的转基因食品案例。

其实，国际上已有关于产生过敏反应的食品及其有关基因的清单。在研究转基因作物时，研究人员首先不能采用这些过敏食品的基因；对转基因作物制造的新蛋白质，需对其化学成分和结构与已知的 500 多种过敏原作对比，如果具有相似性，也将会被放弃；另外，对外源基因形成的新蛋白要进行消化速度检测，如果不能被快速地消化，也不能供食用。

（2）普斯泰（Pusztai）事件

普斯泰（Pusztai）事件，被认为是引爆转基因农作物安全性激辩的舆论转折点。

1998 年秋天，苏格兰 Rowett 研究所的科学家阿帕得·普斯泰（Arpad Pusztai）通过电视台发表讲话，称他在实验中用转雪花莲凝集素基因的马铃薯喂食大鼠，随后，大鼠“体重和器官重量严重减轻，免疫系统受到破坏”。此言一出，即引起国际轰动，在绿色和平等环境保护民间组织（NGO）的推动下，欧洲掀起反转基因食物热潮。

然而时隔不久，普斯泰的实验遭到了质疑。据称，他是在尚未完成实验，并且没有发表数据的情况下，就贸然通过媒体向公众传播其结论的。他研究的转基因土豆是由他自己构建的，在当时根本没有上市的可能，不存在宣传实验的任何紧迫性。

英国皇家学会对“普斯泰事件”高度重视，组织专家对该实验展开同行评审。1999 年 5 月，评审报告指出普斯泰的实验包含 6 个方面的失误和缺陷：不能确定转基因与非转基因马铃薯的化学成分有差异；对食用转基因马铃薯的大鼠未补充蛋白质以防止饥饿；供实验用的动物数量少，饲喂几种不同的食物，且都不是大鼠的标准食物，欠缺统计学意义；实验设计差，未作双盲测定；统计方法不当；实验结果无一致性。不久之后，Rowett 研究所宣布普斯泰提前退休，并不再对其言论负责。

（3）孟山都转基因玉米事件之一

法国分子内分泌学家 Seralini 及其同事在 2009 年第 7 期《国际生物科学学报》上发表文章，讨论给老鼠喂食 3 种孟山都（Monsanto）公司转基因玉米的实验和分析结论。文中指出，老鼠在食用转基因玉米 3 个月后，其肝脏、肾脏和心脏功能均受到一定程度的不良影响。

该文章发表后，很快便受到了一些同行科学家及监管机构的批评。最大的质疑在于，Seralini 等人的实验结果并非建立在亲自对老鼠进行独立实验的基础之上，文中进行统计分析的数据，其实来源自孟山都公司之前的实验，他们仅仅是对数据选择不合适的，不被同行使用的统计方法作了重新分析。

法国生物技术高级咨询委员会同时指出，该论文仅仅列出了数据的差异并没有给予生物学或毒理学上的解释，而且这种差异只是反映在某些实验用老鼠和某个时间点上，因此不足以说明问题。

另外，澳大利亚新西兰食品标准局通过对 Seralini 等人论文数据的调查分析指出，此论文的统计结果与组织病理学、组织化学等方面的相关数据之间缺乏一致性，且未能给予合理解释。该机构同时认为，喂食转基因玉米后老鼠表现出的差异性是符合常态的。

其实早在2007年，Seralini及其同事就曾对孟山都公司转基因玉米的原始实验数据作过统计分析（文章发表于《环境污染与毒物学文献》*Archives of Environmental Contamination and Toxicology*，2007，52：596-602），得出过与2009年论文类似的结论。

当时，他们的工作就被一些科学家和监管机构认为存在着大量的错误和缺陷。来自美国、德国、英国和加拿大的6位毒理学及统计学专家组成同行评议组，对Seralini等人及孟山都公司的研究展开复审和评价，并在《食品与化学品毒理学》上发表评价结果。

专家评议组认为，Seralini等人对孟山都公司原始实验数据的重新分析，没有产生有意义的新数据来表明转基因玉米在3个月的老鼠喂食研究中导致了不良副作用。

（4）孟山都转基因玉米事件之二

2007年，奥地利维也纳大学兽医学教授约尔根·泽特克（JuergenZentek）领导的研究小组对孟山都公司研发的抗除草剂转基因玉米NK603和转基因Bt抗虫玉米MON810的杂交品种进行了动物实验，在经过长达20周的观察之后，泽特克发现转基因玉米对老鼠的生殖能力存有潜在危险。

事实上，关于转基因玉米是否影响老鼠生殖的问题，共进行了3项研究，而仅有泽特克负责的其中一项发现了问题。该研究结论发布时，尚未经过同行科学家的评审，泽特克博士在报告时自己都表示，其研究结果很不一致，显得十分初级和粗糙。两位被国际同行认可的专家（Drs. John DeSesso和James Lamb）事后专门审查及评议了泽特克博士的研究，并独立地发表声明，认定其中存在严重错误和缺陷，该研究并不能支持任何关于食用转基因玉米MON810和NK603可能对生殖产生不良影响的结论。孟山都公司的一名科学家在审查时也得出了相同的结论。

此外，欧洲食品安全部评价转基因安全性的专家组最近对泽特克的研究也发表了同行评议报告，认为根据其提供的数据不能得出科学的结论。资料显示，泽特克教授研究中所涉及的两个转基因玉米品种被世界上20余家监管部门认定为安全的。泽特克具有缺陷的研究造成了对转基因玉米安全性的判断失误，而其研究结果迅速、广泛的传播，则可能造成了公众对转基因作物的误解。

（5）俄罗斯之声转基因食品事件

2010年4月16日，俄罗斯广播电台俄罗斯之声以《俄罗斯宣称转基因食品是有害的》为题报道了一则新闻（http：//english. ruvr. ru/2010/04/16/6524765. html）。

新闻称，由全国基因安全协会和生态与环境问题研究所联合进行的试验证明，转基因生物对哺乳动物是有害的；负责该试验的Alexei Surov博士介绍说，用转基因大豆喂养的仓鼠第二代成长和性成熟缓慢，第三代失去生育能力。俄罗斯之声还称，“俄罗斯科学家的结果与法国、澳大利亚的科学家结果一致。当科学家证明转基因玉米是有害的，法国立即禁止了其生产和销售”。

通过目前掌握的资料了解到，Alexei Surov博士所在的Severtsov生态与进化研究所并没有任何研究简报或新闻表明Alexei Surov博士曾写过这样的信息，俄罗斯之声报道的新闻事件也没有在任何学术期刊上发表过研究论文。此外，俄罗斯之声用的标题是《俄罗斯宣称转基因食品是有害的》，而其他新闻报纸则用的是“一个俄罗斯人宣称”。显然“俄罗斯宣称”与“一个俄罗斯人宣称”是有显著区别的。

至于新闻中提到法国禁止了转基因玉米的生产和销售，这与事实不符。法国政府并没有对转基因食品的生产和销售下禁令，而是恰好相反。欧盟已经于2004年5月19日决定允许进口转基因玉米在欧盟境内销售。

(6) 广西迪卡007/008玉米事件

从2010年2月起，一篇题为《广西抽检男生一半精液异常，传言早已种植转基因玉米》，署名为张宏良的帖子在网络上传播甚广，引发了不少公众对转基因产品的恐慌。文章称："迄今为止，世界所有国家传来的有关转基因食品的负面消息，全都是小白鼠食用后的不良反应，唯独中国传来的是大学生精液质量异常的报告。"

从帖子的标题到内容，作者很显然试图将广西大学生精液异常与种植转基因玉米这两件事联系起来，这也正是导致公众恐慌的根本原因。其中，广西种植转基因玉米之说，作者依据的材料是有网络报道称"广西已经和美国的孟山都公司从2001年至今在广西推广了上千万亩'迪卡'系列转基因玉米"；广西大学生精液异常之说，则依据的是广西新闻网2009年1月19日登出的报道，广西在校大学男生性健康：过半抽检男生精液不合格。但从了解的情况来看，第一个说法不属实，第二个说法有明确出处，但和转基因没有关系。

迪卡007/008为传统的常规杂交玉米，而不是转基因作物品种。对此，孟山都公司、广西种子管理站、农业部分别从不同的角度予以了证实。

2010年2月9日，美国孟山都公司在其官方网站公布了《关于迪卡007/008玉米传言的说明》。说明指出，迪卡007玉米是孟山都研发的传统常规杂交玉米，于2000年春天通过了广西壮族自治区的品种认定，2001年开始在广西推广种植；迪卡008是迪卡007玉米的升级品种，2008年通过了审定，同年开始在广西地区推广。广西种子管理站在随后的《关于迪卡007/008在广西审定推广情况的说明》中确认了这一说法，并介绍2009年迪卡007/008的种植面积分别占全区玉米种植总面积760万亩的14.5%和3.5%。

2010年3月3日，农业部农业转基因生物安全管理办公室负责人在接受中国新闻网记者采访时表示，网上关于"农业部批准进口转基因粮食种子并在国内大面积播种"的消息不实，农业部从未批准任何一种转基因粮食种子进口到中国境内种植，在国内也没有转基因粮食作物种植。

4. 教学方法

本节课程思政教学采用线下课堂教学与课堂在线教学相结合的混合式教学。

课前，思政教学方法主要采用课堂在线提出问题、思政元素融入、学生查阅资料方式开展。

课中，思政教学方法采用多元化的混合式教学手段，通过教授法、讨论法及思政案例启发探讨等教学方法的综合运用，开展本节课程思政元素的深入引导挖掘。

课后，本节课程的思政教学方法采用在线教学总结式手段开展，教师发布本节课思政知识点的"讨论"题，并及时进行整体线上点评，强化和升华本节课思政元素点。

5. 教学反思

课前，教师以基因工程药物的应用，关爱人民安全健康思政元素资料和问题创设为主，让学生通过预习及资料自查思考2个问题。

课中，思考在教学中如何提高学生的参与度并加强学生创新意识的树立。

课后，除课前学习任务的提交和课后讨论的考核评价外，根据教学安排完善学习评价。

第十四章 《生物技术制药》课程思政案例

课程信息及编写教师信息

课程名称	生物技术制药
课程类型	○公共基础课程 ◉专业教育课程 ○实践类课程
授课专业类/代码	生物科学/071001、生物技术/071002、生物制药/083002T
课程性质	○必修 ◉选修
开课年级	大学三年级

编写教师信息

编写教师单位	教师姓名	性别	职称	学位	案例所属教学大纲中的章节及知识点	思政案例名称
塔里木大学	刘燕	女	讲师	硕士	第三章 蛋白质工程制药	案例一 人工合成牛胰岛素结晶
					第七章 酶工程制药	案例二 L-天冬氨酸的制备
					第八章 抗体工程与抗体药物	案例三 基因工程抗体的制备
	杨秋红	女	讲师	硕士	第五章 植物细胞工程制药	案例四 植物细胞工程生产紫草素
					第四章 动物细胞工程	案例五 动物细胞工程生产动物生物反应器

案例一 人工合成蛋白技术的应用——人工合成牛胰岛素结晶

1. 课程内容简介

人工合成蛋白质是蛋白质工程制药课程中非常重要的内容。人工合成蛋白质技术通常用于清洁能源和医药的催化剂、新型超强材料、靶向药物传递、新型疫苗和多肽药物的设计、了解蛋白质的逻辑系统并预测蛋白质结构。通过学习，学生熟悉并掌握人工合成蛋白的定义、制备流程、优缺点、作用功效以及禁忌证。了解人工合成蛋白技术在国内外的研究现状以及在实际生活生产中的应用，并给人类的生活带来了什么改变。

2. 课程思政教学目标

课前：复习蛋白质的概念和基础结构，提问天然蛋白存在哪些不足从而引出人工合成蛋白技术，观看蛋白质工程相关微课，提前让学生了解人工合成蛋白的定义、制备流程、优缺点、作用功效以及禁忌证。

课中：以人工合成牛胰岛素结晶为例，讲述人工合成蛋白技术在日常生活中发挥的作用。同时，在此过程中强化学生的责任感与使命感，将自身专业的发展与国家发展紧密联系在一起，增强学生的爱国热情与奉献精神。

3. 课程思政教学设计

人工合成牛胰岛素结晶是首个人工合成的蛋白质。1958 年，我国科学家开始向人工合成蛋白质领域发起挑战，他们的第一个研究对象肽链构成，难度超乎想象。经过科学家的不断努力，我国科学家钮经义带领他的研究团队于 1965 年第一个合成了具有极高生物活性的牛胰岛素。经研究表明，人工合成的牛胰岛素在结构、生物活性、物理化学性质，甚至是结晶形状都与天然的牛胰岛素没有差别。这一研究成果震惊了世界，这也让中国成为世界上第一个拥有人工合成牛胰岛素结晶的国家，为祖国在基础研究方面争得的一项世界冠军。

主要用途：促进人体胰岛素的合成，有助于机体内胰岛素的分泌。降低血糖，促进糖的代谢与分解，避免糖在体内堆积，维持身体正常平衡。消炎、抗动脉硬化、抗血小板聚集等作用，治疗骨质增生和精神疾病。

社会影响：它标志着人工合成蛋白质时代正式开启，也是生命科学发展史上一个重要的里程碑。牛胰岛素的人工合成为人类认识生命、揭开生命奥秘迈出了历史性的一大步。给全球上亿的糖尿病患者带去生的希望。

负面作用：主要导致过敏反应、低血糖反应、胰岛素抵抗、体重增加、屈光不正以及水肿等不良反应。

4. 教学方法

本节课程思政内容主要采用线上线下相结合的教学模式。采用课堂翻转、问题式教学以及案例法等教学方法引导学生积极加入课堂中，提升学生学习知识的兴趣，改变传统单一教学模式，增加课堂趣味性，同时引入思政元素，让学生在学习人工合成蛋白相关知识的同时，也能增强学生对科研的兴趣。

课后让同学查阅人工合成蛋白相关文献资料及报道，拓宽学生的知识面，了解人工合成蛋白在我们日常生活中的应用以及对于人类发展产生的影响。以小组的形式通过线上课堂进行汇报，老师负责整体汇报的点评并将相关知识点进行归纳总结。

5. 教学反思

通过课后学生反馈，了解学生对于人工合成蛋白重难点知识的掌握情况，对于教学方式如出现教学效果不理想时，及时调整课堂进度，改变教学方法，充分将思政元素引入教学内容，以达到课程思政的教学目标。

案例二　固定化酶技术的应用——L-天冬氨酸的制备

1. 课程内容简介

固定化酶是酶工程章节中重要的组成部分。固定化酶的制备通常用于工业发酵生产，由于它易于从反应体系中分离且易于控制，并能重复多次使用的特点，使得固定化酶备受关注。通过课上+课下的授课方式，让学生熟悉并掌握常用于制备固定化酶的方法、特点、影响固定化酶的因素、评价固定化酶的指标、固定化酶的选择依据以及应用。了解固定化酶的应用给人们的生活带来了哪些影响。

2. 课程思政教学目标

课前：复习酶工程的定义、酶的分离纯化，并通过酶的缺点与不足之处引出固定化酶的制备、特点、影响因素、评价指标、选择依据及应用。

课中：利用固定化酶技术生产 L-天冬氨酸为例。

3. 课程思政教学设计

天冬氨酸的制备：20 世纪 60 年代，日本田边制药公司率先利用反丁烯二酸发酵技术实现了L-天冬氨酸的工业化生产。1973年，Chibata等从大肠杆菌中提取天冬氨酸酶，包埋在交联聚丙烯酰胺中制成固定化酶，催化富马酸和氨合成L-天冬氨酸。1992年3月20日，国家医药管理局主持召开了《应用固定化细胞酶工程技术生产L-天冬氨酸》成果鉴定会，俞力平团队研发的应用固定化酶技术生产L-天冬氨酸工艺获得参会专家一致好评，认定该工艺是一项先进的新型生物技术，实验成果数据可靠、工艺合理、经济效益高。同年12月，俞力平教授在江苏化工期刊上发表了一篇名为“应用固定化酶技术生产L-天冬氨酸”的文章。以富马酸为主要原料，生产L-天冬氨酸获得成功，建成年产100t天冬氨酸的中试装置。在后期的各项指标数据中显示均达到1985年由日本厚生省制定的药品标准，并达到国际同类工艺水平技术。以前只有日木、德国、意大利等国采用酶工程技术生产。俞力平教授的研发不但打破了国外生产技术的垄断，还吸引外资，扩大生产L-天冬氨酸及其系列衍生产品。

主要用途：作电解质补充药用于氨基酸输液，钾、钙等无机离子补充剂，疲劳恢复剂等。天冬氨酸钾镁注射液或口服液，用于强心苷中毒引起的心律失常及早搏、心动过速、低血钾、低血镁、心力衰竭、心肌梗死、心绞痛、肝炎、肝硬化等疾患。可作氨解毒剂，肝机能促进剂等医药品，L-天冬酸钠制成食品添加剂和清凉饮料的添加剂，还可作合成甜味剂、生化试剂、培养基、有机合成中间体及临床诊断剂。

负面作用：造成不良胆固醇影响，导致腹胀、腹泻以及肝酶升高。

4. 教学方法

本节课程思政内容采用线上+线下混合教学模式。利用问题式和案例式教学方法将固定化酶的相关知识点穿插入教学活动中，让学生在掌握重点知识的同时也能够了解思政内容，增强学生民族自豪感，培养学生吃苦耐劳、不畏艰难的品格。

课后让学生通过线上课堂完成小测验，及时了解学生对于知识点的掌握情况。同时让学生查阅固定化酶的相关文献，丰富学生知识面，增加学生的学习兴趣。

5. 教学反思

根据课堂以及测试得分情况，如普遍测试分数不高，及时调整课程进度，重难点知识反复讲解，增加学生的熟悉度，从而达到思政教学课程的目标。

案例三 噬菌体展示技术的应用——基因工程抗体的制备

1. 课程内容简介

噬菌体展示技术是抗体工程章节中尤为重要的一部分内容，噬菌体展示技术通常用于抗原抗体库的构建、药物设计、疫苗研究、病原检测、基因治疗、抗原表位研究及细胞信号转导等研究。通过教学，让学生熟悉并掌握噬菌体展示技术的定义、原理、分类、噬菌体抗体库筛选以及应用。了解噬菌体展示技术在生物学和医学领域的应用并给人们的生活带来了改变。

2. 课程思政教学目标

课前：复习单克隆抗体的概念、制备以及优缺点。通过单克隆抗体的缺点引出噬菌体展示技术制备人源化抗体，并观看相关微视频，提前让学生学习噬菌体展示技术的概念、原理、分类、噬菌体抗体库筛选以及在各领域中的应用。

课中：以基因工程抗体为例，讲解噬菌体展示技术的应用。通过基因工程抗体相关内容的讲解，提升学生对科研方面的兴趣，鼓励学生勇于创新、敢于探索、不畏艰难，注重培养学生的爱国意识，争当成为对国家有用的人才。

3. 课程思政教学设计

基因工程抗体是结合基因工程和抗体分子结构等技术研发的第三代抗体，被广泛用于疾病的预防、诊断及治疗等领域。抗体片段基因可以通过噬菌体技术获得并产生新的双功能或双特异性抗体、抗体和免疫黏附的混合分子。在基因水平上对抗体分子进行切割、拼接或修饰，通过人工合成导入到受体细胞表达，从而产生的一种新型抗体。可减少或解决单克隆抗体自身缺陷，例如特异性、亲和力以及免疫反应。基因工程抗体的序列可以被修饰以适应具体需求，不含有动物病原体且在体外表达的抗体在批次间都具有非常好的一致性。

基因工程抗体的发展经历了鼠源单抗、人鼠嵌合抗体、人源化抗体和全人源化抗体 4 个阶段。其中还包括小分子抗体和抗体融合蛋白。嵌合抗体是最早制备成功的基因工程抗体，它是由鼠源性抗体的 V 区基因与人抗体的 C 区基因拼接为嵌合基因，插入载体，转染骨髓瘤组织表达的抗体分子。1997 年，第一个人源化单抗 Rituxan 经 FDA 批准上市，它是一个抗 CD20 的人-鼠嵌合抗体，用于治疗非何杰氏恶性淋巴瘤。屈芫等构建了抗 hPRLR 人源 Fab 抗体库，hPRLR 特异性 Fab 抗体的获得为高表达 PRLR 乳腺癌的生物免疫治疗奠定了基础。杨瑞梅等构建、表达了抗狂犬病病毒（RV）的人源二硫键稳定单链抗体（dsFv），被用于暴露后狂犬病的预防。Bruell 等制备了抗 EGFR 的 425（ScFv）-ETA 融合蛋白，其可抑制移植了人胰腺癌细胞的裸鼠体内癌细胞的转移和肿瘤生长。

主要用途：临床的预防、治疗以及诊断疾病。农药方面的特异性分子设计、表达和识别。利用基因工程抗体检测食品中农药残留、毒素以及重金属污染。

社会经济影响：基因工程抗体对社会的发展具有非常深远的影响。一方面，利用基因工程抗体，可以提高生命质量，延长人类寿命。并在医药领域拥有非常广泛的应用以及新药物开发、新诊疗技术、预防措施、新的治疗技术方面发展提供了最有效的手段。另一方面，利用基因工程抗体能够解决能源危机，治理环境污染。

负面作用：免疫力威胁、抗药性问题。

4. 教学方法

本节课程思政内容由线上+线下两部分构成。采用归纳分析、类比法以及案例法对本节课的重难点知识进行讲解。由简到难，层层递进，让学生在愉快轻松的氛围中学习知识，并以科研工作者利用专业知识攻克一道道难关的精神为切入点，力求与学生产生情感共鸣，激发学生的科研热情，彰显科学的魅力。同时，也给我们的生活带来了无限的益处。

课后布置相关作业，完成课后小测验，通过线上问卷调查，了解学生对本节课的掌握情况，并要求学生查阅相关文献，以小组形式进行课堂汇报，培养学生综合能力，老师进行点评并对本节课的内容归纳总结。

5. 教学反思

根据问卷调查结果，学生如反馈上课节奏过快，一节课知识点内容过多，教学效果未达到预期，将及时做出调整，完善教学内容，以便达到课程思政教学目标。

案例四　植物细胞工程生产紫草素

1. 课程内容简介

植物细胞工程是非常重要的生物技术，是生物技术制药的基础，植物细胞工程主要包括两个方面的内容，一个方面是通过对植物细胞进行规模性培养，从而获得植物细胞、初级代谢产物、次级代谢产物；另一个方面是通过进行细胞水平上的遗传操作（如原生质体融合），获得具有优良特性的植物细胞。本节课会讲解紫草的生产过程，让同学们加深对前面课程理论知识的理解，了解植物细胞工程的用途以及生物制药领域的应用。

2. 课程思政教学目标

课前，复习植物细胞培养的主要方法，回顾最适合的植物细胞反应器的类型和原理，从而引入植物细胞工程生产紫草素的例子，将理论与应用有机结合起来。

课中，以新疆道地药材紫草的生产为例，讲述植物细胞工程在制药领域的应用，同时增强同学们对新疆的了解，新疆地大物博，通过讲解让同学们深入了解胡杨精神和兵团精神。

3. 课程思政教学设计

目前入药的紫草主要有两种：新疆紫草和内蒙紫草。新疆是新疆紫草（软紫草）的主要产地，紫草有清热，解毒，凉血，活血的功效，可以治疗温热斑疹，湿热黄疸，烧伤，湿疹，丹毒，痈疡，紫癜，吐、衄、尿血，淋浊，热结便秘。市场上常见的婴幼儿湿疹药膏——紫草膏以及部分烫伤膏，紫草就是其中的主要成分。

紫草中的主要成分含紫草素（紫草醌）、乙酰紫草素、去氧紫草素、异丁酰紫草素、甲基阿卡宁、乙酰阿卡宁等萘醌类化合物及软脂酸、油酸及亚油酸等脂肪酸。

紫草素提取纯化难度极大，且紫草素含量低，主要存在于根中，只有0.1%左右，日本的紫草已经濒临灭绝，在我国，紫草列入了国家二级保护植物。且紫草的人工栽培成活率低，直接提取紫草素无法满足市场需求。化学合成紫草素的工艺非常复杂，最终产率只有0.7%，生产成本昂贵。日本人发明了两步培养法，通过植物细胞培养生产紫草素，这是首次用植物细胞工程生产的药物。其主要操作步骤包括：紫草根的愈伤组织诱导，将愈伤组织无性系接种到生长培养基上（适合细胞生长的培养基，营养丰富），第二个用于次级代谢产物的生产（较低含量的硝酸盐和磷酸盐，并含有较低的糖分或少量的碳源）。

社会影响：紫草素是首个应用植物细胞工程生产的药物，具有里程碑式的意义，这也开启了对于含量较少的珍稀植物源药物的生产新手段。我们也需要保护植物资源，不可以不管不顾，恣意开采。

4. 教学方法

本节课程思政教学采用线下教学与课堂在线教学相结合的混合式教学。

本节课运用讲解式、启发式、探究式及案例法等教学方法，通过具体案例让同学们了解什么是植物细胞工程制药，具体的操作流程和原理是什么。

课后，给学生查询新疆其他道地药材，是否有其他药材也用植物细胞工程进行生产，如果没有，考虑一下为什么。

5. 教学反思

通过学生讲述文库构建相关内容，反思我们在教学中的内容设计及授课方式，了解学生对课程思政的意义了解及掌握情况。如果存在学生掌握效果不佳的现象，及时调整授课方式，以期达到课程思政的教学目标。

案例五 动物细胞工程生产动物生物反应器

1. 课程内容简介

动物细胞工程与植物细胞工程合称细胞工程，细胞工程是生物技术的基础，动物反应器是用基因工程技术将药用蛋白基因链上特异性的启动子转入动物受精卵中，使药物蛋白在动物特定组织（如乳腺）表达的过程。通过对动物反应器生产过程的了解，

2. 课程思政教学目标

课前，复习动物细胞工程制药的理论知识，回顾动物细胞常用的培养基和培养装置，回顾

动物细胞水平上的遗传操作：核移植、细胞融合、干细胞技术，从而引出核移植技术生产的动物生物反应器。

动物生物反应器是蛋白药物在特定组织的表达，主要依赖特异性启动子。同样的一个基因，要想在不同的部位表达，需要对其进行改造，添加特异性启动子，就像是马克思主义中国化的过程，如果直接把“马克思主义”搬到中国来，它是“不表达”的，需要对其改造，让它适合我国的国情，才能发挥最大作用。

3. 课程思政教学设计

通常让目的基因在一定器官或组织中表达的转基因动物称为动物生物反应器。根据表达部位的不同，动物生物反应器主要分为血液生物反应器、乳腺生物反应器、膀胱生物反应器和家禽输卵管生物反应器。

动物生物反应器的操作过程为：将药用蛋白基因转入相应的表达细胞株，取出其细胞核与该动物的去核卵母细胞结合，完成核移植过程，再将重组胚胎移植到假孕状态的母体中，完成妊娠分娩，药用蛋白将会表达在相应组织器官中。动物生物反应器的优点有以下几个：第一是同为真核生物，蛋白质的翻译后加工修饰会更加准确；第二是转入的基因可遗传，可通过常规繁殖选育大规模饲养生产目的蛋白。

目前应用最多的是动物乳腺反应器，主要是因为乳腺可以分泌乳汁，乳汁中含有大量的蛋白质，这就说明乳腺是一个很好的蛋白合成器官，适合生产蛋白药物；乳腺是一个封闭组织，其表达的蛋白不会进入血液循环，不会影响母体的健康。如英国 PPL 公司和德国拜耳公司生产的转 AAT 基因的羊，所产生的羊奶中含有 AAT（α-抗胰蛋白酶，可以治疗肺气肿），每升羊奶售价可达6 000美元；荷兰的 GenPharm 公司用转基因牛生产乳铁蛋白，预计每年从牛奶生产出来营养奶粉的销售额是 50 亿美元收益都非常可观。

目的基因在血液中表达的转基因动物称为动物血液生物反应器。近年来，动物血液生物反应器取得了很大的进展。由于一些有活性的蛋白或多肽（如激素）、细胞分裂素、组织血纤维溶酶因子等进入动物血液循环系统影响动物的健康，因此血液生物反应器比较适合生产人血红蛋白、血清蛋白、抗体和干扰素等。到目前为止，已有多种通过转基因动物生产的具有生物学功能的人血红蛋白问世。

主要用途：通过基因工程将外源基因转到目标动物中的特定组织器官中表达，从而通过较为低廉的养殖成本，收获昂贵的蛋白药物。

社会经济影响：动物生物反应器一旦转基因成功，后续可以通过常规的养殖扩大养殖规模，从而以较低的成本生产生物技术药物。

负面作用：大部分基因在动物特定组织器官中表达量都比较低，动物乳房反应器需要雌性动物生殖后通过泌乳表达，生产时间有限；动物血液反应器或动物膀胱反应器虽然可以一直生产药物，但是来源比较受限。

4. 教学方法

本节课程思政教学采用线下教学与课堂在线教学相结合的混合式教学。

本节课运用讲解式、启发式、探究式及案例法等教学方法，再利用总结比较法，让学生动物生物反应器的生产过程和应用价值。

课后，给学生布置作业：如果我想要通过动物乳房反应器生产乳铁蛋白，应该怎样设计实验？同时老师点评同学们的实验设计，并强调动物生物反应器的设计重点是特异性启动子，同时强化和升华本节课思政元素点。

5. 教学反思

通过学生讲述实验设计方案，反思我们在教学中的内容设计及授课方式，了解学生对课程思政的意义了解及掌握情况。如果存在学生掌握效果不佳的现象，及时调整授课方式，以期达到课程思政的教学目标。

第十五章 《生物信息学》课程思政案例

课程信息及编写教师信息

课程名称	生物信息学
课程类型	○公共基础课程 ◉专业教育课程 ○实践类课程
授课专业类/代码	生物科学/071001、生物技术/071002、生物信息学/071003、生物制药/083002T、生物工程/083001
课程性质	◉必修 ○选修
开课年级	大学三年级

编写教师信息

编写教师单位	教师姓名	性别	职称	学位	案例所属教学大纲中的章节及知识点	思政案例名称
塔里木大学	罗晓霞	女	教授	博士	绪论	案例一 人类基因组计划的实施推动生物学大发展
					生物信息学数据库	案例三 共享基因公共数据库的建立彰显大国贡献
					数据库搜索算法之系统生物学分析	案例五 利用辩证唯物主义观点开展物种系统进化分析
					序列比对与进化树构建	案例六 生物信息学开启地球生物的进化历史
					基因序列分析及基因结构预测	案例八 组学分析推动人类大健康的发展
					非编码 RNA 的预测	案例九 基因编辑技术构建生物基因组功能蓝图
					转录组分析	案例十 下一个组学前沿
					蛋白质结构与功能预测	案例十一 我国实现人工合成三类生物大分子的“大满贯”
新疆农业大学	苏豫梅	女	副教授	博士	绪论	案例二 生物大数据时代，中国彰显数据分析新生力量
					生物信息数据库与软件搜索	案例四 数据共享传播，构建人类数据共享共同体
					分子进化与系统发育	案例七 用发展辩证的眼光看待生命有机体的多样性进化

案例一 绪论——人类基因组计划的实施推动生物学大发展

1. 课程内容简介

介绍生物信息学的基本概念、意义、发展史，了解生物信息学的研究内容、国内外发展概况及其当下研究的热点和前景。

2. 课程思政教学目标

介绍生物信息学的发展简史，为学生普及科学历史，让学生感悟现代科学的巨大进步，并认识到科学认识是无止境的，不存在永恒不变的科学真理，科学在本质上是相对的、可变的、处在不断的修正和发展过程中，从而培养学生的科学价值观；并通过介绍我们科学家的相关研究工作，培养学生的家国情怀，激发民族自豪感和热爱祖国的深厚感情。

3. 课程思政教学设计

课前：在学习平台上介绍人类基因组计划的实施过程，激发学生的求知欲，开阔视野。

课中：① 通过介绍生物信息学发展历史引出人类基因组计划，人类基因组计划由美国科学家于1985年率先提出，于1990年正式启动。这一预算达30亿美元的人类基因组计划——人类基因组计划（Human genome project）是由美国于1987年启动，美国、英国、法国、德国、日本和中国科学家共同完成的伟大事业，中国于1999年9月积极参加到这项研究计划中的，承担其中1%的任务，即人类3号染色体短臂上约3 000万个碱基对的测序任务。中国因此成为参加这项研究计划的唯一的发展中国家。人类基因测序是一门大科学，是生物技术、信息技术等的有机集成，是全人类共同的财富和遗产，其研究结果也由全世界人民平等自由地分享。我国的参与体现了我国的实力，受到了全世界的认可，以此培养学生们的民族自豪感和热爱祖国的深厚感情。同时中国是世界上人口最多的国家，有56个民族和极为丰富的病种资源，并且由于长期的社会封闭，在一些地区形成了极为难得的族群和遗传隔离群，一些多世代、多个体的大家系具有典型的遗传性状，这些都是克隆相关基因的宝贵材料。但是，由于中国的HGP研究工作起步较晚、底子薄、资金投入不足，缺乏一支稳定的、高素质的青年生力军，中国的HGP研究工作与国外近年来的惊人发展速度相比，差距还很大，并且有进一步加大的危险。如果我们在这场基因争夺战中不能坚守住自己的阵地，那么在21世纪的竞争中我们又将处于被动地位：我们不能自由地应用基因诊断和基因治疗的权力，我们不能自由地进行生物药物的生产和开发，我们也不能自由地推动其他基因相关产业的发展，激发学生们的责任感与使命感。

② 2001年10月12日中国科学院、国家计委、科技部联合宣布，具有国际领先水平的中国水稻（籼稻）基因组“工作框架图”和数据库在中国完成，并将公布数据，供全球无偿共享。这是一项在生命科学领域中具有世界水平的值得中华民族骄傲的重大科技成果，是我国科学家为人类作出的一项重大贡献，这一成果由我国科学家独立完成，其意义非比寻常。它标志着我国已经成为继美国之后第二个具有独立完成大规模基因组测序和组装分析能力的国家，以此案例增强学生们的民族自豪感，青年学生们要志存高远，脚踏实地，练就过硬的本领，勇做新时代的弄潮儿。

③ 通过融入国家生物信息学战略介绍、我国生物信息学领域所取得的成绩等信息，让学生对我国生物信息学领域所取得的巨大成就而自豪，进而激发他们主动学习生物信息学知识的积极性，激发他们的爱国热情，并且主动投入生物信息学科研工作中。同时也要介绍我国在生物信息学领域内发展的不足（例如：原创的生物信息学算法较少），激发学生以生物信息学带动生命科学发展为己任，充分调动学生的主观能动性。另外，生物信息学方法与技术是发展生

物信息学的最基础要素，因此在“生物信息学概念及其发展历史”章节中，教师要引入身边周围的实践事例，尤其是将生物信息学与学生生活工作的关联性知识告诉学生，让学生明白学好生物信息学的重要性，以此激发他们的责任感与使命感，树立为国效力的专业志向。

课后：在学习平台发布讨论“人类基因组计划及延伸计划的实施带来的重大影响”，通过讨论，让学生体会科学技术的进步对生命科学发展的重要性。

4. 教学方法

课前采用文献阅读法，激发学生的学习兴趣；课堂授课中通过讲授法并结合讨论法来总结授课内容，并体现思政元素；课后通过线上讨论式教学法加强课堂知识与日常生活的联系。

5. 教学反思

本节课在介绍生物信息学发展简史的基础上，让学生掌握生物信息学的概念及研究内容。通过学习核酸的研究简史，让学生了解现代生物学研究的特色。教学设计中涉及了“人类基因组计划及延伸计划的实施带来的重大影响”的课后讨论，让学生感受到本学科在生命科学发展中的重要作用，增强了学习热情。

案例二　绪论——生物大数据时代，中国彰显数据分析新生力量

1. 课程内容简介

生物信息学是生物学、信息技术和计算机科学等学科相互交叉的新兴学科。在讲解绪论中高通量测序发展时，随着高通量测序技术的发展，生物信息学领域的信息数据量呈现指数型增长，但数据的综合深入挖掘及可视化高效分析一直是科研工作者所面临的困难。面对困难我国自主科研团队不畏惧艰难险阻，在十分有限的条件下通过不断创新搭建了共享基因公共数据库。通过对此案例的学习，彰显了中国生物信息数据分析新生力量都崛起，也同样增强了学生的民族自豪感和荣誉感。

2. 课程思政教学目标

引用我国自主科研团队百迈客生物信息团队搭建了 BMKCloud 共享基因公共数据库。通过对百迈客生物信息团队不断技术创新、搭建 BMKCloud 共享基因公共数据库实例来彰显我国在生物信息数据大爆炸时代中所作的贡献，激发学生对我国技术创新的自豪感，引导学生敢于面对困难激流勇进，不断改革创新，创造出更多对人类发展具有意义的成果。

3. 课程思政教学案例

随着生物基因大数据爆发式增长及测序技术升级和测序成本下降，现今生物信息学测序数据的公共数据库呈现规模性爆发式的增长。虽然公共数据资源如此丰富，但目前人们对于公共数据的有效整合利用还十分有限，早在 2016 年，顶级学术期刊曾报道人们对于已发表的高通量测序数据利用率不足 20%，很多有价值的信息仍然有待深入开发。因此，基于公共数据，从数据中挖掘信息、分析利用，让沉睡的数据转变为可应用价值强的信息，需要人工搭建高效、便捷、易用的大数据分析平台，这对于人力、物力及软硬件设施都是巨大的挑战。

但我国科研团队为了实现信息数据的最大化利用，以及数据挖掘造福人类，面对如此大的挑战并没有退缩，而是迎难而上，2016 年，我国自主研发团队百迈客创始人在北京 $9m^2$ 的小屋内，不断创新，带领团队成立了生物信息数据分析站点，针对当时基因测序昂贵且费时的全基因组数据分析开展数据分析平台的搭建及测试，经过数年的打磨及不断完善，百迈客生物信息分析团队搭建了 BMKCloud 共享基因公共数据库。该数据库不但与全球高通量测序数据库实时接轨和更新，同时还为各个方向的生信研究者提供了测序原始数据的整合检索平台，并实现了可视化的平台分析，使得科研工作者能根据物种、数据分析类型等快速进行数据的后台计算

及可视化分析，真正实现了生物信息数据的深度挖掘及高效快速展示。数据的深度挖掘，也帮助我们继续开展在农业、医疗等方面的应用，从而真正将数据挖掘转化为生产力而为人类的发展造福。

4. 教学方法

采用混合式线上线下教学方式开展此内容的学习。课前将此案例进行前置，引导学生开展自学，并给予学生相关辅助线上资源辅助学生对此案例的理解；课中教师设置小组讨论环节，再次引出此案例，采用“头脑风暴”或“世界咖啡法”进行学生的分组研讨，并请学生代表进行发言，教师在课堂上进行总结，升华思政育人；课后教师设置话题讨论，继续使用该案例引发学生再度深层次的思考，并在话题讨论区进行留言，巩固学生的隐性思政所学。

5. 教学反思

生物信息大数据时代，百迈客生物信息云平台的建立只是千千万万我国生物信息学数据分析平台发展的一个缩影，因此在思政案例举证时，可以查阅和引用更多我国国内生信分析平台不断改革创新，自主研发不断激进的真实案例，进一步引导和激发学生的民族自豪感和科技报国的思想。

案例三　生物信息数据库——共享基因公共数据库的建立彰显大国贡献

1. 课程内容简介

各种生物数据库的介绍，如核酸序列数据库、蛋白质序列数据库、基因组数据库、结构数据库、酶和代谢数据、物种分类数据库、文献数据库及其各种数据库的主要功能。

2. 课程思政教学目标

介绍生物信息学的发展简史，为学生普及科学历史，让学生感悟现代科学的巨大进步，并认识到科学认识是无止境的，不存在永恒不变的科学真理，科学在本质上是相对的、可变的、处在不断的修正和发展过程中，从而培养学生的科学价值观；并通过介绍我们科学家的相关研究工作，培养学生的家国情怀，激发民族自豪感和热爱祖国的深厚感情。

3. 课程思政教学设计

课前：在学习平台上介绍人类基因组计划的实施过程，激发学生的求知欲，开阔视野。

课中：① 深入理解党史学习教育“学史明理、学史增信、学史崇德、学史力行”，把“明理、增信、崇德、力行”落实到数据库技术的教学实践中。以数据库技术发展历程为线，凝炼数据库技术发展史上里程碑技术的特点，形成简明扼要的技术发展时间线，通过学史明理提高学生对数据库技术发展历程的认知水平。以数据库领域图灵奖获得者为点，介绍其在数据库领域的突出贡献，通过学史崇德激发学生学习数据库技术的热情。以科技特别是数据库技术促进发展为面，探讨数据库技术发展变革带来的国家发展和社会进步，通过学史增信和学史力行引导学生树立科技强国的理想和信念并以实际行动践行科技报国。以“见贤思齐”“三省吾身”等中国传统文化中积极向上的文化元素为本，结合图灵奖获得者的杰出贡献，引导学生树立科技强国的坚定信念并在课程学习中身体力行。通过“明理”实现对数据库发展历史的完整认知；通过“增信”实现坚定理想信念不动摇；通过“崇德”实现向杰出人物看齐，树立远大目标；通过“力行”实现在课程学习中培养用数据库解决实际问题的能力。

② 利用线上教学的模式，教师将围绕国家生物信息中心信息库的构建、基因组分析、针对肺炎老药新用的机器学习探索和肺炎临床诊断中的 Al 影响分析等被国内外同行高度认可的代表性研究成果传递给学生，激发学生的探索欲望，调动他们参与实践研究的积极性，形成严

谨的科研风气。

③ 在介绍生物信息学数据库的同时，要强调发展国家自主生物数据库的重要性，现在绝大部分的生物信息学数据库都在欧美国家，如 NCBI 数据库。中国目前访问这些数据库还没有大问题，但如果中美关系进一步恶化，可能会影响我国科学家获取生物数据。鼓励学生发挥自强、自立的精神，发挥工匠精神，解决“卡脖子”问题。如：在介绍 Oracle 数据库生态体系时，同步介绍国产数据库发展现状，并以孟晚舟、Matlab 事件为例，使学生理解数据库作为我国信创产业的底层技术之一，解决技术卡脖子问题的紧迫性。在讲解数据库权限时，以 ebay、万豪等 21 世纪著名的数据泄露事件，讲解数据库应用和开发中涉及数据安全和隐私等道德伦理的内容。在讲解存储过程在数据库后台工作的原理时，以王坚院士十年如一日开发“阿里云”，实现了我国数据库云平台从 0 到 1 突破为例，向学生讲解默默无闻的科技工作者的自主创新精神，培养学生家国情怀和民族自豪感。结合在新冠疫情防控中使用的“健康码”软件，让学生切身感受到我国抗疫的制度优势的同时，着力启迪学生思考其后的数据库设计、存储和工作原理。在数据库设计和项目开发中注重培养学生的“工匠精神”，课程开发的数据库案例只是一个教学原型系统，与真正行业企业的需求差距还很大，软件开发需要精益求精的数据库设计与开发理念，除技术因素外，还需要考虑社会、经济和安全等多方面因素。

课后：在学习平台发布讨论“人类基因组计划及延伸计划的实施带来的重大影响”，引导学生体会科学技术的进步对生命科学发展的重要性。

4. 教学方法

课前采用文献阅读法，激发学生的学习兴趣；课堂授课中通过讲授法并结合讨论法来总结授课内容，并体现思政元素；课后通过线上讨论式教学法加强课堂知识与日常生活的联系。

5. 教学反思

在课程教学设计中注重从专业角度出发，关注当前技术热点和舆论环境，寻找教学内容与思政元素的“触点”，以贴近学生认知的事件或案例为切入点，增强师生互动、提高教学反馈，让课堂“活”起来。

案例四　生物信息数据库与软件搜索——数据共享传播，构建人类数据共享共同体

1. 课程内容简介

数据库（Database）是一类用于存储和管理数据的计算机文档，是统一管理的相关数据的集合。其存储形式有利于生物数据信息的检索与调用。常用的生物学数据库包括序列、结构、文献、序列特征以及基因组图谱及表达图谱等。面对指数型增长的生物信息学数据，对外开放、共享及数据定期交换是保持数据库数据质量不断与时俱进的重要保证。因此本章课程将以“数据共享传播，构建人类数据共享命运共同体”为思政主线，介绍核酸序列数据库中 Genbank 数据库、EMBL 数据库以及 DDBJ 数据库之间开放共享、互相合作，不断进步的真实事件。

2. 课程思政教学目标

通过展示生物信息学核酸序列数据库 Genbank、EMBL 以及 DDBJ 数据库的数据共享开放及互通，引导学生要始终保持开放共享、不断交流的大格局观，只有数据共享传播，才能构建人类数据共享命运共同体，更好、更优地服务于人类发展和进步。

3. 课程思政教学案例

近年来大量生物学实验的数据积累，形成了当前数以百计的生物信息数据库。而这些重要

的生物学数据库主要包含核酸序列数据库、蛋白质序列数据库、结构数据库以及基因组数据库等。这些数据库各自按一定的目标收集和整理生物学实验数据，并提供相关的数据查询、数据处理的服务。在核酸序列数据库中 Genbank 数据库、EMBL 数据库以及 DDBJ 数据库为最核心的三大核酸数据库。

GenBank 数据库作为 NCBI 数据库的子集含有所有已知的核酸序列和蛋白质序列，以及与它们相关的文献著作和生物学注释，它是由美国国家生物技术信息中心 NCBI 建立和维护。EMBL 数据库是欧洲主要的核酸序列收集单位，这个数据库是由欧洲生物信息中心 EBI 所维护，包括核酸序列、基因组、微阵列基因表达、蛋白质序列和注释等多种生物学数据。DDBJ 数据库与 Genbank 数据库一样收集并管理了多种类型的生物信息数据，包括 DNA 序列、RNA 序列以及蛋白质序列等。DDBJ 不仅接受来自日本国内的数据提交，还与美国的 GenBank 和欧洲的 EMBL 共同组成了国际核酸序列数据库联盟，因此广泛地收纳了世界各地的生物信息数据。

该三大核酸序列数据库自建库不久后即相互将承载的信息数据进行共享与交流，1988 年，Genbank、EMBL 和 DDBJ 3 家组成了国际核酸序列数据库协作组织（INSDC)，规定：每 24h 进行 1 次数据交换与共享，使用统一的数据记录格式处理提交数据，以保证各数据库相应记录在内容上的一致性，利于数据的维护与更新。3 个数据库中的数据量基本一致，仅在数据格式上有所差别，对于特定的查询，3 个数据库的响应结果也都一样。正是由于三大核酸序列数据库的完全开放访问、数据信息共享及每 24h 的同步交换，才使得三大核酸序列数据库建设水平及质量越来越好。由此可见，无论在任何领域，不闭门造车，不故步自封，友好、开放的信息共享传播才更能更好地相互支撑，为科研工作者科研信息查询打造更加优质的平台，彰显了人类数据共享命运共同体的极大优势。

4. 教学方法

采用混合式线上线下教学方式开展此内容的学习。课前将此案例进行前置，引导学生开展自学，并给予学生相关辅助线上资源帮助学生对 Genbank、EMBL 和 DDBJ 三大核酸序列数据库数据开放共享的理解；课中教师设置小组讨论环节，再次引出此案例，引导学生的分组研讨，并请学生代表进行发言，讨论全球信息共享所带给人们的好处，教师在课堂上最后进行总结，升华思政育人；课后教师设置话题讨论，继续使用相似案例引发学生再度深层次的思考，并在话题讨论区进行留言，巩固学生的隐性思政所学。

5. 教学反思

生物信息学中的数据库种类繁多，本案例仅以 Genbank、EMBL 和 DDBJ 三大核酸序列数据库为代表来传递数据共享传播构建人类数据共享命运共同体的优势。实际还有众多其他数据库的信息交互并未体现，因此可以在案例拓展中设计更多的相关内容，不断强化学生的思政学习。

案例五 数据库搜索算法之系统生物学分析——利用辩证唯物主义观点开展物种系统进化分析

1. 课程内容简介

介绍序列对位排列，BLAST 检索，Fasta 检索，Blitz 检索，两条序列或多条序列间对位排列分析的基本原理、积分矩阵、空位（间隔）罚分及算法等，重点进行序列对库对位排列分析。

2. 课程思政教学目标

介绍生物信息学的发展简史，为学生普及科学历史，让学生感悟现代科学的巨大进步，并认识到科学认识是无止境的，不存在永恒不变的科学真理，科学在本质上是相对的、可变的、处在不断的修正和发展过程中，从而培养学生的科学价值观；并通过介绍我们科学家的相关研究工作，培养学生的家国情怀，激发民族自豪感和热爱祖国的深厚感情。

3. 课程思政教学设计

课前：在学习平台上介绍人类基因组计划的实施过程，激发学生的求知欲，开阔视野。

课中：① 通过介绍天津中医学院、中国中医研究院中药研究所、清华大学化学系的“复方丹参药效物质及作用机理研究”采用药理和化学紧密结合的方法，在饮片、组分及成分3个化学层次上通过整体、组织、细胞及分子4个药理水平采用多种模型对复方丹参方的药效物质、配伍配比规律及作用机制进行了较系统的深入研究的案例，介绍系统生物学是一门新学科，它是继人类基因组计划之后最近一两年科学家非常关注的一个研究方向；同时它与基因组以及生物信息学研究有密切的关系。系统生物学就是要把孤立的在基因水平和蛋白水平的各种相互作用、各种代谢途径及调控途径等融合起来用以说明生物整体。② 疫苗是人类最伟大的发明之一，对多种严重影响人类生存和健康的传染性疾病的预防与控制发挥了重要作用，保护了人类的健康。系统生物学是包括以DNA为研究对象的基因组序列、修饰，以RNA为研究对象的转录组、蛋白质组、代谢组等多维研究，提供并整合多方面数据，分析病毒致病机理，对疫苗的免疫机理、安全性、代谢途径等进行研究的学科。通过举例口服脊髓灰质炎病毒疫苗、风疹疫苗、麻疹疫苗、黄热病疫苗和轮状病毒疫苗等的研发过程，引导学生深入了解系统生物学为基因组检测技术获得基因组、表观组、蛋白质组、代谢组等数据，通过生物信息学计算后对比基因序列和表达水平异常，对数据通过试验验证等过程反复循环，直至获得预测指标或机制结论的研究方法。核心是以系统论为指导，通过多维角度和量化生物学系统的行为。从系统的角度分析生物学问题的意义，培养学生的思维能力，引导学生树立正确的价值观。③ 在介绍序列搜索的关键问题时需要介绍算法及统计学习与推理，而统计学习与推理的主要教学任务就是让学生学习统计学习与推理的基本原理及方法，掌握统计学习与推理的具体应用（k-均值聚类方法、隐马尔科夫模型和人工神经网络模型）。其中难点就是灵活应用各种方法来解决实际问题，尤其是如何将理论知识与实践应用相结合。理论知识与实践应用的结合必须要依赖于扎实的学习态度与良好的职业道德素养。因此在“统计学习与推理”中引入我国中医科学院终身研究员屠呦呦的事例，让学生树立重视我国传统文化，尤其是传统生物文化知识的意识，并且利用我国传统的文化加以研究创新，以此推动世界生物信息学建设事业发展的自信。“统计学习与推理”必须要依赖于科学的信息数据，避免出现随意编排信息的现象，因此在具体的教学中教师要有目的地引入职业道德素质教育，让学生树立严谨的职业道德素质，形成理性批判、求真务实的学习工作态度。

课后：在学习平台发布讨论“人类基因组计划及延伸计划的实施是系统生物学研究方法的精髓体现”，让学生体会科学技术的进步对生命科学发展的重要性。

4. 教学方法

课前采用文献阅读法，激发学生的学习兴趣；课堂授课中通过讲授法并结合讨论法来总结授课内容，并体现思政元素；课后通过线上讨论式教学法加强课堂知识与日常生活的联系。

5. 教学反思

在课程教学设计中注重从专业角度出发，关注当前技术热点和舆论环境，寻找教学内容与思政元素的“触点”，以贴近学生认知的事件或案例为切入点，增强师生互动、提高教学反馈，让课堂“活”起来。

案例六 序列比对与进化树构建——生物信息学开启地球生物的进化历史

1. 课程内容简介

介绍多序列对位排列的概念、理论基础、排列的意义及其分析方法；重点进行多序列比对及系谱分析，并解释生物学现象。

2. 课程思政教学目标

介绍生物信息学的发展简史，为学生普及科学历史，让学生感悟现代科学的巨大进步，并认识到科学认识是无止境的，不存在永恒不变的科学真理，科学在本质上是相对的、可变的、处在不断的修正和发展过程中，从而培养学生的科学价值观；并通过介绍我们科学家的相关研究工作，培养学生的家国情怀，激发民族自豪感和热爱祖国的深厚感情。

3. 课程思政教学设计

课前：在学习平台上介绍人类基因组计划的实施过程，激发学生的求知欲，开阔视野。

课中：① 通过挖掘“分子进化与系统发育”教学内容中所蕴含的辩证唯物主义观点，将课堂教学内容与辩证唯物主义观点进行有机整合，既可引导学生利用辩证唯物主义观点学习分子进化与系统发育，又能培养学生用联系的、发展的、辩证的观点看待和解决问题。例如本课程的第八章的主要教学任务就是让学生掌握系统发生树构建的常用方法和技术。难点是理解最大似然法和贝叶斯方法的原理。通过课堂学习，学生能够熟练地掌握相关的理论技能，一旦构建系统发生树出现新的发展，学生就可能会出现不知所措的问题，因此采取采用联系的观点分析分子进化与系统发育相关知识点的发展趋势，以此让学生树立唯物发展的思维。② 世界卫生组织新型病原体起源国际科学咨询小组针对新冠病毒溯源地出具报告。报告称，在配合支持新冠病毒溯源研究方面，中国已经作出了榜样。到目前为止，中国是唯一多次邀请世卫组织国际专家组到本国开展新冠病毒溯源合作的国家，也是唯一多次组织本国专家同世卫组织咨询小组分享溯源进展的国家。在新冠病毒溯源问题上，中国分享的数据和研究成果最多。中国始终大大方方、坦坦荡荡，充分体现科学、透明、负责任的态度。2021 年发布的中国–世卫组织新冠病毒溯源联合研究报告已得出了多国专家实地研究后的科学权威结论——“实验室泄漏论”极不可能。以新冠病毒溯源研究的方法、过程及结论，引导学生进行序列比对及系统进化树构建的实践性学习，从数据库下载数据信息，边学边练，以学促练，深入理解进化树在物种溯源中的作用，培养学生的社会责任感，引导学生树立正确的价值观。③ 明朝著名科学家宋应星一生致力于对农业和手工业生产的科学考察和研究，收集了丰富的科学资料，其中最杰出的作品《天工开物》被誉为“中国 17 世纪的工艺百科全书”。他在《天工开物》中谈及“物种发展变异”和“动物杂交培育良种”等遗传变异理论比西方科学家早了几百年，从这种意义上讲，宋应星是当之无愧的生物进化论的先驱者之一。宋应星在《天工开物》上篇的《乃服》章详细论述了蚕种杂交育种的案例说明中国古人很早就认识到生物遗传变异，并且将这种遗传变异应用到日常劳动生产生活中，进行定向的人工选择和培育，产生了许多优良的品种。比如花卉的各种珍稀变种以及观赏性金鱼的培育等。很早之前科学研究水平的现在，科学家们利用表型特征进行选择，随着人类基因组及模式物种的测序的实施，科学家们从分子角度研究一个物种的进化历史以及与其他物种间的关系，加速了对生命的理解。新冠肺炎病毒等传染性疾病的遗传机理与防治、基因疫苗研制、杂交水稻之父袁隆平研发的杂交水稻等案例的介绍，21 世纪是生命科学的世纪，生物学已不是一门纯粹的自然科学，生物科学对人类生存、人民健康、社会发展意义重大。适逢其时，学科要紧抓机遇，坚持立德树人，在传授专业知识的同时，不懈探究生命科学奥妙，用生命之美激发学生的创造与热爱，为自然与生命、社会与人类奉献智慧。都是以生物学为基础。

课后：在学习平台发布讨论“人类基因组计划及延伸计划的实施带来的重大影响”，通过讨论，让学生体会科学技术的进步对生命科学发展的重要性。

4. 教学方法

课前采用文献阅读法，激发学生的学习兴趣；课堂授课中通过讲授法并结合讨论法来总结授课内容，并体现思政元素；课后通过线上讨论式教学法加强课堂知识与日常生活的联系。

5. 教学反思

在课程教学设计中注重从专业角度出发，关注当前技术热点和舆论环境，寻找教学内容与思政元素的“触点”，以贴近学生认知的事件或案例为切入点，增强师生互动、提高教学反馈，让课堂“活”起来。

案例七　分子进化与系统发育——用发展辩证的眼光看待生命有机体的多样性进化

1. 课程内容简介

生物信息学中的系统发育及分子进化树构建是研究物种进化历史的重要分析方面，主要通过比较不同物种中 DNA 序列间的差异性来反映出核苷酸水平的多样性，并由此分析物种的起源、分歧，扩张模式及扩张时间。通常系统发育及分子进化树构建常采用最大似然法、最大简约法，以及贝叶斯法。但上述方法构建的系统进化树不一定完全正确，这就需要我们辩证唯物主义地开展物种系统进化树的构建，通过多方面挖掘物种间的差异性，从而科学地获得物种进化最真实的信息。

2. 课程思政教学目标

通过挖掘“分子进化与系统发育”教学内容中所蕴含的辩证唯物主义观点，将蓝藻念珠藻属系统发育及其分子进化研究与辩证唯物主义观点进行有机整合，既可引导学生利用辩证唯物主义观点学习分子进化与系统发育，又能培养学生用联系的、发展的、辩证的观点看待和解决问题。

3. 课程思政教学案例

从达尔文开始，科学家们就想重建地球上所有生命的进化历史。研究伊始，人们主要的研究途径为化石，但化石证据零散且不完整，后来形态学和生理学的比较证据也可以构建地球上生命的进化历史，但该方法相对比较复杂，不易得出清晰的结论。后来，随着生物信息学的蓬勃发展，现如今人们可以通过比较不同物种的 DNA 来研究生物之间的进化关系。近年来，中国科学院水生生物研究所借助系统进化树构建方法，开展了蓝藻念珠藻属系统发育及其分子进化研究，本案例以此为代表来说明生物信息学中分子进化及系统发育背后隐藏的思政元素。

念珠藻属是一类丝状蓝藻，广泛分布于全球的陆生和水生生态系统中。在对其系统发育及分子进化研究中，我国科研工作者基于 16S rRNA 基因的研究发现，念珠藻属系统发育关系的构建会受到进化树分析方法的影响。研究者首先使用最大似然法分析得到念珠藻进化树，因为最大似然法分析显著优于其他拓扑结构，该方法构建的系统进化树显示念珠藻属并不是单系起源的类群。同时科研工作者研究了念珠藻 16S rRNA 基因在水分胁迫下的进化机制。结果表明，具有耐干燥能力的念珠藻与其他念珠藻科的浮游种类相比，其 16S rRNA 的二级结构具有更低的自由能，分析原因在于这种更低自由能通常是突变所引起的，研究者们发现念珠藻属大多数致稳突变是独立进化的，发生于念珠藻属的适应性辐射过程中。这也说明虽然最大似然法分析念珠藻属的系统发育和分子进化是最常用的分析方法，但对于与念珠藻属近缘物种系统发育的研究往往有局限性。因此，中国科研工作者继续完善念珠藻属系统进化树，他们继续以蓝藻中的念珠藻属作为研究对象，对其 rpoC1、rbcLX、hetR、16S-23S rRNA ITS 的分子进化行为进行预测，结果表明分子标记的进化树与基于 16S rRNA 构建的物种系统发育树并不一致，而造成不一致的因素众多，包括随机突变、水平转移和正向选择等。进一步对念珠藻属中的蓝藻 A 结构域进化过程进行分析，推测念珠藻属在分子进化中还可能发生了重复、水平转移、功能亚分化等事件。

由此可见，人类对生物历史发展进化的推测并不是一成不变，而是随着科学技术的发展及思考水平深度的逐渐递深。想要更加准确地了解某种生命有机体的分子进化及系统发育历程，就需要我们采用辩证的唯物主义观发展地、联系地看待科学问题和解决科学问题。

4. 教学方法

采用混合式线上线下教学方式开展此内容的学习。课前将此案例进行前置，引导学生开展自学，并给予学生相关辅助线上资源辅助学生对此案例的理解；课中教师设置小组讨论环节，再次引出此案例，引导学生的分组研讨，并请学生代表进行发言，教师在课堂上进行总结，升华思政育人；课后教师设置话题讨论，继续使用该案例引发学生再度深层次的思考，并在话题讨论区进行留言，巩固学生的隐性思政所学。

5. 教学反思

生命的起源和进化一直是人类关注的热点领域，在进行本章内容的思政案例融入时，建议可以搜集更多的生命起源和演化过程的真实研究案例，让学生对自然界产生奇妙之感，加深对生命的宝贵以及生命多样性等方面产生更深层次的思考。

案例八　基因序列分析及基因结构预测——组学分析推动人类大健康的发展

1. 课程内容简介

基因预测的理论、基础，利用生物网络数据库进行生物各种基因预测的技术，基因预测的基本方法及其分析。

2. 课程思政教学目标

介绍生物信息学的发展简史，为学生普及科学历史，让学生感悟现代科学的巨大进步，并认识到科学认识是无止境的，不存在永恒不变的科学真理，科学在本质上是相对的、可变的、处在不断的修正和发展过程中，从而培养学生的科学价值观；并通过介绍我们科学家的相关研究工作，培养学生的家国情怀，激发民族自豪感和热爱祖国的深厚感情。

3. 课程思政教学设计

课前：在学习平台上介绍人类基因组计划的实施过程，激发学生的求知欲，开阔视野。

课中：① 通过介绍 C 值悖论，人类基因组的组成成分，了解人类基因组计划 4 张图的意义，以及遗传标记和基因定位的方法。熟悉基因功能的研究方法。结合我国在人类基因基因组和其他物种基因组上的成就强调中国是参与这一研究计划的唯一发展中国家。此外介绍我国主导的“水稻基因组研究计划”“千人基因组研究计划”“熊猫基因组研究计划”等。让同学们在了解遗传学发展前沿问题的过程中感受我国科技水平突飞猛进的强烈势头及在国际上越来越重要的地位，培养学生的爱国情怀和民族责任感。② 通过介绍中国科学家在基因组学基础研究和应用研究领域的贡献，坚定同学们的科研自信，再通过介绍基因组学在癌症治疗、精准医疗、环境保护等方面的革命性推动作用，坚定同学们的专业自信，同时激发探索前沿领域的热情。在代表性课程大纲完善了思政元素的基础上，通过分享、讨论逐步带动其他课程大纲的修订，最终实现课程思政对专业课程全覆盖的目标。

课后：在学习平台发布讨论“人类基因组计划及延伸计划的以基因治疗案例——基因卫士 p53 基因”为例引导同学们学习基因预测及功能注释的重要性。p53 定位于人类第 17 号染色体的短臂上，编码和表达 p53 蛋白。p53 基因是细胞生长周期中的调节因子，与细胞周期的调控、DNA 修复、细胞分化、细胞凋亡等重要的生物学功能相关联。p53 基因分为野生型（正常的基因）和突变型两种，其产物也有野生型和突变型。癌细胞是一种“坏细胞”，它不遵守人体正常的细胞生长调控秩序，破坏人体的正常组织结构，并且可以随着血液淋巴等系统流窜到人体各处“落地生根，落草为寇”。p53 蛋白是管制这些坏细胞最早和最重要的一环。因为肿瘤细胞的发生总是先有 DNA 的破坏和基因的变异或是癌基因的活化，这时 p53 蛋白就会急剧地增加，控制这种坏细胞的进一步分裂和增殖，防止癌症发生。人体正常的 p53 基因正是制造 p53 蛋白这些优秀警察和军官的学校，p53 基因也因此有了“基因卫士”的美誉，相反一旦 p53 基因发生突变，p53 蛋白失活，细胞分裂就会失去节制，最终导致癌变。p53 基因检测应用于肿瘤的超早期预警检测，检测范围包括：乳腺癌、结肠癌、前列腺癌、卵巢癌、食管癌、肺癌、骨肉瘤、头颈癌、神经质癌等人类多发肿瘤与 p53 基因突变有关。通过 p53 的故事激发科技报国的爱国情怀和使命担当。

4. 教学方法

利用“讲故事”“看动画”等教学手段，使学生养成对生命科学的浓厚兴趣，掌握相关知识，提升学习的动力，学生能运用唯物辩证法看待和分析问题，具备一定的逻辑推理和归纳演绎的能力，培养“坚持不懈”“不盲从权威”“精益求精”等科学精神，激发学生科技报国的爱国情怀和使命担当。

5. 教学反思

在课程教学设计中注重从专业角度出发，关注当前技术热点和舆论环境，寻找教学内容与思政元素的“触点”，以贴近学生认知的事件或案例为切入点，增强师生互动、提高教学反馈，让课堂“活”起来。

案例九　非编码 RNA 的预测——基因编辑技术构建生物基因组功能蓝图

1. 课程内容简介

非编码 RNA 数据库及在线分析工具合集，包含 miRNA 相关数据库、rRNA 相关数据库、sRNA 相关数据库、siRNA 相关数据库、tRNA 相关数据库、sonRNA 相关数据库六大板块。

2. 课程思政教学目标

介绍生物信息学的发展简史，为学生普及科学历史，让学生感悟现代科学的巨大进步，并认识到科学认识是无止境的，不存在永恒不变的科学真理，科学在本质上是相对的、可变的、处在不断的修正和发展过程中，从而培养学生的科学价值观；并通过介绍我国科学家的相关研究工作，培养学生的家国情怀，激发民族自豪感和热爱祖国的深厚感情。

3. 课程思政教学设计

课前：在学习平台上介绍人类基因组计划的实施过程，激发学生的求知欲，开阔视野。

课中：① 在 1998 年，Fire 和 Mello 在秀丽隐杆线虫中发现双链 RNA（dsRNA）是蛋白表达序列特异性抑制现象的来源，他们将其称为“RNA 干扰”（RNA interference）。由于向哺乳动物细胞递送用于 RNAi 的长双链 RNA 会受到非特异性的抑制，因此这时 RNAi 作为一种研究工具仅限于低等动物，这一阶段线虫的相关研究也得到很大促进。由于发现了 RNA 干扰现象，Fire 和 Mello 赢得了 2006 年的诺贝尔生理或医学奖。② 以 CRISPR-Cas9 为基础的基因组靶向技术能将大片段的非编码 RNA 送到指定基因组位点与内切酶 Cas9 的组合，可以在引导 RNA 的指引下，靶标并切割入侵者的遗传物质，因此获得了 2020 年诺贝尔化学奖。2007 年，一位名叫 Timothy Ray Brown 的“柏林病人”因为同时患有白血病和艾滋病，面对这个感染 HIV 10 年又不幸患上白血病的病人，一个绝妙的想法出现在 Hütter 医生脑中——将对 HIV 天然免疫的健康个体（CCR5Δ32 变异）的骨髓移植到布朗身上会发生什么？最终通过不懈努力找到了一个捐赠者并于 2007 年、2008 年分别进行了 2 次骨髓移植，利用 CRISPR/Cas 将 CCR5Δ32 变异 RNA 在指定基因位点进行切割重组。迄今为止，除了骨髓移植带来的部分神经症状，布朗恢复得非常好，成为世界公认的第一例 HIV 治愈病例。③ 2018 年 11 月 26 日，深圳科学家贺建奎宣布全球首例免疫艾滋病的基因编辑婴儿在中国诞生，这次基因手术修改的是 CCR5 基因 HIV 病毒入侵机体细胞的主要辅助受体之一，使用的基因编辑技术为“CRISPR/Cas9”技术。据贺建奎介绍，基因编辑手术比起常规试管婴儿多一个步骤，即在受精卵时期，把 Cas9 蛋白和特定的引导序列，用 5μm、约头发 1/21 细的针注射到还处于单细胞的受精卵里。他的团队采用“CRISPR/Cas9”基因编辑技术，这种技术能够精确定位并修改基因，也被称为“基因手术刀”。对于在现阶段不经严格伦理和安全性审查，贸然尝试做可遗传的人体胚胎基因编辑的任何尝试，我们作为生命科学科研工作者，坚决反对。

课后：在学习平台发布讨论“基因编辑技术的利与弊”，让学生体会科学技术的进步对生命科学发展的重要性。

4. 教学方法

课前采用文献阅读法，激发学生的学习兴趣；课堂授课中通过讲授法并结合讨论法来总结授课内容，并体现思政元素；课后通过线上讨论式教学法加强课堂知识与日常生活的联系。

5. 教学反思

在课程教学设计中注重从专业角度出发，关注当前技术热点和舆论环境，寻找教学内容与思政元素的“触点”，以贴近学生认知的事件或案例为切入点，增强师生互动，提高教学反馈，让课堂“活”起来。

案例十 空间转录组学——下一个组学前沿

1. 课程内容简介

介绍常规的 RNA 测序分三大类：真核转录组测序（mRNA）、长链非编码 RNA 测序（lncRNA）、环状 RNA 测序（circRNA）。

2. 课程思政教学目标

介绍生物信息学的发展简史，为学生普及科学历史，让学生感悟现代科学的巨大进步，并认识到科学认识是无止境的，不存在永恒不变的科学真理，科学在本质上是相对的、可变的、处在不断的修正和发展过程中，从而培养学生的科学价值观；并通过介绍我们科学家的相关研究工作，培养学生的家国情怀，激发民族自豪感和热爱祖国的深厚感情。

3. 课程思政教学设计

课前：在学习平台上介绍人类基因组计划的实施过程，激发学生的求知欲，开阔视野。

课中：① HER2（人类表皮生长因子受体 2），是一种具有酪氨酸蛋白激酶（Protein tyrosinekinase，PTK）活性的跨膜蛋白。HER2 基因是一类原癌基因，位于人类 17 号染色体长臂 2 区 1 带（17q21），在正常情况下低表达或不表达，当外界环境发生某种变化时，可转变为癌基因并诱导细胞异常增殖。HER2 在乳腺癌、胃癌和肺癌等多种癌细胞中均有过表达，其中乳腺癌患者的发生率为 20%~30%，胃癌 10%~20%，肺癌 1.9%~14.3%；而在结直肠癌中相对较少，占 2%~5%。在临床上，正常细胞转化为肿瘤细胞会引起 HER2 基因扩增，导致基因拷贝数迅速大幅升高，使其编码产物 HER2 蛋白过表达。HER2 蛋白过表达与肿瘤的发生发展、临床治疗监测、预后有着密切联系，此外，HER2 也是肿瘤靶向药的一个重要靶点。② MET 基因是一类原癌基因（Proto-oncogene），1984 年首次在化学转化的人类细胞系中被发现，位于人类染色体 7q31.2，长度约 126kb，含有 24 个外显子，c-MET 是其编码的蛋白产物。c-MET（Cellular-MesenchymaltoEpithelial Transition Factor），细胞间质-表皮转化因子，别称肝细胞生长因子受体（Hepatocyte growth factor receptor，HGFR），是一种酪氨酸激酶受体（Receptor tyrosine kinases，RTKs）跨膜蛋白，主要结构分为胞外的 3 个结构域（Sema 域、PSI 域、IDT 域）、跨膜结构域（JM 域）及胞内的两个结构域（TK 域、C 末端）。c-MET 在多种器官的上皮细胞均有表达，如肝脏、胰腺、前列腺和肾脏。肝细胞生长因子（HGF）是目前发现的 c-MET 的唯一配体，属于纤维蛋白溶酶原家族，其结构主要由 α 链和 β 链通过二硫键连接而成，其中 α 链包含一段信号肽（SP）、一个 N 端发夹结构（NL）和 4 个 Kringle 结构域（K1/K2/K3/K4），β 链与丝氨酸蛋白酶同源但缺乏水解功能，主要表达于间质细胞，亦可表达于肿瘤细胞，通过自分泌机制发挥作用，于 HGF/c-MET 信号转导失调，导致组织上皮细胞异常活化同时增强其远处转移能力，并且也是靶向耐药的机制之一，目前已在诸如非小细胞肺癌、胃癌、肾癌、多形性胶质母细胞瘤发现了这类情况。与其他原癌基因相比，MET 的显著特点是 3 种不同类型的基因突变或均可导致肿瘤的发生，包括扩增、突变和融合等。③ 数千年以来，人类一直生活在地球上，并在地球环境中完成进化。但如果把人类放在太空，人体还能经受得住微重力和电离辐射极端环境的摧残吗？这对未来的太空旅行，甚至“逃离”地球意义重大。随着 NASA“天地双胞胎”对照实验的进行，科学家们发现了有关太空对人类影响的更多秘密……“天地双胞胎”的端粒平均长度、基因表达效果和微生物组均有显著变化，尤其是 NASA 宇航员基因表达出异常，认知能力有所下降。

课后：在学习平台发布讨论“基因表达差异的检测技术及应用”，让学生体会科学技术的进步对生命科学发展的重要性。

4. 教学方法

课前采用文献阅读法，激发学生的学习兴趣；课堂授课中通过讲授法并结合讨论法来总结授课内容，并体现思政元素；课后通过线上讨论式教学法加强课堂知识与日常生活的联系。

5. 教学反思

在课程教学设计中注重从专业角度出发，关注当前技术热点和舆论环境，寻找教学内容与思政元素的“触点”，以贴近学生认知的事件或案例为切入点，增强师生互动，提高教学反馈，让课堂“活”起来。

案例十一　蛋白质结构与功能预测——我国实现人工合成三类生物大分子的“大满贯”

1. 课程内容简介

介绍蛋白质的性质，蛋白质一级，二级、三级结构的分析方法。网络生物数据库演示膜蛋白分析，蛋白质的翻译后修饰，蛋白质的亚细胞定位，化学因子作用蛋白质的位点。

2. 课程思政教学目标

介绍生物信息学的发展简史，为学生普及科学历史，让学生感悟现代科学的巨大进步，并认识到科学认识是无止境的，不存在永恒不变的科学真理，科学在本质上是相对的、可变的、处在不断的修正和发展过程中，从而培养学生的科学价值观；并通过介绍我们科学家的相关研究工作，培养学生的家国情怀，激发民族自豪感和热爱祖国的深厚感情。

3. 课程思政教学设计

课前：在学习平台上介绍人类基因组计划的实施过程，激发学生的求知欲，开阔视野。

课中：① 蛋白质是由氨基酸连接成的、通过折叠形成有复杂结构、特定形状，从而获得活性的生物大分子。如果蛋白质的折叠发生了错误，就有可能引起疾病。大家知道的阿尔兹海默症（老年痴呆症）、帕金森氏症、肌萎缩侧索硬化症（渐冻症）等，都是神经退行性疾病。在患者的大脑中产生了某些由于蛋白错误折叠形成的斑块。阿尔茨海默氏症患者脑部有大块的错折叠的贝塔-淀粉样蛋白质聚集，防止这类变性的蛋白质积聚，就有可能防治阿尔茨海默氏症；帕金森氏症是由大脑特定部位的神经元缺失引起的。在受影响的神经细胞中，一种名为α-共核蛋白的蛋白质错误折叠并聚集成有害的结构；铜锌离子结合蛋白（铜锌超氧化物歧化酶）SOD1 立体结构异常与肌萎缩性侧索硬化症发病有关的。研究认为，SOD1 基因发生突变后，呈异常立体结构的 SOD1 会在运动神经元中积累，最终引起渐冻症。② 利用线上教学的模式，及时将围绕国家生物信息中心信息库的构建、基因组分析、针对肺炎老药新用的机器学习探索和肺炎临床诊断中的 AI 影响分析等被国内外同行高度认可的代表性研究成果传递给学生，激发学生的探索欲望，调动他们参与实践研究的积极性，形成严谨的科研风气。③ 1958 年，胰岛素化学结构的解析工作获得诺贝尔化学奖。《自然》发表评论文章：合成胰岛素将是遥远的事情。可能是在同时，遥远的中国却正式开启了这个“遥远”的事情——人工合成胰岛素。几年后，由中国科学院生化所、有机所以及北京大学精干技术力量组成的中国团队成功将“遥远”锁定为 7 年。1965 年 9 月 17 日，世界上第一个人工合成的蛋白质——牛胰岛素在中国诞生。这是世界上第一次人工合成与天然胰岛素分子相同化学结构并具有完整生物活性的蛋白质，标志着人类在揭示生命本质的征途上实现了里程碑式的飞跃，被誉为我国“前沿研究的典范”，是当年接近获得诺贝尔奖的重大成就。由此引出 1982 年 1 月 15 日，我国首次人工合成酵母丙氨酸转移核糖核酸，2022 年 2 月中国科学院天津工业生物技术研究所马延和团队将二氧化碳用无细胞化学酶合成淀粉，实现了我国人工合成三类生物大分子的“大满贯”。

课后：在学习平台发布讨论“蛋白质的结构及功能变化对生物的影响”，让学生体会科学技术的进步对生命科学发展的重要性。

4. 教学方法

课前采用文献阅读法，激发学生的学习兴趣；课堂授课中通过讲授法并结合讨论法来总结授课内容，并体现思政元素；课后通过线上讨论式教学法加强课堂知识与日常生活的联系。

5. 教学反思

在课程教学设计中注重从专业角度出发，关注当前技术热点和舆论环境，寻找教学内容与思政元素的“触点”，以贴近学生认知的事件或案例为切入点，增强师生互动，提高教学反馈，让课堂“活”起来。

第十六章 《基因组学》课程思政案例

课程信息及编写教师信息

课程名称	基因组学
课程类型	○公共基础课程 ◉专业教育课程 ○实践类课程
授课专业类/代码	生物科学/071001、生物技术/071002、生物信息学/071003、生物制药/083002T、生物工程/083001
课程性质	◉必修 ○选修
开课年级	大学三年级

<table>
<tr><th colspan="7">编写教师信息</th></tr>
<tr><th>编写教师单位</th><th>教师姓名</th><th>性别</th><th>职称</th><th>学位</th><th>案例所属教学大纲中的章节及知识点</th><th>思政案例名称</th></tr>
<tr><td rowspan="10">塔里木大学</td><td rowspan="2">白宝伟</td><td rowspan="2">男</td><td rowspan="2">副教授</td><td rowspan="2">硕士</td><td>基因组序列注释</td><td>案例二　基因密码解读</td></tr>
<tr><td>基因的概念</td><td>案例三　基因概念的成长</td></tr>
<tr><td rowspan="6">李浩</td><td rowspan="6">男</td><td rowspan="6">讲师</td><td rowspan="6">硕士</td><td>基因组学研究进展</td><td>案例一　人类基因密码</td></tr>
<tr><td>可移动元件和病毒的基因组</td><td>案例四　基因组中的旅行者</td></tr>
<tr><td>基因组测序与序列组装</td><td>案例五　我国在基因组测序及解析领域的突出贡献</td></tr>
<tr><td>遗传图谱的绘制</td><td>案例六　基因组中的不定因素</td></tr>
<tr><td>基因组的复制</td><td>案例七　生命时钟</td></tr>
<tr><td>基因编辑</td><td>案例八　生命伦理下的基因编辑</td></tr>
<tr><td rowspan="2">杨秋红</td><td rowspan="2">女</td><td rowspan="2">讲师</td><td rowspan="2">硕士</td><td>基因组进化</td><td>案例九　基因突变与改革</td></tr>
<tr><td>基因组进化模式和生物多样性</td><td>案例十　人类起源</td></tr>
</table>

案例一 基因组学研究进展——人类基因密码

1. 课程内容简介

《基因组学》是生物信息学专业的核心基础课，其授课对象为大学三年级学生，共 32 学时。主要结合基因组、功能基因组和进化基因组的方向讲授基因组学的相关生物学基础、基因组学的基本原理和方法、理论与应用，介绍基因组学的发展动态。本课程的学习，有助于学生全面系统地掌握基因组的结构、测序方法及进化分析，全面了解、系统把握生命科学研究的发展趋势、研究热点、最新研究成果。

本案例选自第一章《基因组学研究进展》的第二节“人类基因组计划”，人类基因组计划是美国科学家于1985年率先提出的，旨在阐明人类基因组30亿个碱基对的序列，发现所有人类基因并搞清其在染色体上的位置，破译人类全部遗传信息，使人类第一次在分子水平上全面地认识自我，该计划与曼哈顿原子弹计划和阿波罗计划并称为三大科学计划，是人类科学史上的一个伟大工程，被誉为生命科学的“登月计划”。该计划于1990年正式启动的。美国、英国、法国、德国、日本和中国科学家共同参与了这一预算达30亿美元的人类基因组计划。中国于1999年9月积极参加到这项研究计划中的，承担其中1%的任务，即人类3号染色体短臂上约3 000万个碱基对的测序任务。中国因此成为参加这项研究计划的唯一的发展中国家。所以，此部分内容不但具有重要的专业背景知识，同时也蕴含了丰富的思政元素。

2. 课程思政教学目标

（1）知识传授目标

理解基因组学的概念及研究进展。

掌握人类基因组计划的结果与重要意义。

（2）能力培养目标

培养学生运用所学基因组学原理举一反三，解决实际问题能力。

训练学生独立思考、提出问题、深入挖掘问题的能力。

（3）思政育人目标

通过讲述中国华大基因研究院承担“人类基因组计划”约1%的测序任务，激发学生的爱国热情。

通过讲述我国为了1%项目搭建了一个技术平台，在整体上提高了我们的科学创新能力，特别是生物信息学方面的创新能力，激发学生的学习创新能力。

通过讲述人类基因组计划虽然承诺信息资源共享，但一些具有应用前景或今后可能发展成为一个重大产业的基因信息是不可能共享的，如果我们不抢占“地盘”，今后生物技术产业的发展空间就非常小，告诫学生不畏艰辛，抢占科研高地。

3. 课程思政教学设计

（1）课程导入

俗语云：龙生龙，凤生凤，老鼠的儿子会打洞。这句话说明我们的遗传的性状和物种保持具有稳定性的，遗传物质在生物进程中代代相承，从而使后代具有与前代相近的性状；然而俗语也称：一母生九子，九子皆不同。这也就说明了在遗传的过程中，个体之间存在着差异性。这两则谚语都涉及一个共同的物质——基因。基因是携带遗传信息的基本单位，控制着人体的生命活动，因此了解基因的构造和功能，对人类的健康具有重大作用。

设计意图：由此谚语自然导入我们今天学习的内容。老一辈科学家在当时条件还不是很好的情况下，积极争取人类基因组计划项目，抢占科研高地，通过一些视频和采访，可以在课堂上展现出来这些科学家的家国情怀和社会责任，从而达到感染同学的目的。

（2）知识讲授

基因组及基因组学的概念。根据上述案例，让学生思考几个问题：国际上为什么要开展人类基因组计划？它的意义在哪里？测序之后我们能做什么？由此引出基因组及基因组学的相关概念。

设计意图：以上几个问题，可以让学生对本节课程所学的重点有所了解。从而勾起学生的好奇心，这个基因组和基因组学到底是在研究什么，学习这门课程之后对自身的知识拓展有何帮助。培养学生提出问题的习惯，并能够在课堂上寻找答案。

人类基因组计划始末。人类基因组计划的提出背景、关于该计划的几次讨论会议、支撑这项计划的技术手段转折点、美国国会支持、1990 年开展人类基因组计划。

设计意图：讲授此部分内容一方面将上一步提出的问题给出了答案，另外对这个故事的前因后果给出了详细的说明。虽然人类基因组计划是一个科学研究项目，但是更多的初心是为了人类的健康，所以这项大工程意义重大。由此激励同学们，科学无国界，做学术搞科研，应当心怀天下，抱着为天地立心，为生民立命，为往圣继绝学，为万世开太平的初心，拔高站位，打开格局，容纳百川，方能为人类的发展作出贡献。

中国一个单位参与人类基因组测序计划。讲述中国参与人类基因组计划，承担了整个人类基因组约 1%的工作任务，人们通常把该项任务简称为“1%项目”。1%项目意义到底有多大？现在存在一些负面的声音，如中国承担 1%的测序任务不过是技术活，买来一堆测序仪，搭建一个技术平台，没什么大不了的；1%对于基因组序列来讲也没多少等此类言论。举例中国科学院副院长陈竺院士的话，从基因测序本身来讲，1%项目的确包含了很多技术成分。但我们的 1%项目不光要把序列测出来，而且还要弄懂 1%里所包含的基因和基因功能的信息，要进行生物信息学分析，这就是科学的内容了。1%项目不仅为我们搭建了一个技术平台，也在整体上提高了我们的科学创新能力，特别是生物信息学方面的创新能力。另外，人类基因组计划虽然承诺信息资源共享，但一些具有应用前景或今后可能发展成为一个重大产业的基因信息是不可能共享的，如果我们不抢占“地盘”，今后生物技术产业的发展空间就非常小。

设计意图：给学生提供相关采访视频，帮助学生了解中国为何要加入人类基因组计划。虽然我国仅测序 3 号染色体末端的 1%，但这也是一项巨大的工程。我国科学家高瞻远瞩，思虑周全，抓住了 21 世纪生物产业发展的机遇，为如今在基因组测序领域打下坚实的基础。从杨焕明、汪健、于军等科学家身上，我们看到了他们的格局、社会责任感，激发同学们的爱国热情，增强学生的国家认同感和民族自信心。

（3）提点升华

对本堂课所讲内容进行归纳总结，重点强调我国在人类基因组测序当中的突出贡献，向学生指出各个时期，由于有党和国家在背后的大力支持，才使中国抓住了这个时代机遇。比如科技部以最快的速度给华大破例拨款3 000万元进行购买测序仪器设备，后期中国科学院给杨焕明院士实验室赠送了 14 台测序仪，从这些事实，学生可以深刻感受到科研取得巨大成功不仅要靠科学家的个人努力，还需要党和国家强有力的政策和精神支持。这样的教学，能使学生充分认同中国共产党的领导，体会到社会主义制度的优越性。

4. 教学方法

讲授法、文献资料查阅法、探讨法。

5. 教学反思

（1）知识传授反思

本案例的知识点主要是中国在人类基因组计划中的作用。在讲课中，着重讲授了我国在当时的困境下如何接手这项工作，从而说明我们对这项工作的重视程度。重点介绍了基因组及基因组学的概念，但是没有深入讲解，大家对该学科的概念还停留在理论。另外，在分子机制方面涉及较少，所以显得知识的深度不够。

（2）价值引领反思

本案例的主要思政元素是中国加入人类基因组计划的过程，除了华大以外我们还有其他一些优秀的团队，比如：以洪国藩院士为首的科学家小组，构建了水稻基因组库；以杨焕明为首的中国科学家在 *Science* 发表了水稻全基因组框架序列图；我国科学家陆续独立启动和阶段性完成了“鸡基因组计划”“家蚕基因组计划”等重要经济物种的基因组学研究。为中国及世界经济作物生产作出了重要贡献。但是本案例却没有涉及，所以不够全面。

在价值引领方面，只是突出了科学家们的家国情怀、爱岗敬业等优良品德，却没有点出这些科学家们的研究不是以出名搏利为目的，他们只是把国家、人民的需要作为自己研发的动力和方向，尽管没有多么高、精、尖的技术，但仍然可以获得院士称号，这就是科研工作者的价值所在。

（3）能力培养反思

本教学案例在理论知识传授上，采用了查阅资料、归纳总结等方法，培养了学生独立思考、自主学习的能力。但是由于客观条件限制，没有在实践中带领学生去观摩如何测序，所以学生对测序没有直接经验，更谈不上掌握，这在一定程度上限制了学生对相关知识的理解。因此，在今后的教学中，要注重理论知识与实践的结合，即使没有条件，也可以采用观看视频或开展虚拟实验教学等形式，使学生掌握更多遗传学方面的相关技能。

在专业课教学中，可以充分挖掘其中的思政元素，对学生进行全方位的素质教育。遗传学蕴含着丰富的思政元素，在以科学教育为主的遗传学课程教学中融入思政教育，对于培养学生的人文精神、尊重生命的健康意识，以及对人类社会发展的责任感等都具有重要的意义。“心怀天下，经世致用，悲天悯人”，是一个接受高等教育学生应有的素养和情怀。

案例二　基因组序列注释——基因密码解读

1. 课程内容简介

完成基因组测序仅仅是基因组计划的第一步，更大的挑战在于弄清楚 2 个问题：第一，基因组序列中所包含的全部遗传信息是什么；第二，基因组作为一个整体如何行使其功能。目前已经有大量物种的基因组已经完成测序，对基因数量和基因组结构与功能的注释正在不断地向广度和深度扩展，例如人类基因组 DNA 元素百科全书计划取得的结果对在基因组水平认识和理解全基因组 DNA 序列，特别是非编码 DNA 序列的生物学功能具有极其重要的意义。

本案例选自第五章《基因组学研究进展》的第一节“测序物种基因数量”，随着人类基因组计划的完成，测序技术不断发展，越来越多的物种基因组被用来测序，其蛋白编码基因的数量逐渐被揭示，例如人类基因组计划测出来的人的基因数量是39 000多个基因，在其他模式生物中，大肠杆菌4 800个基因，酵母62 000个基因，线虫19 000个基因，果蝇13 600个基因，小鼠30 000个。通过比较发现，人类的基因组数量仅仅是线虫和果蝇的 2 倍，并且与小鼠的差异基因仅 300 个基因。虽然人是一种非常复杂的高等动物，但是在基因数量方面并不比其他生物多多少，甚至基因数量还不及某些物种。所以，此部分内容不但具有重要的专业背景知识，同时也蕴含了生物多样性和人与自然和平相处的丰富思政元素。

2. 课程思政教学目标

（1）知识传授目标

理解基因及基因组序列注释方法和原理。

通过注释结果挖掘潜在的有用信息。

（2）能力培养目标

培养学生运用相应的工具软件注释基因组序列。

训练学生挖掘数据和处理数据的能力，并能从数据中得到有效信息。

（3）思政育人目标

通过讲述人类基因数目与其他物种基因的数目进行比较，告诫学生人类在浩渺宇宙内，在物种丰富的大自然中并无任何特殊之处，激发同学敬畏自然之情。

从分子层面的来讲，人类与其他物种一样，并无突出之处，因此引导学生要以平等之心对待任何一个生命，对生命时常怀有敬畏之心。

3. 课程思政教学设计

（1）课程导入

世界动物保护协会瞄准推动对于动物的保护，防止残酷对待动物的行为，减轻身处世界每一个角落的动物所遭受的苦难。世界动物保护协会的瞄准通过推广人道主义教育项目鼓励对动物的尊重并且推动加强各种形式的动物管理人的责任，同时也推动鼓励法律权力机构为动物提供法律上的保护。

设计意图：通过对世界动物保护协会的介绍，自然引入我们今天所学的内容。人类在自然界并不是独一无二的存在，我们虽然站在食物链的顶端，但也应该保护和尊重其他物种，平等善待自然界每一个生命。促使学生意识到保护物种多样性的重要意义。

（2）知识讲授

基因组注释的工具和方法。上述案例告诉我们众生平等，所有的物种都应该得到尊重和保护，除了一些法律约束和自发的爱心之外，我们是如何得知这些物种与人类别无二致？

设计意图：通过以上问题，可以让学生对本节课程所学的重点有所了解。从而自主探索这节课所要学习的内容，我们以前只是从感性的角度理解众生平等这句话，现在怎样用理性的客观方法和工具去验证它，能够培养学生发散性思维和严谨的科学态度。

模式物种注释后的基因数量。人类 39 000，大肠杆菌 4 800，酵母 62 000，线虫19 000，果蝇13 600，小鼠30 000。

设计意图：通过数据比较人类基因数目和其他物种的差别。人类是高等真核生物，具有复杂的生理结构，理论上来讲应该需要更多的基因来调控我们的生命活动。然而，从注释得到的数据来看，人类并不比其他低等生物的基因多多少，甚至有的低等生物的基因数量比人类更多，这就说明所有生物在基因构成上并没有太大差异，而人类在自然界也并没有任何突出之处。比较基因数量，使学生认识到人类虽然主宰着世界，但是在大自然面前与其他生物无异。因此，可以通过这种方式告诫学生，生命都是平等的，应放低姿态，保护和尊重自然界的每一个物种，有了包容和接纳，这个世界才会更加和谐美好。

（3）提点升华

对本堂课所讲内容进行归纳总结，重点强调在人类基因组测序之后，对基因组进行注释发现，人类如此高级的生物基因的数量与其他物种并没有太大的差别，说明人类也只是自然界的沧海一粟，因此我们更应与其他生物和平相处，彼此都处在同一个水平面上生活才造就了如今的繁荣局面。以虐待小动物新闻事件为例，此类事件层出不穷，常遭到口诛笔伐甚至法律的制裁，说明人类同理心的思想在不断进步，对其他物种的保护和尊重也在不断深入，这都得益于文化的进步，得益于社会的安稳，我们才有更多的精力保护更多的物种。因此，这样的教学方式能够使学生充分认识到我们对其他物种的保护和尊重，都是建立在拥有一个物质丰富、精神富足的国家之上的。

4. 教学方法

案例教学和问题导向式教学。

5. 教学反思

（1）知识传授反思

本案例的知识点主要是基因注释的方法和原理。在讲课中，着重介绍了注释之后的结果比较，对方法和原理没有深入探索，这是一门技术性很强的课程，因此应该把方法和原理着重介绍。

（2）价值引领反思

本案例的主要思政元素是敬畏自然，尊重生命。通过一个数量的比较来展现如此宏大的价值观，略显单薄，不够全面，应该有更多的论据支撑。

在价值引领方面，只是突出了尊重生命，却没有点出如何尊重和如何保护，在这条道路上我们应该怎样做，没有具体的引导方案，对学生的价值引领可能不是太强。

（3）能力培养反思

本教学案例在理论知识传授上，采用了查阅资料、归纳总结、两相比较等方法，培养了学生独立思考、自主学习的能力。但是由于客观条件限制，学生接收到的只是一堆数据，对物种基因没有多少概念，因此这在一定程度上限制了学生对生命发展的同理心。因此在今后教学中，要提前准备好数据资料支撑，帮助学生理解这些抽象的概念。

案例三　基因的概念——基因概念的成长

1. 课程内容简介

所有生命都具有指令其生长与发育、维持其结构与功能所必需的遗传信息，这种生物所具有的携带遗传信息的遗传物质总和我们称之为基因组。而基因组是由成千上万个基因所构成。经典遗传学定义基因是生物体内可遗传的决定某一表型的颗粒（因子）；生化遗传学定义基因是生物体内决定一个酶或一条肽链的 DNA 区段；分子遗传学定义基因是生物体内具有物质（蛋白质和 RNA）编码功能的 DNA/RNA 序列。根据基因表达的终极产物，基因可分为 2 大类，即编码 RNA 的基因和编码蛋白质的基因。

本案例选自第二章《基因组学》的第一节“基因的基本概念”，随着基因的概念被不断重新定义，生命科学的研究已经深入到分子水平，但在中国，遗传学和分子生物学领域上的研究仍然一片空白，于是很多科学家在条件十分艰苦的情况下毅然纷纷投身于分子生物学的研究，谈家桢先生便是其中典型，也是他第一个将基因一词翻译过来，引入中国。所以，此部分内容不但具有重要的专业背景知识，同时也蕴含了老一辈科技工作者爱国、创新、求实、奉献、育人的科学家精神，以及艰苦奋斗、不屈不挠、勇攀高峰、追求真理的科学精神。丰富思政元素。

2. 课程思政教学目标

（1）知识传授目标

了解基因及基因组学概念的不断变更，探索其背后的深层含义。

了解基因及基因组学的发展过程，明白其发展的重大意义。

（2）能力培养目标

培养学生养成挖掘一个知识点的形成背景的习惯，做到知其然更知其所以然。

掌握基因及基因组的基本概念。

（3）思政育人目标

讲述基因遗传的概念，使学生了解我国在分子遗传学的发展历程。我国的基因和遗传学的发展经历了很多艰难困苦才奠定了如今的成就。激励学生的爱国热情和不畏艰苦、勇攀科研高峰、追求真理的科学精神。

3. 课程思政教学设计

（1）课程导入

基因的英文是 Gene，是开始、生育的意思。这个名词最初是由丹麦学者约翰森提出来的。

随着科学研究的不断深入和进步，基因的概念也在不断发生着变迁。我国当时在遗传学领域，对于基因的研究还十分落后，而中文的“基因”这个词，则出自谈家桢的生动音译，既与英文原文读音相近，也表达出了其生命的“基本因子”的意思。

设计意图：通过对基因一词概念的变迁和引入，自然引入到我们今天所学的内容。基因一词的引入也开启了我国遗传学和基因组学发展的先河。1944 年，谈家桢在当时生活极其艰苦的条件下，仍坚持科学研究并发现了瓢虫鞘翅色斑变异的镶嵌显性遗传现象。这一创新性研究成果，被认为是经典遗传学发展的重要补充和现代综合进化理论的关键论据，至今仍被列为教科书的经典内容。不仅如此，谈先生还为中国遗传学的发展作出了巨大贡献，建立了中国第一个遗传学专业，第一个遗传学研究所，第一个生命科学学院。从事遗传学研究和教学 70 余年，他发表了 100 余篇学术论文，被誉为“中国的摩尔根”。激发学生艰苦奋斗、不屈不挠，在逆境中追求真理的斗志。

（2）知识讲授

基因的基本概念。基因一词是由外国科学家率先提出并不断被更新。至今在分子生物学、遗传学等生命科学领域，外国人都占据着领先优势。而随着我国科学技术的不断发展进步，我国的生命科学研究成果在国际上也占据了一席之地，为科技进步和人类健康作出了应有贡献。如今的成就离不开前人孜孜不倦的对科学真理的追求和探索。一个小小的基因概念的更替和引入便是一部可歌可泣的奋斗史。

设计意图：基因一词的引入，开启了研究遗传学、基因组学等学科的大门，让更多的人去探索生命的奥秘。然而，谈家桢先生在当时如此艰苦的情况下仍旧坚持科学研究，不忘追求科学的真谛，引入国外先进的概念和技术，改善我国在基因组学、遗传学等领域后的科研环境。让同学们深刻感受老一辈科技工作者爱国、创新、求实、奉献、育人的科学家精神。

（3）提点升华

对本堂课所讲内容进行归纳总结，重点强调一个新概念的引入，身后是无数人的辛劳和汗水的结晶。在艰苦的条件下我国科学家坚持科学研究，这种求实创新精神值得每一个人学习。当然，他们的成就也得益于改革开放、得益于科技兴国，国家投入了大量的人力、财力、物力大力发展基础研究，才使得我们在竞争激烈的国际社会有了一席之地。因此，这样的教学方式，能使学生充分认同中国共产党的领导，体会到社会主义制度的优越性。

4. 教学方法

案例教学和讲授法。

5. 教学反思

（1）知识传授反思

本案例的知识点主要是基因的基本概念，包括基因的变迁和基因结构以及对应的分类。

（2）价值引领反思

本案例的主要思政元素是向老一辈科技工作者学习和致敬，没有他们在艰苦的岁月中不断探索追求科学，我们无法达到如今的成就。

在价值引领方面，虽然讲了很多先辈科学家的不易和艰难，却无法让他们感同身受那个年代的科研环境。

（3）能力培养反思

本教学案例在理论知识传授上，采用了查阅资料、归纳总结等方法，培养了学生独立思考、自主学习的能力。但是由于客观条件限制，学生接收到的只是一堆空洞话语，在这个环境里讲出来，他们难以产生共鸣。因此这在一定程度上限制了学生对老一辈科技工作者爱国、创新、求实、奉献、育人的科学家精神，以及艰苦奋斗、不屈不挠、勇攀高峰、追求真理的科学精神的理解。在今后教学中，要提前准备好充足的背景资料，帮助学生理解这些想象不到的环境。

案例四 可移动元件和病毒的基因组织——基因组中的旅行者

1. 课程内容简介

转座因子是原核生物与真核生物基因组中广泛存在的一类可移动位置的遗传成分，他们不但起源古老，而且类型多种多样。转座因子从其转座方式划分，可归为两种主要类型。一种类型涉及 DNA 的直接转座，如原核生物中的插入序列，果蝇的 P 因子和玉米的 Ac-Ds 转座子系统等，称为 DNA 转座子。另一种类型以 RNA 为中介进行转座，又称逆转录因子，包括逆转录转座子和逆转录病毒等。

本案例选自第七章《基因组解剖》的第三节“可移动元件和病毒的基因组织”，转座子是一类广泛存在于真核生物和原核生物当中的可移动元件，它们不仅位置可以变动，而且序列也会出现动态扩张。一些 DNA 转座子可以在基因组中转座，但不能从细胞中逃逸，与 RNA 病毒有关。在细菌当中，有些 DNA 转座子在其转座过程中没有使用 RNA 中间体，它们主要与细菌中编码抗生素基因的传播有关。在真核生物当中，玉米的 Ac-Ds 转座子，它是第一个被深入研究的转座子；黑腹果蝇的 P 元件参与实验室品系雌性果蝇与野生雄性果蝇交配后出现的杂种不育有关。因此，转座子的研究可以揭示自然界很多现象，并能够预防某种疾病的发生。发现这一现象的是美国科学家麦克林托克，转座子的发现并不能得到同行的认可，但她坚持自己的观点，不断探索，最终真正成为基因调控的“调节—操纵子理论”的先驱。因此，此部分内容不但具有重要的专业知识点，同时也蕴含了丰富的思政元素。

2. 课程思政教学目标

（1）知识传授目标

了解串联重复序列及其分布。

理解转座因子与分散重复序列。

掌握原核生物和真核生物基因组解剖的主要内容。

（2）能力培养目标

培养学生运用所学的基因组学原理与方法，分析、解决实际问题的能力。

训练学生独立思考、提出问题、发现问题并通过专业知识解决问题的能力。

（3）思政育人目标

通过讲述麦克林托克发现“跳跃基因”的整个过程，培养学生持之以恒，为了真理不屈不挠的精神。

通过比较转座子被认可前后的状态，培养学生对于新生事物应当保持包容的态度，激发学生要不懈努力去证明新生事物存在的合理性。

3. 课程思政教学设计

（1）课程导入

在本次课前，已经让学生在网上查阅有关转座子的相关报道和历史沿革。因此一开始就可以向同学们提问。“大家知道我们最常见的玉米有时候会出现不同的颜色，为什么会出现这样的情况，这种事件和什么有关系?”前期学生们已查阅资料，所以通过学生们的回答，可顺势对转座子的发现者及其相关研究做一简单介绍。

设计意图：转座子的发现颠覆了之前所说 DNA 序列是固定不变的这种传统观念，其研究成果意义重大，但是其发现过程极其波折，这种说法一开始不被学界认可。直到38年后科学家们才明确地承认“转座因子”的存在。而麦克林托克在此期间一直为转座子孤军奋战，从未放弃。激发学生坚持真理，不屈不挠，勇攀科学高峰的科学精神。

（2）知识讲授

转座子的概念和由来。转座因子是原核生物与真核生物基因组中广泛存在的一类可移动位置的遗传成分，他们不但起源古老，而且类型多种多样。转座因子从其转座方式划分，可归为两种主要类型。一种类型涉及DNA的直接转座，如原核生物中的插入序列，果蝇的P因子和玉米的Ac-Ds转座子系统等，称为DNA转座子。另一种类型以RNA为中介进行转座，又称逆转录因子，包括逆转录转座子和逆转录病毒等。转座子的发现动摇了动植物遗传学中的某些传统观点，表明基因组DNA序列不仅位置可以变动，而且序列也会出现动态扩张。

设计意图：转座子这种“跳跃基因”的发现颠覆了以往的许多观念，并且解释了自然界所存在的很多现象，其意义重大。然而麦克林托克的“超前”研究并没有人看好，但她并没有放弃自己的观点，而是继续为“跳跃基因”孤军奋战，直到1976年，科学家们才明确地承认“转座因子”的存在。麦克林托克直到这时才真正成为基因调控的“调节—操纵子理论”的先驱。1983年，诺贝尔生理学或医学奖被授予给这位81岁高龄、不屈不挠的女科学家。激励学生在追求真理的道路上要百折不挠，有时候逆风飞翔才能飞得更高。

4. 教学方法

案例教学和讲授法。

5. 教学反思

（1）知识传授反思

本案例的知识点主要是转座子的基本概念及其分类。

（2）价值引领反思

本案例的主要思政元素是麦克林托克发现“跳跃因子”及其被科学界认可的过程，在我国也同样存在着如此执着于科学研究却一直默默无闻的学界泰斗，比如屠呦呦，多年前发现青蒿素对治疗疟疾有效，但其成就也是在多年后被人熟知和认可，并获得2015年诺贝尔医学奖。她们都是在自身的领域默默无闻坚守多年，她们的研究不是以出名搏利为目的，她们只是把国家、人民的需要作为自己研发的动力和方向，这就是科技工作者的价值所在。

（3）能力培养反思

本教学案例在理论知识传授上，采用了查阅资料、归纳总结、视频讲解等方法，培养了学生独立思考、自主学习和自主挖掘学习素材的能力。但是由于客观条件限制，我们没有找到一个很好的表现出转座子的实物给大家展示，图片展示的效果可能效果不太理想。因此这在一定程度上限制了学生对这种执着、创新、奉献的科学精神的深刻领会，在今后教学中，要提前寻找并保存好教学实物，帮助学生理解这些来之不易的科研成果。

案例五　基因组测序与序列组装——我国在基因组测序及解析领域的突出贡献

1. 课程内容简介

基因组测序的终极目标是获取目标生物基因组的完整DNA序列。不论是原核生物还是多细胞真核生物，要进行全基因组的测序都必须先将基因组DNA断裂成不同大小的片段分别克隆，然后再逐个测序。最后进行序列组装。本节课程首先介绍我国在测序领域的成就，然后叙述测序使用的方法和技术，最后讲解全基因组的测序策略以及序列组装的程序与方法。

本案例选自第五章《基因组测序与序列组装》的第一节“我国测序技术的发展和成就”，DNA 测序方法的飞速发展让我们不仅知晓了人类的全基因组序列，小麦、水稻、家蚕以及很多细菌的序列也都尽在掌握，通过测序我们能够探明一段序列所代表的生物学意义，不仅可以用来治疗疾病，也能够预防癌症的发生。此部分内容不但具有重要的专业知识点，同时也蕴含了丰富的思政元素。

2. 课程思政教学目标

（1）知识传授目标

了解测序技术的发展历程和人类基因组测序与组装。

掌握基因组测序技术的原理及其基本方法策略。

掌握基因测序的组装方法。

（2）能力培养目标

培养学生运用基因组学的原理和方法，分析、解决实际问题的能力。

训练学生独立思考、提出问题、发现问题并通过专业知识解决问题的能力。

（3）思政育人目标

通过讲述在参加人类基因组计划的同时，我国对水稻等重要农作物做了基因组测序，培养学生家国情怀与社会责任感。

通过讲述我国科学家对鸡、蚕等经济物种的测序，激发学生的爱国热情，培养学生为民服务和关注民生的意识。

讲述我国独立完成黄种人基因组测序和序列组装，使学生充分了解基因组学发展前沿以及我国科学家在本领域作出的贡献，增强学生民族自豪感。

3. 课程思政教学设计

（1）课程导入

在第一章基因组学研究进展时讲到我国参与了人类基因组计划，受这项计划的影响，我国科学家开始独立完成一些物种基因组的测序。在本次课前，已经让学生在网上查阅相关物种和报道。因此一开始就可以向同学们提问：“大家知道我们国家自主测序的物种有哪些吗”，前期学生们已查阅资料，所以通过学生们的回答，可顺势对我国科学家在该领域的贡献做一个介绍。

设计意图：人类基因组计划是基因组测序的经典案例，由此可以很自然地导入我们今天的学习内容，基因组测序在基础研究领域意义重大。通过这些科学家的采访和视频，感受他们为了国家科技进步付出的努力，激发同学们奋发上进的斗志和爱国情怀。

（2）知识讲授

我国独立完成水稻基因组测序。1994 年，洪国藩院士为首的科学家小组，构建了水稻基因组库，1997 年，我国成功地构建了高分辨率水稻基因组物理图谱；2000 年，以杨焕明为首的中国科学家在 *Science* 发表了水稻全基因组框架序列图。

设计意图：通过以上事件的描述，让学生知道在当时测序技术刚刚起步的阶段，我国克服重重困难，独立自主测序了水稻的基因组序列，并且当年这项成果刊登在 *Science* 杂志封面，表明我国在物种测序方面已经处于国际前列水平，通过具体例子，让学生既掌握了这项工作的重大意义，同时也了解到基础研究专门为了解决民生问题，从而激发学生的爱国热情和对国家政策的认同感。

我国独立完成重要经济物种基因组测序。我国科学家陆续独立启动和阶段性完成了“鸡基因组计划”“家蚕基因组计划”等重要经济物种的基因组学研究，建立了规模化基因组学研究平台，组建了具有国际竞争力的研究团队。陆续在 CNS 等国际期刊发表测序草图，其中包括鸡基因组草图，并成为当年的封面文章，还有蚕的基因组草图等。

设计意图：通过重要经济物种基因组计划的开展，各项经济作物的基因组序列被测序，我国也因此在基因组测序方面逐渐在国际舞台站稳脚跟。每一个物种的测序都耗费了大量的人力和财力，但科学家毅然投身于测序事业，只为了能从分子水平改善经济物种的产量和质量，让学生体会科研工作的不易，热爱自己的工作，尽心尽责才能取得成就。

我国独立完成黄种人基因组测序。我国科学家 2007 年 10 月 11 日对外宣布，已经成功绘制完成第一个完整中国人基因组图谱（又称“炎黄一号”），这也是全球黄种人的第一个个人基因序列图。该项目是我国科学家继承担国际人类基因组计划 1%任务、国际人类单体型图谱 10%任务后，用新一代测序技术独立完成的 100%中国人基因组图谱。专家表示，这项在基因组科学领域中里程碑式的科学成果，对于中国乃至亚洲人的 DNA、隐形疾病基因、流行病预测等领域的研究具有重要作用。

设计意图：黄种人基因组测序的项目是我国科学家用新一代测序技术独立完成的100%中国人基因组图谱，填补了黄种人基因组测序的空白。这项成果对于中国乃至亚洲人在预防疾病方面具有重要的研究价值，同时表明我国在测序技术应用方面的研究是世界领先的，从而增加学生的民族自豪感和爱国热情。

（3）提点升华

对本节课所讲内容进行归纳总结，重点强调我国在基因组测序领域的突出贡献，向学生指出各个时期，由于有党和国家在背后的大力支持，才使我国的测序技术和水平得以取得举世瞩目的成就。比如人类基因组计划，国家投入3 000万元经费支持；中国的“炎黄计划”采用了与前期不同的测序仪器，该项目启动以来，得到了科技部、国家发改委、中国科学院、深圳市等国家部委、科研机构和地方政府及企业的关注和支持。从这些事实，学生可以深刻感受到科研取得巨大成功不仅要靠科学家的个人努力，还需要党和国家强有力的政策和精神支持。这样的教学，能使学生充分认同中国共产党的领导，体会到社会主义制度的优越性。

4. 教学方法

案例教学、视频教学和讲授法。

5. 教学反思

（1）知识传授反思

本案例的知识点主要是我国科学家目前已经完成众多动植物的全基因组测序和序列组装分析。

（2）价值引领反思

本案例的主要思政元素是我国科学家紧跟时代发展潮流，不断测序分析新物种，其速度和成果已然处于世界前列水平。通过测序分析，将其应用于医疗健康，实现“精准医学”的针对性治疗。

在价值引领方面，只是突出了科学家们的家国情怀、爱岗敬业等优良品德，却没有点出这些科学家们的研究不是以出名搏利为目的，他们只是把国家、人民的需要作为自己研发的动力和方向，为人民的健康谋福利，为人类的发展作贡献。这就是科研工作者的价值所在。

（3）能力培养反思

本教学案例在理论知识传授上，采用了查阅资料、归纳总结、视频讲解等方法，培养了学生独立思考、自主学习和自主挖掘学习素材的能力。但是由于客观条件限制，我们只能看到网络上的一些成果展示图片，那些复杂的符号背后倾注多少人的心血却无从体现，另外由于专业知识的限制，学生看不懂基因图谱，在后期的教学中应该着重专业知识的培养。

案例六 遗传图谱绘制——基因组中的不定因素

1. 课程内容简介

基因组中单个核苷酸的突变为点突变，理论上每个单核苷酸位置最多只有 4 种形式，即 A、T、C 和 G。某些群里在特定的单核苷酸位置只有 2 个或者 3 个 SNP，这些位点称为双等位或者三等位。在基因的编码序列中，SNP 大多位于密码子的摇摆位置，表现为沉默突变而被大量保留下来。SNP 在基因组中的数量极大，人群中几乎任何 2 个个体的基因组都有许多 SNP。SNP 分子标记具有分布密集的特点，在亲缘关系近的物种内因遗传漂变而隔离的群体，尤其在人类不同种族的多态性检测中被广泛应用。据估计，人类基因组上的 SNP 多达1 000万个。SNP 是继 SSLP 之后发现的另一种分子标记，又称为第三代分子标记。

本案例选自第三章《遗传图的绘制》的第三节用于遗传图绘制的非基因标记，单核苷酸多态性是指基因组上单个核苷酸发生的突变类型，虽然单一位点的突变一般只有 2~3 种，但在全基因组范围内密度却异常高，由此构成多态性。SNP 对人体个体差异的影响巨大，我们应该正确认识这些差异性。所以，此部分内容不但具有重要的专业背景知识，同时也蕴含了丰富的思政元素。

2. 课程思政教学目标

（1）知识传授目标

掌握 SNP 的概念。

理解 SNP 对人体差异之间的影响。

（2）能力培养目标

培养学生运用 SNP 导致差异性原理解释实际问题的能力，转换看待事物的视角。

训练学生独立思考、提出问题、解决问题的能力。

（3）思政育人目标

讲述 DNA 分子标记 SNP 对人体个体差异的影响功不可没，介绍人类个体之间的差异性，促使学生正确认识个体遗传差异性，善待身边有遗传缺陷的人。

3. 课程思政教学设计

（1）课程导入

近些年，全基因组关联分析方法（Genome-Wide Association Study，简称 GWAS）利用大群体和高密度 SNP 分子标记已经定位到了上千个与复杂疾病关联的 SNP 位点，而且这些关联信号在多次试验中有很高的可重复性。比如人类常见疾病肥胖、糖尿病、精神分裂等。

设计意图：人类单核苷酸多态性的比例仅为 1/1 250bp，不同人群仅有 140 万个核苷酸差异。因为这些差异才导致物种的多样性，但是 SNP 也与许多疾病的发生密切相关。由此可以很自然地导入我们今天的学习内容。遗传的差异是与生俱来的，告诫学生应该以包容的心态接纳由基因水平所造成的物种多样性和差异性。

（2）知识讲授

SNP 的概念及对人类的影响。人与人之间 99%以上的 DNA 序列是一样的，但是也存在一定的差异，我们把这种差异称为单核苷酸多态性（SNP），很多 SNP 与个体的健康状况都存在密切的联系，在不同个体中存在大量的单核苷酸多态性位点，这些差异位点会造成个体之间患病风险不同以及对于药物的反应不同，因此造成个体之间的差异性。

设计意图：讲授此部分内容可引入人类个体之间的差异性，促使学生正确认识个体遗传差异，善待身边患有遗传缺陷疾病的人群，引发学生的同理心。

4. 教学方法

反转课堂，视频教学。

5. 教学反思

（1）知识传授反思

本案例的知识点主要是 SNP 的概念以及 SNP 所造成的个体之间的差异性。重点介绍了基因组及基因组学的概念，但是差异性的内容还不够深入。

（2）价值引领反思

本案例的主要思政元素是正确看待遗传差异性，善待身边患有遗传疾病的人群。

在价值引领方面，只是突出正确看待，如何善待不够深入。此外，支撑该论点的论据略显单薄，应多加强。

（3）能力培养反思

本教学案例在理论知识传授上，采用了查阅资料、归纳总结等方法，培养了学生独立思考、自主学习的能力。但是通过一个知识点改变一群人的观念看法，这个论据较为苍白，在今后的教学中，应加强与其他知识点的联系，使学生深刻认识到分子水平对人个体之间差异的影响。

案例七　基因组的复制——生命时钟

1. 课程内容简介

生物的基本特征之一是能够自主生长与繁殖，通过细胞分裂将遗传信息传递给下一代，基因组在每次细胞分裂时都要完整复制一次，以确保子代细胞获得相同的拷贝。基因组中任何有利的、不利的或中性的变异都必须经过复制才能传递给下一代，如此生物才有可能进化。活细胞在正常条件下要执行众多的生理生化反应，基因组的复制是细胞周期中一个重大的事件，必须在合适的事件与场合启动这一过程，并与细胞其他一系列反应协调进行。

本案例选自第七章《基因组的复制》的第二节真核生物基因组的复制，在真核生物基因组复制过程中，如果没有特殊机制，线性 DNA 复制将会越来越短。这一过程与端粒有关，端粒是真核生物染色体末端一段不同寻常的 DNA。在新细胞中，细胞每分裂 1 次，染色体顶端的端粒就缩短 1 次，当端粒不能再缩短时，细胞就无法继续分裂。这时候细胞也就到了普遍认为的分裂 100 次的极限并开始死亡。因此，端粒被科学家们视为“生命时钟”，与人的寿命直接相关。所以，此部分内容不但具有重要的专业背景知识，同时也蕴含了丰富的思政元素。

2. 课程思政教学目标

（1）知识传授目标

掌握端粒与端粒酶的概念。

掌握端粒及端粒酶与衰老、癌症的关系。

（2）能力培养目标

培养学生运用端粒及端粒酶的原理解释人体衰老现象的能力。

训练学生理论联系实际的能力。

（3）思政育人目标

通过讲述端粒和端粒酶如何保护染色体揭开了人类衰老和罹患癌症等严重疾病的奥秘，介绍端粒在决定动植物细胞的寿命中起着重要作用，经过多代培养的老化细胞端粒变短，染色体也变得不稳定。细胞分裂次数越多，其端粒磨损越多，细胞寿命越短。因此我们要珍爱生命，规律作息，合理饮食。

3. 课程思政教学设计

（1）课程导入

在本次课前，已经让学生在网上查阅经常熬夜、作息不规律和饮食不合理的人与不熬夜、饮食合理、作息规律的人他们之间的一个比较，通过比较发现他们之间在外形特征上的一个差异性，并且提问是什么原因造成了这样一种现象，由此引入今天的课程内容，以及端粒和端粒酶的概念和相关功能。

设计意图：引出端粒和端粒酶的概念，强调端粒和端粒酶在决定动植物细胞的寿命中起着重要作用。

（2）知识讲授

端粒及端粒酶的概念。端粒是短的多重复的非转录序列（TTAGGG）及一些结合蛋白组成特殊结构，除了提供非转录 DNA 的缓冲物外，它还能保护染色体末端免于融合和退化，在染色体定位、复制、保护和控制细胞生长及寿命方面具有重要作用，并与细胞凋亡、细胞转化和永生化密切相关。当细胞分裂一次，每条染色体的端粒就会逐次变短一些。

设计意图：通过端粒和端粒酶的概念讲解，可以让学生将之前学习的有丝分裂、减数分裂等知识同今天所学内容联系起来，从而理解知识之间的内在联系，达到知识的融会贯通和迁移。同时，端粒维持了细胞的生命长度，也维持了人的生命长度。因此我们应当避免一些对人身造成损伤或者刺激的活动，从而保持端粒正常复制，保证一个正常的生命周期。

端粒及端粒酶对人的影响。端粒 DNA 主要功能有：第一，保护染色体不被核酸酶降解；第二，防止染色体相互融合；第三，为端粒酶提供底物，解决 DNA 复制的末端隐缩，保证染色体的完全复制。

端粒长度与衰老之间的关系远不只是因果二字就能说清，端粒长度其实是一种衰老改变人体基因表达的导体。在衰老所引起的海量基因表达变化中，有近千种是通过端粒长度进行介导的。这些被端粒长度所影响的基因，主要集中涉及凋亡和死亡这两个关键的细胞事件，端粒缩短可以说是衰老这面大网中的一个分支。端粒对帮助我们规避大量衰老相关的疾病具有重要意义。目前已经有大量科学实验证实，端粒的长度与人体健康水平密切相关，更与心血管、神经退行性疾病、肺部疾病、多种癌症等疾病有关，对于健康来说至关重要。

设计意图：端粒功能与人体健康和寿命息息相关，端粒的缩短和复制紊乱将会导致人体机能发生不可逆的损伤。因此，引导学生应该养成良好的生活习惯，珍爱生命，拒绝熬夜，早睡早起，合理饮食，保持良好心态，多从事体育锻炼，激发细胞活性，从而拥有良好的身体和精神风貌。

4. 教学方法

讲授法和案例教学法。

5. 教学反思

（1）知识传授反思

本案例的知识点主要是端粒和端粒酶的概念。重点介绍了端粒的功能及对人体寿命的影响。这些被端粒长度所影响的基因，主要集中涉及凋亡和死亡这两个关键的细胞事件，但并没有直接牵扯到其他衰老标志，端粒缩短可以说只是衰老这面大网中的一个分支。因此，延长端粒无法成为解决衰老问题的终极法宝。

（2）价值引领反思

本案例的主要思政元素是珍爱生命，加强锻炼，早睡早起，规律作息，合理饮食。

在价值引领方面，只是突出规律作息但并没有给出这些正确的生活习惯如何影响到端粒的长度，本案例中没有给出一个深入的解释。在后面的教学当中应当深入挖掘这个问题的答案，找出良好的生活习惯与端粒长短之间互作关系支撑材料。

(3) 能力培养反思

本教学案例在理论知识传授上，采用了查阅资料、归纳总结等方法，培养了学生独立思考、自主学习的能力。但是缺乏创新性的思考，本案例一直关注的是端粒与人的寿命，却忽略了端粒也与人类许多疾病相关。以癌细胞为例，多种类型的癌变、衰老和丧失与端粒酶的激活有关，有时通过多次细胞分裂端粒的长度仍能维持，但经常因为端粒酶过度活化使端粒长度增加。端粒酶的活化是癌的原因还是结果目前还不清楚，但是前者看起来可能性更高。比如先天性角化不良的发生，明显是编码人端粒酶中 RNA 成分的基因突变引起的。这个问题对于认识癌症的病原学十分重要，但对治疗则关系不大，中心问题在于端粒酶能否作为开发对抗癌症药物的药靶。只有当端粒酶的活化是癌变的结果时，这样的治疗才可能成功，因为通过药物使之失活会诱导癌细胞的老化，因此阻止其增生。

案例八　基因编辑——生命伦理下的基因编辑

1. 课程内容简介

基因编辑是采用工程核酸酶对基因组 DNA 序列进行有目的的剪接，从而改变碱基排列顺序的一种遗传工程技术，涉及 DNA 的插入、代换与切除。基因组编辑技术在目标碱基序列位点切割 DNA，随后诱导细胞内 DNA 双链断裂修复机制修复伤口。修复过程中会产生序列缺失或插入，从而导致靶位点突变。由于基因组编辑可以系统地、有目的地在基因组范围引入碱基插入或缺失突变，对实验检测基因功能带来很大的便利，在反求遗传学研究中被广泛采用，受到越来越多的关注与重视。

本案例选自第六章《基因组序列注释》的第四节基于实验技术预测基因功能，生物技术的发展在提高人民生活质量的同时，也引发了一些伦理道德上的争议，甚至带来一些潜在的危险。所以，科技是把双刃剑，用好了造福于民，用得不好，为祸苍生。此部分内容不但具有重要的专业背景知识，同时也蕴含了丰富的思政元素。

2016—2018 年，南方科技大学原副教授贺建奎等人为了商业利益，在明知违反国家有关规定和医学伦理的情况下，仍以通过编辑人类胚胎 CCR5 基因可以生育免疫艾滋病的婴儿为名，将安全性、有效性未经严格验证的人类胚胎基因编辑技术用于辅助生殖医疗，在国际上引起了轩然大波，最终贺建奎等人受到了法律的严惩。

2. 课程思政教学目标

(1) 知识传授目标

基因编辑的概念和原理。

掌握生物技术伦理与安全的相关概念与范围。了解与生物技术伦理安全有关的案例。

(2) 能力培养目标

能对实验研究中的可能遇到的伦理与安全问题进行分析。

会科学看待一些有争议的伦理安全事件。

(3) 思政育人目标

讲述“基因编辑”研究热点，在讲授和扩展专业知识的同时，组织学生对“基因编辑婴儿”及“河北科技大学韩春雨”事件进行讨论，引导学生树立正确的科学道德观念和社会公德及伦理观念。

3. 课程思政教学设计

（1）课程导入

引入案例，在本次课前，已经让学生在网上查阅有关“贺建奎基因编辑婴儿事件”“河北科技大学韩春雨”等相关新闻。以问题导入法，例如以“你知道‘贺建奎基因编辑婴儿事件’吗，你了解‘河北科技大学韩春雨事件’吗？对这件事情你怎么看，是支持还是反对？”导入，通过学生们的回答，可顺势将两件事情来龙去脉给学生做一个简单介绍。

设计意图：从学生的回答中了解学生对生物技术安全伦理和科学道德观念的了解程度，从而把学生引入本章节的内容中来。

（2）知识讲授

CRISPR/Cas 系统。2007 年 Barrangou R 等报道在嗜热乳酸链球菌中发现一些菌株可抵抗嗜热菌体的感染，其基因组中含有一种特别的遗传成分——CRISPR。这些菌株可从侵入的外源 DNA 中获取某些片段插入自身的 CRISPR 系统重复序列之间，由此获得对侵入病毒或质粒的抗性，这是细菌在进化中产生的一种主动的 DNA 水平免疫机制。对特定基因进行体内突变扰动操作的最便捷和最高效方法是 2013 年建立的 CRISPR-Cas9 技术，借助这项技术可在基因的任何位点特异性删除或插入 DNA 序列，导致相关基因功能的丧失或获得。

设计意图：通过理论讲解，促使学生了解基因编辑已经开始应用于基础理论研究和生产应用中，这些研究和应用，有助于生命科学的许多领域，从研究植物和动物的基因功能到人类的基因治疗。CRISPR 的简易性和低成本，使得其获得广泛的研究和应用。由于其精确性和效率，CRISPR 和 TALEN 都有望成为大规模生产中的选择。表明该技术在推动人类生产生活当中具有重要作用。

贺建奎基因编辑婴儿事件和河北科技大学韩春雨事件。

2018 年 11 月，中国科学家贺建奎在深圳宣布，他们团队创造的一对名为露露和娜娜的基因编辑婴儿已顺利诞生。这对双胞胎的一个基因经过修改，使她们出生后就能天然抵抗艾滋病。这个世界首例基因编辑婴儿的横空出世，迎来了从科学家群体到普通民众对人类实施基因编辑伦理的正当性甚至事件真实性的普遍质疑。

2016 年 5 月 2 日，韩春雨作为通信作者在国际顶级期刊（*Nature Biotechnology*）杂志上发表了一篇研究成果，即发明了一种新的基因编辑技术——NgAgo-gDNA，向已有的最时兴技术 CRISPR-Cas9 发起了挑战。2017 年 8 月 3 日，《自然-生物技术》发布声明称，撤回韩春雨团队于 2016 年 5 月 2 日发表在该期刊的论文。2018 年 8 月 31 日晚，河北科技大学公布韩春雨团队撤稿论文的调查处理结果称，未发现韩春雨团队有主观造假情况，撤稿论文已不再具备重新发表的基础，有关方面按照规定已取消了韩春雨所获得的荣誉称号，终止了韩春雨团队承担的科研项目并收回了科研经费，收回了韩春雨团队所获校科研绩效奖励。

设计意图：根据学生的回答，老师再对生物技术伦理与安全的相关概念进行解释，并进一步举例阐述生物技术在各领域取得巨大成就的同时所引发的伦理与安全问题，如由动物克隆及人类基因解码而引发的伦理问题，以及由生物武器及转基因食品引发的安全问题等，进一步加深学生对所学知识的理解，明确告诉学生“贺建奎基因编辑婴儿事件”的行为严重违背伦理道德和科研诚信，违反国家有关规定，贺建奎及相关人员已经受到法律的严惩，引导学生在做相关研究工作时不要急功近利，要遵守相关法律法规及伦理道德规范，培养学生严谨的科研态度，帮助学生树立对于科学的正确认识。

韩春雨事件引发的巨大轰动也引人深思，相关人员的所有荣誉和项目均被收回，当谎言禁不起实践的考验时，最后只能潦草收场。引导学生在做相关工作时要明辨是非，不要急功近利，要遵守相关法律法规及伦理道德规范，培养学生严谨的科研态度，让学生树立对于科学的正确认识，促进学生人格完善，助力学生全面健康发展。

（3）提点升华

对本节课所讲内容进行归纳总结，重点强调无论做什么事情，必须在不违背道德和法律的情况下才能进行。科学技术是一把双刃剑，用好了造福于民，用偏了遗祸无穷。我国的科技发展水平在近些年不断进步，正是因为不断有人才的出现和政策的支持，严格的制度和良好的政策是科技发展进步的前提，一切学术不端的行为，在这个环境里终究会被扼杀。学生可以从这些事实深刻感受到国家对于科技发展和健全科技伦理治理体制的重视。这样的教学，能使学生充分认同中国共产党的领导，体会到社会主义制度的优越性。

4. 教学方法

辩论法和案例教学法。

5. 教学反思

（1）知识传授反思

本案例的知识点主要是基因编辑的原理和概念。该原理与概念涉及的专业知识较多，且都是分子水平，很难让学生理解。因此，应该挖掘更好的方式，以更简单地讲解说明基因编辑的原理和概念。

（2）价值引领反思

本案例的主要思政元素是引导学生树立正确的科学道德观念和社会公德及伦理观念。在价值引领方面，突出违背公序良俗必然会得到应有的惩罚，但这只是冰山一角，在我国科学界有这样的人，外国同样存在。因此，可以适当举一个国外的例子说明这种违背科学道德观念和科学伦理事件无论在哪都会受到应有的惩罚，以此来维持国际清朗的科研环境。

（3）能力培养反思

本教学案例在理论知识传授上，采用了查阅资料、归纳总结、分组辩论等方法，培养了学生独立思考、自主学习的能力。但是由于客观条件限制，没有开设基因组学实验课程，学生无法在实践中掌握科技的力量，也无法体会科技所带来的成就感，因为很难体会个别科学家宁愿身败名裂也要追名逐利。因此，在今后的教学中，要注重引导学生树立正确的科学观念。可以通过观看视频等形式，警醒学生科技创新伦理先行。

案例九　基因组进化——基因突变与改革

1. 课程内容简介

突变是一个基因内 DNA 序列结构的改变，包括 1 对或少数几对碱基的缺失、插入或置换等，它是一把双刃剑，既可以为生物进化提供原材料，又会对生物个体的生存产生严重影响，如引起疾病与癌症。突变的发生方式一般有 3 种，第一种是自发性的损伤，指的是复制中的损伤、碱基的自发性化学改变、自发脱碱基、细胞的代谢产物对 DNA 的损伤，这种是内因引起的突变；第二种是物理因素引起的损伤，比如电离辐射、紫外线、热诱变等，居里夫人就是因为长期接触放射性物质引起再生障碍性贫血不治身亡；第三种是由于化学因素引起的损伤，如烷化剂、碱基类似物、嵌入试剂等，比如新装修空间的苯残留可能会引起白血病。

突变类型主要包括 4 种，第一是同义突变，没有改变产物氨基酸序列的密码子，不会引起表型的改变；第二是错义突变，碱基序列的改变引起了氨基酸序列的改变；第三是无义突变，碱基的改变使代表某种氨基酸的密码子变为蛋白合成的终止密码子；第四是连读突变，与终止突变正好相反，终止密码子变成指令某一氨基酸的密码子，使翻译继续进行。对于多细胞生物来说，如果突变的位置是体细胞，那么只会影响当代的表型，并不会遗传给后代，但是如果突变的位置是种质细胞，当代不会对个体表型产生重要影响，但是会传递给下一代，使子代个体所有细胞都含有从亲代继承的突变。

大部分的突变是同义突变，也被称作无义突变，并不会造成什么后果，突变的主要后果主要分为两种，一种是功能丧失，即使某种功能蛋白活性降低或丧失，一般为隐型突变，比如脊髓型肌萎缩症就是由于SMN基因发生了突变，导致SMN蛋白分泌减少甚至消失，从而引起患者患不同类型的脊髓型肌萎缩症；另一种就是功能增益，突变会导致一种异常蛋白质活性，一般为显性，多发生在调控区，如使1个或多个基因在错误的组织中表达，导致细胞功能紊乱，或控制细胞周期的1个或几个基因的过量表达，使细胞分裂失控引发癌症。

2. 课程思政教学目标

（1）知识传授目标

掌握突变的发生方式、类型及后果。

对突变能够有一个辩证的认识，能够了解关于人类本身的部分有益突变及有害突变的例子。

（2）能力培养目标

能明白不同类型突变常见的发生机制是什么，如拷贝数变异可能是因为滑序复制。

会辩证地看待突变，不要以为突变绝大部分是有害的。

（3）思政育人目标

通过讲述“突变是一把双刃剑”，引发同学们的思考，为什么我国一直在全面深化改革的道路上越走越远，越走越实？这是因为，我国的改革可以理解为“定向突变”，是总结了经验，融入了智慧的有选择的变。而基因突变，也是在正向突变的积累上发生的，但是没有融入智慧，所以还需要后续的物竞天择，适者才能生存，才能变成有智慧、可以被后代积累的走得通的变。

通过讲述“突变的发生机制”引起学生对环境的保护意识，我们要爱护自己赖以生存的环境，不要让化学及物理诱变因素充斥在我们的周围，如二氧化碳破坏臭氧层，导致其无法隔绝紫外线，抛砖引玉，引发学生思考，哪些不爱护环境的行为会让我们自食恶果。

3. 课程思政教学设计

（1）课程导入

通过抛出问题“大家认为人的突变是有益突变多，还是有害突变多？为什么呢？”引发学生的思考，引出本次课程的内容，告诉大家突变确实是双刃剑，但是并不是有害突变多，希望学生在本节课讲完后，再来重新回答一次这个问题。

设计意图：利用设问，让同学们打破自己对突变的固有偏见，辩证地看待什么是突变，也以此激发学生的兴趣，教会学生真正辩证地看待事情，同时引入本章节的内容。

（2）知识讲授

突变的类型。突变的发生方式一般有3种，以Huntington舞蹈症为例，通过介绍他的症状激发同学们的兴趣，引出第一种突变方式——自发性的突变，指的是复制中的损伤、碱基的自发性化学改变、自发脱碱基、细胞的代谢产物对DNA的损伤，这种是内因引起的突变；第二种是物理因素引起的损伤，比如电离辐射、紫外线、热诱变等，请同学们举一个物理因素导致突变的例子；第三种是由于化学因素引起的损伤，请同学们讲一个例子。讲述物理、化学因素诱变时，激发同学们对环境的保护意识，我们要爱护自己赖以生存的环境，避免自食恶果。

设计意图：通过大家熟稔的实例，引出背后的突变发生方式，由于自发性的突变导致的人类疾病，同学们可能不知道，所以老师用 Huntington 舞蹈征来开头，后面的让同学们自己举例。增强学生的参与感，实例也更能加深印象，自然衔接课程思政，呼吁爱护环境。

突变的类型与后果。突变类型主要是包括 4 种，第一是同义突变，没有改变产物氨基酸序列的密码子，不会引起表型的改变，这种突变发生得最多，回到课程开始提出的问题，解释为什么有的同学以为有害突变多，因为这种突变没有表型，所以没有引起大家的重视。同样，有益突变的表型也不是很明显，一般表现在疾病不易感，但是有害突变会引起很多严重疾病，所以大家比较重视，会主观意识上觉得有害突变多。还有一种原因就是人类进化至今，已经是优势基因积累体了，所以有益突变确实会越来越少。第二是错义突变，碱基序列的改变引起了氨基酸序列的改变；第三是无义突变，碱基的改变使代表某种氨基酸的密码子变为蛋白合成的终止密码子；第四是连读突变：与终止突变正好相反，终止密码子变成指令某一氨基酸的密码子，使翻译继续进行。对于多细胞生物来说，如果突变的位置是体细胞，那么只会影响当代的表型，并不会遗传给后代，但是如果突变的位置是种质细胞，当代不会对个体表型产生重要影响，但是会传递给下一代，使子代个体所有细胞都含有从亲代继承的突变。

设计意图：与课程开始提出的问题相呼应，引发同学们的思考，打破他们的固有观念。

（3）提点升华

对本节课所讲内容进行归纳总结，告诉大家突变是一把双刃剑，既可以为生物进化提供原材料，又会对生物个体的生存产生严重影响，如引起疾病与癌症。我们不能一味地把突变看成是坏的事情。由此可以联想深化改革，变则通，不变则壅，但是我国的变，大家可以理解为定向突变，是总结了经验，融入了智慧的“有选择的变”。而我们的基因突变，也是在正向突变的积累上发生的，但是他没有融入智慧，所以还需要后续的物竞天择，适者才能生存，才能变成有智慧，可以被后代积累的“走得通的变”。

4. 教学方法

辩论法和案例教学法。

5. 教学反思

（1）知识传授反思

本案例的知识点主要是突变的发生机制、类型及后果，比较简单易懂，所以需要多引入实例，让学生全面地了解突变这一现象，比如可以让学生分组，一组课前了解人类的有益突变，一组了解有害突变。

（2）价值引领反思

本案例的主要思政元素是引导学生辩证地看待问题，辩证地看到改革、创新等。同时通过物理化学诱变来树立学生爱护环境的意识。

（3）能力培养反思

本教学有很多设问的环节，激发同学们的头脑风暴，培养了学生独立思考、辩证分析的能力。但是教师在教学生辩证看待突变的同时，也不应该一味地强调有益突变，过度解读，引起反向理解。因此，在今后的教学中，要注重引导学生树立正确的辩证思维理念。

案例十　基因组进化模式和生物多样性——人类起源

1. 课程内容简介

遗传系统的起源最令人信服的假说就是：RNA 世界→复制、转录、翻译系统的产生→生命三域的出现。RNA 世界是指早期生命分子是从 RNA 分子开始，因为 RNA 分子携带遗传信息，可以复制，也有催化功能，可产生蛋白质和 DNA，最终产生生命，后来核苷酸突变为脱氧核糖核苷酸，RNA 逆转录形成的双链核酸越来越稳定，DNA 在进化中呈现了优越性，RNA 世界向 DNA 世界转换。随后生命三系统即转录系统、复制系统和翻译系统也逐渐形成完善，逐渐形成细胞，出现最早的生命三域：细菌、古细菌和真核生物。

人类的进化最令人信服的进化历程是：人类由某种古猿进化而来，然后沿着能人、直立人、智人这一直线进化到现代人。现代人也出现了显著的人种分化，最被人认可的是走出非洲假说。因为线粒体为母系遗传，不发生遗传交换，保留了碱基代换的轨迹，可追踪系谱发生历史，从非洲、亚洲、澳大利亚、新几内亚和欧洲收集不同人类族群个体的 DNA 样品进行线粒体 DNA 测序构建系统发育进化树，据此判断，现代人的祖先来源于非洲，不同的环境使得不同人种的肤色、五官以及外貌各不相同。也可以通过比较胚胎学（比较不同生物胚胎发育过程的变化）佐证不同生物是由同一个祖先进化而来的事实。亲缘关系相近的生物在它们发育过程中有相同的发育阶段。

2. 课程思政教学目标

（1）知识传授目标

掌握遗传系统的起源。

了解 RNA 世界的支持假说，了解人类的进化历程，了解比较胚胎学。

（2）能力培养目标

能够了解为什么提出了各种假说，他们的支持证据是什么？

能够了解目前推测进化关系常用的一些方法。

（3）思政育人目标

通过讲述进化的过程引发学生面对困境时的思考。进化是先有差异存在，然后物竞天择，适者生存。面对困境时我们也应该从中吸取经验，不能一味躺平，要积极应对，想应对措施，勇于试错，实践以后就知道什么方法可以“适者生存”。

通过讲述人类的进化史、现代人的分种，强化同学们人类命运共同体的意识，按照“走出非洲”假说，人类同根同源，人类只有一个地球，各国共处一个世界。

3. 课程思政教学设计

（1）课程导入

通过抛出问题“有神话说生命是上帝创造的，有的说生命是外星的陨石带过来的，那么生命到底从哪里来？最开始的形态是什么样子的？”引发同学们的思考，引出本次课程的第一个主要内容——RNA 世界。

设计意图：通过设问，用神话来激发学生的兴趣，引发他们的讨论，进而进入本章节的理论部分。

（2）知识讲授

遗传系统的起源。通过设问，引发同学们自主思考，再结合图片讲述遗传系统的起源。最令人信服的假说就是：RNA 世界→复制、转录、翻译系统的产生→生命三域的出现。RNA 世界是指早期生命分子是从 RNA 分子开始，通过与 DNA 对比，帮助学生了解为什么是 RNA 世界，而不是 DNA 世界。因为 RNA 分子携带遗传信息，可以复制，也有催化功能，可产生蛋白质和 DNA，最终产生生命，后来核苷酸突变为脱氧核糖核苷酸，RNA 逆转录形成的双链核酸越来越稳定，DNA 在进化中呈现了优越性，RNA 世界向 DNA 世界转换，物竞天择，适者生存，引出课程思政，面对困境时我们也应该从中吸取到经验，不能一味躺平，要积极应对，想应对措施，勇于试错，实践以后就知道什么方法可以“适者生存”。随后生命三系统即转录系统、复制系统和翻译系统也逐渐形成完善，逐渐形成细胞，出现最早的生命三域：细菌、古细菌和真核生物。

设计意图：通过大家耳熟能详的神话，引出 RNA 世界假说，再通过 RNA 与 DNA 的对比讲述为什么 RNA 世界假说的可信度更强，为什么现在遗传信息大部分是 DNA 携带的，物竞天择，适者生存，进而引出课程思政，引发学生面对困难时的思考，增强的参与感，也更能加深印象。

突变的类型与后果。通过展示人类进化史的经典图片，讲述人类进化最令人信服的进化历程，即人类由某种古猿进化而来，然后沿着能人、直立人、智人这一直线进化到现代人。通过展示不同人种的图片，揭示现代人也出现了显著的人种分化，最被人认可的是走出非洲假说。因为线粒体为母系遗传，不发生遗传交换，保留了碱基代换的轨迹，可追踪系谱发生历史，从非洲、亚洲、澳大利亚、新几内亚和欧洲收集不同人类族群个体的 DNA 样品进行线粒体 DNA 测序构建系统发育进化树，据此判断，现代人的祖先来源于非洲，不同的环境使得不同人种的肤色、五官以及外貌各不相同。设问“为什么白种人的头发是亚麻色的，黑种人是黑色卷曲的？为什么塞俄比亚人鼻梁很高？”等与学生互动，解释表型与环境之间的关系。通过对比不同生物的胚胎发育过程图片，可以直观地看出他们的胚胎发育过程极度相似，引出比较胚胎学，这也可以佐证不同生物是由同一个祖先进化而来的事实。亲缘关系相近的生物在它们发育过程中有相同的发育阶段。

设计意图：通过突变展示，帮助学生理解人类进化的过程，通过设问，与学生互动，增强其参与感，进而引出课程思政，强化学生的人类命运共同体意识。

与课程开始提出的问题相呼应，引发同学们的思考，打破他们的固有观念。

（3）提点升华

对本节课所讲内容进行归纳总结，本节课比较轻松，用讲故事的手法帮助学生回顾生命的由来以及人类的进化过程。讲到“走出非洲”学说时，与同学们讨论“人类命运共同体”概念，人类同根同源，各国共处一个世界，所以我们要不分国界地做可持续发展的事情，比如发达国家把垃圾掩埋在发展中国家这种事情，是违背了人类命运共同体意识的，我们应该团结起来，爱护环境，不分国界。

4. 教学方法

辩论法和对比教学法。

5. 教学反思

（1）知识传授反思

本节内容理论性的知识较少，同学们上课比较轻松，但是容易抓不住重点，容易只看热闹，缺乏反思，所以在上课时要时时注意点概念，详略得当，强化知识重点。

（2）价值引领反思

本案例的主要思政元素一个是启发学生在面对困境时，应该有所突破，勇于实践，找出合适的解决方法，而不应该一味等待。另一个是强化同学们“人类命运共同体”意识，呼吁大家爱护环境，对的事情不分国界。

（3）能力培养反思

本教学有很多设问的环节，激发同学们的头脑风暴，培养了学生独立思考的能力。同时设立了对比的环节，可以增强学生自主分析的能力。但是由于本章节重点难以把握，同学们可能会被细枝末节吸引，所以在教学中也应该增强学生的总结能力，多组织同学们自己画出思维导图，强化逻辑。